GRUNDRISS

DER

GERMANISCHEN PHILOLOGIE

UNTER MITWIRKUNG VON

K. von AMIRA, O. BEHAGHEL, D. BEHRENS, H. BLOCH, A. BRANDL, O. BREMER, E. EINENKEL, V. GUDMUNDSSON, H. JELLINGHAUS, KR. KALUND, FR. KAUFFMANN, F. KLUGE, R. von LILIENCRON, K. LUICK, J. A. LUNDELL, J. MEIER. E. MOGK, A. NOREEN, J. SCHIPPER, H. SCHÜCK, TH. SIEBS, E. SIEVERS, W. STREITBERG, B. SYMONS, W. v. UNWERTH, F. VOGT, PH. WEGENER, J. TE WINKEL, J. WOLF

HERAUSGEGEBEN

VON

HERMANN PAUL

ORD. PROF. DER DEUTSCHEN PHILOLOGIE AN DER UNIVERSITÄT MÜNCHEN

DRITTE VERBESSERTE UND VERMEHRTE AUFLAGE

5

STRASSBURG

VERLAG VON KARL J. TRÜBNER

1913

GRUNDRISS

DES

GERMANISCHEN RECHTS

VON

KARL VON AMIRA

DRITTE VERBESSERTE UND ERWEITERTE AUFLAGE

STRASSBURG
VERLAG VON KARL J. TRÜBNER
1913

VORWORT.

Dieser Grundriß erschien zuerst unter der Überschrift „Recht“ i. J. 1890 als neunter Abschnitt des von Hermann Paul herausgegebenen „Grundrisses der germanischen Philologie“. Durch ihre Stellung in diesem Sammelwerk waren Zweck und Charakter meiner Arbeit bestimmt. Hieran konnte sich auch nichts ändern, als i. J. 1897 von ihrer zweiten (verbesserten) Auflage eine Sonderausgabe unter dem Titel „Grundriß des germanischen Rechts“ veranstaltet wurde, die i. J. 1902 in einem zweiten Abdruck erschien. Nur eine Inhaltsübersicht und die erforderlichen Register wurden dieser Sonderausgabe beigefügt. In seiner dritten Auflage nimmt der „Grundriß der germanischen Philologie“ insofern eine neue Gestalt an, als die einzelnen Beiträge nur als Einzelbände erscheinen. Der meinige wiederholt also in seiner Gesamtanlage die oben erwähnte Sonderausgabe von 1897 und 1902. Ich war jedoch darauf bedacht, überall auf die Ergebnisse der seitherigen Forschung Rücksicht zu nehmen. Viele Stellen sind daher verändert und, wie ich hoffe, verbessert, nicht wenige auch erweitert. Zwei Paragraphen sind neu eingefügt. Das terminologische Register enthält nicht alle in dem Buche vorkommenden Wortformen; man wird aber die nicht aufgenommenen mit Hilfe der aufgenommenen leicht finden.

München, im April 1913.

K. v. Amira.

INHALTSÜBERSICHT.

EINLEITUNG.

A. RECHTSDENKMÄLER.

1. ALLGEMEINES.

2. SÜDGERMANISCHE SCHRIFTWERKE.

3. NORDGERMANISCHE SCHRIFTWERKE.

B. RECHTSALTERTÜMER.

1. LAND.

2. LEUTE.

3. HERRSCHER.

4. VERWANDTSCHAFTLICHE VERHÄLTNISSE.

5. VERMÖGEN.

6. VERBRECHEN UND STRAFEN.

7. GERICHT UND RECHTSGANG.

REGISTER.

ABKÜRZUNGEN.

abayr. = altbayrisch, — **ad.** = altdeutsch, **adän.** = altdänisch, — **afränk.** = altfränkisch, — **ags.** = angelsächsisch, — **ahd.** = althochdeutsch, — **and.** = altniederdeutsch, — **an.** oder **anord.** = altnordisch, — **as.** = altsächsisch, — **asw.** = altschwedisch.

AÖG. = Archiv für österreichische Geschichte, her. von der histor. Kommission der kaiserl. Akademie der Wissenschaften (Wien).

Christ. Videnskss. Forhandlinger = Forhandlinger i Videnskapsselskapet i Kristiania.

CJSG. = Corpus juris Sueo - Gotorum antiqui Bd. I—XIII (Stockholm 1827—1877).

FDG. = Forschungen zur deutschen Geschichte. Göttingen 1862 ff.

Germ. = Germania, Vierteljahrsschr. für deutsche Altertumskunde 1856 ff.

Gött. gel. A. = Göttingische gelehrte Anzeigen.

Gutn. = gutnisch.

hd. = hochdeutsch.

Hist. Tidsskr. = Historisk Tidsskrift (Kristiania oder Kjøbenhavn oder Stockholm).

Hist. Vjschr. = Historische Vierteljahrsschrift, herausg. v. Gerh. Seeliger.

Kr. Vjschr. = Kritische Vierteljahrsschrift für Gesetzgebung und Rechtswissenschaft (München 1859 ff.).

mhd. = mittelhochdeutsch.

MIÖG. = Mitteilungen des Instituts für österreichische Geschichtsforschung (Innsbruck 1880 ff.).

mnd. = mittelniederdeutsch.

Mon. Germ. = Monumenta Germaniae historica (**LL.** = Legum sectio).

MSD. = Denkmäler deutscher Poesie und Prosa aus dem 8.—12. Jahrh, her. von Müllenhoff und Scherer 2. Aufl. 1873.

nd. = niederdeutsch.

NGL. = Norges gamle love I—V 1, 2 (Christiania 1846—1895). Anden række Ia, b (ebenda 1904—12).

nl. = niederländisch.

norm. = normannisch.

nsächs. = niedersächsisch.

obd. = oberdeutsch.

on. oder **onord.** = ostnordisch.

PBB. = Beiträge zur Geschichte der deutschen Sprache und Literatur, her. v. Paul und Braune (und Sievers).

RA. = Deutsche Rechtsalterthümer v. J. Grimm 4. Aufl. (2 Bd.) 1899.

Sitzgsb. = Sitzungsberichte (der Akademien zu Berlin, München, Wien, philos. und histor. Klassen).

Stobbe Rqu. = O. Stobbe, Geschichte der deutschen Rechtsquellen I 1860, II 1864.

sw. = schwedisch.

TRv. (oder **Tidsskr. for Retsvidensk.**) = Tidsskrift for Retsvidenskab Christiania u. Kjøbenhavn).

Ups. Univ. Årsskr. = Upsala Universitets Årsskrift.

Vidensk. Selsk. Skr. = Skrifter udgivne of det Kgl. Danske Videnskabernes Selskab (Kjøbenhavn).

Werken = Werken der vereeniging tot uitgave van Oud-Vaderlandsche rechtsbronnen.

wgot. = westgotisch.

wn. = westnordisch.

ZORh. = Zeitschrift für Geschichte des Oberrheins.

Zschr. f. RG. = Zeitschrift der Sawigny-Stiftung für Rechtsgeschichte (germanistische Abteilung).

Die Titel der abgekürzt zitierten Werke von Fr. Brandt, H. Brunner, J. L. A. Kolderup-Rosenvinge, J. E. Larsen, H. Matzen, H. Siegel, R. Schröder, Chr. L. E. Stemann sind auf S. 5 f. angegeben.

EINLEITUNG.[1]

§ 1.

Das germanische Recht erscheint von seinem ersten geschichtlichen Auftreten an in Gestalt der Rechte einzelner germanischer Stämme, Völker, Länder, Orte. Diese Rechte haben schon zu der Zeit, da sie zum erstenmal unserer Kenntnis zugänglich werden, einen Jahrtausende alten Entwicklungsgang hinter sich, der bei einem jeden eigenartig durch die besonderen Lebensbedingungen und Schicksale der Rechtsgenossen bestimmt gewesen war. Von hier aus erklärt sich, daß vom Beginn der historischen Zeit an die germanischen Rechte in wesentlichen Beziehungen von einander abweichen, ja scharfe Gegensätze aufweisen, und daß in keinem der Repräsentant eines germanischen Urrechts erblickt werden darf. Anderseits setzt sich in der historischen Zeit, entsprechend der Veränderung der Kultur überhaupt, die Veränderung der Sonderrechte fort, so daß sich diese bald von einander noch weiter entfernen, bald aber auch einander nähern. Letzteres geschieht zum Teil dadurch, daß ein Recht auf ein anderes einwirkt. Doch greift dieser Einfluß nie so tief, daß auch nur der Hauptsache nach das beeinflußte Recht vom einfließenden verdrängt worden wäre. Aus allen diesen Tatsachen ergeben sich zwei methodologische Sätze: 1. die Erkenntnis des germanischen Rechts in der historischen Zeit ist nur aus der Geschichte aller germanischen Sonderrechte zu gewinnen; 2. die vor aller Geschichte liegenden Ausgangspunkte der Sonderentwicklung, das germanische »Urrecht«, von dessen Verständnis das der Sonderentwicklung selbst großenteils abhängt, können wir nur auf dem Weg vergleichender Durchforschung aller Sonderrechte rekonstruieren.

---

[1]) v. Amira, *Über Zweck u. Mittel der german. Rechtsgeschichte*, 1876. Vgl. auch K. Maurer, *Udsigt over de nordgerm. Retskilders Historie.* 1878, S. 1—12.

§ 2.

Die Rechte, deren Geschichte sich quellenmäßig darstellen läßt, sind die sämtlichen westgermanischen oder deutschen, welche die Völkerwanderung überdauert haben, und von den ostgermanischen die der drei skandinavischen Hauptstämme, dann die der Goten und der Burgunden. Chronologisch genommen liegen die ersten Nachrichten über diese Rechte vor in den Werken von Geschichtschreibern und den Schilderungen, welche Geographen, Briefsteller, Rhetoren und Dichter vom öffentlichen und Privatleben ihres Zeitalters entwerfen. Das Bild aber, welches aus solchen Quellen gewonnen wird, bleibt ihrer beträchtlichen Zahl ungeachtet Jahrhunderte hindurch äußerst lückenhaft und unsicher. Denn es sind, von denen des Tacitus abgesehen, nur gelegentliche Aufschlüsse, die uns zuteil werden, und es ist insgemein eine unnationale Literatur, welche uns die Aufschlüsse zukommen läßt. Seltene Streiflichter fallen auf die Rechtszustände dieser frühesten historischen Zeit von der Archäologie oder von den Inschriften aus. Bestimmtheit aber erlangen unsere Vorstellungen von den germanischen Rechten erst von jenen Zeiten an, aus welchen dieselben Denkmäler (§§ 4—26) hinterlassen haben. Doch sind die Denkmäler niemals so vollständig, daß sie den Forscher der Aufgabe entheben, die übrigen geschichtlichen Erkenntnisquellen auszubeuten. Unter den letzteren behaupten nunmehr die Werke der nationalen und der kirchlichen Literatur den ersten Rang. Sieht man auf die chronologische Verteilung des Quellenmaterials unter die einzelnen Rechte, so fällt der älteste Vorrat denjenigen zu, welche zuerst mit der antiken Kultur in Berührung gekommen sind, also den südgermanischen, d. h. den deutschen und dem südlichen Zweig der ostgermanischen. Im ganzen um mehr als ein Jahrtausend später erst beginnen die schriftlichen Überlieferungen der skandinavischen Rechte. Es wäre aber ein gefährlicher Irrtum, wenn aus diesem Umstand geschlossen werden sollte, die skandinavische Rechtsgeschichte hebe auf einer auch nur dem Durchschnitt nach jüngern Entwicklungsstufe an als die südgermanische. Erwägt man die geschichtlichen Bedingungen, unter denen die Rechte sich zu entwickeln hatten, so wird man eher erwarten — und der Quellenbefund bestätigt es —, daß Veränderungen in den südgermanischen Rechten früher als in den nordischen, uns insbesondere, daß bei jenen eine wenigstens teilweise Entnationalisierung zu einer Zeit eingetreten sein werde, als die nordischen Rechte noch auf viele Jahrhunderte ganz und gar sich selbst überlassen blieben. Überdies verschwindet der chronologische Vorzug der südgermanischen Quellen, sobald es auf Form (insbesondere Sprache) und Vollständigkeit der Überlieferung und auf die Herkunft ihres Stoffes (vgl. § 83 f.) ankommt. — Die ersten wissenschaftlichen Bearbeitungen größeren Maßstabs[1]), welche die Rechtsgeschichte germanischer Völker gefunden hat, gehören dem 17. Jahrh. an und knüpfen sich an die Namen Hugo Grotius (1631), Hermann Conring (1643) und Joh. O. Stiernhöök (1672). Doch bleibt bis in die zweite Hälfte des 18. Jahrhs. die Richtung der Forscher, selbst bei so hervorragenden wie dem Deutschen Joh. Gottl. Heineccius und dem Dänen Peder Kofod Ancher eine überwiegend antiquarische oder aber praktische. Es fehlt noch der historische Sinn, welcher darauf ausgeht, den Kausalzusammenhang der Rechtsinstitute unter einander und mit den Kulturverhältnissen bloßzulegen. Einer tiefern historischen Auffassung zunächst der deutschen Rechtsvergangenheit Bahn gebrochen hat Justus Möser (1768). Er vermittelt den Übergang zu dem neben Savigny einflußreichsten Vertreter der sogen. historischen Juristenschule, Karl Friedrich Eichhorn, der in seiner vierbändigen *»deutschen Staats- und Rechtsgeschichte«* (seit 1808, — 5. Aufl. 1843 und 1844) das erste Gesamtbild der verschiedenen Zeitalter des wichtigsten Rechts in Deutschland auf Grund seiner eigenen Forschungsergebnisse und jener seiner Vorgänger entworfen hat. Dieses Werk ist nicht nur in seiner Heimat, trotz der Fülle von sehr wesentlichen Berichtigungen, die ihm die nachfolgende Literatur hat angedeihen lassen, bis in die letzten Jahre der Mittelpunkt alles dessen geblieben, was über Geschichte des deutschen Rechts geschrieben worden ist. Es hat auch den Bearbeitern anderer germanischer Rechte, insbesondere dem Verfasser des lange Zeit herrschenden Lehrbuchs der dänischen Rechtsgeschichte, Kolderup Rosenvinge (für dessen erste Aufl. 1822 und 1823) zum Vorbild gedient. Die Verbindung der Rechtsgeschichte mit der neueren germanistischen Philologie herzustellen war jedoch Jakob Grimm vorbehalten, der in seinen *»Rechtsaltertümern«*

[1]) Zum Folgenden vgl. H. Brunner, *Deut. Rechtsgeschichte* I² § 5, Stemann, *Den danske Retshistorie* § 4.

(1828) und in kleineren Schriften für die Mehrzahl unserer Juristen nicht sowohl ein nachahmenswertes Beispiel gegeben, als die Arbeit schon erledigt zu haben schien, die sie hätten fortsetzen sollen. Ihre Zwecke blieben eben in erster Linie praktische. Damit ist auf eine Arbeitsteilung gefährlichster Art hingedeutet, welche von der Mehrzahl der Fachgenossen bis zum heutigen Tag befolgt worden ist: die Juristen wollten nicht Philologen, die Philologen nicht Juristen sein, jene vor allem nichts von Grammatik, diese vor allem nichts von Konstruktion wissen. Geradezu eine methodologische Verwirrung aber mußte einreißen, als seit ungefähr 70 Jahren unter Verzicht sowohl auf juristische als auf grammatische Schulung eine Gruppe von »Historikern« den Wettbewerb ums rechtsgeschichtliche Gebiet der Germanistik antrat [1]). Beim Anblick der geradezu widergeschichtlichen Darstellungsweise allerdings, welche bis zu den letzten Jahrzehnten unter dem Namen der »systematischen« den Rückfall der von Juristen verfaßten Lehr- und Handbücher in die vor-Eichhornsche Manier bezeichnete, wird ein solcher Wettbewerb begreiflich. Die Erkenntnis, daß nicht die Methode, sondern nur das Objekt der Forschung spezialisiert werden dürfe, betätigten nur wenige. Hervorzuheben sind unter ihnen die Deutschen Karl Gust. Homeyer, W. E. Wilda, Karl Freiherr v. Richthofen, Reinh. Schmid, Jul. Ficker, W. Arnold, Konr. Maurer, Heinr. Brunner, Rich. Schröder, Fel. Liebermann, der Engländer John Mitchell Kemble, die Schweden Karl Joh. Schlyter und Knut Olivecrona, die Norweger Peter Andr. Munch und Rud. Keyser, der Däne J. E. Larsen, der Isländer Vilhjálmur Finsen. Indem so der Gegensatz der wissenschaftlichen Richtungen gekennzeichnet wird, soll doch nicht das Verdienst bestritten werden, welches sich die ob ihrer Einseitigkeit anfechtbaren durch Vermehrung des Forschungsmaterials und Ermittelung einer ungezählten Menge von rechtsgeschichtlichen Einzeldaten erworben haben. Um so dringender macht sich das Bedürfnis einer streng wissenschaftlichen Bibliographie der germanischen Rechtsgeschichte geltend. E. H. Costas *Bibliographie der deutsch. Rechtsgeschichte* reicht nur bis

[1]) Als Einen, der sich durch diesen Satz getroffen fühlte, hat sich in Hist. Zschr. 1893 LXX 443 K. Hegel gemeldet. Ich begnüge mich damit, auf seinen Ausfall zu erwidern, daß ich unter »methodologischer Verwirrung« allerdings Verwirrung der Methodenlehre verstehe, und daß die Hegelsche Charakteristik der juristischen Rechtsgeschichte ein Zerrbild ist.

1857, die *Overzicht van Oud-Nederlandsche rechtsbronnen* von S. J. Fockema Andreae (Haarl. 1881) bringt zwar zahlreiche, aber ihrem Zweck gemäß nur beiläufige Literaturangaben über altniederl. R. Auch A. Aagesens *Fortegnelse over Retssamlinger, Retsliteratur m. m. i Danmark, Norge, Sverig og til Dels Finland* (Kjøbenh. 1876) berücksichtigt die historische Literatur nicht planmäßig und wird nur teilweise durch V. A. Sechers *Fortegn. over den Danske Rets Lit. 1876—1883* (Ugeskrift for Retsvæsen Kjøbenh. 1884 nebst Nachträgen 1884—88) (ebendort 1889) und 1889—93 (ebendort 1895) ergänzt. Endlich das »*Verzeichnis der Literatur der nordgerman. Rechtsgeschichte*«, welches K. Lehmann in der Zschr. f. Rechtsgesch. Bd. XX (VII, 1887) mit Nachtrag in Bd. XXI (VIII, 1888) veröffentlicht hat, ist nicht nur äußerst lückenhaft und unzuverlässig, sondern auch tendenziös angelegt [1]). Dagegen fehlt es nicht an Werken, welche die Ergebnisse der Spezialuntersuchungen für die wichtigsten Gruppen von Rechten sowie für einzelne Rechtsgebiete zusammenfassen. Hier sollen nur und ein für allemal diejenigen genannt werden, welche sich durch Selbständigkeit in der Verarbeitung des Stoffes oder durch Fülle der Literaturangaben dazu eignen, in die Disziplin einzuführen:

H. Brunner, *Deutsche Rechtsgeschichte* (in Bindings Handbuch Abt. II) I. Bd. 1887 (darüber v. Amira in den Götting. gel. A. 1888. S. 41—60), 2. Aufl. (stark überarbeitet) 1906; II. Bd. 1892 (darüber v. Amira a. a. O. 1896 S. 188—211). H. Brunner, *Geschichte und Quellen des deutschen Rechts* (in v. Holtzendorffs Enzyklopädie der Rechtswissenschaft. 6. Aufl. 190$^{2}/_{4}$1 S. 173—287, — eine meisterhaft geschriebene Übersicht !), erweitert unter dem Titel: *Grundzüge der deut. Rechtsgeschichte* zuerst 1901, in 5. Aufl. 1912. R. Schröder, *Lehrbuch der deut. Rechtsgeschichte.* 5. Aufl. 1907. H. Siegel, *Deutsche Rechtsgeschichte, ein Lehrbuch.* 3. Aufl. 1895 (summarisch). — Warnkönig, *Flandrische Staats- und Rechtsgeschichte bis zum Jahre 1305*, 3 Bde. 1835—39. Schuler v. Libloy, *Siebenbürgische Rechtsgeschichte.* 2. Aufl. 3 Bde. 1867, 68. Thudichum, *Rechtsgeschichte der Wetterau.* 1867. Seibertz, *Landes- und Rechtsgeschichte des Herzogt. Westfalen.* 4 Teile. 1860—75. Chabert, *Bruchstück einer Staats- und Rechtsgesch. der deutsch-österreich. Länder.* 1848 (in den Denkschriften der Wiener Akad., philos. histor. Cl. Bd. III u. IV). Bluntschli, *Staats-*

[1]) Dieses Urteil habe ich begründet im Lit. Bl. f. german. u. rom. Philol. 1887 Sp. 249—255, und unter Verweisung hierauf gibt ein ähnliches ab Hj. Hammarskjöld in Tidskr. f. Retsvidenskab 1888 S. 158. Von dem meinigen auch nur ein Wort zurückzunehmen, kann mich der Lehmannsche »Abwehr«-Versuch um so weniger bestimmen, als derselbe sichtlich auf Leser berechnet ist, die sich ein selbständiges Urteil in dieser Sache nicht bilden können.

u. Rechtsgesch. der Stadt- u. Landschaft Zürich. 2 Bde. 2. Aufl. 1856. Stettler, *Staats- u. Rechtsgesch. des Kantons Bern.* 1845. Blumer, *Staats- u. Rechtsgesch. der schweiz. Demokratien oder der Kantone Uri, Schwyz, Unterwalden, Glarus, Zug u. Appenzell.* 2 Bde. 1850—1859. v. Segesser, *Rechtsgesch. der Stadt und Republik Luzern.* 4 Bde. 1850—1854. E. Gmür, *Rechtsgesch. der Landschaft Gaster* 1905. v. Tscharner, *Rechtsgesch. des Obersimmentales bis z. J. 1798.* 1908. O. Schmidt, *Rechtsgesch. Liv-, Est- u. Curlands.* 1895 (in den Dorpater jurist. Studien III). Phillips, *Versuch einer Darstellung der Gesch. des Angelsächs. Rechts.* 1825. — Kolderup-Rosenvinge, *Grundrids af den danske Retshistorie* (1. Aufl. *Grundr. af d. d. Lovhistorie* in 2 Teilen 1822, 23, *übersetzt u. mit Anmerkungen begleitet von* Homeyer 1825[1]) 2. Aufl. (systematisch angeordnet) in 2 Teilen 1832, dazu Larsen, *Forelæsninger over den danske Retshistorie, sluttende sig til K. Rosenvinges danske Retshistorie ... holdte i Aarene 1853—55,* 1861 (auch in Larsens *Samlede Skrifter* Bd. I S. 237, 550). Stemann, *Den danske Retshistorie indtil Christian V.'s Lov.* 1871. Derselbe, *Geschichte des öffentl. u. Privatrechts des Herzogtums Schleswig.* 2 Bde. 1866. Matzen, *Forelæsninger over den danske Retshistorie, Offentlig Ret* I 1893, II 1894, III 1895, *Privatret* I 1895, II 1896, *Indledning, Retskilder* 1897. — Brandt, *Forelæsninger over den Norske Retshistorie.* 2 Bde. 1880, 83. Taranger, *Udsigt over den Norske Rets Historie* I—II, 1898—1904. Auch auf die rechtshistorischen u. rechtsantiquarischen Artikel im *Reallexikon der germ. Altertumskunde* her. von J. Hoops, im *deutschen Staatswörterbuch* von J. C. Bluntschli und im *Handwörterbuch der Staatswissenschaften* von J. Conrad u. A. mag hier verwiesen werden.

§ 3.

Die vergleichende Erforschung des altgermanischen Rechts (Vergleichung genommen als Weg zur Erkenntnis der geschichtlichen Beziehungen unter verschiedenen Rechten) reicht bis in die Zeiten Conrings und Stiernhööks hinauf, von denen der erstere schon auf den Wert der skand. Rechte für die Erkenntnis der altdeutschen hingewiesen hat. Dennoch ließen durchschlagende Ergebnisse noch über anderthalb Jahrhunderte auf sich warten, weil es den Rechtsantiquaren und -historikern, insbesondere in Deutschland, ebensosehr an linguistischen Kenntnissen wie an kritisch gesichtetem Material gebrach. Erst Jakob Grimm vereinigte in sich die philologische Ausrüstung mit der juristischen Vorbildung, die Belesenheit mit der Kombinationskraft, um in seinen »*Deutschen Rechtsaltertümern*« (1828, unverändert abgedruckt 1854 und 1881, 4. Aufl. auf Grund seines Nachlasses besorgt durch A. Heusler u. R. Hübner in 2 Bdn. 1899) ein Ge-

[1]) Diese Ausgabe wird wegen ihres Wertes und ihrer Verbreitung in Deutschland in gegenwärtigem Grundriß gewöhnlich zitiert.

samtbild des germanischen Rechts aus der Vogelschau (unter vorwiegender Berücksichtigung des »sinnlichen Elements«) entwerfen zu können. Nicht nur die Menge des darin aufgespeicherten Materials, sondern auch die Behutsamkeit, womit es verwertet war, und die Fülle feiner Beobachtungen, wozu es dem Verfasser Anlaß geboten hat, sicherten dem Buche eine Dauerhaftigkeit wie keinem andern germanistischen Werk. Es ist aber bis heute auch das einzige in seiner Art geblieben. Je mehr an neuen Quellen erschlossen, je besser der alte Vorrat zugänglich gemacht, je deutlicher die Abhängigkeit der komparativen Forschung von der spezialgeschichtlichen empfunden wurde, desto entschiedener sah sich auch die erstere auf den Weg der Spezialarbeit gewiesen. Nur Ein Gelehrter nach J. Grimm, Wilh. Ed. Wilda in seinem »*Strafrecht der Germanen*« (»*Geschichte des deutschen Strafrechts*« I. Bd. 1842), hat wenigstens noch von einem Hauptteil aller germanischen Rechte eine vergleichende Gesamtdarstellung versucht. Die von Grimm und Wilda ausgehende Anregung bewirkte aber, daß nun häufiger als vormals diejenigen Rechte, welche durch die Art ihrer Überlieferung für eine komparative Germanistik erst den festen Boden bereiten, nämlich die skandinavischen, sowie das angelsächsische und das friesische, zum Gegenstand eindringender Untersuchungen gemacht wurden. Die Mehrzahl der sogen. »Germanisten« unter den deutschen Rechtshistorikern freilich hatte geraume Zeit hindurch ihre Gründe, um eine derartige Weite des Gesichtskreises zu verschmähen und sogar den Begriff des »Deutschen« — ihrer Domäne — auf den Kreis jener Quellen einzuschränken, zu deren Lektüre die Gymnasialbildung notdürftig ausreicht. Erst in den letzten Jahrzehnten scheinen diese Gegensätze im großen und ganzen überwunden, zum Vorteil der vergleichenden Forschung auf breitester Grundlage, nicht ohne daß als Preis des Kampfes eine komparative Methode zu verzeichnen ist, welche sich über den älteren naiven Subjektivismus erhebt [1]). Den Gegenstand des Vergleichens bilden zunächst die Rechtsüberlieferungen germanischer Nationalität. Zuvor muß an ihnen die rein historisch-kritische Arbeit vollzogen sein und insbesondere festgestellt sein, inwieweit bei vorhandener Inhaltsähnlichkeit unter verschiedenen Rechten

[1]) In teilweisem Widerspruch zu dem im Text folgenden versucht eine ausführliche Methodologie J. Ficker, *Untersuchungen zur Rechtsgeschichte* I 1891 S. 16—277. Dagegen habe ich meine Haupteinwände niedergelegt in Gött. Gel. A. 1892 S. 259, 269—280.

Entlehnung oder analoge (parallele) Entwicklung anzunehmen ist, festgestellt ferner, inwieweit die zu vergleichenden Institute mit andern des nämlichen Rechts und mit der Kultur des nämlichen Rechtsgebiets in Zusammenhang stehen. Nun handelt es sich darum den Stammbaum der Überlieferungen aufzufinden. Die Nähe oder Entfernung im Verwandschaftsverhältnis unter den verglichenen Stammesrechten gibt dabei den Ausgangspunkt ab. Sie kann aber nicht, wie früher fast allgemein geschah, nach der einen oder andern Inhaltsähnlichkeit der Rechte bemessen werden. Vielmehr ist der einzige, wenn auch nur relativ verlässige Maßstab in dem Satze gegeben, daß die Rechtsfamilien der älteren Zeit sich mit den Sprachfamilien (ost- und westgermanisch, gotisch i. w. S. und skandinavisch, ost- und westnordisch, ober-, mittel- und niederdeutsch usf.) decken. Die Sprachfamilien sind der Ausdruck der geschichtlichen Verwandtschaft unter den Völkern, welche nicht mit der physischen verwechselt werden darf. Handelt es sich um ursprüngliche Gemeinschaft von Gedanken, so müssen wir sie dort suchen, wo das Mittel des Gedankenaustausches, die Sprache, gemeinsam ist. Nun ist aber das Recht ein Werk der Gedanken von Menschen, die mit einander in Verkehr, in Kulturgemeinschaft stehen. Es müssen also, günstige geographische Bedingungen vorausgesetzt, die Rechte der sprachlich am wenigsten getrennten Völker am längsten mit einander in Verbindung geblieben sein. Daher ist im Zweifel Terminologien und Bestimmungen, welche zwei Stammesrechten gemeinsam sind, ein desto höheres Alter zuzuschreiben, je weiter die Stämme selbst sich sprachlich von einander entfernt haben, oder m. a. W. je weniger sie im Gedankenaustausch mit einander geblieben sind, je weniger also die Rechtsgleichheit unter ihnen vermutet werden dürfte. Liegen Rechtsgleichheiten unter Ästen eines und desselben Sprachstammes vor, so werden jene über den Zeitpunkt der Trennung um so wahrscheinlicher zurückreichen, je schärfer diese in geographischer Beziehung eingetreten ist. Es ist daher von besonderer Wichtigkeit, wenn die Trennung des Sprachstammes sich datieren läßt, wie z. B. die des norwegischen um 870—930, die des anglischen und sächsischen im 5. Jahrh. Freilich dürfen Rückschlüsse wie die angegebenen nicht ins Mechanische verfallen. Sie haben mit der Möglichkeit zu rechnen, daß schon in vorgeschichtlicher Zeit Entlehnungen und Entwicklungsanalogien stattgefunden und daß die verschiedenen germ. Rechte überhaupt nicht von einem einheitlichen Urrecht ihren Ausgang genommen, ebenso aber auch, daß die Verbände, die wir als Sprachgemeinschaften kennen, einen Wandel in ihrer Zusammensetzung erlitten haben. Ergänzende Vergleichungsobjekte sind die entnationalisierten Tochterrechte germanischer Rechte, so daß auch das altfranzösische, anglonormannische und englische, das altspanische, portugiesische und italienische für die Erkenntnis des germanischen Rechts belangreich werden [1]). Ferner können auch ungermanischen Rechten Vergleichungsobjekte entnommen werden, nicht bloß, wenn jene, wie z. B. keltische, finnische, slavische, ja auch orientalische mit germanischen sich berührt haben oder wenn sie, wie überhaupt die anderen arischen mit den germanischen in engerem vorgeschichtlichem Zusammenhang gestanden sind, sondern auch, wenn das Verständnis derjenigen Rückstände erschlossen werden soll, welche das früheste Recht der Menschheit im historischen der germanischen Völker hinterlassen hat (Hauptbeispiele im Verwandtschaftsrecht).

Was im weiteren Verlauf dieses Grundrisses über germanisches Recht gesagt wird, will, dem Plane des Werkes gemäß, in das er sich einordnen muß, auch nicht von weitem wie eine Rechtsgeschichte und ebensowenig wie ein vergleichendes System aussehen. Die Absicht geht lediglich darauf, die wichtigsten Phänomene zu skizzieren, welche fürs germanische Recht charakteristisch sind. Muß dabei der Nachdruck aufs Typische fallen, das massenhaft Individuelle zurückgedrängt werden, so wird das entworfene Bild nur auf die Bedeutung eines Schemas Anspruch machen können. Die äußerste Zeitgrenze, bis zu welcher herabgegangen werden soll, ist durch den Schluß des Mittelalters gegeben. Auf Auseinandersetzung seiner Ansichten mit fremden muß der Verfasser grundsätzlich verzichten. Den Literaturangaben ist durch die Gesamtanlage des Grundrisses ihre Grenze gezogen. Dem entspricht es auch, daß die Nachweise von Quellenpublikationen sich auf diejenigen Stücke beschränken müssen, nach denen beim Beginn von Quellenstudien zuerst zu greifen ist.

[1]) Werke über altfranzösisches, italienisches, spanisches und englisches R. sind genannt bei R. Schröder, *Lehrbuch* [5] 6—8, die Hauptwerke auch bei Brunner, *Deut. RGesch.* I[2] 14 f. und *Grundzüge* [5] 4. S. ferner J. Ficker, *Über nähere Verwandtschaft zwischen gotisch-spanischem und norwegisch-isländischem Recht* (in den MIÖG. II. Ergänzb. 1887 S. 455—542, dazu v. Amira, im Literaturbl. f. germ. u. rom. Philol. 1888 Sp. 1—4, K. Maurer, Kr. Vjschr. XXXI 1889 S. 190—197) und E. de Hinojosa, *Das german. Element im spanischen R.* (in Zschr. f. RGesch. XXXI germ. Abt. 282—359).

Erster Teil.
RECHTSDENKMÄLER.
Erster Abschnitt.
ALLGEMEINES.
§ 4.

Unter Rechtsdenkmälern verstehen wir diejenigen Quellen rechtsgeschichtlicher Erkenntnis, die zugleich Objekte der letzteren sind. Indem sie dem rechtlichen Denken ihrer Zeit zum Ausdruck dienen, verschaffen sie uns eine Vorstellung von ihm. Zum Verständnis ihrer Art und ihres Wertes sei über das Wesen des alten Rechts folgendes bemerkt.

»Recht« — im Deut. substantiviertes Verbaladjektiv (ahd. mhd. as. afränk. *reht*, ags. *riht*, fries. *riucht*) — ist zunächst »das Gerichtete«, in gehöriger Richtung Befindliche, Gerade (rectum, daher mlat. *directum*, *drictum*), nämlich das geordnete Lebensverhältnis, wovon das sog. subjektive Recht (= die Befugnis) ein Hauptbeispiel. Anderseits ist R. die gerade »Richtung« eines solchen Verhältnisses (skand. *réttr*, wozu vgl. Kluge Stammbild. § 133), weiterhin aber auch der Inbegriff aller so geordneten und »abgegrenzten« Verhältnisse (skand. *skil* n. pl.) oder der richtigen »Lagen« (wn. *lǫg*, on. *lagh* n. pl., ags. as. [afränk. ?] *lagu*, fries. *log*, *laow*, vielleicht auch die *belagines* des Jordanes) und insofern der Inbegriff aller Regel, die sich in diesem Anschaulichen äußert, oder das Recht im objektiven Sinn, wofür das Altdeutsche die Feminina *redja* (*reda* = Rechnung »Maßregel«, etymol. und im mlat. Sprachgebrauch = *ratio* vgl. Frensdorff: *Hist. Aufs. z. And. v. Waitz* 1886 S. 433—490 mit Leist *Graeco-ital. Rechtsgesch.* 1884 § 32) und **bilida* (= das Passende, — in mhd. *unbilde*, *wíchbilde*, vgl. J. Grimm, *Mythol.*[4] I 392, dann auch asw. *biltugher* unten § 77), ferner das Ahd. das Fem. *gizunft* (= das Ziemende), das Ags. das diesem begriffsverwandte *gerysne* gebraucht, daher endlich »das zu Beobachtende« (got. *vitôþ*, afränk. *witut*, ahd. *wizzôd*, mhd.

wizzôt). Diese Richtschnur aber sucht die Gesellschaft zu ziehen nach gleichmäßig austeilender Billigkeit, und darum heißt den Deutschen das Recht selbst »Billigkeit« — ahd. *éwa*, mhd. *éwe*, *ê*, fries. *êwa*, *â*, *ê*, ags. *ǽw*, *ǽ*, as. maskul. *êo* (= lat. *aequum*). Wird die Richtschnur eingehalten, so besteht der »Friede«, d. i. die gegenseitige »Schonung« der Menschen. Daher auch »Friede« zu einem Namen des Rechtes wird. Noch in der älteren historischen Zeit erschien das Recht fast nur in der Anwendung[1]), so wie es allererst unter Blutsverwandten ist, weswegen es auch mit der Sippe den Namen teilte (§ 54). Nur eine unter mehreren Erscheinungsformen dieses (»Gewohnheits«-)Rechts ist der »Gerichtsgebrauch«, langob. *gawarfida*. »Gemachtes« Recht (ags. fries. *dôm*, ahd. *tuom*) oder »gesetztes« (ags. *ásetness*, — mnd. *sate* und *settinge*, ahd. *satzunge*, wn. *settning*), beschlossenes (ags. *rǽden*, *gerǽdness*), verordnetes (got. *garaideins*), gekorenes (fries. *kest*, mnl. *koor*, *koer*, mhd. *kür*, *willekür*), vereinbartes (mhd. *einunge*, *phaht* aus mlat. *pactus*) in erheblicher Menge wurde erst durch wirtschaftliche, politische, religiöse Umwälzungen veranlaßt. Und noch später blieb das R. wenigstens zum größeren Teil Gewohnheitsrecht, »Landlauf«, Brauch, Sitte. Ferner aber war in der Frühzeit alles und später noch das meiste R. Volksrecht (on. *lyþretter*, wn. *lýretter*, *lýritr*, ags. *léodriht* oder *folcriht*). Vom gemeinen Mann ging es aus, in seinem Bewußtsein und mehr noch in seinem Gefühl lebte es. Daß es nicht Menschenwerk, sondern von göttlicher Herkunft, ist eine Vorstellung, die der germanischen Welt erst durch die christliche Theologie zugebracht wurde, und — den Mars Thingsus (§ 83 a. E.) samt den rätselhaften Alaisiagae, den sacerdos civitatis und hoffentlich auch das sakrale Strafrecht in Ehren! — nichts kann doch verkehrter sein, als jene Vorstellung in die Heidenzeit zurück zu datieren, wie es mittels eines Gewebes von willkürlichen Voraussetzungen neuerdings versucht worden ist, nichts verkehrter denn auch, als die Hypothese einer spezifisch priesterlichen Überlieferung des altgerman. Rechts[2]). Überhaupt gab es in der Jugendzeit des german. Rechts niemand, der aus seiner Kunde einen Beruf machte. Es fehlte das Bedürfnis dazu.

Aus diesen Umständen nun erklärt sich vorab der andere, daß

---

[1]) Ags. *þéaw* (= Sitte).

[2]) Gegen die Richthofensche Begründung der Hypothese s. Gött. Gel. A. 1883 S. 1066—1068, ferner Heck (u. Siebs) *Altfries. Gerichtsverfassung* 1894, S. 47—55, 61 f.

schriftliche Denkmäler des germ. Rechts erst seinen jüngeren Geschichts-Perioden entstammen. Alle gehören erst der christlichen Zeit an. Das weströmische Reich und die römische Kirche leihen ihre Schrift. Denn sieht man von solchen spätmittelalterlichen Schreiber- oder Bestellerlaunen wie dem Kopenhagener Cod. runicus des Schonenrechts ab, so sind die Unterschriften in ein paar ostgot. Verkaufsbriefen und die Inschrift auf dem Forsaring (unten § 21) die einzigen nicht in latein. Alphabet geschriebenen Rechtsdenkmäler. Und wie mit der Schrift, so verhielt es sich in Süd- und Mitteleuropa Jahrhunderte hindurch mit der Sprache. Es erklärt sich aber ferner aus dem oben Gesagten, daß kein schriftliches Denkmal germanischen Rechts darauf ausgeht, seinen Stoff zu erschöpfen. Auch den einläßlichsten Schriftwerken sieht man an, daß sie noch weit mehr, als sie selber bieten, und oft sogar die Hauptsache als bekannt voraussetzen.

Die schriftlichen Denkmäler sind teils Rechtsaufzeichnungen, teils Urkunden, Formulare und Auszüge von Urkunden. Die ersteren zeigen das Recht als ein theoretisches, die andern als ein angewandtes. Jene wollen den Rechtssatz unmittelbar vor Augen bringen, diese lassen ihn nur erschließen, — ein Gegensatz, der nicht dadurch verwischt wird, daß gelegentlich eine Urkunde einen Rechtssatz als solchen anführt oder den äußeren Rahmen für eine Rechtsaufzeichnung hergibt, eine Rechtsaufzeichnung einen Fall aus der Praxis erzählt. Die Rechtsaufzeichnungen sind teils als Gesetze, teils als Privatarbeiten entstanden, wobei das Wort »privat« jede Tätigkeit, gleichviel ob amtliche oder außeramtliche, bezeichnet, die keine gesetzgeberische ist. Aber manches Gesetz ist einer Privataufzeichnung einverleibt und nur so zu unserer Kenntnis gelangt, und manche Privataufzeichnung ist nachträglich, — auch wenn sie nicht Entwurf eines Gesetzes war, zur Geltung eines Gesetzes gekommen, sei es, daß der Gesetzgeber sie sich angeeignet und als sein Gesetz bekannt gemacht hat, sei es, daß sie vom Gewohnheitsrecht wie ein Gesetz behandelt wurde. Schon hiernach war es, wie in der Regel nicht die Absicht der Privatarbeit, so oftmals auch nicht die des Gesetzes, das überkommene Recht zu ändern. Überhaupt aber bezweckte der Gesetzgeber in vielen Fällen, wo er sich der Schrift bediente, nichts weiter als das bestehende Recht zu sichern. Formuliert ist der geschriebene Rechtssatz nicht immer vom Urheber des Schriftwerks. Bisweilen schreibt dieser nur nieder, was schon vorher mündlich »gesagt« war oder doch mündlich »gewiesen« wurde, so daß es für uns darauf ankommt, das Alter und die Schicksale dieser voraufgegangenen Tradition zu bestimmen. Namentlich gilt dies von vielen ältern schwedischen und westnordischen Rechtsaufzeichnungen und von den »Weistümern« in Deutschland. Ist eine Formulierung einmal aufgestellt, so pflegt sie sich durch viele Rechtsaufzeichnungen hindurch fortzupflanzen. Daher sind oftmals jüngere aus dem Material älterer angefertigt. Denn das Formulieren eines Rechtssatzes machte immer Schwierigkeiten, da das rechtliche Denken ein überwiegend anschauliches war. Hierin liegt auch der Grund, weswegen selbst die vollkommensten Rechtsaufzeichnungen zur Kasuistik neigen und einer ausgebildeten Systematik entbehren, der Grund ferner, weswegen das rein germanische Rechtsleben es nur zu den Anfängen einer wissenschaftlichen Literatur gebracht hat. Unter diesen stehen an Originalität die naiv lehrhaften Privatarbeiten über umfangreiche Stoffe voran, denen man in unserer Zeit den Namen der »Rechtsbücher« beigelegt hat, einen Namen freilich, der von den Quellen auch für Gesetzbücher verwendet wird. Unter dem Gesichtspunkt der Anfänge einer Kautelar-Jurisprudenz vermitteln die Urkundenformulare und Formelsammlungen den Übergang zwischen den Denkmälern der Rechtskunde und jenen der Rechtspraxis. Die Urkunde als Rechtsdenkmal ist entweder Stück einer Rechtshandlung (sog. dispositive oder Geschäftsurkunde) oder — sei es als öffentliche, sei es als Privaturkunde — bloße Denkschrift (»Notiz, schlichte Beweisurkunde« i. w. S.) über einen solchen Hergang oder, wie bei den Heberegistern, Urbarien, Saal-, Lager- und Lehenbüchern, über ein Rechtsverhältnis. Vgl. unten § 71. In der einen wie in der andern Bedeutung ist sie etwas von Haus aus Ungermanisches. Sie ist dem spätrömischen Recht entlehnt und bildet einen der Hauptkanäle, wodurch fremde Elemente ins german. R. eingeleitet werden [1]). Durch ihren juristischen Wert besonders ausgezeichnete Urkundengruppen sind die Gerichtsurkunden (ein Verzeichnis älterer Stücke: R. Hübner *Gerichtsurkunden der fränk. Zeit*, 2. Abt. 1891, 93) und im ma. Deutschland die Schöffenbriefe, d. h. Sendschreiben, worin die Schöffenkollegien von Oberhöfen (§§ 9, 84) Anfragen über die Beurteilung von Rechts-

[1]) Literatur über die Rechtsgeschichte der Urkunde bei Brunner, RG. I² § 58. Grundzüge 5 S. 50, 132, Schröder, Lehrb. §§ 33, 59. S. ferner H. Hennings, *Studien ü. d. ältere dänische Königsurk. bis zur Mitte des XIII. Jahrh.* 1886.

fällen beantworten (Drucke nennen: O. Stobbe *Gesch. d. deut. Rechtsquellen* I § 27, Siegel *RG.* § 27; neuere: Friese u. Liesegang *Magdeburg. Schöffensprüche* I 1901, Größler in *Zschr. des Harzvereins* XXIII 1890 S. 171—201 (Magdeburger Schspr.) Wasserschleben *Deut. Rechtsquellen d. MA.* 1892 S. 1—156, A. Zycha *Das böhm. Bergrecht d. MA.* II 1900 S. 298ff.).

Den schriftlichen Denkmälern nächst verwandt sind diejenigen, welche wir mündliche nennen können, weil sie zwar sprachlich, jedoch nicht wesentlich in Schriftform das Recht überliefern. Schon die technischen Ausdrücke[1]) gehören hierher,

[1]) Brauchbare Hilfsmittel außer den allgemeinen Wörterbüchern liegen nur für die Terminologien einzelner Rechte und Rechtsgruppen vor. Von den älteren sind noch jetzt nützlich Páll Vídalín († 1727) *Skýringar yfir fornyrði lögbókar þeirrar er Jónsbók kallast*, Reykj. 1854 und Ch. G. Haltaus, *Glossarium Germanicum medii aevi* 1758. Neuere Arbeiten ersten Ranges sind C. J. Schlyters Glossare in den 13 Bänden des *Corpus juris Sueo-Gotorum antiqui* 1827—1877, K. v. Richthofens *Altfries. Wörterbuch* 1840 (wozu mehrfache Berichtigungen und Ergänzungen von Bremer in PBB. XVII 1893 S. 303—346) u. W. L. van Helten in Verhandelingen d. k. Akad. v. W., Letterkunde I Nr. 5, NR. IX (Amsterd. 1896, 1907) und F. Liebermann, *Die Gesetze der Angelsachsen* Bd. II (1906, 1912, Wörterbuch, Rechts- u. Sachglossar). Demnächst ist zu nennen E. Hertzbergs Glossar zu den altnorweg. Rechtsdenkmälern in NGL. V 1895. Beschränktere Aufgaben setzen sich Lund *Det ældste danske skriftprogs ordforråd* 1877 (worüber K. Maurer in Krit. Vjschr. f. Gesetzg. u. Rechtsw. XXI 1879 S. 94—96), Stallaert *Glossarium van verouderde rechtstermen* (seit 1886 elf Lieferungen), dann die Glossare hinter den Ausgaben der ags. Gesetze von Schmid 1858, sächsischer Rechtsbücher von Homeyer, des Münchener Stadtr. v. Auer 1840, des Ofener Stadtr. v. Michnay und Lichner 1845, der Brünner Stadtrr. v. Rößler 1852, der altbaier. Freibriefe [v. Rockinger] 1853, der Magdeburger Fragen v. Behrend 1865, der Salzburger Taidinge v. Tomaschek 1870, des Augsburger Stadtbuchs v. Meyer 1872, des Wiener Stadtrb. v. Schuster 1873, der Leidener Keurboeken v. Hamaker 1873, des Steiermärk. Landr. v. Bischof 1875, der steier. u. kärnth. Taidinge v. Schönbach 1881, der Utrechter Quellen v. Muller 1885, des sächs. Bergr. und des Freiberger Stadtr. v. Ermisch 1887 u. 1889, der Grágás v. V. Finsen 1883. Auch der Wortregister zu den Leges in den Monum. Germaniae, zu den Ausgaben der Lex Salica v. Behrend (1897, 2. Aufl.) und Geffken (1898) zu den Grimmschen *Weistümern* (Bd. VII 1878 v. R. Schröder), zu den einzelnen Bänden der *Österreichischen Weistümer* (seit 1870) und der *Sammlung schweizerischer Rechtsquellen* (seit 1898) sowie des »Langobardischen Wörterbuchs« v. W. Bruckner (*Die Sprache der Langobarden* 1895 S. 199 ff.) ist hier zu gedenken. Ein Wörterbuch der älteren deutschen Rechtsprache (*Deutsches Rechtswörterbuch*) ist von der Berliner Akademie begonnen. — Die neben der nationalen in Betracht kommende latein. Terminologie des MA. ist in den Glossaren von Du Cange-Henschel und Diefenbach bearbeitet.

von denen der Wortschatz jeder german. Sprache bis heute voll ist und deren Etymologie und Gebrauch — von den Rechtshistorikern meist vernachlässigt oder nur dilettantisch studiert — um so reichere Aufschlüsse über die alten Rechtsbegriffe zu geben vermag, je volkstümlicher und je weniger Gedankenarbeit eines Berufsstandes das Recht war. Sodann aber haben in jüngeren wie in uralten Zeiten die germanischen Völker ihre Beobachtungen und ihre Betrachtungen über das eigene Rechtsleben in Sprichwörtern bewahrt. Viele von diesen sind erst durch moderne Sammler aufgeschrieben worden, die andern nur gelegentlich in der alten Literatur angeführt [1]). Eine besonders reiche Ausbeute würde die altnordische demjenigen gewähren, der sie nach Rechtssprichwörtern durchsuchen möchte. Im Gegensatz zu den Sprichwörtern gab es aber bei den Skandinaviern über einzelne Teile des Rechts noch ausführliche Vorträge, die in der einmal festgestellten Redeform nicht nur von ihren Verfassern, sondern auch von anderen wiederholt und zu diesem Zweck dem Gedächtnis eingeprägt wurden. Da sie jedoch nur als Bestandteile von Rechtsaufzeichnungen erhalten sind, ist genauer von ihnen unter § 18 zu handeln. Hier dagegen ist noch auf die mancherlei mündlichen Formeln hinzuweisen, die mit andern ehemaligen Rechtsgebräuchen sich in die Sitte des Volks zurückgezogen haben. Manches daran ist freilich modern übermalt. Dennoch darf auch der Rechtshistoriker des MA. an Prachstücken wie dem Dürrenberger Brautbegehren bei Aug. Hartmann *Volks-Schauspiele* (1880) Nr. 18 nicht vorübergehen. Besonders reich an solchen Überbleibseln alten Rechts ist Siebenbürgen (Vieles bei Fronius *Bilder aus dem sächs. Bauernleben in Siebenb.*, 2. Aufl. 1883, Mätz im Schäßburger Gymnasialprogr. 1859/60).

Noch einer dritten Klasse von Denkmälern muß hier gedacht werden, die zwar neben den schriftlichen und mündlichen nur eine Nebenrolle, immerhin aber, bei der Neigung des germanischen Rechts zur Sinnenfälligkeit, eine sehr charakteristische Rolle spielen: das sind die Gebrauchs-Gegenstände, deren man sich im Rechtsleben bediente, wie z. B. Münzen, Siegel, Wappen, Abzeichen, Symbole, Straf- und Folterwerkzeuge, Ding- und Richtstätten, öffentliche Gebäude. Bilden die drei erstgenannten Kate-

[1]) Wissenschaftliche Sammlungen von Rechtssprichwörtern sind verzeichnet bei Siegel RG. § 2, Rosenvinge 2. Aufl. § 12 (wozu Larsen, *Forel.* § 12). Stemann S. 5. Vgl. auch Costa Bibliogr. Nr. 1576—1588.

gorien schon die Objekte für die historischen Hilfswissenschaften der Numismatik, Sphragistik und Heraldik, so würde sich mit den andern und jenen zu ihnen überleitenden Erzeugnissen der Kunst- und der Handfertigkeit, welche die sichtbare Erscheinung von Rechtsdingen und Rechtshandlungen darstellen, die Rechtsarchäologie i. e. S. zu befassen haben. Ehedem mit unzulänglicher Methode als »jurisprudentia picturata« oder »illustrata« gepflegt [1]), hat sie in der Neuzeit ungebührliche Zurücksetzung erfahren, obgleich es ihr weder an massenhaftem Stoff noch an kritischen und kommentatorischen Aufgaben fehlen würde. Fortgesetzte Publikation [2]) und kritisch beschreibende Kata-

[1]) Insbesondere durch Chr. U. Grupen, *Teutsche Alterthümer* 1746 (und in zahlreichen Abhandlungen), K. F. Hommel, *Jurisprud.... illustrata* 1763, J. G. H. Dreyer, *Jurisprud. Germ. picturata* herausg. v. Spangenberg in *Beitr. z. Kunde d. deut. Rechts-Altert.* 1824. N. Schlichtegroll *Talhofer* 1817, J. G. Büsching u. a. in dessen *wöch. Nachr. IV* 1819 S. 1—10, U. F. Kopp, *Bilder und Schriften der Vorzeit* I 1819 S. 45—164 II 1821 S. 1—34, Batt, v. Babo, Eitenbenz, Mone und Weber *Teutsche Denkmäler* 1820.

[2]) Von alten Holzschnittwerken und Einzelblättern, die selbst schon Denkmäler sind, abgesehen, mögen die größeren Publikationen genannt werden: die vollständige Wiedergabe der Miniaturen in der Wiener Hs. der Gold. Bulle bei Thülemarius *Tract. de Bulla* 1697 und der Bilder im Heidelb. Cod. Pal. Germ. 164 des Sachsenspiegels in den *Teut. Denkmälern* (s. vor. Note) sowie derjenigen der Hs. auf der k. Bibl. zu Dresden M 32 in *Die Dresdener Bilderhs. des Sachsenspiegels* her. v. K. v. Amira Bd. I 1902, (vollständiges Faksimile der Hs., — dazu Nachweise von Reproduktionen einzelner Bilder aus den andern Bilderhss. bei Homeyer Sächs. Landr. 1861 S. 113 ff. Sächs. Lehnr. I S. 81;, elf weitere Tafeln in der Ausg. des Oldenb. Cod. pict. v. Lübben), *Die Miniaturen zu dem Hamburg. Stadtr. v. J. 1497 erläut.* v. J. M. Lappenberg 1845, die 13 Miniaturen des sog. Nequam-Buches zu Soest in den »Westfäl. Provinzialblättern« I 1830, III 1843, *Die Rulands-Säule* v. H. Zoepfl (in dessen Altert. Bd. III 1861), *Die Rolande Deutschlands* v. R. Béringuier 1890, *Die Kl inodien des hl. röm. Reichs* v. Fr. Bock 1864, *Die Siegel der Landeserbämter... unter der Enns* v. K. v. Sawa (in den Bericht. d. Wiener Alterts. Ver. V), *Die Romfahrt Kaiser Heinrichs VII. im Bilderzyklus des Cod. Bald. Trev.* herausg. v. der Direktion der preuß. Staatsarchive (Text v. G. Irmer) 1881, *Talhoffers Fechtbuch aus d. J. 1467* herausg. v. G. Hergsell 1887, Dass. (Gothaer Cod.) aus d. J. 1443, herausg. v. Hergsell 1889, Dass. (Ambraser Cod.) aus d. J. 1459 herausg. v. Hergsell 1889, *Die Heiligenberger Hs. über die Egg* [6 Tafeln in Lichtdr. v. Gr. Generallandesarch. in Karlsruhe] 1887, *Das Rathaus in Nürnberg* v. E. Mummenhoff 1891, *Der Römer in Frankfurt a. M.* von C. Wolff u. R. Jung 1898. O. Stichl *Das deutsche Rathaus im MA.* 1905. Auch die Faksimile-Ausg. der Federzeichnungen im Cod. Pal. Germ. 112 durch W. Grimm (*Ruolandes Liet* 1838) der Königs- u.

logisierung [1]) der Monumente wären zunächst zu wünschen. — Im folgenden soll nur noch von den schriftlichen Rechtsdenkmälern mit Ausnahme der Urkunden gehandelt werden. Da die gotisch-wandalischen nicht mit den andern ostgermanischen, wohl aber mit den westgermanischen in geschichtlichem Zusammenhang stehen, so sind die Schriftwerke in süd- und nordgermanische einzuteilen.

Zweiter Abschnitt.

SÜDGERMANISCHE SCHRIFTWERKE.

Literatur bei Brunner RG. I [2] §§ 34, 35, 37—57, 59 und Grundzüge (s. oben S. 5) §§ 12—15, 26—32, 61—64. Schröder Lehrb. §§ 30—32, 34, 52—58, 60, 66, Gengler *German. Rechtsdenkmäler* 1875 Einleitg. §§ 21 bis 31, 35—36 b, 38, 41—43, 45, 59—72, 74, 75. Dazu v. Schwerin in A. Meisters Grundriß d. Geschichtsw. Bd. II Abt. 5 S. 106—122 und Zschr. f. RG. 1912 S. 390—452, Rockinger *Denkmäler des baier. Landesrechts vom 13. bis i. d. 16. Jahrh.* 1891, Leuenberger *Stud. ü. Bernische Rechtsgeschichte* 1873 §§ 5—9, 13—23, Schnell u. v. Stürler *Übersicht der älteren RQuellen des Kant. Bern* 1871, Brunner *Geschichte der engl. Rechtsquellen im Grundriß* (1909) S. 4—19. Brandl im Grunrd. d. germ. Philol. [2] »*Engl. Literatur*« §§ 53, 91, 129 (d. angels. Quellen), F. Pollock

---

Herzogsbilder im Cod. Cavensis III 1876, der Aulendorfer Hs. von Richenthals Chronik durch H. Sevin 1880, sowie die Wolfschen Photographien der Konstanzer Hs. nach derselben Chronik 1869, endlich die Ausg. der Manesseschen Hs. durch F. X. Kraus 1887 verdienen Hervorhebung. Viele interessante Nachbildungen sind zerstreut in den kunst- und kulturgeschichtlichen Illustrationswerken von de Bastard, Hefner, Aus'm Werth, Bock, Essenwein, Hirth, Luchs, Camesina, v. Wolfskron, Varennes-Troimaux, Lacroix und seinen Nachahmern, in den der Inventarisation der Altertumsdenkmäler Deutschlands gewidmeten Sammelwerken sowie in der periodischen Literatur der Kunstwissenschaft u. Altertumskunde.

1) Zahlreiche Nachweise von Werken der graphischen Kunst finden sich in W. Drugulins *Histor. Bilderatlas* I 1863, II 1867, J. Maillingers *Bilderchronik v. München* I 1876, H e b e r l e s Antiquariats-Katalog Nr. LXXIV Köln 1879. Ein kritisches Verzeichnis germanischer Monumente von rechtsarchäologischer Bedeutung befindet sich in Arbeit. Stücke dieser Vorarbeiten sind: das Verzeichnis von 300 *bildlichen Darstellungen des Richters mit dem Stab* in Abhandlg. der k. baier. Akad. d. W., phil. u. hist. Kl. XXV (1909) Nr. 1 S. 165—180 und das Verzeichnis von bildl. Darstellungen der Todesstrafen hinter einer demnächst ebendort erscheinenden Abhandlung. Einen Katalog über einschlägige Gegenstände eines bestimmten Museums bietet W. M. Schmid *Altertümer des bürgerl. und Strafrechts ... des baier. Nationalmuseums* (München 1908).

and W. Maitland *The Hist. of Engl. Law*[2] I 1896 S. 64—105, F. Liebermann *Über Pseudo-Cnuts Constitutiones de foresta*, 1894, Ders. *Über die Leges Edwardi Confessoris*, 1896, Ders. in Mélanges Fitting II (1908) 77—103 und desselben Erörterungen vor den unten S. 41 genannten Ausgaben. Siebs im Grundr. d. germ. Philol.[2] »*Friesische Literatur*« §§ 4, 5, 7—9, R. His *Das Strafrecht der Friesen im MA.* 1901 S. 1—14.

§ 5.

Die südgerman. Rechtsdenkmäler beginnen um die Zeit, da die sog. Völkerwanderung zum Stillstand gelangt. Die Ursache liegt in dem durchgreifenden Wandel der Rechtszustände, welchen in jenen Jahrhunderten die Verlegung der Stammsitze, die Vereinigung sehr verschiedener alter Völker zu neuen »Stämmen«, die Neugründung und der Untergang von Staaten, die Annahme des Christentums, die Fortschritte der Wirtschaft hervorriefen. Jetzt hatte die Gesetzgebung eine Fülle von Aufgaben zu lösen. Je mehr aber Zahl und Umfang ihrer Schöpfungen zunahmen, desto notwendiger war es, dem Gedächtnis des Volkes durch die Schrift zu Hilfe zu kommen. Da ferner die reichere Gliederung der Gesellschaft und die Verschärfung der sozialen Gegensätze die Gleichartigkeit der hergebrachten Rechtsanschauungen im Volke störten, so verlangte auch das Gewohnheitsrecht vielfach nach schriftlicher Feststellung. Das zum Formulieren der Rechtssätze nötige Abstraktionsvermögen wird geschult an der antiken und an der kirchlichen Literatur. Daher fällt das Formulieren und Aufschreiben denjenigen zu, die solcher Schulung teilhaftig geworden sind, Rhetoren, Klerikern und den von ihnen gebildeten Laien. Ihrer Literatursprache, der lateinischen, bedienen sie sich, indem sie sich zunächst an ihre eigene Gesellschaftsklasse als die vor andern die Rechtspflege und Rechtsbildung beeinflussende wenden. Dies Latein jedoch erweist sich schon den Verfassern als unzureichend zum Ausdruck der german. Rechtsbegriffe. Sie versetzen es daher mit germanischer Terminologie, indem sie diese latinisieren oder mittels glossenartiger Einführungswörter in den Text aufnehmen, oder sie verändern den Sinn lateinischer Ausdrücke, indem sie germanische buchstäblich übersetzen. Ganze Rechtsschriften dagegen in germanischer Sprache kennt nur die angelsächsische Quellengeschichte dieses Zeitalters.

Die ältesten Denkmäler gehören ostgermanischen Rechten an, nämlich gotischen und burgundischen.

Unter diesen steht der Zeit nach das westgotische voran. Nach einer durchaus unverdächtigen Angabe Isidors v. Sevilla stammten die ersten geschriebenen Gesetze der Westgoten von König Eurich (466—485) und Fragmente eines Gesetzbuchs (*Edictum*) dieses Königs liegen vor im Pariser Cod. (rescriptus) Lat. 12161. Sie beginnen beim cap. 276 und schließen bei cap. 336. Mit Sicherheit ergänzt werden können sie durch diejenigen Bestandteile der alsbald zu erwähnenden Leges antiquae, welche in burgund., fränk., insbesondere aber in baier. Gesetzen wiederkehren. Das Gesetzbuch Eurichs ist wahrscheinlich um 470—475 erlassen. Herausgegeben sind die Pariser Bruchstücke am besten von K. Zeumer in Mon. Germ. LL. sect. I tom. I 1902. Das erste vollständig erhaltene Gesetzbuch des westgot. Reiches ist der *Codex de Theodosiani legibus atque sententiis juris vel diversis libris electus* oder die sog. *Lex Romana Wisigotorum* (herausg. von G. Haenel 1849) von König Alarich II. aus dem J. 506 (daher im MA. *Breviarium Alarici* genannt). Von Romanen für die Romanen aus spätrömischen Materialien exzerpiert und kompiliert, erhielt es sich auch nach seiner Aufhebung durch Rekkessvinth als die schriftliche Quelle des röm. Rechts nicht nur für den Gebrauch der Romanen in Gallien, sondern auch für den der Kirche bis ins 12. Jahrh. Nur für die Goten bestimmt war eine Gesetzkompilation von K. Leovigild (568—586), wovon uns jedoch nur Reste in der *Lex Wisigotorum* erhalten sind. Dieses Gesetzbuch, das wie schon früher einzelne Königsgesetze für sämtliche Untertanen des westgot. Königs ohne Unterschied der Nationalität galt, ist in einer Reihe von sehr verschiedenen Redaktionen erhalten. Die älteste, der *Liber judiciorum*, ist begonnen von Kön. Chindasvinth (641—652) i. J. 642 u. vollendet von Kön. Rekkessvinth (649—672) wahrscheinlich 654. Diese *Lex Wisigotorum »Reccesvindana«* stellt sich dar als eine systematische, in (12) Bücher, Titel und Kapitel (erae) gegliederte Kompilation aus Rekkessvinths und Chindasvinths Gesetzen und aus älteren, die meist unter dem Namen der Antiquae aufgenommen sind. Die nächste Redaktion ist ein Werk des K. Erwig aus d. J. 681. Hierauf folgen die aus Privathänden hervorgegangenen Überarbeitungen des 8. Jahrhs., allesamt von neueren als *Vulgata* bezeichnet. Die *Vulgata* hat auch Novellen aus der Zeit von 687—710 und ältere Königsgesetze, die nicht den offiziellen Kompilationen einverleibt waren (»Extravaganten«) aufgenommen. Die kritische Ausgabe der L. Wisigot. von Zeumer a. a. O. bietet die Redaktionen Rekkessvinths und Erwigs, sowie die Extravaganten und unter den Texten die Abweichungen der Vulgata. Ergänzt werden die westgot. Gesetze durch die spanischen Konzilschlüsse. Die wichtigsten Fragen der Reichsverfassung namentlich finden sich dort beantwortet. Die ältesten ostgotischen Gesetze stammen aus der italischen Zeit Theoderichs d. Gr. Erhalten sind ein *praeceptum contra sacerdotes substantiae ecclesiarum alienatores* v. J. 507 und (nur im Text der auf 2 Hss. beruhenden ed. princ. v. 1579) das vielleicht noch vor 507 fallende und sowohl für die Romanen wie für die Goten bestimmte *Edictum Theoderici*, welches in 154 meist aus römischen Quellen geschöpften Kapiteln verschiedene Gegenstände des Privat-, Prozeß- und insbesondere Strafrechts ordnet. Edikte Athalarichs (526—534) sind in den Varien des Cassiodor erhalten. Die burgundischen Gesetze folgen den im benachbarten Westgotenreich gegebenen Mustern. Einen *liber constitutionum* aus seinen und seiner Vorgänger Gesetzen stellte zwischen 480 und 500 König Gundobad zusammen. Dabei zeigt sich das westgot. Edikt Eurichs benützt. Unter Einschiebung und Anfügung späterer Novellen (bis um 517 etwa) überarbeitet liegt der liber constitutionum in zwei Hauptredaktionen als *lex Burgundionum* (im MA. *lex Gundobada, Gombata, loy Gombette*) vor (neueste kritische Ausgabe von v. Salis in Mon. Germ. LL. sect. I tom. II 1892). Auch eine *lex Romana Burgundionum* hat Gundobad (vor 506 wahrscheinlich) erlassen. Meist röm. Gesetze und Juristenschriften exzerpierend und im Prinzip parallel dem liber constitutionum gibt sie in 47 Titeln die schon dort angekündigte expositio legum für die romanischen Staatsangehörigen. Durch ein Schreibversehen ist der Name des »*Papianus*« (Papinianus) auf die Lex Romana Burg. übertragen worden (Ausg. von v. Salis a. a. O.). Zum Alter der bisher genannten Gesetze steht ihr germanistischer Wert in umgekehrtem Verhältnis. Von den leges Romanae und den ostgot. Edikten ist von vornherein abzusehen. Wie diese, so zeigen auch die anderen, Werke der gewaltig gesteigerten Königsgewalt und des Einflusses von geistlichen und weltlichen Optimaten, das german. R., soweit sie es nicht romanisieren, im Zustand der Entartung. Am wenigsten ist dies noch bei der lex Burg. und beim Gesetzbuch des Eurich der Fall. Die Lex Wisigotorum dagegen läßt an Geschraubtheit der Sprache wie an Künstlichkeit und Armseligkeit des Inhalts alles hinter sich, was jemals ihre Vorbilder, die Kaiserkonstitutionen des verfallenden Römerreichs, geleistet haben. Lediglich der Laune und dem Zufall mag es das Volkstümliche, das Individuelle, das Gewohnheitliche im Recht verdanken, wenn es einmal vor dem Auge des »artifex legum« Gnade findet. Geht er doch darauf aus, den Unterschied zwischen dem röm. Landrecht und dem got. Stammesrecht schlechterdings aufzuheben, den die ältere westgot. Gesetzgebung ebenso wie die ostgotische, und dessen Analogie auch die burgundische hatte fortdauern lassen. Zu seinem Wollen freilich steht sein Können in einem so schreienden Mißverhältnis, daß es sich genugsam erklärt, wenn der Lex. Wisig. zum Trotz ein got. Vulgarrecht in den Fueros spanischer und portugiesischer Gemeinden zum Vorschein kommt. Zustände, unter denen eine solche Gesetzmacherei möglich war, ließen keine rechtswissenschaftliche Literatur aufkommen. Alles, was an juristischen Arbeiten aus westgot. Bereich bis jetzt bekannt geworden, besteht — wenn wir hier von den oben genannten *Vulgata*-Kompilationen absehen — in einer wahrscheinlich zwischen 616 und 620 (zu Cordova?) angelegten Sammlung von 46 Urkundenformularen (neueste und beste Ausg. v. K. Zeumer in Mon. Germ. LL. Sect. V. 1886 pp. 572—595), sodann dem Bruchstück einer aus Eurichs und Theoderichs Gesetzen, dem Breviar und der Lex Burg. exzerpierten Kompilation (510—550, Provence, neuester Druck bei Zeumer hinter der L. Wisig. 469—472), endlich einem aus Toledaner Konzilsschlüssen ausgezogenen Aufsatz *de electione principum* (8. Jahrh.? — Ausg. in Port. Mon. hist. LL. I p. 1—7). Das belangreichste Stück ist die Formelsammlung, denn nicht nur zeigt sie die dispositive Urkunde teils römischen, teils gotischen Rechts bei den verschiedenartigsten Privat- und Prozeßgeschäften angewandt, sie kann auch als Typus aller ähnlichen älteren Arbeiten gelten, indem sie mit Vorliebe den Redeschmuck der Urkunden pflegt und so deutlich die Verbindung der Kautelarjurisprudenz als einer *ars dictandi* mit der Rhetorik erkennen läßt. Hat es doch der Verfasser zu einem vollständig versifizierten Morgengabsbrief — einem Stück einzig in seiner Art — gebracht! Älter als diese Formelsammlung ist nur eine dem ostgot. Quellenkreis angehörige: das wiederum mehr rhetorische als juristische Musterbuch für eine Fürstenkanzlei in Cassiodors Var. VI, VII. Über ein burgundisches Formelbuch aus überwiegend fränkischen Materialien s. unten S. 36).

§ 6.

Ein erfreulicheres Bild als die eben aufgezählten gewähren die deutschen Rechtsdenkmäler der gleichen Übergangs-Epoche. Zwar stehen auch hier die der Form nach gesetzgeberischen Erzeugnisse in vorderster Reihe und unter diesen wiederum die Schöpfungen des Herrschers und der Aristokratie. Aber sie halten sich meist fern von unfruchtbaren Experimenten, beschränken sich auf die nächstliegenden Aufgaben, schaffen auch bei einschneidenden Neuerungen im Geist des Bestehenden fort und lassen es eben so oft beim Formulieren des Herkommens oder beim Erneuern älterer Gesetze bewenden. Am seltensten und gewöhnlich nur nebenher beziehen sie sich auf denjenigen Rechtsteil, der die allergründlichsten Umwälzungen erfahren hat: die Verfassung. Hier erledigte die Praxis die großen Prinzipienfragen. Auch von privatrechtlichen Gegenständen werden nur jene öfter berührt, welche durch die Kulturveränderungen am tiefsten erschüttert worden sind: das Verwandtschafts-, das Grundgüterrecht, die Stellung der Unfreien und Freigelassenen. Ergiebiger sind die prozessualen Satzungen, am ergiebigsten die strafrechtlichen. Im Prozeß- und ganz besonders im Strafrecht mußten eben die durchgreifenden Veränderungen systematischer und mechanischer vollzogen werden. Um nur die beiden vornehmsten Ursachen zu nennen: die Einführung des Christentums brachte Ausmerzung alles Heidnischen aus Recht und Sitte, die Einführung des gemünzten Geldes brachte Neuregelung aller Bußsätze mit sich. Ordnen sich so durch ihren Inhalt die Gesetze dem sonst geltenden Recht ein, so schließen sich auch in der Sprechweise jene diesem an. Selbst die lateinische Rede wird schlicht und oft wortkarg, vulgarisiert und barbarisiert [1]). Sie wimmelt von Germanismen, die freilich nur der würdigt, der an die rein german. Rechtstexte gewöhnt ist. Die Gesetze zerfallen in 3 Gruppen: die des Merowingischen bzw. Arnulfingi-

[1]) Spezialarbeiten: Fr. Pott in Zschr. f. Wissensch. der Sprache III 1851 S. 113—165 und in Zschr. f. vergl. Sprachforschg. XII 1863 S. 161—206, XIII 1864 S. 24—105, 321—364, L. Stünkel *Das Verhältn. der Sprache der Lex. Rom. Utin. zur schulgerechten Latinität* 1876, ders. in Zschr. f. rom. Philol. V S. 111 ff. B. Kübler im Arch. f. lat. Lexikographie VIII 1893 S. 445 ff. Schramm in Marburg. Beitr. z. roman. Philologie III 1911. Über Vulgär- und Schriftlatein der Zeit im allgem. W. Meyer in Gröbers Grundriß der roman. Philol. I 355—382.

schen, die des langobardischen Reichs und die der angelsächsischen Staaten.

Die größte und geschichtlich wichtigste Gruppe ist die erstgenannte. *Leges* und *Capitula* sind die beiden Kategorien, unter welche fast alle gemeinen Gesetze im Frankenreich eingeteilt werden müssen. Dieser Gegensatz läuft dem von Stammesrecht und Landesrecht parallel. Schon die gotische und burgundische Staatsbildung hatte zu einem solchen Gegensatz geführt (s. oben S. 19 f.). Die fränkische erweiterte ihn durch das Personalitätsprinzip (System der persönl. Rechte), demzufolge jeder germanische Untertan des Königs im ganzen Reich des letzteren nach dem Recht seines Stammes zu beurteilen war [1]), soweit nicht der König Territorialrecht geschaffen hatte, — ein Prinzip, welches, wie neu auch immer, doch ganz und gar aus der altgermanischen Auffassung des Rechts (oben S. 11,12) abgeleitet war, daher auch mit dieser Idee selbst zurücktreten mußte. Übrigens krankte das Personalitätsprinzip von vornherein an den Schwierigkeiten seiner Durchführung, die nicht nur eines ausgebildeten internationalen Privat-, Straf- und Prozeßrechts, sondern auch eines gelehrten Standes von Urteilfindern in den Gerichten bedurfte. Am wenigsten konnte dem letzteren Erfordernis Genüge geleistet werden. Schon hierdurch ist eine territoriale Fortbildung des deutschen Rechts mehr und mehr zur Notwendigkeit geworden. Das Stammesrecht nun aufzunehmen war die Lex bestimmt, und in diesem Sinne können die Leges »Volksrechte« genannt werden. Die Capitula dagegen enthielten Landrecht, sofern sie sich nicht selbst als bloße Zutaten zur Lex (*Capp. legi addenda, in lege addenda, mittenda, pro lege tenenda*) gaben. War das erstere der Fall, so hatten die Kapitel auch handschriftlich eine von den Leges gesonderte Masse zu bilden (*Capp. per se scribenda*). Technisch ist übrigens diese Einrichtung wie der Ausdruck *capitula* für Gesetze und die Benennung einer Gesamtheit solcher capp. als *capitulare* erst seit Karl d. Gr. Daneben und namentlich früher wurden die Ausdrücke *Edictum, Praeceptum, Decretum, Constitutio* und ähnliche gebraucht. Die älteste Lex und das Urbild einer solchen ist das Gesetzbuch des west- oder salfränkischen Stammes, die *Lex Salica*. Ein Prolog derselben erzählt in der Hauptsache glaubwürdig, noch in der Zeit

[1]) Für die Romanen und die Einrichtungen der Kirche dauerte das Recht des römischen Reiches fort, damit aber auch der Einfluß des röm. Rechts auf das deutsche.

der Kleinkönige seien von diesen vier Männer ernannt worden, welche in drei Gerichtsversammlungen nach sorgfältigem Durchsprechen aller Streitfälle das Recht so »gesagt« hätten, wie es in der L. Sal. stehe. Diese Weistümer sind in der ursprünglichen Gestalt nicht erhalten, und es muß überhaupt bezweifelt werden, ob letztere eine schriftliche war. Weiterhin aber berichten die Epiloge und (nach ihnen?) ein Zusatz zum Prolog: in christlicher Zeit sei die Lex durch die Könige Chlodowech (I.), Childebert (I.) und Chlothar (I.) verbessert und vermehrt worden. Die Zutaten der beiden letztgenannten liegen vereinigt vor als *Pactus pro tenore pacis domnorum Childeberti et Chlotharii* (zwischen 511 und 558). Dagegen ist die Lex. des Chlodowech (*Pactus* oder *Tractatus legis Salicae*) nicht in unveränderter Fassung bewahrt, sondern nur der Grundtext von fünf Hauptredaktionen, welche unter dem gewöhnlichen Namen der L. S. aus den Hss. bekannt sind, von denen jedoch keine mit Grund als offiziell bezeichnet werden kann. Der Grundtext hat das westgot. Edikt des Eurich benützt und ist erst nach 507 abgefaßt. Von einer Bearbeitung desselben, die vornehmlich eine nicht vor 575 eingetretene Münzreform (§ 63) berücksichtigte, sind die erwähnten fünf Redaktionen ausgegangen. Ihren Stoff verteilen die beiden älteren auf 65 Titel; die jüngeren, welche teilweise nebeneinander hergehen, zählen und ordnen die Titel anders. Eine Kürzung des Textes nimmt die dritte, eine Verbesserung der Sprache die vierte (*L. Sal. emendata* aus Karls Zeit) vor. Von den Kapitularien sind nicht die obengenannten Landfriedensordnungen, wohl aber einige (6?) andere speziell zur L. Sal. ergangen. Das letzte, ursprünglich ein Weistum, gehört dem J. 819, die früheren dem 6. Jahrh. an. Die grundlegende Ausgabe der Lex ist Pardessus *Loi Salique* 1843. Sie wird teils berichtigt, teils ergänzt durch die genauen Drucke einzelner Hss.-Texte in R. Hubé *La loi Salique* 1867 und A. Holder *L. Sal.* 1879 u. 80, *L. Sal. emend.* 1879 u. 1880. Kritische Handausgaben der Lex. und der Kapitularien veranstalteten 1874 J. Fr. Behrend und Boretius (neu bearbeitet von R. Behrend 1897), ferner H. Geffcken 1898, einen synoptischen Druck von 10 Texten Hessels *Lex. Sal.* 1880. Eine neue kritische Ausgabe bearbeitet für die Mon. Germ. in 4° M. Krammer. Über die Glossen s. S. 33 f. Der Zeit, wie dem Geltungsgebiet nach der L. Sal. zunächst und textgeschichtlich mit ihr in Zusammenhang steht das Volksrecht der östlichen Franken oder der Ribwaren, die *Lex Ribuaria* (*Pactus legis*

Ribuariae). Sie scheint stückweise im 6. Jahrh. entstanden, wobei die L. Sal. zum Vorbild diente, dann durch Dagobert I. (628—639) erweitert. Erhalten ist jedoch nur eine jüngere Überarbeitung (Vulgata) aus der Karolingischen Zeit vor 803 (neueste, aber nicht sehr zuverlässige Ausg. v. Sohm in Mon. Germ. LL. V. 1883). Aus dem letzteren Jahr liegt eine *Legis constitutio in lege Rib. mittenda* vor. Ein vom königlichen Missus erfragtes Weistum über das im ribwarischen Hamaland geltende Recht in 48 kurzen Kapiteln aus dem Anfang des 9. Jahrhs. haben wir in der *Notitia vel commemoratio de illa ewa, quae se ad Amorem habet* (sog. *Lex. Chamavorum,* Ausg. v. Sohm a. a. O.). Mit der L. Rib. ungefähr gleichzeitig ist ein vom fränkischen König oder doch unter fränk. Einfluß erlassenes und in 5 Bruchstücken erhaltenes Gesetzbuch [1]) für den Alamannenstamm, der *Pactus Alamannorum.* Eine zweite Kodifikation alamannischen Rechts verzeichnen wir in der *Lex Alamannorum.* Sie ist von Herzog Lantfrid auf einer Stammesversammlung, vielleicht um 717—719 erlassen, reichhaltiger als der Paktus, auf dem sie nur teilweise beruht, benützt ein uns im Urtext verlorenes Kapitular von Chlotachar II. (613—623) zum Pactus, ferner die L. Rib. und kirchiche Quellen und ordnet ihren Stoff in 3 Massen: Kirchensachen, Herzogssachen, Volkssachen. Zwei Textrezensionen, wovon die jüngere seit dem 9. Jahrh. noch fortgebildet wurde, sind in den Hss. vertreten (neueste krit. Ausg. v. K. Lehmann in Mon. Germ. LL. in 4° tom. V 1888). Die L. Alam. sowohl wie das noch bei den gallischen Westgoten geltende Edikt des Eurich gaben die Vorbilder ab, denen die Redaktoren des *Pactus* oder der *Lex Baiuwariorum* folgten. Sie haben dabei aber noch andere fremdartige Materialien benützt, so das vorhin erwähnte alamannische Kapitular und das langobard. Edikt. Das Gesetzbuch ist vom Baiernherzog Odilo unter Mitwirkung der fränk. Herrscher um 744—748 erlassen. Sein ursprünglicher Text ist in den Rezensionen der Hss. nur wenig verändert, wohl aber mit einem Anhang unter dem Titel *Decretum* (*Decreta*) *Tassilonis* versehen, welchen zwei Gesetze des letzten Baiernherzogs aus den Jahren 772 und 774 oder 775 bilden. Zum baier. Volksrecht gehört aber auch noch ein kurzes, zum größten Teil strafrechtliches Kapitular

[1]) Lediglich mittels einer durchaus unschlüssigen Argumentation e silentio hält K. Lehmann auch noch in seiner Ausgabe des Pactus an seiner schon von R. Schröder (Zschr. f. RG. XX 1887 S. 17) widerlegten Behauptung fest, daß der Pactus eine Privatarbeit sei.

aus der Zeit zwischen 801 und 814. Die einzige kritische Ausgabe der L. Baiuw. (von J. Merkel in den Mon. Germ. LL. III) ist in der Gesamtanlage verfehlt; eine neue in den Mon. Germ. 4° ist von E. v. Schwind zu erwarten (hierüber und insbes. über die Klassifikation der Hss. s. v. Schwind im NArch. d. Gesellsch. f. ä. deut. Geschk. XXXVII 1912 S. 417—451)[1]. Auf das sächs. Volksrecht, und zwar unter Benutzung der L. Rib., aber auch unter Berücksichtigung der westfälischen, engerischen und ostfälischen Bräuche, bezieht sich der aus 66 kurzen Kapiteln bestehende *Liber legis Saxonum* (die sog. *Lex Saxonum*), ein Gesetz, welches von Karl d. Gr. zwischen 777 und 797, wahrscheinlich um 785 ausgegangen ist, nachdem der König durch ein Landesgesetz, die *Capitulatio de partibus Saxoniae* (34 capp.), den Grund zu einem neuen Rechtszustande in dem eroberten Gebiet gelegt hatte. Ein noch älteres Gesetz für Sachsen von Karl d. Gr. scheint in der L. Sax. benützt zu sein. Unter Zuziehung von Sachsen aus den drei Hauptabteilungen des Stammes erließ Karl am 28. Oktober 797 das *Capitulare Saxonicum*. Die drei Gesetze zusammen sind am besten von K. von Richthofen in Mon. Germ. LL. V (1875) publiziert. Karolingischer Zeit angehörig und in ähnlicher Weise wie die L. Sax. gemacht ist die *Lex. Angliorum et Werinorum hoc est Thuringorum*, nicht etwa ein Volksrecht der Thüringer, sondern (— vgl. Histor. Zschr. NF. IV 313 —) der niederdeutschen Angeln und Warnen, die innerhalb der Grenzen des alten Thuringenreiches (in den Landschaften Englehem und Werinofeld) wohnten (Ausgabe v. K. Frh. v. Richthofen a. a. O.). Verschiedene Gesetze, welche (734—751) den Friesen gegeben wurden, sind nicht im Grundtexte, sondern nur als Kern der unten S. 32 zu erwähnenden Kompilation auf uns gekommen. Von den Kapitularien (neueste krit. Ausg. der Kapp. nebst vielen andern Aktenstücken — 827 v. Boretius in Mon. Germ. LL. 4° Sect. II tom. I 1883, und 828—898 v. Krause ib. tom. II 1890—1893, — die älteren salfränk. Kapp. rekonstruiert bei Geffcken, s. oben S. 24) sind einige zu sämtlichen Leges erlassen. Andere, zu einzelnen Leges gehörig, wurden schon oben genannt. Die meisten aber sind capp. per se scribenda. Wenige reichen ins 6. und 7. Jahrh. zurück, keines in die Zeit zwischen dem Merowinger Chlothar II. und dem Arnulfingen Karlmann. Von 742 ab erscheinen sie häufiger, zuerst

[1]) Über die deutschen Bestandteile des Textes handelt D. v. Kralik im NArch. der Gesellsch. f. ä. deut. Geschk. XXXVIII (1913) S. 15—55.

nur in Kirchensachen, unter der zweiten Dynastie auch wieder in weltlichen, wie die alten merowingischen Verordnungen. Am stattlichsten wird die Zahl der Kapitularien unter Karl d. Gr. und Ludwig d. Fr. bis etwa gegen 830 hin, was nicht sowohl mit der langen Dauer von Karls Regierung und mit der Ausdehnung seines Herrschaftsgebietes, als mit der Auffassung zusammenhängt, die man jetzt vom Beruf des König- und Kaisertums in Sachen der Rechtsbildung hatte: *ut . . . si quid tale esset, quod . . . secundum gentilium consuetudinem crudelius sancitum esset, quam christianitatis rectitudo vel sancta auctoritas merito non consentiret, hoc ad regis moderationem perduceretur, ut ipse cum his, qui utramque legem nossent et Dei magis quam humanarum legum statuta metuerent, decerneret* (Hincmar). Eben deswegen war auch die Rechtskraft des Kapitulars unter keinen Umständen von der Zustimmung des Volkes oder auch nur einer Klasse desselben abhängig, wenn auch aus rechtspolitischen Gründen und auf sehr verschiedenen Wegen der Gesetzgeber einen solchen Konsens zu erlangen nicht verschmähte (vgl. Gött. gel. A. 1888 S. 57—60, 1896 S. 193—195). Nicht alles jedoch, was in den handschriftlichen und gedruckten Sammlungen von Kapitularien steht, war Gesetz. Vorweg müssen, so lehrreich sie auch für die Erkenntnis der Praxis sein mögen, die *Capitula missorum* ausgeschieden werden, da sie lediglich vorübergehende Instruktionen für Beamte geben, weiterhin aber auch die Urteile, die Reskripte, die Briefe, die Proklamationen, die Staats- und Hausverträge. Zuweilen sind Kapitularien aus derartigen und gesetzgeberischen Bestandteilen zusammengesetzt, wenn es sich gleichmäßig um Willensakte des Königs handelte. Anderseits ist die Fassung selbst der Gesetze oftmals eine nach modernen Begriffen ungenügende, wenn nämlich das Kapitular nicht die befehlende, sondern die erzählende Ausdrucksform wählt und sich als bloßes Beratungs- oder Beschlußprotokoll gibt. Es kam eben, so hoher Wert auch auf genaue Ausfertigung und archivalische Verwahrung des Aktenstückes gelegt wurde, doch weit weniger auf die schriftliche Gestalt des Gesetzes an, als auf dessen mündliche Bekanntmachung, die durch Vorlesen und Übersetzen erfolgte (mfränk. Übersetzung des Kap. v. 818/19 aus dem 9. Jahrh. bei Boretius Nr. 182, *MSD* Nr. 66, Braune *Ahd. Leseb.* Nr. 15). Seit 830 ungefähr nimmt im lotharischen und ostfränk. Reich die Menge der Kapitularien beträchtlich ab, und es überwiegt nun auch wieder der kirchliche Inhalt. Während in der beschriebenen Weise die Reichsgesetzgebung im Vordergrund steht, regen sich auch schon die Anfänge einer territorialen Partikulargesetzgebung in den (12) sog. *Capitula Remedii*, einem Strafstatut der romanischen und deutschen Immunitätsleute von Chur aus der Zeit des Bischofs Remedius (800—820), welches zweimal in jedem Monat von den Pfarrern den versammelten Gemeinden vorzulesen war (beste Ausgabe von Haenel in Mon. Germ. LL. V 1875). Den gemeinen Gesetzen stehen im fränk. Reich die Privilegien gegenüber, welche die Herrscher kraft ihrer Gesetzgebungsgewalt erteilten. Die Form des Privilegs (*praeceptum*) ist die der Königsurkunde (*carta regalis*). Die, selbst nach Abzug der gefälschten, zahlreichsten und staatsrechtlich wichtigsten Privilegien sind die königlichen Immunitätspräzepte (vgl. unten § 49) für Bistümer und Abteien (worüber Th. Sickel Wien. Sitzgsb. Bd. 47, 49). Herausgegeben sind die Privilegien in den Urkundensammlungen.

An Vollständigkeit, Zusammenhang, Klarheit, Ordnung und guter Erhaltung wie an chronologischer Bestimmtheit werden die fränkischen Gesetze von den langobardischen (Ausg. v. Bluhme in Mon. Germ. LL. IV 1868) weit übertroffen. Den Mittelpunkt und die Hauptmasse der letztern bildet der *Edictus Langobardorum*. Er besteht aus den Gesetzen, welche von verschiedenen Königen vorgeschlagen worden sind und die förmliche Zustimmung der langobard. Heerversammlung (durch *gairethinx* vgl. unten § 83) erlangt haben. Den Anfang macht das Edikt des Kön. Hrôtharit vom 22. Nov. 643. Seine 388 Kapitel machen in der Hauptsache ein Straf- und Zivilgesetzbuch aus. Benützt sind Justinianische Gesetze und anscheinend auch das westgotische Gesetz des Leovigild (oben S. 19). Gleichwohl ist das Werk eine durchweg selbständige Aufzeichnung teils altlangobard. Gewohnheitsrechtes, teils planmäßiger Neuerungen. Bei allem Archaismus der Fassung verrät sich doch sowohl in der Ausführlichkeit wie in der systematischen Anlage und in der Deutlichkeit des Ausdrucks, auch schon in einem gewissen Rationalismus der Rechtsbesserungen der Einfluß der italischen Kultur. Das Gesetzbuch scheint den beigegebenen Motiven nach unverändert so publiziert, wie es vom König vor die Landsgemeinde gebracht worden war. Für Reinhaltung des Textes, an dessen Buchstaben der Urteilfinder im Gericht gebunden war, trug eine Schlußvorschrift über amtliche Ausfertigung und Beglaubigung der Exemplare Sorge. Den ersten Zuwachs erhielt Hrôtharits Edikt durch 9 Kapitel von

Kön. G r i m w a l d aus dem Juli 668. Eine ausgiebigere Vermehrung aber trat erst im 8. Jahrh. ein: 15 »*volumina*« (im ganzen 156 capp.) aus eben so vielen Regierungsjahren des K. L i u t p r a n d zwischen 713 und 735, dann 8 capp. des K. R a t c h i s v. 746, endlich 13 von H a i s t u l f aus d. J. 755. Von diesen Zutaten sind nun die meisten durch Streitfragen der Gerichtspraxis veranlaßt, und manches Kapitel gibt sich geradezu als Erkenntnis des Königsgerichts samt Geschichtserzählung und Entscheidungsgründen. So bleiben denn auch die jüngeren Bestandteile des »corpus edicti« an Anschaulichkeit nicht hinter dem Ed. Hroth. zurück. Aber es ist doch ein neuer Geist in diesen Gesetzen des 8. Jahrhs. Längst verschwunden ist der Arianismus: für eine *catholica gens* verfaßt der *catholicus princeps* seine Satzungen, und zwar *Dei inspiratione*. Römische und mehr noch kirchliche Normen werden neben westgotischen und burgundischen ins Langobarden-Recht eingeführt; die Fassung wird breiter und wortreicher, die Motivierung beliebt und ausführlich, vielfach mit eingestreuten Sentenzen verziert. Kurzum, es beginnt der romanische Stil. Außer den zum Edikt gehörigen Gesetzen sind noch von den drei zuletzt genannten Königen Verordnungen (*notitiae*, *brevia*) vorhanden, welche als bloße Amtsinstruktionen und Polizeivorschriften nicht zur Kraft des Edikts gelangen sollten, von Haistulf endlich ein mit Zustimmung der Landsgemeinde, aber nur für ein Jahr erlassenes Kapitular v. 750. Dagegen ist im Herzogtum Benevent durch die Herzoge Arechis (774—787) und Adelchis (866) das Edikt fortgesetzt worden. Ihre Edikte wurden durch Satzungen ergänzt, welche die Form von Staatsverträgen der Beneventaner Fürsten aus den Jahren 774—787, 836, 851, 911, 933 tragen. Das Edikt war im Langobardenreich von Haus aus Territorialgesetz. Nur die Romanen wurden nicht nach ihm, sondern nach römischem Rechte als ihrem Stammesrecht beurteilt. So war dem Personalitätsprinzip vorgearbeitet, welches unter fränkischer Herrschaft in Italien eindrang und hier bei Rechtshandlungen zu den *professiones juris*, d. h. zur jedesmaligen Feststellung des Geburtsrechts der Beteiligten führte. Die zahlreichen K a p i t u l a r i e n freilich, welche von den Karlingen für Italien bis gegen den Ausgang des 9. Jahrhs. erlassen sind, verfolgen eine überwiegend territoriale Tendenz, blieben daher auch vom Kanon des Edikts ausgeschlossen. P r i v i l e g i e n , welche das gemeine öffentliche Recht des Reichs durchbrachen, sind nicht nur von den Karlingen, sondern auch schon von den langobardischen Königen und den Beneventaner Herzogen ausgestellt worden. Sie tragen die Form der Präzepte und finden sich mit diesen in den Urkundensammlungen [1]).

Wegen ihres Reizes ungetrübter Ursprünglichkeit zu den allerkostbarsten Stücken der deutschen Gesetzinkunabeln gehören die angelsächsischen. Schon gleich die frühesten sind in deutscher Sprache verfaßt. Sie stammen aus dem zuerst christianisierten und bei seinem Übergang zum neuen Glauben mächtigsten Staat Englands, Kent, und bestehen aus 90 *dómas* von straf- und verwandtschaftsrechtlichem Inhalt und noch sehr trockenem unbeholfenem Vortrag, welche zwischen 596 und 614 durch Kön. Æđelbirht *»consilio sapientium«* (nach Beda) erlassen sind. Es folgte zwischen 640 und 664 eine kirchenrechtliche Satzung von K. Ercenbryht, welche im Original verloren, dagegen in den alsbald zu erwähnenden Gesetzen des Wihtréd teilweise bewahrt ist. Durch 16 straf- und prozeßrl. *dómas* »vermehrte die Rechte seiner Vorgänger« K. Hlódhere 673—685. Sie liegen in der Fassung vor, worin sie die Bestätigung des folgenden Königs, Éadric, um 686 erhalten haben. Auf dem gleichen Gebiet wie die Gesetze seiner Vorgänger bewegen sich *Wihtrédes dómas*, 28 Kapp., welche i. J. 696 die kentischen Optimaten (*éadigan*), voran die geistlichen, unter Zustimmung des Königs beschlossen haben. Bei Hlódhere und Wihtréd macht sich bereits eine gesteigerte Gewandtheit der Satzbildung bemerkbar. Eben sie ist es, die dem ersten Gesetzbuch von Wessex, *Ines cyninges ásetnysse* (76 Kapp.) nun einläßlichere Behandlung des zwar noch vorwiegend kirchen-, straf- und prozeßrechtlichen, daneben aber auch verwandtschafts- und güterrechtlichen Stoffes ermöglicht. Die Sprache ist weniger nüchtern als in den kentischen Gesetzen. Mitunter wird einer Bestimmung ihr Motiv beigegeben, was in durchaus volkstümlicher Weise durch Zitat eines Sprichwortes geschieht. Das Denkmal fällt in die Jahre 688—694. Ein Vorwort des im Text »gebietenden« Königs gibt Auskunft über seine Entstehung. Seitdem — z. B. schon bei Wihtréd — gehört ein solcher Prolog zu den regelmäßigen Bestandteilen angelsächischer Gesetze. Ines ásetnysse sind nur in einer Rezension erhalten, welche K. Ælfréd seinen eigenen Ge-

---

[1]) Zur Erklärung der deutschen Wörter in den langobard. Quellen s. W. Bruckner *Die Sprache der Langobarden* 1895.

setzbuch beigegeben hat (s. unten § 8). Nur aus einer einzigen Hs., dem Cod. Roffensis (12. Jahrh.) sind bis jetzt die kent. Quellen bekannt. Verloren scheinen die dem dritten deutschen Stamm in England, dem anglischen, von dessen König Offa (788—796) gegebenen und auch von K. Ælfréd bestätigten Gesetze. Dagegen sind mehrere Königsprivilegien (*donationes libertatum*, *fréolsa*) für kirchliche Anstalten (hauptsächlich vom 8. Jahrh. an) erhalten, zahlreichere allerdings gefälscht. Sie sind am besten bei Birch *Cartularium Saxonicum* I 1885, II 1887 gedruckt, während von den allgemeinen Gesetzen eine kritische Ausgabe nebst neuhochdeutscher Übertragung vorliegt von F. Liebermann *Die Gesetze der Angelsachsen* Bd. I 1903.

§ 7.

Die Erzeugnisse der beginnenden Juristenliteratur bei den Deutschen gehören dem Kontinent an und zerfallen in zwei Klassen: die eine steht mit den im vorigen § besprochenen Gesetzen in geschichtlichem Zusammenhang, die andere schließt sich an das Urkundenwesen an. Beide treten vorläufig in qualitativer Hinsicht noch unansehnlich genug auf.

Zuerst zeigt sich bei den Abschreibern und Sammlern der Gesetze der allmähliche Übergang zu einer Art Jurisprudenz. Offizielle Sammlungen der nebeneinander in einem bestimmten Gebiet gültigen Gesetze gab es außer dem langobard. corpus edicti nicht. Es war also der Privattätigkeit überlassen, das Material in handlicher Form zusammenzustellen. Solche Sammlungen waren ganz besonders in denjenigen Gerichten notwendig, wo dem Personalitätsprinzip gemäß eine Mehrzahl geschriebener Stammesrechte angewandt werden mußte. Diesem Bedürfnis zu genügen waren die Sammelbände bestimmt, welche verschiedene Leges und Kapitularien vereinigen, und von denen etliche noch ins 8. Jahrh. zurückreichen, wie z. B. die Hs. des Wandalgar v. 793 (S. Gall. n. 731), der Cod. Mon. Cl. 4145 (vgl. Stobbe *Rqu.* I S. 25). Aber folgenreicher waren die Sammlungen von Gesetzen eines und des nämlichen Stammrechtes, die man schon seit dem 6. Jahrh. anzulegen pflegte. Denn an sie knüpft die freiere Tätigkeit des Abschreibers und Sammlers an, welche ihn zum Bearbeiter macht. Sein erster Schritt besteht im Hinzuschreiben des jüngern Gesetzes hinter dem unveränderten Gesamtbestand des ältern, wobei jedoch durch fortlaufendes Zählen der einzelnen Abschnitte eine engere Verbindung unter den zeitlich verschiedenen Massen hergestellt wird. Der zweite Schritt führt zur Veränderung der Texte: dem Körper eines älteren Gesetzes werden Bestandteile eines jüngern einverleibt; das mit dem letztern unverträgliche Veraltete wird bei umsichtiger Redaktion getilgt, oder es wird unter Benützung des ältern Textes ein neuer hergestellt, welcher dem Inhalt der Novelle entsprechen soll. In ähnlicher Weise wird auf jüngeres Gewohnheitsrecht Rücksicht genommen. Daneben gestattet sich der Bearbeiter Kürzungen des Textes, Paraphrasen, Umstellungen. Auf derartigen Wegen sind z. B. die erhaltenen Redaktionen der L. Sal. und Rib. und die jüngere der L. Alam. entstanden, deren Eigentümlichkeiten man ebenso verkennt, wenn man sie für bloße Kopistenfehler als wenn man sie für amtliche Textänderungen von Gesetzgebern hält. Nichts vielmehr kann über die Auffassung besser belehren, die jene Jahrhunderte von den geschriebenen Gesetzen hatten: diese galten als Gesetzes-, aber nicht als gesetzliche Texte. Noch stand man eben mit einem Fuß im Zeitalter der rein mündlichen Gesetzgebung. Im großen Maßstab betrieben lieferte nun die geschilderte Kompilatoren- und Interpolatorenarbeit gegen den Ausgang der Periode hin Werke, die sich als selbständige geben und als die ersten »Rechtsbücher« betrachtet werden können. Als das Merkwürdigste hat sich der innern Kritik die *Lex Frisionum* herausgestellt. Unter 22 zum Teil umfangreiche Titel, wovon einige sich der altdeut. Terminologie bedienen, sind hier mindestens drei verschiedene fränk. Strafgesetze des 8. Jahrhs. für Friesland verteilt. Dazwischen sind zwei Stücke eines Traktats über Tötung eingeschaltet, der seiner Diktion nach der karlischen Literaturepoche angehört (tit. II und XIV [mit XV?]). Auch noch zwei andere Stücke (tit. XI und add. tit. ult.) sind Privataufzeichnungen. Eine dritte Schicht des Materials besteht aus Weistümern eines Wlemar und eines Saxmund (9. Jahrh.), wovon das erste zwischen tit. II und III der Lex eingeschoben ist, die übrigen eine *additio sapientum* zu derselben ausmachen. Die rohe Kompilation, die auch die Gesetze von anderen deutschen Stämmen, insbes. die L. Alam., benützt hat, dürfte eher vor als nach 850 gemacht sein. Ihre Heimat ist Mittelfriesland. Noch im 9. Jahrh. [1]) hat ein westfriesischer Glossator

[1]) Die Glosse vor add. tit. XI de hon. templ. setzt voraus, daß in Ostfriesland noch heidnischer Kult gepflegt werde. Da die Glosse sich auch über die add. sap. erstreckt, so ergibt sich daraus ein terminus ad quem für die Abfassungszeit der L. Fris. (gegen De Geer in Zschr. f. RG. VIII 1869 S. 151).

die Rechtsverschiedenheiten der drei Hauptteile Frieslands angemerkt. Die L. Fris. samt Glosse ist nur aus der Editio princeps von Herold (1557) bekannt (letzte Ausg. v. Patetta in Mem. delle r. Accad. di Torino 1892). Ein Werk von ganz anderm Schlag ist der *Liber legiloquus* des Abtes Ansegis von S. Wandrille, vollendet 827, mit seiner symmetrischen Einteilung in vier Bücher, mit seinen einleitenden Distichen und prosaischen Vorreden, seiner Politur der Texte ein echter Repräsentant der »karolingischen Renaissance«. Freilich hat es Ansegis auch nur mit gleichartigen Materialien zu tun, Kapitularien und Mandaten von Karl d. Gr., Ludwig d. Fr. und Lothar, wobei er unter möglichstem Anschluß an die chronologische Reihenfolge der Aktenstücke deren Bestandteile in eine kirchliche und eine weltliche Schicht zerlegt. Drei Appendices, die noch von Ansegis selbst herrühren, enthalten Nachträge zu den vier Büchern (beste Ausg. v. Boretius in Mon. Germ. LL. sect. II tom. I in 4° 1883). Vorgeblich den Ansegis, dessen Werk schon 829 offiziell rezipiert war, durch drei weitere Bücher ergänzen will die weitschichtige Sammlung von wirklichen und mehr noch von Pseudokapitularien, deren Verfertiger sich in der versifizierten Vorrede *Benedictus Levita* nennt (Ausg. v. Pertz in Mon. Germ. LL. II 1837). Mit ihm hebt um 847—850 jene im westfränk. Reich beheimatete Schule von Rechtsschriftstellern an, welche auf Fälschung des überlieferten Rechts in großartigem Maßstab und im Dienst kirchlicher Tendenzen ausgeht. Auch die Sammlung des Benedikt ist rezipiert und durch additiones vermehrt worden. Gedenken wir noch einer systematisierenden *Concordia* des langobard. Ediktstoffes, welche zwischen 829 und 832 auf Veranlassung des Markgrafen Eberhard von Friaul zusammengeschrieben wurde (herausg. v. Bluhme in Mon. Germ. LL. IV 1868), so ist die Zahl der Kompilationen erschöpft. Neben diesen gibt es nun aber noch Arbeiten, die zwar gleichfalls durch die Gesetze ihren Anstoß empfangen haben, doch ihrer Natur nach freie Erzeugnisse der Rechtskunde sind. Mit der Erläuterung der Texte befassen sich die Glossen. Die älteste und wichtigste Glosse ist die Malbergische in der Lex Salica, zugleich das älteste Schriftwerk in deutscher Sprache. Sie besteht aus zahlreichen salfränk. Wörtern und Sätzen, welche mittels der Sigle *mall.* oder *malb.* in die Texte der Hss. eingeschoben sind und die vor allem im Gericht (am »Malloberg«) üblichen Kunstausdrücke und Formeln angeben. Die Malb. Glosse ist zwar in einigen jüngern Texten fortgelassen, in andern dagegen vermehrt, beschränkt sich auch keineswegs auf das Gesetzbuch, sondern erstreckt sich noch auf die älteren Kapitularien. Hiernach ist klar, daß wir in ihr weder die Überbleibsel eines salfränk. Urtextes der L. Sal., noch auch einen wesentlichen Bestandteil von Chlodowechs Pactus zu sehen haben, wie Neuere meinen, sondern den Niederschlag der Privatinterpretation des 6. Jahrhunderts. Von ihren Abschreibern ist die Malb. Glosse meist bis zur Unkenntlichkeit verdorben. Methodische Herstellungs- und Erklärungsversuche sind gemacht von J. Grimm in *Gesch. der deut. Spr.* S. 584 ff. und *Vorrede* zu Merkels Ausg. der L. Sal. 1850, dann von H. Kern *D. Glossen in der L. Sal.* 1869 und *Notes on the frank. words in the L. Sal* in der Ausgabe v. Hessels 1880, zuletzt von van Helten in den Beitr. v. Paul u. Braune XXV 1900 S. 225—542. Viel jünger und kümmerlicher als die Malb. sind die teils latein. teils ahdeutsch. Glossen zur L. Sal. (Merkel S. 101—103) und zur L. Rib. (9. Jahrh.? herausg. in Mon. Germ. LL. V S. 277), zum Pactus und zur L. Alam., zur L. Baiuw. (in den Ausd. der LL.). Über die Glossen zur L. Fris. s. oben S. 32. Die wortinterpretierenden Glossen führten zur Anlage von Vokabularien. Ein beneventanisches zum langob. Edikt (9. Jahrh.) legt mit seinen ungeschickten Versuchen, die deutschen Wörter des Textes zu erklären, Zeugnis ab für die bereits eingetretene Italianisierung des langob. Rechts. Einen weiteren Schritt von den Glossen aus bezeichnen die Übersetzungen. Von einer ostfränk. Übertragung der L. Sal. emend. aus dem 9. Jahrh. sind Bruchstücke des Index und der beiden ersten Titel gerettet (bei Merkel S. 109—111, Müllenhoff-Scherer *Denkmäler* 1873 Nr. 65, Braune *Ahd. Leseb.* 1888 Nr. 14). Von einem Kapitular kennen wir eine mfränk. Übersetzung (vgl. oben S. 27). Vom Gesetzestext löst sich die Privatarbeit ab, wenn sie jenen exzerpiert, und gar, wenn sie die Exzerpte nach neuen Gesichtspunkten ordnet. Bekannt sind Auszüge von dieser Art aus der L. Sal., der L. Alam. (zum Vergleich mit der L. Baiuw.), dem Ed. Lang. (unterital. in griechischer Sprache), sodann aus den Kapitulariensammlungen des Ansegis und des Benedikt, endlich aus der L. Rom. Wisig. (Frankr. 8. u. 9. Jahrh.). Das eigenartigste Werk dieser Gruppe aber ist die *Lex Romana Curiensis* (früher auch *Utinensis* genannt), welche die Interpretatio des Breviars nicht nur exzerpiert, sondern auch unter Berücksichtigung des örtlichen röm. Vulgarrechts und des deutschen verändert. Ihre Heimat ist Churrätien, ihre Entstehungszeit noch vor 766 (vgl. Zeumer in Zschr. f. RG. XXII 1888 S. 1—52; Ausgabe v. dems. in Mon. Germ. LL. V 1890). Die vorher genannten epitomae leiten uns über zu den Traktaten. Der älteste besteht noch aus 11 kurzen Notizen, welche die solidi der L. Sal. in Pfennige umrechnen und deren Summen in salfränk. Sprache angeben. Unter dem Titel *Chunnas* findet sich das ehrwürdige Denkmal in den Ausg. der L. Sal. Ausführlicher ergehen sich die naiven Schilderungen geltenden Rechts aus der Karlingischen Zeit. Einer friesischen, die nur stückweise in der L. Fris. erhalten, wurde S. 32 gedacht. Vielleicht noch ins 9. Jahrh. fällt eine italische über fränk. Recht, wovon der Cod. 33 Epored. Bruchstücke enthält (Merkel L. Sal. S. 99—101, Behrend L. Sal.[2] S. 165 —168). In formeller Hinsicht weit überragt werden aber diese Schriften von den Abhandlungen, die aus den Kreisen des hohen Klerus jener Zeit hervorgegangen sind, dafür auch freilich den kirchlichen Geist atmen und ebenso der kirchlichen Literatur- wie der deutschen Rechtsgeschichte angehören, wie des Hincmar v. Rheims *Epistola de ordine palatii* (auf Grundlage eines *libellus de ordine palatii* v. Adalhard v. Corbie [† 826] verfaßt) und das Gutachten desselben Bischofs *De divortio Lotharii et Tetbergae* (um 860), dann die theologisch-polemischen Schriften des B. Agobard v. Lyon († 841): *Epistola ad Ludovicum juniorem adversus legem Gundobadam et impia certamina* und *Liber de divinis sententiis*.

Die zweite Klasse von Privatarbeiten über das Recht, ihrer Herkunft nach undeutsch, besteht aus Formularen und Formelbüchern von der Art des oben S. 21 besprochenen westgotischen. Auch in Gallien machte die Notariatskunst, die *ars dictandi*, von den Römern überkommen, einen Bestandteil der Rhetorik aus. Dort sind denn auch die grundlegenden Formelsammlungen des deutschrechtlichen Quellenkreises zu Hause. Unmittelbar wollen die Formeln Muster für Urkunden und Korrespondenzen aufstellen. Zu diesem Zweck dienen in der Regel wirkliche Urkunden und wirkliche Briefe, welche die Sammler bald ganz unverändert lassen, bald in den schematischen Bestandteilen exzerpieren, allenfalls auch mit theoretischen Noten versehen. Nur die vornehmsten Sammlungen sollen hier genannt werden. Den Reigen eröffnen die 60 *Dictati* von Angers (sog. *Formulae Andegavenses*, 7. Jahrh.). Sie sind dem westgot. Formelbuch nächst verwandt, zu welchem sie auch durch ihre Mischung von röm. und fränk. R. ein Seitenstück bilden. Im wesentlichen rein fränkisch dagegen sind die 92 *Formulae Marculfi* (Ende des 7. Jahrh.), so nach ihrem klösterlichen Sammler und Bearbeiter genannt. In einem ersten Buch bringt er die *cartae regales* d. h. Muster für die *negotia in palatio*, in einem zweiten die *cartae pagenses* für die *negotia in pago*, jene wie diese weniger zu praktischen als zu Lehrzwecken. Bezeichnend für die Richtung dieser Literatur ist die bei ihm hervortretende Verbindung von Diplomatik und Briefstellerei. Die Markulfsche Sammlung ist zum meistgebrauchten Formelbuch des fränk. Reichs geworden, daher auch durch Anhänge erweitert, durch Überarbeitungen fortgebildet, in späteren Kompilationen ausgeschrieben. Weniger national als die Form. Marc. sind die überwiegend privatrechtlichen *Form. Turonenses* (früher nach ihrem Finder *Sirmondicae* genannt, — 45 capitula, 8. Jahrh.). Mehr als bei Markulf wagt sich hier schon das theoretische Element hervor. Dagegen wird dieses unterdrückt in den viel reichhaltigeren *Cartae Senonicae* (c. a. 768—775), einer Sammlung von 51 Mustern, die übrigens nicht bloß Cartae, sondern auch Notitien und Briefe enthält und besonders prozeßgeschichtlich wertvoll ist. Eine kleinere, ebenfalls zu Sens entstandene Sammlung von 18 Stücken gehört der Zeit Ludwigs d. F. an (*Form. Sen. recentiores*). Niederfränkisch sind die 21 nach dem ersten Herausgeber benannten *Form. Lindenbrogianae* (2. Hälfte des 8. Jahrh.). Sie vermitteln mit Markulf den Übergang zu den o b e r d e u t s c h e n Formelbüchern, die gegen Ende des 8. und zu Beginn des 9. Jahrh. einsetzen. Die alamannischen und bayerischen Bischofssitze und Abteien sind es, deren Verbindungen mit Westfranken der dortigen Formelliteratur Eingang in Oberdeutschland verschafft, und aus denen nun neue Hilfsmittel der ars dictandi hervorgehen. Am produktivsten ist die Diözese Konstanz, wo z. B. Reichenau 3 Formelbücher (*Form. Augienses*), darunter 2 aus dem 8. Jahrh., dann St. Gallen außer verschiedenen Einzelformeln und kleineren Kollektionen zwischen 750 und 890 (*Form. Sangallenses miscellaneae*) eine größere Mustersammlung für Urkunden und Briefe (*Collectio Sangallensis*) aus der 2. Hälfte des 9. Jahrh. (von N o t k e r B a l b u l u s) aufzuweisen hat. Hier gewinnen denn auch die eingestreuten theoretischen Anweisungen an Raum. Fast ganz von den westfränk. Formularen abhängig zeigt sich B u r g u n d mit der *Collectio Flaviniacensis* 8. Jahrh., die in der Hauptsache auf den Form. Marc. und Tur. beruht. Für die k a i s e r l i c h e K a n z l e i, wo früher Markulf gebraucht worden war, wurde 828—840 aus 55 Urkunden Ludwigs d. Fr. ein Formel-

Buch angelegt (*Form. imperiales*). Wie die Formelbücher die Lücken ausfüllen, welche den geretteten Vorrat wirklicher Urkunden unterbrechen, so werden sie selbst ergänzt durch die allerdings zunächst dem kirchlichen Quellenkreis angehörigen und auch nicht auf schriftliche Geschäfte bezüglichen Liturgien für Gottesurteile, wovon einige ins 9. Jahrhundert zurückreichen. Die sämtlichen Formulare aus dem fränk. Reich sind kritisch herausgegeben v. K. Zeumer in Mon. Germ. LL. sect. V 1886.

§ 8.

Die Werke des 9. Jahrh., welche um des Zusammenhanges willen schon in §§ 6 und 7 genannt werden mußten, führen uns ins Mittelalter. Da ist nun zunächst festzustellen, daß von vornherein der süd- und westkontinentale Denkmälerkreis aufhört, Gegenstand unserer Betrachtung zu sein, selbst wo er auf germanischen Fundamenten der vorigen Periode weiterbaut. Ein spanischer Fuero oder ein portugiesischer Foral, eine französische oder normannische Coutume ist weder ein germanisches Denkmal des Rechts noch ein Denkmal des germanischen Rechts. Und genau so steht es mit dem *Liber Papiensis* und seiner Familie. Fällt jener der Geschichte der spanischen Gesetzgebung anheim, so die spätlombardischen Quellen der Geschichte der italienischen Jurisprudenz. Ein weiterer Abbruch geschieht dem südgerm. Quellenkreis noch im Frühmittelalter in England. Machen sich noch vor der normannischen Eroberung dänische Einflüsse im ags. R. bemerkbar (J. Steenstrup *Normannerne* IV, 1882), so unterliegt dasselbe im nächsten Jahrhundert den durch die Eroberer vermittelten französischen, und unter Heinrich II. (1154—1189) wird das Erlöschen des rein ags. Rechtslebens als entschieden anzusehen sein. Schon aus diesen Gründen, aber auch wegen der schrittweisen Entwicklung, welche die angelsächsische Denkmälergeschichte im Gegensatz zur kontinentalen dieser Periode mit der früheren verbindet, empfiehlt es sich, die erstere jetzt vorweg zu erledigen, die zweite auf §§ 9—18 zu versparen.

Das 9. Jahrh. legt den Grund zur Vereinigung der ags. Reiche, welche mit der Thronbesteigung Éadgárs (959) zum Abschluß gelangt. Dem entspricht das Aufkommen und zunehmende Wachstum einer Gesetzgebung mit gemeinrechtlicher Tendenz und das allmähliche Zurücktreten der Partikulargesetze. Der erste Gesetzgeber dieses Zeitalters ist Æ l f r é d (871—901). Ein Gesetzbuch (nach Edw. I pr. *dómbóc*, in den Ausgg. *Ælfrédes dómas*), welches er mit Zustimmung der Optimaten in der letzten Periode seiner Regierung erlassen hat, führt unter möglichstem Anschluß an das Bestehende einheitliches Recht für die drei deutschen Stammesgebiete des Reiches ein. Die Umrahmung bilden eine für Ælfréds Richtung bezeichnende ausführliche Einleitung in 49 capp., worin er halb erzählend, halb parainetisch auf das göttliche Recht verweist, und eine besondere Beilage für jedes Stammesgebiet, die aus den älteren Gesetzen desselben besteht (vollständig bei T u r k *The legal code of Ælfred the great* 1893). Zwei kürzere allgemeine Gesetze im Kapitularienton folgen unter K. É a d w e a r d (901 bis 924): *Éadweardes gerǽdnesse* und das sog. *Concilium Exoniense*. Gleichartig sind unter Æ ð e l s t á n (924—940) ein königlicher Erlaß an die Gerefen über die kirchlichen Abgaben (*Constitutio de decimis*), eine Almoseninstruktion an die Gerefen, das *Concilium Greatanlagense* (*Æðelstánes gerǽdnesse*, 26 capp. vermischten Inhalts) und das *Concilium Thunresfeldense* (ein Friedensgesetz in 7 capp.), wozu als vorbereitende Stücke eine Bittschrift der Notabeln von Kent (*Conc. Fefreshamense*) und eine königliche Kundmachung über die Beschlüsse eines Herrntags zu Exeter (*Conc. Exoniense*) gehören, — weiterhin unter É a d m u n d (940—946) ein Kirchengesetz (*Leges ecclesiasticae*), auf einer Reichssynode zu London gegeben (6 capp.), ein wahrscheinlich ebenda beschlossenes Strafgesetz (*Leges sæculares*, 7 capp.) und ein *Concilium Culintonense* (7 capp.), ein charakteristisches Beispiel für die Art, wie ältere Gesetze wiederholt wurden, — unter É a d g á r (959—975) eine *Gerǽdnyss, hú mon þæt hundred healdan sceal* (sog. *Constitutio de hundredis*) und zwei umfassendere Reichsgesetze, *Conc. Andeferanense* und *Wihtbordestanense*, das letztere c. 962, beide in zwei Abteilungen, *Leges ecclesiasticae* und *saeculares*. Unter Æ ð e l r é d, dem letzten Gesetzgeber aus deutschem Stamme, tritt ein vollständiger Verfall in der Technik der Gesetzgebung ein. Die formelle Trennung von weltlichen und kirchlichen Gesetzen wird aufgegeben. Ein unaufhörlicher Rollentausch zwischen Gesetzgeber und Prediger verrät die Schwäche des Herrschers. Steht darum die Menge des Rechtsinhalts in einem Mißverhältnisse zum Umfang der einzelnen Gesetze, so scheint auch die Zahl derselben der langen Regierungszeit des Königs (978—1016) weniger zu entsprechen, als gewöhnlich behauptet wird. Denn nur 4 allgemeine

Gesetze Æðelréds sind bekannt: *Æðelrédes cyninges gerǽdnisse* (das *Conc. Wudestockiense* [*I*]), sodann die sog. *Constitutio v. J. 1008* (wahrscheinlich ein *Conc. Wudestockiense II.*), wozu das *Conc. Aenhamense* lediglich die Vorakten enthält, ein *Conc. apud Badam v. J. 1009* (?) und eine *Const. v. J. 1014*. Außer den allgemeinen Gesetzen der Periode vor Knut kommen noch die schriftlichen Friedensverträge (*friðgewritu*) in Betracht, welche die Verhältnisse in dem den Anglodänen eingeräumten Gebiet (*Dena lagu*) ordnen. Wir haben solche aus der Zeit Ælfréds zwischen 880 und 890, Éadweards (vielleicht um 906) und Æðelréds (991). Weiterhin sind 5 Partikulargesetze zu nennen, von denen jedes in seiner Art einzig darsteht. Die *Judicia civitatis Lundoniae* aus Æðelstáns Zeit nach dem Conc. Thunresf., das älteste germ. Gildestatut und zugleich das älteste Denkmal angelsächsischer Autonomie, sodann ein *Conc. Wanetungense*, enthaltend ein Königsgesetz v. 997 für das anglodän. Gebiet der »fünf Städte«, die *Gerǽdnes betweox Dúnsétan*, ein gemeinsames Statut anglischer Optimaten und welscher »Ratgeben« über den Grenzverkehr am linken Severnufer in Worcestershire wahrscheinlich aus der ersten Hälfte des 10. Jahrh., ferner ein zur Vorbereitung eines Gesetzes bestimmtes Weistum *De institutis Lundoniae* (um d. J. 1000). Aus dem nächsten Abschnitt der ags. Rechtsgeschichte bringt nur die K n u t sche Periode (1016—1035) allgemeine Gesetze, zuerst (?) einen Erlaß des Königs aus dem J. 1020, worin er die Grundlinien des Rechtszustandes unter der neuen Dynastie zieht, sodann nach 1028 das *Conc. Wintoniense*, eine Kodifikation (110 capp.), welche nicht nur auf die ältere Einteilung solcher Werke in Leges ecclesiasticae und saeculares zurückgreift, sondern auch den Stoff größtenteils aus älteren Quellen kompiliert. Unter die Partikulargesetze dieser Zeit gehören die *Norðhymbra préosta lagu*, im ganzen 67 capp., doch aus zwei getrennten Gesetzen im 2. Viertel des 11. Jahrh. zusammengearbeitet, das erste (c. 1—45) anscheinend ein Synodalstatut. Seit dem 11. Jahrh. mehren sich die G i l d e n s t a t u t e. Drei hochinteressante Beispiele aus Abbotsbury, Exeter und Cambridge sind erhalten. Aus der Zeit der normann. Herrschaft werden mit gutem Grund die Gesetze W i l h e l m s I. (1066—1087) noch den angelsächsischen zugerechnet. Aber nur wenige sind in unüberarbeiteter Fassung erhalten: eine kurze Carta für London um 1067, worin das »Recht Edwards« bestätigt wird, daran anschließend ein Gesetz über das Strafverfahren zwischen Engländern und Franzosen *Willelmes cyninges ásetnysse* (3 capp.) und die staatskirchenrechtlichen Fundamentalartikel in der sog. *Carta Willelmi* um 1072. Außer den bisher genannten Gesetzen und der beträchtlichen Menge von Privilegien, welche in diesem Zeitalter ebensosehr Wirkung wie Ursache des Machtzuwachses der ags. Großen, namentlich der geistlichen waren, finden sich noch in den Hss. drei allgemeine Gesetze, deren Zeit sich nur als nach-Ælfrédisch angeben läßt, nämlich die Stücke *Be bláserum and be morðslihtum*, *Be forfange* und *Dóm be hátan isene and wætre*, wogegen ich die Sätze von der Totenberaubung und vom Königsfrieden (— altertüml. Maßbestimmung! —) eher für Weistümer halten möchte. Die Sprache, worin die Gesetze verfaßt sind, ist regelmäßig und selbst noch unter Wilhelm I. die angelsächisische. Doch liegen einige nicht mehr im Urtext, sondern nur in den unten zu erwähnenden latein. Versionen vor. — Die ags. Privatarbeiten über das Recht hatten sich im vorausgehenden Zeitalter ausschließlich auf kirchlichem Gebiet bewegt (Pœnitentialbücher). Jetzt ziehen sie auch das weltliche in ihren Kreis. Den Übergang können einigermaßen die 31 capp. *Be griðe and be munde* veranschaulichen, die wohl im 11. Jahrh. verfaßt sind. Vielleicht älter (etwa aus der Zeit um 1025) und jedenfalls durch Form wie Inhalt unvergleichlich wertvoller sind die *Rectitudines singularum personarum*, ein Traktat in 21 capp. über Lasten und Rechte verschiedener weltlicher Volksklassen vom königlichen Gefolgen bis zum untersten Gutshörigen, und ihre Fortsetzung *Be gescéadwisan gerefan*, kleinere Aufsätze aus vornormann. Zeit über Verlöbnis, Wergeld und Stände, darunter einer metrisch erzählend, andere, wie ja auch sonst die ags. Literatur, zu Betrachtung und Gnomik neigend, sämtliche in ags. Sprache verfaßt. Schöpfen diese Privataufzeichnungen fast ganz und gar aus der Praxis, so schlagen die der normann. Zeit eine entgegengesetzte Richtung ein. Gemeinsam ist diesen die Absicht, das vom Eroberer bestätigte »Recht Edwards« darzustellen, gemeinsam auch das kompilatorische Verfahren zu diesem Zweck, gemeinsam die latein. Abfassung. Sammlungen, latein. Übertragungen, paraphrasierende und interpolierende Bearbeitungen von Rechtsschriften aus Wessex und aus anglischen Gegenden sind die Vorläufer. Diesen zunächst steht eine Reihe von Kompilationen aus Heinrichs I. Zeit (1100—1135). Zu Anfang des 12. Jahrh. wurde in französ. Sprache ein Rechtsbuch verfaßt (sog. *Leis Willelme*), das, in seiner ersten Hälfte vornehmlich aus Weistümern, in seiner zweiten aus römischrechtlichen Quellen und

Knuts Conc. Winton. schöpfend, das vom Eroberer gewährleistete Recht der Zeit Eadweards des Bekenners darstellen will. Derselben Richtung folgt um 1110 ein ebenfalls aus Knuts Conc. Winton. und mancherlei anderen Materialien zusammengestelltes Rechtsbuch in 3 Abteilungen, dem man neuerdings den Titel *Instituta Cnuti aliorumque regum Anglorum* gegeben hat (herausg. von Liebermann in Transactions of Royal Historical Society 1893). Viel weitläufiger und systematischer angelegt, ebenso theologisch wie juristisch und schon stark romanistisch ist eine bis jetzt nur stückweise veröffentlichte Kompilation, die den Titel *Quadripartitus* trägt (1114). Sie war in 4 Teilen geplant. Aber nur zwei davon sind ausgeführt worden (Übersicht und Auszüge bei Liebermann *Quadripartitus* 1892). Mit ihr in genetischem Zusammenhang wie in Ideengemeinschaft steht ein großes Rechtsbuch in 94 capp., dem der Inhalt seiner beiden ersten capp. den Namen der *Leges Heinrici I.* verschafft hat. Um 1118 verfaßt, gewährt es mit seinen scholastischen Einteilungen und seinem kritiklosen, oft widerspruchsvollen Aufreihen der verschiedensten einheimischen und fremden Rechtssätze ein Bild vom äußersten Verfall des ags. Rechts. Doch ist es durch mancherlei Angaben, die sich in keiner älteren Quelle finden, wertvoll. Letzteres gilt auch von dem beliebtesten Rechtsbuch der normannischen Zeit vor Glanvilla, dem *Tractatus de Legibus*, dem Neuere den Namen *Leges Edwardi Confessoris* gegeben haben. Er ist wahrscheinlich um 1130 verfaßt und beschränkt sich mehr aufs einheimische Material. Noch vor 1160 wurde er einer Überarbeitung unterzogen. Jedenfalls noch dem zweiten Viertel des 12. Jahrhunderts gehört eine lateinische Bearbeitung von Gesetzen Knuts und einigen andern Stücken an, welche unter dem Namen *Consiliatio Cnuti* herausgegeben ist (von Liebermann 1893). Bis in den Beginn des 13. Jahrh. setzen sich verschiedene interpolierende Bearbeitungen eines Gesetzes (der sog. 10 Artikel) von Wilhelm I. fort. Wenn auch wie die Traktate und Rechtsbücher theoretische, so doch viel schlichtere und zugleich unmittelbarere Äußerungen des Rechtsbewußtseins sind die Weistümer, nämlich die mündlichen Aussagen über hergebrachtes Recht, wie sie meist auf amtliche Anfrage durch vereidigte Leute aus dem Volk ergangen und durch den Frager aufgeschrieben worden sind. Schon einige kleinere ags. Aufzeichnungen scheinen von dieser Art, wie z. B. Kemble Cod. dipl. Nr. 977, 1077. Vgl. ferner oben S. 40. In normann. Zeit enthalten die latein. Grundbücher und Heberollen, wie z. B. das *Domesday book* (1083—1086), der *Liber niger* von Peterborough (1125), das *Boldon book* (1183) mancherlei Protokolle über mündliche Weisungen von Rechtssätzen, die nicht nur in die ags. Zeit zurückreichen, sondern auch unter rein ags. Bevölkerung in Kraft geblieben waren. Den Traktaten, Rechtsbüchern und Weistümern gegenüber steht eine kleine, aber wichtige Gruppe von ags. Formeln für Eide und andere mündliche Rechtshandlungen. Ihnen reihen sich nun (seit dem 10. Jahrh.) auch in England einige *Ordines judiciorum Dei* an, wie man sie früher schon im fränk. Reich verfaßt hatte (vgl. oben S. 37), sowie das Ritual der Königskrönung (vgl. Freeman *Hist. of the Conqu.* III p. 626—629 und Waitz *Die Formeln der deutsch. Kön.-Krön.* in den Abh. der Gött. Ges. XVIII 1873 S. 19—26). Die Gesetze mit Ausnahme der Privilegien sowie die Privatarbeiten und einige Weistümer sind jetzt kritisch herausgegeben in der oben S. 31 angeführten Sammlung von Liebermann (wo auch eine Übersicht über die früheren Publikationen). Ergänzende Stücke findet man bei Stubbs *Select charters* 7. ed. 1890 und in den Diplomatarien von Kemble, Thorpe und von Birch (III [—975] 1893) [1].

§ 9.

Während die ags. Rechtsbildung einheitliche Formen annimmt, wird die kontinentaldeutsche durch den Wandel der staatlichen Verhältnisse in die umgekehrte Richtung gedrängt. Dem entspricht es, wenn im mittelalterlichen Deutschland nicht die Denkmäler des Reichsrechts, sondern die des Partikularrechts den Blick des Beschauers zuerst auf sich ziehen. Während des 10. und 11. Jahrh. zehrt die Anwendung des geschriebenen Stammes- und Reichsrechts nahezu ausschließlich von den Errungenschaften der Karlingerzeit. Das sind denn auch die Jahrhunderte, aus denen wir die meisten Hss. der Leges und Kapitularien haben. Gleichzeitig hat aber auch schon die Aufsaugung des Stammesrechts durch das Lokal- und Territorialrecht begonnen. Diesem fällt fortan bei der gesamten Rechtsbildung die führende Rolle zu. In jedem Immunitätsgebiet, in jeder Grundherrschaft, jeder Stadt, jedem Dorf finden Sondergewohnheiten und Sonder-

[1]) Viel Angelsächsisches enthält auch die Kompilation lokalrechtlicher Aufzeichnungen aus nach-ags. Zeit von Mary Bateson *Borough Customs* 2 Bde. 1904, 1906.

gesetze den freiesten Spielraum. Und selbst der Inhalt des gemeinen Rechts pflegt sich in das Gewand des Sonderrechts zu kleiden. Die letzten Nachklänge des Personalitätssystems vernehmen wir im 13. Jahrh. Aber im ganzen war damals das Stammesrecht, formell genommen, durchs partikulare Territorialrecht überwunden. Hiemit im Zusammenhang steht, daß die Menge der l o k a l e n R e c h t s d e n k m ä l e r während des MA. bis zur Zahllosigkeit anschwillt. Die einzelnen zu nennen, wäre aber nicht nur undurchführbar, sondern auch überflüssig, weil manches als Beispiel für Hunderte gelten kann. Es handelt sich also nur darum, sie zu klassifizieren und zu exemplifizieren. Wir scheiden zunächst diejenigen Privatarbeiten aus, welche einen unoffiziellen Charakter tragen (§ 13 ff.), indem wir bei den Gesetzen und Weistümern stehen bleiben. Zwei Ursprungs- und Geltungsgebiete sind es vornehmlich, deren volkswirtschaftliche und politische Eigenart jene der Quellen bestimmt: das Bauerndorf und die Kaufstadt.

In den b ä u e r l i c h e n Rechtsquellen äußert sich das Recht der Grundherrschaft (»Hofrecht«) und der Markgenossenschaft oder Nachbarschaft. Reicht diese in die frühesten Zeiten der Ansiedlungen zurück, so jene wenigstens in die letzten Jahrhunderte der vorigen Periode (vgl. §§ 61, 51). Das MA. ist für die Grundherrschaft nur die Zeit der Ausbreitung, Befestigung und Vervollkommnung. Bei der Fortdauer der älteren einfachen Lebensverhältnisse stellen Hof- und Markrecht nur seltene und geringe Aufgaben an eine bewußt schaffende Tätigkeit. Meist sind es leise Übergänge, in denen das bäuerliche Recht von seinem ursprünglichen Standpunkt sich entfernt. Daher bestehen seine Denkmäler weit weniger aus Gesetzen der Grundherren und aus Beliebungen der Markgenossen als aus Aufzeichnungen über das hergebrachte Recht. Die regelmäßige Form für diese ist das »Weistum« (mhd. *wîstuom* oder *offenunge*). Was »gewiesen« oder »eröffnet« wurde, war das schon zur Zeit der Aussage geltende Recht. Dieses konnte ältere Satzung sein. Gemeiniglich aber war es Übung und Brauch. Den Anlaß zum Weistum konnte die Aufnahme des Güterbesitzes und der Einkünfte des Grundherrn bieten, so daß wie in England (oben S. 42) Zinsregister (Urbar) und Weistum im nämlichen Schriftstück vereinigt sind (Beisp. Nr. 32 a. 1264—1268 bei K i n d l i n g e r *Hörigk*; vielleicht auch Nr. 20 lit. a, c. 1224). Noch öfter jedoch nötigten Streitigkeiten über das alte Recht dazu, dieses durch die Rechtsgenossen selbst feststellen zu lassen. Je nach den Anlässen mochten die Arten der Erhebung wechseln. Die Regel aber war, daß in der Gerichtsversammlung der Bauern der Gerichtshalter oder Gerichtsherr die Urteilfinder um das Recht fragte (daher das Weistum mhd. auch *vrâge* genannt). Die gewöhnliche Form der Dinghegung durch Fragen und Finden von Urteilen über Gerichtszeit und -Besetzung, Friedensgebot usw. diente ungesucht als Rahmen fürs Fragen nach dem Weistum. Von hier aus ergab sich leicht die periodische Wiederkehr desselben. Daher finden wir so oft, daß das Weistum selbst nach dem Gericht benannt wurde: in Österreich z. B. *panteidinc* (in Weingegenden *bercteidinc*), in Bayern *êhaft teidinc*, *êteidinc*, in der Schweiz *jârdinc*, in Niederdeutschland *holting*. Die Wiederholung befestigte Inhalt und Wortfassung des Weistums, so daß auch in spät aufgeschriebenen Quellen dieser Art sehr alte Zeugnisse des Rechts vorliegen können. In der Tat empfand man das Bedürfnis des Aufschreibens selten vor dem 14. Jahrh. Die meisten erhaltenen Texte, gewöhnlich zum periodischen Vorlesen bestimmt (Ding-, Twing- oder Hofrödel im Alam.) und in deutscher Sprache, gehören sogar erst dem ausgehenden MA. oder der Neuzeit an, was in Anbetracht der Stabilität des Bauernrechts ihre vorsichtige Benützung beim Ermitteln der älteren Zustände nicht verhindern darf. Freilich enthalten manche jüngere Weistümer gesetzgeberische Zutaten, und, nachdem einmal die Beamten und die Gesetzgebung sich eingemischt, haben auch Wanderungen der geschriebenen Texte stattgefunden, so daß Weistümerfamilien unterschieden werden können. Aber ihnen steht eine beträchtliche Menge anderer Stücke gegenüber, selbst noch aus dem 18. Jahrh., welche ihre ursprüngliche und mittelalterliche Fassung in Fragen und Antworten bewahrt haben. Nach all dem erklärt es sich, wenn man seit J. Grimm das Bauernweistum im allgemeinen als die Hinterlage der urwüchsigeren und volkstümlicheren Schicht unseres deutschen Rechts anzusehen pflegt. An Altertümlichkeit und Volkstümlichkeit des Stils jedenfalls, wie sie sich äußern in anschaulicher Terminologie, in Alliteration, Endreim, Metrum, in Metaphern und Tautologien, in sprichwörtlichen und humoristischen Wendungen, im epischen Schildern von Menschen und Dingen, an allen diesen literarischen Reizen tut es dem bäuerlichen Weistum keine andere theoretische Aufzeichnung gleich (Hauptsammlungen: *Weistümer ges. v.* Jak. Grimm, fortgesetzt und abgeschlossen von R. Schröder, 7 Bde. 1840—1878, *Österreichische Weistümer her. v. d. Akad. zu Wien* 9 Bde. 1870—1909, *Sammlung schweiz. Rechtsquellen* Abt. I 1 [Züricher Weist.] 1910, XIV T. 1 [St. Galler Weist. 2 Bde. 1903, 06] *Limburgsche Wisdommen* in Werken I R. Bd. 12 [1891]; andere Sammlungen sowie Einzeldrucke sind angeführt bei Schröder Lehrb. § 58, Brunner Grundzüge § 30, Siegel RG. S. 76, Fockema Andreae oben S. 5; dazu *Alte Offnungen . . . aus der Ostschweiz ges.* von N. Senn 1873; Verzeichnisse und Abdrucke schweiz. Weistümer und Herrschaftsrechte in der *Zschr. für schweiz. R.* seit 1852).

Waltet auf dem Gebiet des bäuerlichen Rechts das Weistum vor, so auf dem Gebiet des Stadtrechts oder Weichbildes (vgl. oben S. 57) das Gesetz. Und das nämliche gilt von der Vorstufe des Stadtrechts, dem Marktrecht. Im Wesen von Markt und Stadt (§ 31) liegt schon etwas künstliches, und künstlich wie ihre ersten Einrichtungen pflegen auch ihre späteren zustande zu kommen. Denn im Gegensatz zu den bäuerlichen Rechtskreisen eignet der Stadt eine schnelle, oft sprungweise Entwicklung ihres Rechts, welches mannigfaltigen wirtschaftlichen und politischen Verhältnissen angepaßt und so Gegenstand der Überlegung werden muß. Daher überwiegt in den städtischen Quellen das Verstandesmäßige und eine gewisse Trockenheit des Tons [1]), wogegen sie sich vor den Bauernweistümern durch Vielseitigkeit, Klarheit und Genauigkeit auszeichnen. Die Denkmäler des Stadtrechts beginnen mit den königlichen Privilegien für den Stadtherrn (typisch die Privilegien der sächs. Kaiser). Es folgen königliche Privilegien und Rechtsbestätigungen für die Bewohner der Stadt selbst (zuerst im 11. Jahrh.) und Gesetze des Stadtherrn. Die wichtigste Gruppe der letzteren bilden die »Rechtsbriefe« oder »Handfesten« (fläm. *koeren*), d. s. diejenigen Aktenstücke, worin der Stadtherr die Grundzüge des Rechts seiner Stadt feststellt. Sieht man ab vom sogenannten Hofrecht des Bischofs Burkhard von Worms (*Leges et statuta familiae s. Petri* um 1023), welches nur teilweise hier einschlägt, sowie von den ältesten Marktrechtsbriefen (für Allensbach 1075 und für Radolfzell 1100 in ZORh. NF. V 168, 141), so gehören die ältesten Rechtsbriefe für Städte erst dem zwölften Jahrhundert an (früheste Beispiele: Staveren 1108, Ypern 1116, Freiburg i. Br. 1120—1122, St. Omer 1127 und 1128). Die Rechtsbriefe mehren sich rasch von der Zeit an, wo das Gründen von Städten ein wesentliches

[1]) Wie sehr dieses doch nur im Vergleich mit den bäuerlichen Quellen der Fall, ergeben die Zusammenstellungen von »Formeln« in den *RQuellen von Basel* II S. 510—612.

Glied im Finanzsystem der Territorialherrn und des Grundadels ausmachte. Der Stiftungsbrief ist Bewidmungsbrief, wenn er für die neu gegründete Stadt das Recht einer älteren als Muster aufstellt. Bisweilen ist aber die Bewidmung erst lange auf den Stiftungsbrief gefolgt. Seit ungefähr 1150 treten die ersten Erzeugnisse städtischer Autonomie auf, teils den Landfrieden (unten S. 52) analog in Gestalt beschworener »Friedenseinungen« der Bürger (*conjurationes*, »Schwör- oder Friedbriefe«), die periodisch erneuert wurden, teils als Weistümer aus der Mitte der Bürgergemeinde (z. B. Straßburg c. 1150, Augsburg 1152—1156, worüber Berner *Z. Verfssgsch. v. Augsb.* SS. 72—79), teils als kodifikatorische Küren der Bürger (wie z. B. die *antiqua et electa justicia* von Soest nach 1150), teils in Gestalt von Verträgen unter mehreren Städten über die gegenseitige Behandlung ihrer Bürger (wie zwischen Köln und den Flandrern 1197—1215). Zu Weistümern gaben bald Streitigkeiten der Bürger mit dem Stadtherrn den Anlaß, wie bei den oben angeführten Aufzeichnungen, bald aber auch die schon erwähnten Rechtsübertragungen, indem die Muster- (oder »Mutter-«) Stadt der bewidmeten (oder »Tochter-«) Stadt nicht nur ihre eigenen Rechtsbriefe übersandte, sondern auch über ihr Gewohnheitsrecht schriftliche Belehrungen erteilte (Beispp. Magdeburg von 1211 an, Halle 1235, Lübeck bald nach 1227, Dortmund um 1255 und 1275, Ulm 1296). Schöffen und Rat sind die berufenen Weiser des Stadtrechts. Ans Abgeben von Weistümern aber knüpft naturgemäß das spezifisch städtische, vom gemeindlichen verschiedene Kürrecht an, auch wo es der Stadt nicht förmlich verliehen wurde, wie schon 1163 an Lübeck und später viele andere Städte. So wenig sich das Kürrecht von selbst verstand, und so oft es auch, namentlich im 13. Jahrh., vom Stadtherrn angefochten wurde, es griff doch unter der Gunst der allgemeinen politischen und wirtschaftlichen Verhältnisse immer weiter um sich. Vom Rat allein oder unter Zustimmung der Bürger, d. h. regelmäßig der städtischen Korporationen ausgeübt, zieht die autonome Gesetzgebung das gesamte städtische Rechtsleben in ihren Kreis. Seit dem 13. Jahrh. kommt es denn auch zu umfassenden Rechtsaufzeichnungen durch den Rat in förmlichen Statutenbüchern (nl. *keurboeken*), wobei die lateinische Sprache ihre Herrschaft an die deutsche abtreten muß (selbst in Trient!) In einigen Städten werden Rechtsmitteilungen, die nach auswärts ergangen waren, in Gestalt eines Statutenbuchs aufbewahrt und weitergebildet (so in Lübeck); in anderen wird das

Statutenbuch, vergleichbar dem langobard. corpus edicti, als ein corpus statutorum durch einen förmlichen Gesetzgebungsakt gestiftet, indem vorerst das überkommene Recht kodifiziert, für die künftigen Willküren aber in dem sorgfältig gehüteten Pergamentband Raum freigelassen wird (so in Hamburg 1270 und 1292, Augsburg 1276, Goslar 1290—1310, Zürich c. 1290 und 1304, Bamberg 1306, Bremen um 1315). Dabei wird eine primitive Systematik beobachtet, die an einigen Stadtrechten auch äußerlich durch Gliederung des Stoffes in Bücher sich zu erkennen gibt. Häufig ist das Statutenbuch mit dem Protokoll- (auch »Stadt-«) Buch äußerlich verbunden, welches über Rechts- und Verwaltungsgeschäfte geführt wird [1]). Aber planmäßig angelegte und umfangreiche Statutenbücher wurden gesondert geführt, nicht selten unter individuellen Namen: es gab »weiße, schwarze, rote« Bücher, in Wien ein »eisernes«, zu Kampen ein »goldenes«, in Utrecht ein »rauhes« und eine »Rose«, in Lüneburg einen »Donat«. In niedersächs. und niederländ. Städten erscheinen, wenn das Statutenbuch nicht oder nur für bestimmte Gegenstände geschlossenes corpus sein sollte, Verordnungen des Rats, insbesondere die polizeilichen, als gesonderte zum Verlesen vor versammelter Bürgerschaft abgefaßte Schriftstücke (*bûrspraken*, *civiloquia*; Hauptbeispiel *de kundige rull* von Bremen). Immerhin aber bleibt das Statutenbuch der Grundstock alles geschriebenen Stadtrechts. Die älteren Quellengattungen behalten im allgemeinen nur noch für Städte jüngerer Gründungszeit ihre ursprüngliche Bedeutung. Eine sehr bemerkenswerte Ausnahme macht ein Stadtrecht für München, welches noch um 1340 wesentlich in der Form des Rechtsbriefes in dem »versiegelten Buch« K. Ludwigs des Bayern kodifiziert und dann auch anderen oberbayerischen Städten verliehen wurde. Familien von Stadtrechten lassen sich unter zwei Gesichtspunkten unterscheiden, einem quellengeschichtlichen und einem rechtsgeschichtlichen. Einmal nämlich folgte aus dem Bewidmungswesen, daß die Quellen der Tochterrechte mit jenen des Mutterrechts und auch unter sich in engem derivativem Zusammenhang standen. Sodann aber sorgte der damit Hand in Hand gehende Zug vom Gericht der Tochterstadt ans Gericht der Mutterstadt als ihren Oberhof, wie er in Norddeutschland, im Rheingebiet und in den slawischen Ländern bestand, für die Fortdauer der prinzipiellen

[1]) Über den heutigen Stand der Stadtbücherforschung verbreitet sich K. Beyerle in den Deut. Geschichtsblättern XI (1910) 145—200.

Rechtsgemeinschaft unter den Städten der nämlichen Gruppe. Auf solche Weise hat sich einerseits niedersächs. R. weit in slawische Länder verbreitet und sind andererseits Beziehungen zwischen flandrischem und fränzösischem R. hergestellt worden. Eine innergeschichtliche Gruppierung der Stadtrechte ergibt sich aber auch aus dem Fortleben der alten Stammesrechte in den ersteren, wobei freilich Kreuzungen stattzufinden pflegen. Das Stammesrecht ist mit Kolonien und Kaufmannsgilden (Hansen) nach weit entlegenen Städten gewandert, wofür das sich nach Sachsen und Österreich, nach Böhmen, Mähren und Ungarn verzweigende flämische Recht das klassische Beispiel bietet. In Kolonisationsländern wirkte das Stadtrecht auch aufs bäuerliche Recht ein, so vornehmlich in Preußen und in Mähren, wo die systematische Anlage von Kolonistendörfern den Städten die Stellung von Oberhöfen gegenüber jenen verschaffte. Gegen den Ausgang des MA. berücksichtigen die Stadtrechtsaufzeichnungen das römische Recht. Ältere Stadtbücher wurden unter dem Einfluß der romanistischen Zeitströmung modernisiert oder »reformiert« (Köln 1437, Nürnberg 1479—1484 [gedruckt 1484!], Hamburg 1497), oder es wird dem »Kaiserrecht« ausdrücklich subsidiäre Anwendbarkeit beigelegt (z. B. Lüneburg 1401). Verzeichnisse von Stadtrechtsdenkmälern sind Warnkönig *Flandr. RG.* I S. 394—406, Gengler *Deutsche Stadtrechte des MA.* 1852, Bischoff *Österreich. Stadtrechte und Privilegien* 1857 (zur Ergänzung Luschin *Österr. Reichsgesch.* S. 138, 142), R. Schröder in ZORh. NF. X S. 113—129 (eine Übersicht u. d. Material für die Herausgabe der Stadtr. des nördl. Badens u. der benachbarten Gebiete) und Fockema Andreae oben S. 5. Ausgaben sind ferner genannt bei Costa *Bibliogr.* Nr. 547—951 und Gengler *Deut. Stadtrechtsaltertümer* 1882 S. 478—505, Orelli *Grundr. d. schweiz. RG.* §§ 2, 27 (hinzuzufügen der »*diplomat. Anhang*« bei Warnkönig a. a. O. Bd. I—III, *Recueil des anc. cout. de la Belgique* 1867—94, *Overijsselsche stad-, dijk-en markeregten* her. v. Nanninga Uitterdijk I 1875, *Werken* I R. 20 Bde. 1880—95 II R. 13 Bde. 1900 bis 1911, *Westfäl. Stadtrechte* I 1, 1901, *Altbayer. Stadtrechte* her. v. Haeutle im Oberbayer. Archiv XXV 1889 SS. 163—261, *Oberrhein. Stadtrechte*, her. v. d. bad. histor. Kommission, I. *Fränk. RR.* 1—8 H. 1895—1909, II *Schwäb. RR.* 1905, 1908, III. *Elsäss. RR.* 1902, *Sammlung schweizer. Rechtsquellen* Abt. II 1 [Stadtr. v. Bern], XVI T. 1 Bd. 1—4 [aargau. Stadtr.] 1898—1909; viele

Drucke nennen auch Schröder, Lehrb. § 56 und F. Keutgen *Urkb. z. städt. Verfassungsgesch.* 1899.

§ 10.

Über die Rechtsbildung in Dörfern und Städten erhebt sich zunächst die der Bezirke, der Grafschaften, der landesherrlichen Territorien. Gesetze für die letzteren sind allerdings in der früheren Entwicklungszeit der Landeshoheit selten. Zwar haben wir Beschlüsse einer bayer. Synode zu Dingolfing v. 932 und eine *constitutio* (von Ranshofen) des Herzogs Heinrich II. und der bayer. Großen aus dem Ende des 10. Jahrhs. Und auch in dem S. 45 genannten Hofrecht des B. Burkhard von Worms und in einer Verordnung wahrscheinlich desselben Bischofs über die Pflicht zum Wormser Mauerbau (Forschgg. z. deut. Gesch. XIV 398) kündigt sich schon die landesherrliche Territorialgesetzgebung an. Aber in Fluß kommt diese eigentlich erst im 13. Jahrh. Zwei Formen sind es, worin sie vor sich geht: Spezialgesetz und Landesordnung. Die beliebtere Form ist im 13. Jahrh. noch das Spezialgesetz. Es ist der älteren Gattung fürstlicher Legislation, dem Privileg und dem Stadtrechtsbrief nächst verwandt und schließt sich äußerlich an sie an. Der Inhalt der Spezialgesetze bezieht sich vorzugsweise auf die Rechtsstellung bestimmter Volksklassen, wie die Privilegien für Gilden, für Kolonisten, dann die sogen. Judenprivilegien, ferner seit dem 13. und 14. Jahrh. die fürs Verfassungsrecht der Territorien so wichtigen »Freibriefe« der Landstände (vgl. § 51), besonders zahlreich seit 1311 in Bayern (Ausg. v. [Rockinger und] v. Lerchenfeld *Die altbayer. landständ. Freibriefe* 1853). Aber auch, was schon altherkömmlicherweise als objektives Sonderrecht betrachtet war, wie das Bergrecht, blieb im fürstlichen Territorium dem Spezialgesetz vorbehalten (Beispiele u. Nennung von Ausgaben bei Stobbe Rqu. I S. 574—76, II S. 269, Klostermann *D. gemeine deut. Bergrecht* I 1871 §§ 11, 12, dazu Ergänzungen in *Cod. dipl. Sax.* II. Hauptteil Bd. XIII 1886, Ermisch *D. sächs. Bergrecht des MA.* 1887 S. 73 ff., A. Zycha *Das böhm. Bergr. des MA.* Bd. II [1900] S. 40—297). Im Spätmittelalter gesellen sich noch mancherlei »Landgebote« in Sachen des Prozesses, der Polizei, des Landfriedens hinzu. Auch die Ordnung des allgemeinen Landesrechts knüpft in den ersten Zeiten mehrmals an den Rechtsbrief an, indem sie sein Anwendungsgebiet erweitert (Kulmer Handfeste v. 1233 u. 1250 [Ausgg. verzeichn. bei Gengler deut. Stadtr. S. 228]). An selbständigeren Kodifikationen des Territorialrechts sind im Lauf des 13. Jahrhs. zustande gekommen kleine Landrechte in Keurenform für die flandrischen Bezirke Furnes (1240), Waes (1241) und Vier Ämter (1242) bei Warnkönig II. NN. 160, 220, 222 und eine Landesordnung für Österreich (die sog. »jüngere Fassung des österr. Landrechts« v. K. Ottokar [1266?], Druck bei Hasenöhrl *Österr. Landesr.* 1867 S. 263—278). In der letzteren ist ein Entwurf von 1237 (die sog. »ältere Fassung des ö. LR.«, a. a. O. S. 236—273) benützt. Entwurf geblieben ist ein böhmisches Gesetzbuch von Wenzel II. (1294). Dagegen im 14. und 15. Jahrh. kommen selbst größere Werke dieser Art zustande (an der Spitze das oberbayer. »Rechtbuch« v. 1336, nur aus Umarbeitungen rekonstruierbar, und das oberbayer. Landrecht v. 1346 in 350 Artikeln). Nach einem Weistum des Reichshofes v. 1231 sollten »neue« Rechte durch den Landesherrn nur unter Zustimmung der *meliores et majores terrae* gesetzt werden können. Dieser Norm lebte man in der Folge wenn auch nicht überall, so doch in den meisten Territorien nach. Es findet sich sogar, daß die Landesordnnng die Form eines Vertrags des Herrn mit seinen Ständen erhält (Würzburg 1435) oder daß der Fürst den Ständen das Erlassen der Landesordnung delegiert (Breslau 1346). Die Quellen, woraus die Territorialgesetze schöpfen, sind meist einheimische, darunter auch die Rechtsbücher (§ 14). Das Breslauer (sog. »schlesische«) Landrecht ist sogar im wesentlichen nur Bearbeitung des Sachsenspiegels. Dem röm. R. werden beträchtliche Zugeständnisse nur in Böhmen gemacht (*jus regale montanorum* um 1300). Hier bleibt denn auch die Gesetzessprache die lateinische, während sonst die deutsche zur Herrschaft gelangt ist.

Wo sich die Landeshoheit nur unvollkommen entwickelte, oder wo sie gestürzt wurde, sehen wir die alten Gerichtsgemeinden für sich allein oder im Bunde zu mehreren autonom vorgehen. Hauptsächlich drei Rechtsgebiete haben es zu einer ebenso eigenartig volkstümlichen als ununterbrochenen Selbstgesetzgebung gebracht: Friesland, Dithmarschen, die Schweiz. Zwischen Zuidersee (Fli) und Weser hatte schon im 12. Jahrh. eine Friedenseinung unter mehreren Gauen und Gauteilen zu Vereinstagen vereidigter Gewaltboten der Bundesgenossen bei Upstallesbom (in der Nähe von Aurich) geführt. Hier kamen gleich in der ersten Zeit der Eidgenossenschaft (vgl. Gött. gel. A. 1881, S. 1357 f.) verschiedene Bundesküren zustande, denen zu Anfang des 13. Jahrhs. und wiederum 1323 (diesmal mit Richtung gegen die Landeshoheit) Nachtragsgesetze folgten. Von diesen Satzungen liegen lateinische und friesische Texte, auch niedersächsische und niederländische Bearbeitungen vor. Außer ihren Bundessatzungen haben aber noch die einzelnen friesischen »Länder« und Gemeinden zwischen Zuidersee und Weser seit dem 13. Jahrh. eine stattliche Menge von Küren aufzuweisen, darunter viele in friesischer Sprache, voll von gereimten und metrischen Formeln (Sammlg. der letzteren: M. Heyne, *Formulae allitterantes*, Halae 1864 und in Germ. IX 1864, S. 437—449). Die meisten sind Spezialgesetze und beziehen sich vorzugsweise auf Wergeld, Bußtaxen, Erbrecht, Deich- und Sielrecht. Die umfangreichste Zusammenstellung von Küren (Gesetzbuch?) ist der »Brokmer Brief« (*littera Brocmannorum*) in friesischer Sprache und ursprünglich 69 Kapp. aus dem letzten Viertel des 13. Jahrh., denen später 152 weitere Kapitel hinzugefügt worden sind. Eine besondere Gruppe friesischer Gesetze bilden die Sendbriefe, welche zwischen den Ländern und den Kirchengewalten vereinbart sind. Nordfriesische Beliebungen (niedersächsisch) hat das 15. Jahrh. hinterlassen (— Sammlung: *Friesische Rechtsquellen* v. K. v. Richthofen 1840; mancherlei Nachträge in desselben Verf. *Untersuchungen ü. fries. RG.* 1880, 1882, ferner bei M. Hettema *Het Fivelingoer en Oldampster Landregt* 1841 und *Oude Friesche Wetten* 1845—51, A. Wetzel *Das Landrecht u. d. Beliebungen des rothen Buches in Tönning* 1888, S. Gratama *Drentsche Rechtsbronnen* 1894)[1]). Im Lande Dithmarschen beginnen die Denkmäler der Autonomie mit Verträgen des Landes und der Kirchspiele aus dem 14. Jahrh. Zur ersten Kodifikation kam es nach Errichtung der wöchentlichen »Landesvollmacht« zu Heide. Es wurde 1447 in der Art der Stadtbücher ein Landrecht beschlossen, in welches bis 1467 die Novellen eingetragen wurden, im ganzen 257 nsächs. Artikel (*Sammlung altdithmarscher Rechtsquellen* von Michelsen 1842, zur Ergänzung *Urkundenb. z. Gesch. d. Landes Dithm.* hsg. v. Michelsen 1834). In der Schweiz treffen wir seit dem 13. Jahrh. ähnliche Verhältnisse wie in Friesland. Sie werden aber fester begründet, wirken nachhaltiger. Teils sind es

[1]) S. auch Th. Siebs *Westfries. Studien* (in Abhandl. der Berl. Akad. 1895).

die einzelnen Gerichtsgemeinden (in Currhätien »Hochgerichte«), Talschaften und »Länder«, deren »Landleute« mit Zustimmung von Herrschaften oder ganz unabhängig von solchen geschworene »Einungen« und »Aufsätze« machen (ält. Beisp. Schwyz 1294, schon in deutsch. Sprache) und im Spätmittelalter sogar umfassende Statuten- oder »Landbücher« anlegen (Appenzell 1409, Zug 1432, Glarus 1448). Teils führen die in der West- und Mittelschweiz bis 1243 und 1244 zurückreichenden Bündnisse (Eidgenossenschaften, Burg- und Landrechte und Verständnisse), in Currätien der Graue Bund von 1395 und der Zehngerichtenbund von 1436 zu Bundesgesetzen. Eine Mittelstellung zwischen Bundesgesetzen und den ganz selbständigen Gesetzen der Einzelländer nehmen die gemäß vorher abgeschlossenen »Verkommnissen« gleichlautenden Gesetze der konkordierenden Länder ein (Nachweise und Abdrucke der Gesetze in den einzelnen Kantonen in der Zschr. f. schweiz. Recht seit 1852; Sammlungen: *Amtliche Sammlung der älteren eidgenöss. Abschiede* [1245—1499] v. Segesser I 2. Aufl. 1874, II 1843, III 1858, *Zschr. für noch ungedruckte schweiz. Rqu.* v. Schauberg, 2 Bde. 1844, *Rechtsquellen v. Basel Stadt u. Land* I 1856, II 1865). — Außerhalb dieser drei großen autonomen Gebiete kommen vereinzelt landrechtliche Selbstgesetzgebungsakte auch in fürstlichen Territorien vor, wie z. B. der vom Landesherrn nur mündlich bestätigte Keurbrief des Landes der Freien v. Brügge 1190 (Warnkönig *Fland. RG.* II Nr. 45) und ähnlich in Siebenbürgen und in der Grafschaft Zips (Ungarn) im 14. Jahrh.

Der Bundesgedanke hat sich nicht bloß und auch keineswegs zuerst in der Rechtsbildung der von Landeshoheit freien oder die Freiheit anstrebenden Länder triebkräftig erwiesen. Schon im 11. Jahrh. äußert er sich in den gemeinsamen »Landfrieden« (mlat. *treugae*) d. i. den strafrechtlichen, polizeilichen und prozessualen Bestimmungen, welche die Fürsten im gesamten Reich oder in den Stammesgebieten oder in größeren geographischen Ländergruppen vereinbaren, und denen sie selbst und ihre Untergebenen eidlich Gehorsam versprechen, so daß Bruch des Friedens als Missetat mit Erschwerungsgründen beurteilt werden muß (§ 75). Seit dem 13. Jahrh. treten auch Städte den Landfriedenseinungen bei oder schließen solche unter sich allein ab. Auch wenn, wie bei den Reichsfrieden regelmäßig, formell der König als Veranlasser der Satzung erscheint, ist diese doch nicht wesentlich kraft der königlichen Gewalt geschaffen. Der Landfriede ist und bleibt zumeist Gesetz in Vertragsform, — ein Rückfall ins Urrecht, der ebenso die zentrifugale Entwicklung des Reichs kennzeichnet, wie er die bloß zeitweilige Geltung des Friedensgesetzes erklärt (die ältern »Friedebriefe« von 1094—1323 in *Constitutiones et acta publica* ed. L. Weiland et J. Schwalm I 1893—V 1913 [Mon. Germ. LL. sect. IV Bd. I—V]; Landfr. aus der Zeit Karls IV bei E. Fischer *Die Landfriedensverfassg. unter Karl IV.* 1883 S. 105—134, die Landfrieden zwischen 1376 und 1431 in den *Deut. Reichstagsakten* s. unten S. 55; Drucke von jüngeren sind angeführt bei R. Schröder Lehrb. [5] 671). Weiter führten Bündnisse, welche vom 13. Jahrh. an deutsche Städte unter sich und mit benachbarten Territorien eingingen. In Gestalt von Vereinstagen werden gemeinschaftliche Gesetzgebungsorgane der Verbündeten geschaffen. Dienen die älteren und kleineren Organisationen dieser Art, wie z. B. die seit 1220 von Bremen mit den benachbarten Landdistriktenvereinbarten, im wesentlichen nur dem Landfrieden (vgl. v. Richthofen *Unters.* I S. 554—573), so greift schon die kurze Wirksamkeit der Tagsatzungen des rheinischen Bundes von 1254—1257 über dieses Ziel hinaus. Weit umfassender ist aber die der hansischen Beschlüsse (*arbitria, statuta,* später *recessus*). Sie sind unter den übrigen Akten der Hansetage herausgegeben in folgenden Sammlungen: *Hanserecesse* (1256—1430) her. v. d. hist. Kommiss. bei d. bair. Akad. (durch Koppmann) I—VIII 1870—1897, *Hanserecesse,* zweite Abt. (1431—1476) her. v. Verein f. hans. Gesch. (durch v. d. Ropp) I—VII 1876—1892, *Hanserecesse,* dritte Abt. (1477—1530) her. v. Verein. f. hans. Gesch. (durch D. Schäfer) I—VII 1881—1907 (zu den ältest. Rezessen vgl. Frensdorff in Hans. Geschblätt. XII S. 155—161).

Die Gesetze auf dem Gebiet des partikularen Territorialrechts waren weniger durch politische Veränderungen veranlaßt als durch das Verschwinden des Rechts aus dem Gedächtnis der breiten Volksschichten, wovon wiederum in der fortschreitenden Arbeitsteilung die Hauptursache lag. Hiedurch erklärt sich, daß so viele Gesetze dieser Periode lediglich den Zweck verfolgen, das überlieferte Recht zu kodifizieren. Nähern sich schon diese Gesetze materiell den Weistümern, so gehen neben ihnen noch andere Aufzeichnungen her, die formell wie materiell weiter nichts als Weistümer sein wollen, sich aber in Hss. und Ausgaben unter die Gesetze zu verlieren pflegen, weil sie gewöhnlich wie Gesetze rezipiert worden sind. Unter ihnen vielleicht das allerfrüheste Stück sind die auf königlichen Befehl i. J. 906 erhobenen *Leges portorii* von Raffelstätten. Anderseits setzen sich diese Landrechtsweistümer nicht nur das ganze Mittelalter hindurch fort (eine besonders reichhaltige Gruppe die Femweistümer, 15. Jahrh., bei Lindner *Die Veme* 1888, 2. Buch), sie finden vielmehr auch noch in der Neuzeit, insbesondere anläßlich der Vorarbeiten für Gesetze, ihre Nachfolger, deren Zeugnis für das mittelalterliche Recht nicht verschmäht werden darf.

§ 11.

Allgemeine Reichsgesetze kommen vor der Staufischen Periode selten vor. Nur eines aus dieser früheren Zeit muß hier wegen seiner fürs Staatskirchenrecht grundlegenden Bedeutung genannt werden, das Worsmer Konkordat von 1122. Das meiste, was man von sonstigen Reichsgesetzen bis zum eben erwähnten angeführt liest, stellt sich bei näherem Besicht, soweit überhaupt für Deutschland erlassen, entweder als kirchlicher Konzilsschluß oder als Landfriedenseinung (oben S. 52) dar. Die inneren und äußeren Kämpfe des Reichs unter den sächsischen und fränkischen Kaisern ließen es zu keiner weltlichen Zentralgesetzgebung kommen. Dies ändert sich unter Friedrich I. Von 1156 an wird der Landfriede durch königliche Konstitutionen geboten, wiewohl als ein zunächst von Fürsten und Herrn zu beschwörender und obgleich daneben die Landfrieden in Vertragsform ihren Fortgang nehmen. Durch die *Constitutio Moguntina* Friedrichs II. von 1235 erhält der Landfriede eine erweiterte Fassung, in der er den Landfriedensgesetzen späterer Könige bis auf Albrecht I. (1298) zugrunde liegt. Diese Konstitution ist zugleich die erste, von der eine amtliche Ausfertigung in deutscher Sprache vorliegt. Außer dem Landfrieden bildeten bis zum 15. Jahrh. fast ausschließlich Verfassungsfragen den Gegenstand der Reichsgesetze. Eine erste Gruppe von Verfassungsgesetzen, zwischen 1220 und 1232 teils von Friedrich II., teils vom röm. König Heinrich erlassen, beschäftigt sich mit der Ausbildung der Landeshoheit[1]), eine zweite die *Const. de jure imperii* (»Licet juris«) von 1338 und die »goldene Bulle« von Nürnberg und Metz von 1356 (10. Jan. u. 25. Dez.) hauptsächlich mit der Thronbesetzung und der Rechtsstellung der Kurfürsten. Zahlreicher wer-

[1]) Über die Echtheit der sog. *Confoederatio cum princip. eccl.* v. 1220 s. Winkelmann in Gött. gel. A. 1885 S. 795 ff. und Weiland in *Histor. Aufsätze z. And. an Waitz* 1886 S. 249—276.

den die Gegenstände der Reichsgesetze im 15. Jahrh., indem nicht nur im Zusammenhang mit dem Landfrieden das schon von der Konstitution von 1235 berührte Gerichtswesen, sondern auch die Kriegsverfassung, die Reichssteuer (der »gemeine Pfennig«) und das Münzwesen geordnet werden, — mit einem praktischen Erfolg freilich, der bei den Mängeln in der Organisation der gesetzgebenden und der ausführenden Gewalt im günstigsten Fall nur ein teilweiser und zeitweiliger sein konnte. Die Zeit Maximilians I. bringt, wie auf so manchen anderen Gebieten des Kulturlebens, so auch in der Reichsgesetzgebung den Abschluß des Mittelalters (ewiger Landfriede, Reichskammergericht unter reichsgesetzlicher Feststellung des Verhältnisses zwischen römischem und nationalem Recht, Polizeigesetze, Kreisverfassung, Notariatsordnung). Während die allgemeinen Reichsgesetze bis zum Ausgang des Mittelalters an Tragweite und Zahl hinter den Partikulargesetzen zurückbleiben, gilt das Gegenteil von den königlichen Privilegien, und zwar im höchsten Maße gerade zu der Zeit, wo die allgemeine Reichsgesetzgebung nahezu völlig still steht, im Frühmittelalter. Das Privileg war recht eigentlich die Gesetzesform, in der sich die Neuschöpfungen des Königtums und die Zerstückelung der Königsgewalt vollzogen haben (vgl. Beseler in Zschr. f. RG. II 1863, S. 373—390). Ausgaben der Reichsgesetze s. bei Stobbe *Rqu.* I S. 459—461, II S. 183—205 (dazu die oben S. 53 angeführten *Constitutiones et acta publica imperatorum et regum* von Weiland u. Schwalm und deren Fortsetzung in Bd. VIII 1 von Zeumer u. Salomon 1910, der deutsche Text der Const. v. 1235 kritisch her. v. Zeumer im NArch. d. Gesellsch. f. ä. deut. Geschichtsk. XXVIII 1902 S. 437—474, die Const. v. 1338 von dems. in ders. Zschr. XXX 1904 S. 98—102, die gold. Bulle von dems. in Quellen u. Studien z. VerfGesch. II H. 2 (1908), ferner *Deut. Reichstagsakten* v. 1376—1437 (1431) her. v. d. histor. Kommiss. d. bayr. Akad. [durch Weizsäcker und Kerler] I—XIII 1867—1911). Die älteren Privilegien bis auf Heinrich II. sind jetzt in den Mon. Germ. kritisch herausgegeben von Th. Sickel *D. Urkunden der deut. Könige u. Kaiser* I, II 1879—93, 4° (viele auch in den *Constitutiones*, beim Aufsuchen der übrigen nützlich die Regestenwerke von Böhmer und seinen Nachfolgern und von Chmel). — An Mannigfaltigkeit des Inhalts übertroffen werden die Reichsgesetze durch die Weistümer oder »gemeinen Urteile« des Reichshofs (*curia regis*), d. h. der Ratgeber des Königs und der Urteilfinder in seinem oder seines Hofrichters Gericht. Das Recht, welches sie wiesen, hieß zwar wegen seiner Erscheinungsform ein *jus* oder eine *lex curiae*, konnte aber um so eher als gemeines Reichsrecht gelten, je öfter die Zusammensetzung des Reichshofs wechselte und je verschiedener die in ihm vertretenen Gesellschaftsklassen waren. Die erfragten Rechtssätze werden bald theoretisch, bald in Anwendung auf vorgelegte Fälle ausgesprochen. Die größte Zahl der Sentenzen des Reichshofs fällt zwischen 1150 und 1350. Viele sind in Urkunden der Könige oder der Hofrichter erhalten. Andere kennen wir aus andern Quellen. Auszugsweise und unter Angabe der Fundorte sind die Rechtssprüche (einschließlich der Prozeß-Entscheidungen) gesammelt von O. Franklin *Sententiae curiae regiae* 1870, — die erhaltenen Texte auch in den *Constitutiones*).

§ 12.

Die rein territoriale Rechtsbildung, deren offizielle Denkmäler in §§ 9—11 besprochen sind, hat zwar das alte Stammesrecht als solches verdrängt, aber neben ihr hat sich eine neue persönliche vollzogen. Das Mittelalter ist die Zeit, in der sich die Arten des Berufs und der Lebensführung scharf voneinander trennen. Dies wirkte auf die Entstehung gesellschaftlicher Gruppen mindestens ebenso stark ein, wie die räumliche Abgrenzung der politischen Herrschaftsgebiete, und es wuchs eine bunte Menge rein persönlicher Verbände empor, deren innere Zustände nach rechtlicher Ordnung verlangten. Letztere zu schaffen würde das MA. auch dann nicht zu den Aufgaben der gesetzgeberischen Zentralgewalt gerechnet haben, wenn diese stärker gewesen wäre als in Deutschland. Demgemäß schlossen sich die persönlichen Verbände ebenso wie die örtlichen als Rechtsgenossenschaften ab: unterstützt von ihrer genossenschaftlichen Rechtspflege bildeten sie ihr eigenes Gewohnheitsrecht aus, gaben sie sich ihre eigenen Gesetze. Zwei Klassen solcher im w. S. autonomer Verbände haben wir auseinanderzuhalten: die durch einen Herrn gebildeten und die freien. In den erstern, den Lehens- und Dienstverbänden, ist es der Herr, der ursprünglich allein, später im Einvernehmen mit den ihm untergebenen Mitgliedern des Verbandes, den Vassallen bzw. Dienstmannen, Satzungen erläßt. Dies ist öfters in Verbindung mit einer landrechtlichen Legislation geschehen. Hier jedoch handelt es sich nur um diejenigen Gesetze, die weiter nichts als Lehen-

oder Dienstrecht enthalten. Solche sind nur in spärlicher Zahl vorhanden [1]), was sich daraus erklärt, daß in den partikularen Lehenrechtskreisen das Reichslehenrecht nachgeahmt und dem Bedürfnis seiner schriftlichenDarstellung durch die Rechtsbücher (§ 13) genügt wurde, das Dienstrecht aber in der ersten Hälfte des MA. fast ganz gewohnheitlich sich entwickelte und in der zweiten in die Bahnen des Lehenrechts einmündete. Weniger fehlt es an Weistümern, zumal dienstrechtlichen Inhalts (älteste lat. 11. und 12. Jahrh., die jüngern teils lat., teils deutsch, in Flandern auch französisch. — Beispp. bei v. Fürth *Die Ministerialen* S. 509—539, Warnkönig *Fland. RG.* III 2. Abt. Nr. 106, 109, 111, 113, 115, 117). Manche derartige Aufzeichnungen stehen in den »Lehenbüchern«, d. i. den Registern, welche die größern Lehenherrn über die an Vassallen und Dienstmannen geliehenen Güter anlegen ließen. Weit reicher ist nun aber die Menge der aus den freien Genossenschaften hervorgegangenen Rechtsaufzeichnungen. Hier treffen wir von Anfang an innerhalb eines vom territorialen Recht sehr weit gezogenen Rahmens auf eine statutarische Gesetzgebung, wovon die Mitglieder infolge der Vielgestaltigkeit ihrer Interessen einen äußerst lebhaften Gebrauch machen. Sollte, wie z. B. bei den Zünften, das Recht der Genossenschaft seinen Zwang auch gegen Ungenossen kehren, so war freilich die Gültigkeit des Statuts von der Mitwirkung der öffentlichen Gesetzgebungsgewalt abhängig. Sonst aber war die letztere höchstens nur mit ihrem Veto beteiligt. Neben den Statuten gehören dann auch Weistümer zum gewöhnlichen Quelleninventar fast aller Genossenschaften. Die frühesten und meist verbreiteten unter diesen sind die verschiedenen Ableger der uralten Schutzgilde (§ 59), wie sie sich in den Städten, seltener auf dem Lande seit dem 11. Jahrh. entwickelt haben. Von den massenhaften und oft genetisch untereinander zusammenhängenden schriftlichen Erzeugnissen der Autonomie in den ältern Brüderschaften, den Gilden der Kaufleute und der Handwerker, mögen die frühesten zumeist durch jüngere überholt sein. Doch hebt die lange Reihe der Zunftsatzungen mit einem Kölner Statut v. 1149 an (einige Drucke von Zunftartikeln weist Stobbe *Rqu.* I S. 499 flg. und *Handb.* I § 57 nach; dazu *Die ält. hamburg. Zunftrollen u. Brüderschaftsstatuten* her. v. Rüdiger 1874, *Die alten Zunftordnungen der St. Freiburg i. Br.* her. v. Hartfelder T. I

[1]) Die meisten von Stobbe *Rqu.* I § 55 angeführten Quellen sind keine Gesetze.

1879 [Progr.], *Die ä. Zunfturkunden der St. Lüneburg* her. v. Bodemann 1883 [in Quellen u. Darstell. z. Gesch. v. Niedersachs. Bd. I], *Leipziger Innungsordnungen a. d. 15. Jahrh.* her. v. Berlitt 1886 [Progr.], *Die alten Zunft- und Verkehrsordnungen der St. Krakau* her. v. Br. Bucher 1889, Freiberger Innungsartikel bei Ermisch *Das Freiberg. Stadtr.* 1889 SS. 276—295, *Die ältesten osnabrück. Gildeurkunden* v. Fr. Philippi 1890, *Die Straßburger Zunft- und Polizeiordnungen des 14. u. 15. Jahrh.* v. Brucker 1890, *Schragen der Gilden u. Ämter der Stadt Riga bis 1621* her. v. W. Stieda u. Konst. Mettig 1896, *De Gilden van Utrecht* v. Overvoorde u. Joosting 2 Bde. 1896/97 (in Werken I 19), RQuellen einzelner Zünfte bei Böhmert *Beitr. z. Gesch. d. Zunftwesens* 1862, Schmoller *Die Straßb. Tucher- u. Weberzunft* 1879, H. Meyer *Die Straßb. Goldschmiedezunft* 1881 *Das Buch der Malerzeche in Prag* her. v. Pangerl [in Quellenschr. z. Kunstgesch. XIII] 1878 sowie in den Urkundenbüchern der Städte). Nur wenig später beginnen die Rechtsaufzeichnungen für Münzerhausgenossen (Zitate und Drucke bei Eheberg *Über das ä. deut. Münzwesen* Kap. 3 und Anh. II, Statuten der Mainzer Hausg. in Zschr. f. Gesch. des Oberrheins 1880 S. 460—478), ferner im 13. Jahrh. Statuten und Weistümer der Gewerkschaften (Nachweise bei Klostermann *D. gem. deut. Bergrecht* I §§ 7, 9) und der Hansekontore oder des »gemeinen deutschen Kaufmanns« im Auslande (bei Lappenberg-Sartorius *Urkundl. Gesch. des Urspr. der deut. Hansa* II 1830, ferner bei Lappenberg *Urkundl. Gesch. des hans. Stahlhofes zu London* 1851; s. auch Frensdorff *Das statut. R. der deutsch. Kaufleute in Nowgorod* in Abh. d. Gött. Ges. XXXIII, XXXIV, wozu K. Maurer Kr. Vjschr. 1889 S. 26—33, und über die Ordinanzien des Kontors von Brügge Höhlbaum im *Hans. Urkb.* III S. 344 flg., Wagner *Handb. d. Seerechts* I S. 68—71). Dagegen reichen kaum über 1300 hinauf die ältesten und sichtlich nach dänischem Muster gebildeten Bestandteile des einzigen kontinental-deutschen Schutzgildestatuts, nämlich der »Schra« der Knutsgilde zu Reval (in Bunges *Livl. Urkb.* IV S. 287—300). Mit seinen Fortsetzungen aber ragt dieses Denkmal des frühesten Gildetypus hinein in die eigentliche Blütezeit der jüngern autonomen Korporationen, die während der beiden letzten Jahrhunderte des MA. eintritt. Zünfte verbünden sich jetzt zu gemeinschaftlichen Satzungen. Unter den Bauhütten wiederholt sich der gleiche Vorgang seit 1459 mit dauerhafteren

Ergebnissen (Steinmetzordnungen bei Heideloff *Die Bauhütte des MA. in Deutschl.* 1844, J. Neuwirth *Die Satzungen des Regensb. Steinmetzentags i. J. 1459*, 1888). Von den Zünften machen sich die Vereine der Handwerksgesellen unabhängig (Statuten teils gedruckt, teils zitiert bei Schanz *Z. Gesch. der Gesellenverbände* 1877) und lösen sich die Schützenbrüderschaften ab (RQuellen bei Gengler *Stadtr. Alterth.* S. 471 ff. dazu Richthofen *Fries. Rqu.* S. 557—559). Gildenartig organisieren sich Schöffenkollegien in den Städten mit eigenen Statuten (Beispiele: Danzig in *Script. rer. Pruss.* IV S. 343—346, Frankfurt a. M. bei Thomas *Oberhof* S. 255—257). Der Koalitionsgeist hat die Kreise des niedern Adels ergriffen. Während die alten geistlichen Ritterorden in eine Verfallzeit treten, kommen neue Adelsverbände im Dienste rein weltlicher Interessen auf. Von kleineren Rittergesellschaften wie der »Gelübd« im Ingelheimer Grund haben wir Aufzeichnungen ihres althergebrachten Rechts noch aus dem 14. Jahrh. (Lörsch *Der Ingelh. Oberhof* S. 508—513). Im 15. kommen die Urkunden der großen reichsritterschaftlichen Verbände in Süddeutschland und am Rhein hinzu (Burgermeister *Reichsritterschaftl. Corpus juris* 1707 und *Cod. dipl. equestris* 1721). Eine dritte Klasse autonomer Genossenschaften war in den hohen Adelsfamilien gegeben. Ansätze zu einem gewohnheitlichen Sonderrecht in Fürstengeschlechtern finden sich schon im 12. Jahrh. Im 14. und 15. Jahrh. aber stellte sich für sie bei dem Entwicklungsgang, den das gemeine Erbrecht genommen hatte, das Bedürfnis heraus, die errungene politische Macht durch planmäßige Satzungen auf dem Gebiet des Privatrechts zu befestigen, was in Form von Verträgen unter mehreren regierenden Herrn desselben Geschlechtes oder von Verfügungen auf Todesfall zu geschehen pflegte (die wichtigsten Hausgesetze bei H. Schulze *Die Hausgesetze der regier. deut. Fürstenhäuser* I—III 1862—1883; Zitate älterer Fundorte bei Stobbe *Rqu.* II § 97).

§ 13.

Die nicht offiziellen Rechtsaufzeichnungen des MA. im kontinentalen Deutschland setzen zunächst die Formular-Literatur der vorausgehenden Periode (oben S. 35 ff.) fort. Quantitativ überwiegen unter den Formelwerken nach wie vor die Mustersammlungen für Urkunden und Briefe. Dabei wird nun aber eine strengere Scheidung der verschiedenen

Geschäftsarten durchgeführt, auch wohl Formelbücher für den Gebrauch bestimmter Kanzleien angelegt. Es werden ferner die theoretischen Zutaten weiter ausgesponnen, so daß einleitende und Inzident-Abhandlungen entstehen und das Formelbuch die Eigenschaft eines Lehrbuchs (*ars, summa dictaminis*) annimmt. Zuletzt wächst aus dem Formelbuch das Lehrbuch der Notariatskunst (*Tractatus de arte notariatus* oder *publici notarii*) heraus. Beträchtlich wird die Menge derartiger Quellen vom 13. Jahrh. an. Seit dieser Zeit macht sich auch der Einfluß italienischer Formelbücher stark bemerkbar. Veröffentlicht ist von diesen Schriften bis jetzt nur ein geringer Teil (außer den bei Stobbe Rqu. I S. 451 flg. II S. 158 ff. und Schröder Lehrb. § 60 angegebenen: *Theoderich v. Bocksdorffs Gerichtsformeln* mitget. v. Böhlau in Zschr. f. RG. I 1861 S. 414—458, ein *Cursus literarum scabinorum Noviomagensium* bei Krom *Stadrechten von Nijmwegen* [*Werken* I 11] 1894 S. 454 ff., *Ladbrief und ander brief nach der schrann lauf ze Grecz* bei Bischoff *Steiermärk. Landr.* 1875 Anh. I; ein Verzeichnis bei Rockinger *Über Formelbücher* 1855 im Anhang, dazu Steffenhagen in Zschr. f. RG. IV 1864 S. 190 flg., Kretzschmar *Die Formularbücher aus der Kanzlei Rudolfs v. Habsb.* 1889). Neben den Mustern für Urkunden stehen die Formeln für mündliche Rechtshandlungen, im Frühmittelalter nicht mehr bloß ordines judiciorum Dei (Mon. Germ. LL. sect. V 1886), sondern auch Krönungsformeln (bei Waitz *Die Formeln der deut. Königs- u. der röm. Kaiserkröng.* in d. Abh. d. Gött. Ges. XVIII 1873), später Formeln für gerichtliche Geschäfte aller Art, wie die von Homeyer hinter dem »Richtsteig Landrechts« S. 327—338 veröffentlichten Gerichtsformeln (rhein. 14. Jahrh.), ferner die von Zöpfl *Das alte Bamberg. Recht* S. 129—136 gedruckten Prozeßformeln (15. Jahrh.), die niederländischen *dingtalen* (in *Werken* I R. Bd. IV, VII, 1 XI), die Femgerichtsformeln (bei Wigand *Femger.* S. 229—244, ferner bei Lindner *Die Veme*), der fries. *fiaðd* bei Richthofen *Fries. Rqu.* S. 243 flg., die Klageformel ebenda S. 341, aber auch Formeln für außergerichtliche Handlungen (Trauformeln bei Sohm *Das R. der Eheschließg.* S. 319—321, mancherlei Eidformeln wie z. B. bei Richthofen S. 488—491).

§ 14.

Während diese Arbeiten fortgeführt wurden, trat mit dem 13. Jahrh. eine neue juristische Literatur ins Leben.

Ihr Vater und ihr berühmtester Vertreter ist der ostfälische Ritter Eyke (Eico, Ecco) von Repechowe (im Anhaltischen), der 1209—1233 bei verschiedenen gerichtlichen Geschäften, u. a. auch als Schöffe in der Grafschaft zum Billingshoch nachgewiesen ist. Seine schriftstellerische Tätigkeit war eine für jene Zeit ausgebreitete und wahrscheinlich über das juristische Gebiet hinausgreifende [1]), jedenfalls aber eine andauernde. Sein erstes Werk war eine umfassende Darstellung des Land- und Lehenrechts in lateinischer Sprache. Auf Andringen seines »Herrn«, des Grafen Hoyer von Falkenstein, in dessen Dienst Eyke zwischen 1215 und 1219 getreten zu sein scheint, unternahm er (1224—1230?) das damals unerhörte Wagnis einer prosaischen Übertragung seiner Arbeit in die Muttersprache (nsächsisch). In der metrischen und gereimten Vorrede will er das Buch *»spigel der Saxen«* genannt wissen. Denn nicht ein von ihm ersonnenes Recht will er vortragen, sondern abspiegeln will er das Recht, »welches von Alter an uns gebracht unsere guten Vorfahren«, und zwar — vom Reichsstaatsrecht abgesehen — das gemeine Recht in allen Landen sächsischer Zunge. Eyke hat sein Werk noch einmal überarbeitet und aus einer Vorrede in Strophen, die (von einem andern Verfasser?) dieser neuen Auflage vorausgeschickt ist, ersehen wir, daß es Herrn Eyke nicht an Gegnern fehlte. Möglich, daß schon damals kirchliche Tadler aufgetreten sind, möglich aber auch, daß man die Treue in der Überlieferung verdächtigte. Solche Stimmen haben sich auch in viel späteren Jahrhunderten und wieder in unsern Tagen vernehmen lassen (wuchtigster Angriff: v. Zallinger *Die Schöffenbarfreien des Sachsensp.* 1887; ein Rettungsversuch: E. Mayer in Kr. Vjschr. XXXI 1889 S. 149—190). Was jedoch die Ausstellungen der zweiten Art betrifft, so scheint mir immer noch zu wenig beherzigt, was Eyke selbst klagt: *»mich tziet manich man ... worte, der ich nie ne gewuch.«* Die vermeintlichen Widersprüche seiner Darstellung mit sicher beglaubigten Tatsachen dürften sich verflüchtigen, wenn die gleiche Sorgfalt auf die Interpretation seines Textes verwandt wird, die man sich beim Feststellen dieser Tatsachen hat kosten lassen. Zur Vorsicht mahnen sollte schon der gewaltige Erfolg, den der Sachsenspiegel bei der Mit- wie bei der Nachwelt und insbesondere in seiner Heimat gehabt hat, und der nur halbwegs erklärt wird, wenn man an das

[1]) K. Zeumer *Die sächs. Weltchronik ein Werk Eikes v. Repgow* (in d. Festschrift für H. Brunner 1910 S. 135—174, 839—842).

Bedürfnis der Zeit nach Rechtsaufzeichnungen und an die formellen Vorzüge des Buches erinnert. Die Einfachheit, Anschaulichkeit und Klarheit der zwar unsystematischen, aber nicht zusammenhanglosen Schilderung können nur der Ausdruck jener Sachkunde und jener Redlichkeit sein, welche schon die überwiegende Mehrheit der Zeitgenossen dem Verfasser zugetraut hat und welche er selbst ausdrücklich für sich in Anspruch nimmt. Sicherlich können an der Hand der Urkunden Herrn Eyke mancherlei Irrtümer nachgewiesen werden: er mag dem einen oder andern Rechtssatz eine zu weite Verbreitung zugeschrieben, manches Veraltete für noch lebenskräftig gehalten, auch der »Zahlenmystik« des Mittelalters seinen Tribut gezollt haben; die Rechtsanschauungen Ostfalens zu Anfang des 13. Jahrhs. finden dennoch in ihm ihren verlässigen Vertreter. Dogmatisch-juristische Konstruktionen wandeln ihn nur selten an; lieber wirft er philosophische Fragen auf: er kümmert sich um den Ursprung des Rechts und leitet es ab von Gott und »seinen Weissagen und geistlichen guten Leuten und christlichen Königen« wie Konstantin und Karl. Er sucht nach dem Grund der Unfreiheit und vermag ihn nur in widerrechtlicher Gewalt zu finden. Als echtes Kind des MA. gibt er zuweilen der Spekulation nach. Aber er denkt nicht theologisch genug, um das von ihm verehrte nationale Recht durch Satzungen des Papstes »ärgern« zu lassen. Von kirchlicher Seite sind denn auch die spätern Anfeindungen des Sachsenspiegels ausgegangen, und 14 Artikel wurden i. J. 1374 durch die Bulle *Salvator humani generis* von P. Gregor XI. verdammt. Indes unaufhaltsam breitete sich das Ansehen des Rechtsbuches aus. Wie ein Gesetzbuch wurde es in den Gerichten angewandt, wozu freilich im 14. Jahrh. auch Irrtümer über seine Herkunft beitrugen: für die Übersetzung eines Privilegs, das Karl d. Gr. den Sachsen gegeben, hielt man das Landrecht, für ein Gesetz von »Kaiser Friedrich« das Lehenrecht. Bald redete der Ssp. in allen deutschen Zungen. In vielen jüngern Rechtsaufzeichnungen wurde er benützt. Ihm selbst aber widmete sich fortan eine eigene Literatur. Diese vermehrte den Text des Rechtsbuches, teilte ihn in Bücher und weiterhin die Artikel oder Kapitel in Paragraphen ein, systematisierte ihn, versah ihn mit Rubriken und Registern, stellte (in der 1. Hälfte des 14. Jahrhs.) eine Vulgata fest (krit. Ausgabe des ganzen Eykeschen Werks, und zwar des Landr. auf Grund von 186 Texten, des Lehenr. auf Grund von 96 Texten, von Homeyer: *Des Sachsenspiegels erster Theil oder das sächs. Landr.* 3. Aufl. 1861, *Des Sachsenspiegels zweiter Theil nebst den verwandten Rechtsbüchern* I 1842; Ausgg. einzelner Hss. nennt Homeyer Landr. S. 73, dazu Lübben *D. Sachsensp. Landr. u. Lehnr. nach dem Oldenburg. Cod. pict. v. 1336*, 1879, Lichtdruckfaksimile der Dresdener Bilderhs. s. oben S. 16 Note 2, selbständige Textzutaten außer der Vulgata: Homeyer *Die Extravaganten des Ssp.* in den Berlin. Akad. Abh. 1861; die nl. Fassungen des Ssp. hsg. v. De Geer in *Werken der Vereeniging* etc. *I. R. Nr. 10 St. 1* u. *2* 1888). Der Ssp. wurde ferner ins Latein. übersetzt, das Landr. in 1272—1282 sogar dreimal (Drucke nennt Homeyer). Eine Bearbeitung des (interpolierten) lehenrechtlichen Teiles in latein. Reimprosa ist der sog. *Vetus auctor de beneficiis* (krit. herausg. v. Homeyer in *Des Sachsensp. zweiter Teil* II 1844). Schon bevor eine Glosse (§ 16) den Text des Ssp. interpretierte, und später noch suchte die zeichnende Kunst den Inhalt des Rechtsbuchs durch Bilder zu veranschaulichen (s. oben S. 16 Note 2), nicht etwa bloß hin und wieder nach Art der auch sonst in Rechtshandschriften vorkommenden und hauptsächlich zum Bücherschmuck dienenden Miniaturen, sondern durch fortlaufende Illustration, welche in eigentümlich naiver Weise das Darstellen wirklicher Vorgänge mit einer symbolisierenden Bilderschrift verbindet. Mindestens ein halbes Dutzend solcher Bilderhss. sind seit dem Ausgang des 13. und im 14. Jahrh. entstanden. Nur 4 davon sind uns erhalten. Verloren ist der Archetyp, der zu Meißen zwischen 1291 und 1295 angefertigt war.

Der Sachsenspiegel ist in einer Reihe von ähnlichen Rechtsbüchern, und zwar zuerst in Süddeutschland, nachgeahmt worden. Dabei geht aber die Absicht nicht mehr auf Schilderung eines Partikularrechts, sondern auf die des gemeinen Landrechts. Dieses mußte nun freilich bei dem engen Gesichtskreis der Verfasser eine lokale Färbung annehmen. Außerdem aber zeigt es sich getrübt durch romanistische und kanonistische Einflüsse, überhaupt durch eine in der Auswahl ihrer Quellen wenig kritische Buchgelehrsamkeit, wodurch sich die Schriftsteller von ihrem großen sächsischen Vorgänger ebenso scharf unterscheiden wie durch ihre Ziele. Das schlichte »speculum« eines erlebten Rechts weicht mehr und mehr einer gekünstelten Spekulation. Das legendarische und paraine-tische Element nimmt einen breiten Raum ein. Eine ausführliche Geschichte von Gesetzgebern und Rechtsflegern, »der Könige Buch« wird dem eigentlichen Rechtsbuch vorangestellt, um dieses *mit der alten ê und mit der niuwen ê* zu bewähren. In den Rechtstext selbst mischen sich Erzählungen, darunter poetische des Strickers, ein, aus denen dann die ermahnende Nutzanwendung gezogen wird. Der erste literarische Versuch dieser Art ist der *spiegel aller teutzher leute* (»Deutschenspiegel« = Dsp.), entstanden um 1260 und wahrscheinlich in Augsburg. Vom bevorwortenden Gedicht bis Art. 109 des Landrechts ist der Ssp. frei bearbeitet, im weiteren Verlauf nur noch flüchtig ins Oberdeutsche übersetzt (Textabdruck der einzigen Hs. v. F i c k e r *Der Spiegel deut. Leute* 1859). Das im Dsp. Begonnene wurde ausgeführt im *lantrechtbuch* (seit G o l d a s t 1609 »Kaiserliches Land- und Lehenrecht« oder »Schwabenspiegel« [= Swsp.] genannt). Der geistliche Verfasser, welcher den Dsp. als Vorarbeit benützt, scheint dem Hochstift Bamberg angehört, aber wie sein Vorgänger in Augsburg geschrieben zu haben. Über die Vollendungszeit stehen sich gegenwärtig die Ansichten von F i c k e r und R o c k i n g e r gegenüber. Ersterer setzt den Swsp. ins J. 1275, letzterer »kurz nach dem Anfang von 1259«[1]). Bei der Abfassungsgeschichte des Swsp. sind mindestens zwei Entwicklungsstufen zu unterscheiden, ein Entwurf, der sich noch abhängiger vom Ssp. zeigt und der Hauptsache nach durch die Haandschrift des Freiburger Stadtarchivs vertreten ist, und das vollendete Rechtsbuch. Dieses hat selbst wieder zahlreiche und sehr verschiedenartige Umgestaltungen erfahren, wobei im allgemeinen der ursprüngliche Stoff verkürzt wurde, aber auch wieder mancherlei fremdartige Zutaten erfuhr. Die Verbreitung, welche der Swsp. im MA. erlangt hat, kommt der des Ssp. mindestens gleich. Nicht

[1]) Was R o c k i n g e r bis jetzt darüber vorgebracht hat, scheint mir keineswegs beweiskräftig. Vor allem dürften die Erörterungen R.s über die von ihm sog. Hs. Rüdegers des Manessen (verschollen seit 1609) kaum ausreichen, um das Vorhandensein dieser Hs. vor 1268 darzutun. Denn R. läßt gerade den Hauptwiderspruch unberücksichtigt, welcher zwischen der angeblichen Einzeichnung Heinrichs des Preckendorfers in der Hs. und den Angaben seines »Reisbuchs« (betr. den aus Zürich an Rudolf v. Habsburg zu Hilfe Geschickten) besteht und wegen dessen jene Einzeichnung als gefälscht gelten muß. Was sodann die Erwähnung Rothenburgs im Königebuch betrifft, so scheint mir gerade sie auf Vollendung der Vulgata nicht — wie R. (*D. Kön. Buch* in den Münch. Akad. Abh. 1883) will, — vor, sondern nach dem 15. Mai 1274 zu deuten. Unerheblich ist die Benützung des Swsp. in der deutschen Bearbeitung von Bertholds († 1272) Predigten. Für entscheidend halte ich aber immer noch mit F i c k e r Art. 137 a des Landr. und 41 b des Lehenr. Die hierauf bezüglichen Bemerkungen F i c k e r s Wiener Sitzgsb. Bd. 77 S. 817 ff. und 840, 841 scheinen mir bis jetzt durch keine Gegengründe entkräftet.

nur in ganz Süddeutschland wurde er rezipiert. Sein Ansehen erstreckte sich auch nach Norddeutschland, ja nach Böhmen und Mähren und nach Burgund. In c. 25 Hss. liegen tschechische Bearbeitungen (15. Jahrh.) vor; eine mährische (15. Jahrh.) und eine altfranzösische (14. Jahrh.?) sind wenigstens durch je eine Hs. vertreten. Fast 350 Hss. aber bewahren den deutschen Text in seinen verschiedenen Formen. Eine kritische Ausgabe fehlt bis jetzt ist jedoch von Rockinger vorbereitet. Die beiden jetzt gewöhnlich zitierten Hauptdrucke sind: *L.* = *Der Schwabenspiegel . . . nach einer Hs. v. J. 1287* hsg. v. F. L. A. Freih. v. Laßberg 1840 und *W* = *Der Schwabensp. in der ält. Gestalt* hsg. v. W. Wackernagel I. *Landrecht* 1840. Von diesen kommt aber nicht der letztere, sondern der erstere der ältesten Gestalt des Rechtsbuches am nächsten (andere Ausgg. bei Stobbe Rqu. § 34; außerdem *Der Codex Altenberger* [v. 1481, Landrecht] hsg. v. G. Lindner 1885 S. 1—200; Textproben aus einzelnen Hss. in verschiedenen Publikationen Rockingers verzeichnet von demselben in den Wiener Sitzungsber. Bd. CVII 1884 S. 4 ff.; der franz. Text: Matile *Le miroir de Souabe* 1843). Auch mit dem Swsp. beschäftigte sich die Jurisprudenz des MA., wenn auch nicht so traditionell wie mit dem Ssp. Fehlt es auch an einer Glosse, so doch nicht an systematisierenden Umgestaltungen, an Registern, an Bearbeitungen des Buches für den Gebrauch bestimmter Gerichte, an einem latein. Auszug (v. 1356). Den bisher genannten Rechtsbüchern gegenüber selbständig ist *des keysers recht* (*lex, liber imperatoris*, »das kleine Kaiserrecht«, Ausg. v. Endemann 1846). Verfaßt ist dieses Rechtsbuch vielleicht noch im 13. Jahrh., spätestens gegen 1340 und wahrscheinlich im fränkischen Hessen. Der Verf. läßt sich in 4 Büchern über Gerichtswesen, materielles Landrecht, Recht der Reichsdienstmannen und der Reichsstädte aus und stellt seinen Stoff als Kaisergesetz hin, welches für die ganze Welt erlassen sei. Doch hat diese phantastische Anlage und der auch sonst vielfach phantastische Inhalt des Werks eine weite Verbreitung desselben nicht gehindert. In mehr oder weniger nahem Zusammenhang mit dem Ssp. stehen einige Rechtsbücher und kleinere landrechtliche Aufzeichnungen des 14. Jahrh. aus Norddeutschland. In den Anfang dieser Zeit fällt das sog. Görlitzer Rechtsbuch (46 Kapp.), dessen Hauptbestandteile auf einem dem Vetus Auctor verwandten Lehenrecht und dem interpolierten Landr. des Ssp. beruhen (letzte Ausg. v. Homeyer *Des Ssp.*

zweiter Theil II). Um 1335 verfaßte der erste Glossator des Ssp., der um 1305 zu Bologna gebildete Hofrichter der Mark Brandenburg Johann von Buch in äußerlichem und innerlichem Anschluß an den Ssp. ein niedersächs. Rechtsgangbuch, den *richtstîch*, auch *schepenclot* d. i. Schöffenstütze, jetzt »Richtsteig Landrechts« genannt (krit. Ausg. v. Homeyer 1857), die bedeutendste Rechtsschrift des 14. Jahrh. in Deutschland. Durch eine Schilderung der Formen, worin das Sachsenspiegelrecht vor Gericht geltend gemacht wird, will er das alte Landrecht ergänzen, eine Absicht, die er in streng systematischer Anordnung seines Stoffes durchführt. »Seine Arbeit fand eine Zustimmung und Verbreitung, welche nur der der Spiegel weicht«: Zeugnis davon geben die obersächsischen, schlesischen, rheinischen, süddeutschen Übertragungen und Umbildungen des Richtsteigs. Das schon von J. v. Buch geplante Seitenstück zum Richtsteig Landrechts, den *richstîch des lênrechtes* (nsächs.), verfaßte ein Unbekannter, wahrscheinlich noch im 14. Jahrh. (Ausg. v. Homeyer in *D. Ssp. zw. Th.* I). Um diese Rechtsgangbücher sowohl wie um den Ssp. selbst gruppieren sich kleinere Schriften: die beiden prozessualen Aufsätze des Hermann von Oesfeld *Cautela* und *Premis* (= Bremse) um 1359, der polemische Aufsatz *van lehengude unde dat to entfangende* (jetzt her. v. Frensdorff in den Nachrichten v. d. Gött. Gesellsch. 1894 S. 423—434), die *rechte weyse* des Lehenrechts und der Aufsatz *von bewysinge umme len unde liftucht*, beide Traktate aus der 1. Hälfte des 15. Jahrh., dann das erbrechtliche Stück vom Mustheil, die Sippzahlregeln und die Arbeiten des Merseburger Domherrn Dr. Tammo v. Bocksdorf (über die Ausgg. s. Stobbe *Rqu.* I S. 398, 389 f., II S. 149, vgl. auch Steffenhagen in Zschr. f. RG. IV 1864 S. 194—199). Mit dem Ssp. insofern in Zusammenhang, als sie sein Recht mit dem römischen und dem kanonischen (nach Art der Glosse) zu »konkordieren« sucht, steht die Tätigkeit des geschmacklosen Vielschreibers Nikolaus Worm zu Liegnitz. Er ist der Hauptrepräsentant der scholastischen Jurisprudenz im mittelalterlichen Deutschland. Schüler des Joh. v. Lignano in Bologna (wahrscheinlich schon vor 1377) hat er außer verschiedenen Glossenwerken, außer Bearbeitungen des Richtsteigs Landr. und der für ein Gesetz von K. Albrecht ausgegebenen Const. Mogunt. (oben S. 54) — alles dies bis 1386, und außer einem Stadtrechtsbuch (vgl. unten S. 71) zwei weitschweifige Werke über die Praxis des sächsischen und des fremden Rechts verfaßt: *di blume von Magdeburg* (um 1390, Ausg. v. Böhlau 1868), worin er seine Lehren als Schöffenurteile hinstellt, und *di blume ubir der sachsen spigel und ubir weichbildis recht* (1397), einen Richtsteig, zu welchem sich die »Blume von Magdeburg« teilweise als Vorarbeit verhält (Proben aus diesem in der Görlitzer Hs. 1280 Kolumnen gr. Fol. fassenden Buch bei Homeyer Richtst.). Die Tendenz der beiden Werke spricht sich in dem Satz des Verf. aus: *der blumen stam ist her Ecke von Repkow, die wurczil aber sint leges daz sint keiserrecht und canones.* Dem 15. Jahrh. gehört eine längere gegen die Abirrungen der Gerichtspraxis vom Ssp. eifernde Schrift an, die sog. *Informatio ex speculo Saxonum* (Ausg. bei Homeyer *Die inf. e. sp. S.* in Berl. Akad. Abh. 1856). In Livland wurde noch im 14. Jahrh. (1315—1374?) ein Auszug aus dem Ssp. mit Bestimmungen einheimischer Quellen kompiliert (sog. livländ. Rechtsspiegel, nur hochdeutsch erhalten, Ausg. von v. Bunge in *Altlivlands Rechtsbücher* 1879). Eine ähnliche Kompilation ist der sog. holländ. Ssp. (15. Jahrh., zuerst gedruckt 1472).

Gegenüber diesem ganzen unter der Nachwirkung des Ssp. stehenden Literaturkreis sind es im sächsischen Stammland nur wenige und minderwertige, weil kompilatorische Landrechtsbücher, die in der Hauptsache ihre besonderen Wege gehen, obschon sie gelegentlich den Ssp. oder den Richtst. Landr. benützen, wie z. B. die für »Wissende« bestimmten Fem-Rechtsbücher (worüber Stobbe *Rqu.* I S. 399 f., Lindner *Die Veme* S. 264—278), sämtliche erst nach 1437 verfaßt. Dagegen hat Esth- und Livland einige Lehenrechtsbücher aufzuweisen, welche in ihrer Grundlage ganz und gar selbständig sind. Diese Grundlage bildet eine Beschreibung des angeblich vom Dänenkönig Waldemar II. um 1219 mit seinen deutschen Vasallen in Esthland vereinbarten und 1315 von König Erich VI. bestätigten Lehenrechts, das niederd. »Waldemar-Erichsche Lehenrecht«. 1315—1322 ist auf Grundlage des vorigen ein Rechtsbuch für das Stift Oesel in 10 Kapp. ausgearbeitet und von Bischof Herting bestätigt, das nur hochdeutsch erhaltene »älteste livländ. Ritter-Recht«. Eine zweite hd. Redaktion desselben in 67 Artikeln und unter landrechtlichen Zutaten ist noch im 14. Jahrh. verfaßt (Ausgg. der genannten Rbb. bei v. Bunge a. a. O.). Aus dem livländ. RSpiegel, dem »ältesten Ritterrecht« und dem Stück vom Musteil (vgl. S. 66) für das Erzstift Riga zusammengesetzt, ist das nd. »mittlere livländ. Ritterrecht« (vor 1424), eine Überarbeitung des letztern das hd. »systematische livländ. Ritterrecht« (vor 1450? vgl. v. Bunge *Einleitung i. d. liv.-, esth.- u. curländ. RGsch.* 1849 §§ 50, 51). Teilweise auf verwandten Gebieten bewegte sich die originale Rechtsliteratur des mittel- und niederfränk. Gebiets. Einer ihrer frühesten Vertreter ist das bergische Rechtsbuch (schlechte Ausg. v. Lacomblet Arch. f. d. Gesch. des Niederrheins I 1832 S. 79 ff.) in 62 Artikeln aus der Zeit von 1355—97 (vgl. v. Below *D. landständ. Verfassg. in Jülich u. Berg* II 1886 S. 1—48). Von einem flämischen Lehenrechtsbuch (14. Jahrh.?) gibt Homeyer *Des Ssp. zw. Th.* I S. 104 f. Nachricht. Umfassender dem Inhalt nach ist ein Landrecht der Freien von Brügge in Reimen (53 Kapp. 15. Jahrh.; — her. v. Gilliodts van Severen *Cout. du Franc de Bruges* I 1879 S. 455—502). Aus Süddeutschland ist mindestens ein durch Selbständigkeit und Eigenart höchst wertvolles Landrechtsbuch des Spät-MA. zu nennen, der vor 1425 zu Graz verfaßte »Landlauf von Steier« (fünf verschiedene Formen, in der vollsten 252 Art. Ausg. v. Bischoff *Steiermärk. Landr. des MA.* 1875, vgl. darüber Kr. Vjschr. XVIII S. 140—146). Vielleicht ist aber auch das Saarbrücker Landrecht (angebl. 1321) den Rbb. beizuzählen (vgl. Stobbe *Rqu.* I 554). An kleineren und zugleich selbständigen Schriften landrechtlichen Inhalts ist aus Süddeutschland nur die Aufzeichnung des Ritters Ludwig v. Eyb d. Ä. über das kaiserl. Landgericht zu Nürnberg 1460—1490 (herausg. v. Vogel 1867) zu nennen. Reich dagegen an solchen kurzen und meist auf einen speziellen Gegenstand bezüglichen Darstellungen in der Volksmundart ist Friesland, wo einige noch ins 13. Jahrh. hinaufreichen mögen (Drucke zerstreut in v. Richthofens Sammlung; s. oben S. 51), während nur eine einzige umfängliche Arbeit über fries. Recht, die zwar friesisch geschriebene, aber ganz und gar kompilatorische und stark romanistische *Jurisprudentia Frisica* (so von ihrem Herausgeber M. Hettema 1834 f. genannt) aus dem 15. Jahrh. zu verzeichnen ist.

§ 15.

Seit der 2. Hälfte des 13. Jahrhs. fand das Rechtsbücherwesen auch in den Städten Aufnahme. Diese literarische

Bewegung zeigt sich am lebhaftesten in den Städten Magdeburgischen Rechts (vgl. oben S. 46 f.), wo sie mittelbar insofern an den Ssp. anknüpft, als dieser in Magdeburg zur Herrschaft gelangt war. Unter vorzugsweiser Benützung magdeburgischer Quellen, aber auch des Ssp. selbst gehen die Schriftsteller dieses Gebietes darauf aus, über ein gemeines oder doch weit verbreitetes Stadtrecht zu belehren. Den Anfang der so entstehenden magdeburgischen Familie von Stadtrechtsbüchern macht noch vor 1269 eine Abhandlung über die Gerichte zu Magdeburg und die Ausbreitung des Magdeb. Rechts (jetzt sog. »Rechtsb. v. d. Gerichtsverfassung«). Es folgt das vornehmlich auf Rechtsmitteilungen von Magdeburg nach Breslau (dem sog. »Magdeburg-Breslauer R.«) beruhende und in mehreren selbständigen Rezensionen überarbeitete »Magdeburger Schöffenrecht«. Jüngere Formen jener Abhandlung und dieses Schöffenrechts wurden noch zu Anfang des 14. Jahrhs. äußerlich miteinander verbunden. An dieser Kompilation haftete der Name »Weichbild« oder »Weichbildrecht«, der vorher auch dem Schöffenrecht beigelegt worden war. Während des 14. Jahrhs. wurde das Weichbildrecht überarbeitet und durch Zusätze erweitert, ins Latein. und in slawische Sprachen übersetzt. (Ausgg. des Weichb. R. und seiner Vorläufer verzeichnet bei Stobbe *Rqu.* I § 38, dazu *Magdeburger Rechtsquellen* hsg. v. Laband 1869 und *D. sächs. Weichbildr. nach der Hs. v. 1381* hsg. v. O. Walther 1871). Vielleicht noch der ersten Hälfte des 14. Jahrh. gehört das sog. Neumarkter Rechtsbuch an, eine für Neumarkt in Schlesien zusammengestellte ziemlich rohe Bearbeitung des Halle-Neumarkter Schöffenbriefes, des Sachsenspiegels, des Magdeburger Schöffenrechts und verschiedener Stücke unbekannter Herkunft, die übrigens nur unvollständig erhalten ist (Ausg. v. O. Meinardus 1906, dazu s. Frensdorff in Gött. Gel. Anz. 1907 S. 977—1001). Um eine neue Generation kompilatorischer Stadtrechtsbücher wurde die sächsisch-magdeburgische Familie in der 2. Hälfte des 14. Jahrhs. vermehrt. Aus dem Magdeb.-Bresl. R. und jüngeren Schöffenbriefen sind die Rechtssätze ausgezogen oder abgeleitet, welche den Inhalt der 5 Bücher des zu Breslau zwischen 1350 und 1386 verfaßten »systematischen Schöffenrechts« (her. v. Laband 1863) bilden. Noch vor 1394 wurde das Bresl. Syst. Schöffenr. zu Kulm unter Benützung von Magdeburg-Kulmer Schöffensprüchen und vom

Schwabenspiegel zum »A l t e n K u l m« überarbeitet (Vulgata: *Das alte kulm. R.*, hsg. v. L e m a n 1838). Größtenteils aus dem Syst. Schöffenr. abgeleitet ist auch das »Glogauer Rechtsbuch« (1386, in 643 Kapp. hsg. v. W a s s e r s c h l e b e n *Sammlg. deut. Rechtsqu.* 1860). Dagegen trennt sich durch planmäßiges Heranziehen des Ssp. und des Goslarer Stadtrechts von der Magdeb. Familie das in Meißen in 1357—1387 verfaßte »R e c h t s b u c h n a c h D i s t i n k t i o n e n« (so wegen der Einteilung der Kapitel, neuerdings jedoch auch das »Meißener Rb.« und früher der »vermehrte Sachsenspiegel« genannt), welches nicht nur in Nord- und Mitteldeutschland, sondern auch in Polen und Böhmen (tschech. übers.) viel gebraucht wurde, wie es denn auch ein gemeines Stadtrecht »in sächsischer Art« schildern wollte. Durch Kompilation dieses umfangreichen Werkes mit anderen Materialien fertigte der Eisenacher Stadtschreiber J o h. R o t h e († 1434) die ersten drei Bücher zu einem unvollendeten »Eisenacher Rechtsbuch« (mit dem vorigen her. von O r t l o f f *Sammlung deutsch. Rqu.* I 1836). Das Rechtsbuch nach Distinktionen gelangte frühzeitig in Preußen zu Ansehen. Noch vor 1400 wurde es dort durch ein vornehmlich aus dem glossierten Ssp. und dem Magdeb. Dienstrecht geschöpftes »Lehenrecht in Distinktionen« ergänzt. (Ausz. bei H o m e y e r *Des Ssp. zw. Th.* I S. 367.) Die beiden Rechtsbücher wurden sodann mit dem glossierten Ssp., Magdeburger und kulmischen Schöffensprüchen, dem alten Kulm und verschiedenen anderen Quellen und unter Opposition gegen die »Römerei« 1400—1402 von dem Thorner Stadtschreiber W a l t h e r E c k h a r d i aus Bunzlau zu den »IX B ü c h e r n M a g d e b u r g e r R e c h t s« verarbeitet. Eine durchgreifende Umarbeitung erfuhr dieses Werk gegen 1408 (die nach ihrem ersten Herausgeber benannten »Poelmannschen Distinktionen«) und eine zweite, speziell für Preußen berechnete und romanisierende um 1444 durch J o h. L o s e wahrscheinlich zu Königsberg (Beschreibungen dieser Kompilationen bei S t e f f e n h a g e n *Deut. Rqu. in Preußen* 1875 S. 138—200). Überhaupt sind es recht eigentlich die preußischen Städte, welche die magdeburgisch-sächsische Rechtsbücherliteratur gegen Ende des 14. und während des 15. Jahrhs. fortsetzen. Allerdings nur als einen vorübergehenden Versuch müssen wir das in einer einzigen Hs. erhaltene »E l b i n g e r R e c h t s b u c h« betrachten, welches zwischen 1338 und 1470 (vor 1402?) auf Grundlage des Swsp. und unter ausgiebiger Benützung des Rechtsb. nach Dist. und von Magdeburger

Quellen in 67 Kapp. kompiliert wurde (Steffenhagen a. a. O. 118—137). Dagegen in- und außerhalb Preußens gebraucht sehen wir die »Magdeburger Fragen« (hsg. von Behrend 1865), ein mit dem Material preußischer Quellensammlungen 1386—1402 ausgearbeitetes systematisches Werk, welches in drei Büchern mit Einteilung der Kapitel in Distinktionen den gesamten Stoff in der Form von wirklichen oder fingierten Antworten der Magdeburger Schöffen auf vorausgeschickte Anfragen dar stellt. Endlich aber sammelte sich während des 15. Jahrh. um den immer mehr zur Herrschaft gelangenden »alten Kulm« eine erläuternde und ergänzende Literatur, darunter ein zu Danzig (1436—1454) verfaßtes Rechtsbuch in 117 Kapp., die »landläufigen Kulmischen Rechte« (beschr. v. Steffenhagen a. a. O. 211—226, ein Text im sog. *Danzig. Schöffenbuch* hsg. v. Tœppen 1878 S. 19 ff.). Nur durch seine gemeinrechtliche Tendenz und durch die sächsische Herkunft seiner deutsch-rechtlichen Bestandteile schließt sich den bisher besprochenen Stadtrechtsbüchern das 1399 begonnene sog. Liegnitzer Stadtrechtsbuch des S. 66 genannten Nic. Worm an, ein im übrigen ganz eigentümliches Werk, eine »jurisprudentia Romano-Germanica« mit besonderer Berücksichtigung des Stadtrechts in Form von Fragen und Antworten zwischen Schüler und Lehrer (Auszüge bei Boehlau *Novae Constitutiones* S. 64—66, XLI).

Eine zweite Reihe von Stadtrechtsbüchern setzt sich aus solchen Werken zusammen, die sich auf die Darstellung des in bestimmten einzelnen Städten geltenden Rechts beschränken. Einige davon stehen der vorigen Klasse noch insofern nahe, als unter ihren Materialien der Ssp. und andere sächsiche Quellen sich befinden. Am meisten ist das beim Berliner Schöffenrecht (g. 1397, neueste Ausgabe *Das Berlinische Stadtbuch* 1883 S. 93—192) der Fall sowie bei dem von Herford aus dem 14. Jahrh. (hsg. in Wigands *Arch. II* 1827). Aber auch das Prager Stadtrechtsbuch (bei Rößler *Deut. Rdenkm.* I 1845) aus demselben Jahrh. (nach 1341), welches das sächs. mit dem Iglauer R. zu verschmelzen sucht, gehört hierher, und das große *rechtpuech nach Ofner stat rechten* (441 Kapp.) in zwei Teilen von zwei Verfassern (1405—13 und 1421) insofern, als es Magdeburger R. benützt (Ausg. v. Michnay und Lichner *Ofn. Stadtrecht* 1845). Eine kleine Gruppe von Stadtrechtsbüchern schöpft aus dem Swsp. Hierin am weitesten geht die *beschreibung der gewon-*

heiten der stat Frankenberg (bei Schminke *Mon. Hass.* II 1748), welche gegen 1493 der rechtsgelehrte Schöffe Joh. Emmerich zusammengestellt hat. Neben lokalen Quellen, insbesondere dem städtischen Gewohnheitsrecht den Swsp. wenigstens benützt hat der Vorsprecher Ruprecht für sein Freisinger Stadtrb. 1328 (der ursprüngl. Text herausgeg. v. L. Westenrieder *Rechtbuch baierisches des Ruprecht von Freysing* 1802, eine verkürzende Bearbeitung aus dem 15. Jahrh. verbunden mit dem Landrecht des Swsp. hsg. v. G. L. von Maurer *D. Stadt- u. Landrb. Rupr.* 1839). Dagegen erst nachträglich aus dem Swsp. interpoliert ist das Wiener Stadtrb. (her. v. H. M. Schuster 1873), verfaßt wohl im 2. Viertel des 14. Jahrh. in systematischer Anlage, öfter überarbeitet, und durch seine Selbständigkeit eines der wichtigsten Stadtrechtsbücher. Letzteres gilt auch von dem Stadtrb. v. Mühlhausen in Thüringen (bei Steffan *Neue Stofflief.* I 1846), das sogar noch ins 13. Jahrh. zu setzen ist, und von dem in 1296—1307 entstandenen Freiberger Stadtrb., das in 49 ausführlichen Kapiteln einen gewohnheitsrechtlichen Stoff von ungewöhnlichem Reichtum, u. a. auch zahlreiche Formeln, verarbeitet (herausg. v. Ermisch *D. Freib. Stadtr.* 1889 S. 3—264). Übrigens bleiben solche ganz und gar selbständige Stadtrechtsaufziechnungen Seltenheiten. Unter den späteren ragt durch Originalität wie durch Umfang das unvollendete Rb. der holländischen Stadt Briel hervor (fünf »Traktate«, in ausführliche Kapp. eingeteilt), welches um 1404 der Stadtklerk Meister Jan Mathijssen († vor 1423) verfaßt hat (Ausg. Fruin und Pols *Het rechtsboek van den Briel* in *Werken* I *R.* Nr. 1, 1880, vgl. *Verslagen en mededeelingen* 1885 S. 419—427). Auch der Frankfurter *Baculus judicii* (bei Thomas *Der Oberhof zu Frankfurt* 1841 S. 222—254) aus dem 15. Jahrh. darf hier nicht übergangen werden.

Noch seltener und erklärlicherweise viel später als die letztgedachten Stadtrechtsschriften sind Privataufzeichnungen des Rechts von persönlichen Verbänden (§ 12). Die lehrreichsten fallen ganz ans Ende unserer Periode: das kleine Rechtsbuch der Wiener Münzerhausgenossen c. 1450 (in *Geschichtsqu. der St. Wien* Abt. I Nr. 148) und der von seinem Herausgeber (Koppmann 1875) sog. »Leitfaden für die Älterleute des deut. Kaufmanns zu Brügge«, von einem Klerk des Kontors i. J. 1500 geschrieben.

§ 16.

Bei der gewaltig anwachsenden Menge des geschriebenen Rechts stellte sich im SpätMA. das Bedürfnis nach geordneten Sammlungen der für die Praxis verwertbaren Schriftwerke heraus. Und nun wiederholt sich der Vorgang, der sich schon in der Frühzeit der Denkmäler ereignet hatte (vgl. oben S. 31): die Sammler nehmen mehr oder weniger eingreifende Umgestaltungen mit den gesammelten Texten vor, so daß die Sammlung sich der Kompilation nähert, zwischen Sammlung und Rechtsbuch Übergänge stattfinden. In Friesland setzen sich solche Sammlungen vom 13. bis ins 16. Jahrh. fort, im Emsgau und in Rüstringen auch in niedersächsischen Bearbeitungen unter starker Einmengung römisch- und kanonischrechtlicher Bestandteile (Ausg. C. Borchling *Die niederdeut. RQuellen Ostfrieslands* I 1908). Zuweilen treten sie unter individuellen Titeln auf, welche sie sich selbst oder welche ihnen die Benützer gegeben haben, wie z. B. das *Vetus jus Frisicum* gegen Schluß des 13. Jahrhs. (größtenteils gedr. bei Richthofen *Unters.* I S. 33—63, vgl. ebenda S. 26 flg. 63—74) oder eine Rüstringer Sammlung friesischer Rechtstexte, die unter dem Namen des Asegabuches (*asebok, asingebok*) ging (her. v. T. D. Wiarda 1805). Gesammelt wurden auch Gerichtsurteile, und zwar nicht nur von den urteilenden Gerichten, sondern auch (als Präjudizien) von den das Recht bei einem Oberhof holenden. Diese Sammlungen (*libri sententiarum*) wurden dann bearbeitet, teils dadurch, daß man sie systematisch unter bestimmten Rubriken ordnete, teils, indem man sie exzerpierte, der urkundlichen Form entkleidete. Sammlungen dieses Inhaltes waren namentlich in den Tochterstädten des Magdeb. R. beliebt, wo sie Stadtrechtsbücher wie das system. Schöffenr. und die Magdeb. Fragen (oben S. 68, 71) vorbereiteten. Als das älteste Präjudizienbuch, welches unter Verweisung auf die Originalbriefe Magdeburger Schöffensprüche noch in chronologischer Reihenfolge, jedoch zu Anfang schon abgekürzt vereinigt, mag das 1334 angefangene zu Stendal hervorgehoben werden (mit Kommentar hsg. v. Behrend 1868). Außerhalb des magdeburgischen Rechtskreises bietet die älteste Sammlung von Iglauer Schöffensprüchen (vor 1360) ein Beispiel dar für die Bearbeitung des Urteilsbuches eines Oberhofs (bei Tomaschek *Der Oberh. Iglau* 1868 Nr. 1—219), in anderer Weise das unter dem Einfluß der kanonistischen Summenliteratur seine Rubriken alphabetisch ordnende und dem einheimischen Material eine Menge von fremdrechtlichem beimischende Schöffenbuch (*Manipulus vel directorium juris civilis*) von Brünn aus d. J. 1353, verfaßt von dem auch sonst als juristischer Schriftsteller tätigen Stadtschreiber Johann v. Gelnhausen (bei Rößler *Deut. Rdenkm.* II 1852). Mehrfache Umgestaltungen hat das letztere noch im 14. und 15. Jahrh. erfahren.

Weniger fürs Erkunden des deutschen Rechts, als für die Rezeptionsgeschichte des fremden belangreich sind die Glossen, welche seit dem 14. Jahrh. hauptsächlich in Norddeutschland zu viel benützten Rechtsbüchern und Sammlungen geschrieben worden sind. Ihre Vorbilder sahen die Verfasser in den Glossenwerken der italienischen Jurisprudenz, und das römische oder Kaiserrecht und das päpstliche Recht vor anderen verwerten die meisten zur Erläuterung der deutschen Texte. Dabei aber geht ihre Absicht anfangs nicht nur auf Erklärung des einheimischen Rechts, sondern auch auf Sicherung desselben durch den Nachweis seiner Übereinstimmung mit den leges und canones, später auf Verschmelzung des einheimischen mit dem fremden Recht. Die Sprache der älteren Glossen ist die deutsche; lateinische Glossen treten erst im 15. Jahrh. auf. Die Hauptgruppe unter allen Glossen ist diejenige, welche sich seit Joh. v. Buch (oben S. 66) um den Ssp. gebildet hat. Eine zweite bezieht sich auf das Weichbild, darunter eine Glosse, welche das fremde Recht unberücksichtigt läßt. Andere Quellen, denen noch im Mittelalter eine Glosse zuteil wurde, sind die Const. Mogunt. von 1235, eine fries. Rechtssammlung unter dem Namen des westerlauwerschen Landrechts, das Hamburger Stadtrecht von 1497.

Mehr noch als die Glossen verharren in dienender Rolle gegenüber den Rechtsschriften, worauf sie sich beziehen, die schon erwähnten Übersetzungen und die Repertorien (Schlüssel, Remissorien, Register, Abezedarien), welche die systematisch zusammengehörigen Sätze bald einer bald mehrerer Quellen (Rechtsbücher und Glossen) unter alphabetisch angeordneten Rubriken vereinigen.

In geradem Gegensatz zu den Sammlungen, Glossen und Repertorien nicht nur, sondern auch zu den Rechtsbüchern entwickelte sich in den beiden letzten Jahrhunderten des Mittelalters aus Anlaß der staatskirchenrechtlichen Kämpfe eine Literatur, die ihre Ausgangspunkte nicht sowohl im gegebenen Rechte als in theologischen und philosophischen Lehren suchte, mittelst einer überwiegend spekulativen Methode ein staatskirchenrechtliches System zu politischen Zwecken zu konstruieren strebte, sich zunächst an gelehrte Leserkreise wandte, daher auch der lateinischen Sprache sich bediente. Der Charakter dieser publizistischen Literatur bringt es mit sich, daß selbst die von Deutschen oder in Deutschland verfaßten Schriften ihrer Richtung — angefangen bei Jordanus v. Osnabrück (c. 1280) bis hin zu Peter v. Andlo († nach 1475) als Denkmäler deutschen Rechts nur ein untergeordnetes Interesse beanspruchen können, wie hoch man auch ihr Eingreifen in die wissenschaftliche, politische und kirchliche Bewegung jenes Zeitalters veranschlagen mag.

§ 17.

Die Achtbarkeit, ja Bewunderungswürdigkeit mancher literarischen Leistungen der Rechtsbücherperiode darf uns nicht über die Wahrheit hinwegtäuschen, daß, soweit es auf die Kraft des nationalen Rechtslebens ankommt, wir es mit einer Periode des Verfalles zu tun haben. Das Bedürfnis nach einer so bedeutenden Literatur ist ein verlässiges Zeichen dafür, daß das Recht im Begriff war, dem Gedächtnis der Massen zu entschwinden. Die Arbeitsteilung war eben so weit gediehen, daß die Kunde des Rechts sich in engere Kreise zurückziehen mußte, die zu seiner Anwendung Berufenen eines populären Unterrichts bedurften. Eben darum tritt auch die Idee des Volksrechts zurück: das Recht wird (selbst schon bei Eyke, vgl. oben S. 62) als Erfindung und Lehre bestimmter Individuen aufgefaßt. Die letzte Folge des so gekennzeichneten Zustandes war der Ersatz des Volksgerichts durch das gelehrte Gericht und unter der Gunst der politischen Verhältnisse und der gelehrten Legende jene Entnationalisierung des Rechts in Deutschland, die in der »Rezeption« des »Kaiserrechts« oder der »Leges«, d. h. des römischen Corpus juris als eines Gesetzbuchs gipfelte. Nur frühere Stufen dieses Herabsteigens unseres Rechts aber sind bezeichnet durch die voraufgehenden partikularen Rezeptionen deutscher Rechtsbücher und Sammlungen. Erfreute sich einmal ein derartiges Werk in seiner Heimat eines gewissen Ansehens, so griff man nach ihm auch in Ländern, auf deren Bedürfnisse es gar nicht berechnet war. Nicht um das in §§ 14—16 erwähnte Fortwirken älterer Werke durch Vermittlung jüngerer handelt es sich hier, sondern um den unmittelbaren Gebrauch der ersteren in der Praxis. Zeugnisse dafür sind die Übersetzungen, welche von den vornehmsten Rechtsbüchern in alle Hauptmundarten Deutschlands, ja sogar in fremde Sprachen (für Deutsche in außerdeutschen Ländern) veranstaltet wurden. Vgl. oben S. 63, 65' 70. Nicht minder charakteristisch für die Unsicherheit des Rechtsgefühls im Spätmittelalter sind diejenigen Arbeiten, welche den Ssp. und den Swsp. nicht sowohl kompilieren als parallelisieren (Lüneburg. Hs.). Von hier aus begreift sich aber, wie jene durch und durch subjektive, in Kompilationen der verschiedenartigsten Quellen experimentierende Schriftstellerei auf Beifall rechnen durfte, von der uns in §§ 14—16 so manche Probe begegnet ist.

Daß die ganze hier gekennzeichnete literarische Richtung auf ein unbewußtes Verfälschen des überkommenen Rechts hinauslaufen mußte, braucht hier nur angedeutet zu werden. Bei der Schonungslosigkeit des Mittelalters gegen Schrifttexte und bei seiner Armut an Hilfsmitteln der Kritik erneuerte sich aber immer wieder auch die Versuchung zum bewußten Fälschen, und zwar zunächst der Überlieferungsform. Spätere Beispiele dafür sind uns schon S. 67, 71 in der »Blume von Magdeburg« und den »Magdeburger Fragen« begegnet. Ein älteres und berühmteres ist die *Constitutio de expeditione Romana*, in ihrem Kern ein Aufsatz über die Reichsheerfahrt aus der 1. Hälfte des 11. Jahrh., dem in der Zeit König Friedrichs I. ein Überarbeiter die Form eines Gesetzes Karls des Großen gegeben hat. Indes schon längst waren und fortwährend wurden diese formellen Fälschungen überboten an Massenhaftigkeit wie an Dreistigkeit durch jene andern, welche den Inhalt zugleich und die Form betrafen. Sind sie auch nicht Denkmäler gewordenen Rechts, so sind sie doch als Denkmäler des werdenden so wichtig, daß selbst ein Grundriß der mittelalterlichen Quellengeschichte sie nicht übergehen darf. Gefälschte Privilegien zwar müssen sich schon die voraufgehenden Jahrhunderte vorwerfen lassen, und zu der ungezählten Menge ihrer Nachfolger während des Mittelalters steuert nicht nur Deutschland, sondern auch England ein gut Teil bei. Was aber im Gegensatz zur angelsächsischen der kontinental-deutschen Denkmälergeschichte eigentümlich, das sind die Fiktionen von Grundgesetzen ganzer Territorien und die gefälschten Hof- und Stadtrechte. Als Vertreter der ersten Gruppe mögen die angeblichen Privilegien Karls des Großen, Wilhelms von

Holland und eines Kaisers Rudolf (v. Habsburg,? v. Schwaben?) für Friesland angeführt werden, wodurch die Landeshoheit verdrängt, und die um 1359 von Herzog Rudolf IV. gefälschten österreichischen Freiheitsbriefe, obenan das sogen. priv. majus, wodurch die Landeshoheit vollendet werden sollte, — als Vertreter der zweiten Gruppe das unechte Gorzer Hofrecht von 765 (12. Jahrh.? vgl. Sauerland *Die Immun. v. Metz* S. 86 flg., 105 flg. mit Beil. X) und die gefälschten Rechtsbriefe von Wiener Neustadt (Ausg. und Krit. v. Winter im Arch. f. österr. Gesch. LX S. 73—292), Iglau und Prag (über beide Lorenz *Deutsch. Gesch.* I S. 355—357).

Dritter Abschnitt.

NORDGERMANISCHE SCHRIFTWERKE.

Literatur: K. Maurer, *Udsigt over de nordgerm. Retskilders Historie* 1878 (wo auch Angabe der Vorarbeiten; dazu:) K. Maurer, *Überblick ü. d. Gesch. der nordgerm. RQuellen* (in v. Holtzendorffs Enzyklopädie I 5. Aufl. 1889), E. Hertzberg, *De nordiske Retskilder* (in Nord. Retsencyklopædie I 1890) §§ 5—44, 49—59; — C. Rosenberg, *Nordboernes Aandsliv* II 1880 S. 67—94, 155—174; K. Hegel *Städte und Gilden* I 1891 S. 156—206, 263—323, 355—368, 123—131, 422—432 (an versch. Stellen), — P. J. Jørgensen *Udsigt over den Danske Retshistorie*², 1. H. (1913), P. Hasse, *D. Schleswiger Stadtr.* 1880 (mit den Kritiken von Secher in Hist. Tidsskr. Kjøbenh. 1881 S. 196—219 und Jørgensen in Aarbøger f. nord. Oldk. 1880 S. 1—46), Hasse, *D. Quellen des Ripener Stadtr.* (mit den Kritiken v. Secher in Hist. Tidsskr. 1883 S. 480—496 und M. Pappenheim in Kr. Vjschr. XXVI 1884 S. 578—585, vgl. auch Frensdorff in d. Hans. Geschbl. 1883 S. 89—110); Pappenheim, *D. altdän. Schutzgilden* 1885 S. 141—188; K. Maurer in Münch. Sitzgsber. 1887 S. 363—399; L. Holberg, *Leges Waldemari regis* 1886; Ders., *Dansk Rigslovgivning* 1889 (dazu Pappenheim in Krit. Vjschr. XXXII S. 32—81); Ders., *Dansk og fremmed Ret* 1891 (dazu E. Herzberg in TRv. 1893 S. 495—504); Kjer, *Valdemars sjællandske Lov* 1890 (dazu Stöchel in Ugeskrift for Retsvæsen 1892 S. 481—93, Secher in TRv. 1892 S. 386—96); Kjer in Aarbøger for nord. Oldkyndigh. 1891 S. 124—46 (dazu Secher a. a. O. 397 f.); Matzen, *Danske kongers Haandfæstninger* 1889. — K. G. Westman *De svenska rättskällornas historia* 1912 (Vorlesungen); C. J. Schlyter, *Jurid. Afhandlingar* I 1836 S. 55—113, II 1879 S. 122—191, Leffler in Vitterhets . . . Akad. Månadsbl. 1879 S. 100—140, ders. *Om 1607 års upplaga af Uplandslagen* (in Ups. Univ. Årsskr.) 1880, Schlyter, *Om en föregifven . . . redaktion af Södermannalagen* (in Acta Univ. Lund. XVII 1880—81), Lind, *Om rim och verslemningar i svenska landskapslagarne* (in Ups. Univ. Årsskr.) 1881; H. Hjärne, *Om förhållandet mellan landslagens båda redaktioner* (Ups. Un. Årsskr. 1884); K. H. Karlsson in Hist. Tidskr. (Stockh.)

1889 S. 45—48; H. Schück, *Bidrag till frågan om Dalelagen* in Ups. Univ. Årsskr. 1891; Beauchet in Nouv. Revue hist. de droit 1890 S. 720—786, 1891 S. 215—277; Nat. Beckman im Arkiv f. nord. Filol. XXVIII S. 54—98, 140—167, XXX S. 1—16, Westman in Nordiska Studier 1904 S. 89—114 und *Svenska rådets historia till år 1306* (1904) S. 186—197, 201—213, Sjögren in Tidsskr. f. Retsvidensk. XVII (1904); — Vigfusson, *Prolegomena* § 35 (vor s. Ausg. der Sturlunga Saga 1878); E. Mogk, im Grundr. d. germ. Philol. *Norweg.-isländ. Literatur* §§ 9, 345—350; E. Sievers vor seiner Ausg. der »*Tüb. Bruchstücke*« 1886; v. Amira i. d. Gött. Gel. A. 1886 S. 541—555 und in Germ. XXXII S. 130—164; K. Maurer i. Münch. Sitzg.-Ber. 1886 S. 317—358 u. i. Hist. Tidsskr. (Krist.) 1887 S. 3—35; Pappenheim, *Ein altnorweg. Schutzgildestatut* 1888; G. Storm in Tidsskr. for Retsvidensk. 1890 S. 415—445, Christ. Videnskss. Forhandlinger 1879 Nr. 14, 1880 Nr. 14; — Finsen vor seinen Ausgaben der *Grágás*: 1879 (wozu K. Maurer in Germ. XXV S. 234—240) und 1883; K. Maurer in Festg. d. Münch. Jur. Fak. 1887 S. 119—149; Finsen, *Om den oprindelige Ordning af nogle af den isl. Fristats Institutioner* (in Vidensk. Selsk. Skr. Kjøbenh. 1888, dazu v. Amira in Gött. gel. A. 1889 S. 249—259 u. K. Maurer in Kr. Vjschr. 1890 S. 332—356), K. Maurer i. Arkiv f. nord. fil. V S. 98—108.

§ 18.

Nicht vor dem 12. Jahrh., also nur um ein weniges vor der vom Ssp. eingeleiteten deutschen Rechtsbücherperiode, beginnen die Rechtsdenkmäler der Nordgermanen oder Skandinaven. Sie beginnen, was Beachtung verdient, erst nach Einführung des Christentums im Norden, obgleich das skand. Schriftwesen in Gestalt der Runenschrift schon um viele Jahrhunderte früher in verhältnismäßig lebhaftem Gebrauch stand. So langsam war die skand. Rechtsentwicklung verlaufen. Ereignisketten von so grundstürzenden Folgen wie die südgerm. »Völkerwanderung« kennt die skand. Geschichte nicht, und nachhaltig erschüttert wurden staatliche und religiöse Verhältnisse in den nordischen Stammländern erst seit dem 9. Jahrh. und auch dann hauptsächlich nur in Norwegen. Fremde Zivilisationen hatten skand. Leute zwar viel früher, doch immer nur im Auslande kennen gelernt. Auch von den seit dem 9. Jahrh. gegründeten skand. Ansiedlungen in der Fremde, soweit sie im gegenwärtigen Zusammenhang in Betracht kommen, sind nur die dänischen auf eine fertige und zum Teil übermächtige Kultur gestoßen, während die norwegischen einen jungfräulichen Boden vorfanden. Unter der Gunst diser Umstände konnten ums J. 1000 die nordgerman. Rechte von ihren ursprünglichen Zuständen mehr bewahren als die meisten (und uns bestbekannten) südgermanischen um 500. Die Veränderungen aber, welche im öffentlichen Leben des Nordens während des FrühMA. eintraten, ließen doch die entscheidende Teilnahme des Volkes, insbesondere der Bauerschaft an der Rechtsbildung im wesentlichen unangegriffen. Daher gingen auch jetzt noch die Rechtsveränderungen bei den Skandinaven durchaus volkstümlich und sacht vor sich. Immer noch herrschte ein Widerwille gegen gesetzgeberische Neuerungen, der nirgends zu schlagenderem Ausdruck kommt als gerade in dem klassischen Land nordischer Gesetzgebungskunst, auf Island, wo man bis ins 13. Jahrh. daran festhielt, ein »Neugesetz« (*nýmæle*) müsse jeden dritten Sommer vom Gesetzsprecher (vgl. unten) vorgetragen werden, um seine Kraft zu behalten. Jenen allgemeinen Charakterzügen der skand. Rechtsbildung nun entspricht nach Form wie nach Inhalt der Charakter der skand. Rechtsaufzeichnungen. Von Anfang an herrscht in ihnen nicht die lateinische, sondern die Volkssprache vor, und zwar nicht nur hinsichtlich der Mundart, sondern auch in bezug auf den Stil, der dem des deutschen Bauernweistums in den S. 43 f. hervorgehobenen Eigenschaften gleichkommt, während er ihn an Deutlichkeit des Ausdrucks weit hinter sich läßt und so zugleich von der langen Übung des Volkes in Rechtsdingen Zeugnis ablegt. Ferner: unter den skand. Rechtsdenkmälern des FrühMA. überwiegt nicht, wie bei den Südgermanen noch in dieser Zeit, das Gesetz, sondern die Privatarbeit. Und unter den Gesetzen nehmen wiederum diejenigen den breiteren Raum ein, welche sich mit der Ordnung der neubegründeten kirchlichen Verhältnisse beschäftigen. Die wichtigsten Privatarbeiten mögen wir im Anschluß an ihren eigenen Sprachgebrauch »Rechtsbücher« nennen. Aber mit den deutschen Werken gleichen Namens — und nur die besseren unter diesen eignen sich zum Vergleich — zeigen doch nur die dänischen eine gewisse Ähnlichkeit. Die schwedischen und westnordischen dagegen unterscheiden sich von jenen ganz wesentlich in bezug sowohl auf die Herkunft ihres Stoffes wie auf Zweck und Anlage. In ihnen nämlich erkennen wir den schriftlichen Niederschlag einer uralten und amtlich gepflegten und gehüteten mündlichen Überlieferung, jenes großen Weistums über das gesamte Landrecht, welches in periodischem Vortrag (sw. *laghsaga*, wn. *lǫgsaga* oder *lǫgtala*) vor der Landesversammlung der einzelnen schwedischen und westnord. Rechtsverbände (»Länder«) erteilt wurde. Das Abhalten dieses Vortrages war neben judizierenden oder doch konsultativen und bestimmten administrativen Funktionen Aufgabe des eigens dazu angestellzen »Rechtsmannes« (sw. *laghmaþer*, norw. *lǫgmaðr*) oder »Rechtsprechers« (isl. *lǫgsǫgumaðr*, lat. *legifer*). Wird herkömmlicherweise der Amtstitel durch »Gesetzsprecher« verdeutscht, so kann dies damit gerechtfertigt werden, daß dem Vortrag durch widerspruchloses Anhören die gesetzgebende Versammlung gesetzliche Kraft verlieh (isl. *fylla uppsǫgu*). Zur Zeit der älteren Rechtsbücher wurde der Gesetzsprecher auch von der gesetzgebenden Versammlung gewählt, nur daß diese in Norwegen und auf Island nicht mehr wie in Schweden eine Landsgemeinde aller Bauern, sondern eine unter sehr wesentlicher Teilnahme des Königtums berufene Notabelnversammlung bzw. eine Versammlung der Häuptlinge war (vgl. §§ 46, 52). Ursprünglich aphoristisch gehalten und aus kurzen metrischen Stücken (sw. *flokkar*) bestehend, wurde der Vortrag mittels prosaischer Erweiterung und planmäßiger Anordnnng der letzteren ausgebildet und derart ausgesponnen, daß er auf eine Mehrzahl von Tagen, ja Versammlungsperioden abschnittweise verteilt werden mußte. Je umfänglichere Aufgaben aber die gesteigerte Technik sich stellte, desto näher lag es, ihre Errungenschaften schriftlich festzuhalten, sei es, um die Vorbereitung des freien Vortrags zu erleichtern, sei es, um diesen durch das Vorlesen zu ersetzen. Solche Niederschriften nun bilden den Kern, ja die Hauptbestände der schwedischen und westnordischen Rechtsbücher. Darum dürfen diese auch nicht wie die deutschen (vgl. S. 75) als Symptome eines Niederganges im Rechtsleben aufgefaßt werden. Sie bezeichnen vielmehr den Höhepunkt einer Entwicklung, auf dem ein so vollständiges Ebenmaß des gegenseitigen Einflusses zwischen Jurisprudenz und Volksbewußtsein, eine so vollständige Übereinstimmung beider erreicht ist, wie sie ihresgleichen in der Weltrechtsgeschichte nicht finden. Vermittelnd zwischen einer ungeschriebenen und der geschriebenen Literatur und hiedurch ebenso wie chronologisch sich in die vorderste Reihe der literargeschichtlichen Denkmäler stellend, teilen diese Rechtsbücher alle stilistischen Eigenschaften der laghsaga: die Genauigkeit und Ausführlichkeit der Stoffbehandlung, die Gliederung des Stoffes in »Haufen« (*bælkir*, *balkar*) oder in »Schnüre« (*þættir*) und dieser, nun mit eigenen Überschriften versehenen Abteilungen in »Schwärme« (*flokkar*), von späteren Abschreibern »Kapitel« genannt, endlich das Apostrophieren von Zuhörern, insbesondere die feierlichen Eingänge und Schlußformeln der Hauptabschnitte. Der Vortrag der Gesetzsprecher lebte aber nicht bloß in den Rechtsbüchern, sondern auch in den Kodifikationen des Landrechts fort, welche in Schweden, Norwegen und auf Island von den gesetzgebenden Gewalten ausgegangen sind, indem man entweder ein bereits abgeschlossenes Rechtsbuch oder mehrere der Kodifikation zugrunde legte oder aber unmittelbar den Rechtsvortrag gesetzlich redigierte. Dergestalt bleibt der Zusammenhang selbst des spätmittelalterlichen Rechts mit dem der frühesten geschichtlichen Zeiten auch formell aufs beste erhalten. Bewahrheitet sich dies vor allem auf dem Gebiet des Landrechtes, so tritt doch in Schweden und Norwegen auch das Stadtrecht trotz seiner zahlreichen Neuschöpfungen und trotz seiner häufigen Anleihen in Deutschland und England nicht völlig aus dem Verband jener alten Überlieferungen heraus. Einfache und große Züge sind es demnach, welche die schwed. und westnord. Quellengeschichte in ihrer zeitlichen Gliederung vor der südgermanischen voraus hat. Die gleiche Erscheinung nehmen wir wahr, wenn wir auf die räumliche Gliederung sehen. Während die deutsche Quellengeschichte des MA. im Vervielfältigen statt im Vervollständigen der Denkmäler sich erschöpft, schlägt die schwedische und westnordische die umgekehrte Richtung ein. Die anfänglich hier bestehende Partikularisierung des Rechts und seiner schriftlichen Quellen macht im 13. und 14. Jahrh. einer Konzentration Platz, deren vornehmster Ausdruck die sog. »gemeinen« Land- und Stadtrechte sind. Die nämliche politische Entwicklung, welche diesen Wandel mit sich bringt, weist dabei die Haupttätigkeit der Staatsgesetzgebung zu, während die Rechtsbücherperiode längst abgeschlossen ist. D ä n e m a r k , das wie geographisch und durch seine inneren Zustände zwischen den andern skand. Ländern und Deutschland vermittelt, nimmt eine analoge Mittelstellung ein, wenn es sich um Klassifikation der Rechtsaufzeichnungen handelt. Während unter den ältesten dän. Quellen im Gegensatz zu den deutschen nicht bloß der Frühzeit, sondern sogar des nämlichen Jahrhunderts die Rechtsbücher das Übergewicht behaupten, fehlt diesen Rechtsbüchern doch wieder im Gegensatz zu den schwed. und wnord. der Zusammenhang mit einer organisierten mündlichen Überlieferung. Ferner hat Dänemark seine Rechtsquellen nicht nur viel mehr partikularisiert als die andern skand. Länder die ihrigen, sondern es hat diese Partikularisierung während des MA.

auch nicht durch eine gemeinrechtliche Kodifikation zu überwinden vermocht, ein Umstand, welcher die Fortdauer vieler altertümlicher Züge im Recht später Quellenperioden begünstigte, aber auch die partikularen Rechtsgebiete (Landschaften, Städte) zu gegenseitigen Rezeptionen ihrer Rechtsaufzeichnungen wie in Deutschland veranlaßte. — In §§ 19—26 folgt nun eine Übersicht der einzelnen Denkmäler und Denkmälergruppen in den skand. Ländern. Spezifisch skand. Quellen liegen nur aus Dänemark, Schweden mit Gotland, aus Norwegen und Island vor. Wir ordnen dieselben nach Stammesgebieten, denen im ganzen auch die politischen Hauptgebiete entsprechen, und stellen die ostnord. Gruppe voran.

§ 19.

Während in Deutschland der Sachsenspiegel noch das einzige Rechtsbuch ist, hat es Dänemark gleich zu vier Rechtsbüchern gebracht, die jenem weder unter dem quantitativen noch unter dem qualitativen Gesichtspunkt nachstehen. Die ältesten Rechtsbücher stellen das Recht der Landschaft Schonen i. w. S., einschließlich Hallands, dar, welche nicht nur kirchlich und bis ins 14. Jahrh. auch ununterbrochen staatlich zu Dänemark gehörte, sondern auch eine rein dänische Bevölkerung hatte. Ein dän. Text, *Skånelagen* in der Schlyterschen, *Skånske Lov* in der Thorsenschen Ausg. betitelt und in der Haupths. 225 Kapitel umfassend [1]), ist zwischen 1203 und 1212 auf Grundlage eines älteren, jetzt verlorenen Rechtsbuches aus der 2. Hälfte des 12. Jahrhunderts und unter Benützung anderer ebenfalls verlorener Quellen hergestellt. Die nämlichen Vorlagen nebst andern Materialien verarbeitet paraphrasierend, kommentierend, motivierend ein latein. Text — *liber legis Scaniae* (von den neueren Herausgebern *Juris Scanici expositio* oder *Lex Scaniae provincialis* genannt) in 150 capp., welchen zwischen 1206 und 1215 der gelehrte und welterfahrene Erzbischof Andreas Sunesson von Lund verfaßt hat (eine Lebensbeschreibung dieses merkwürdigen Mannes v. P. E. Müller [1830] in Kold. Rosenvinges *Samling af gamle danske Love* I 1846). Die beiden Rechtsbücher liegen in verschiedenen Redaktionen vor, von denen die jüngeren den Stoff in Bücher einteilen. Überdies gehen die dän. Texte in bezug auf

[1]) Zur Grammatik: Machule: *Die lautlichen Verhältnisse u. d. verbale Flexion des schon. Land- u. Kirchenrechts* 1885.

Vollständigkeit auseinander. Rezipiert wurde Skånel. auf Bornholm und in Bleking, obgleich die Bewohner der letzteren Landschaft smäländischen Stammes waren. Die allein verlässige krit. Ausgabe der schon. Rechtsbücher verdanken wir C. J. Schlyter im *Corpus juris Sveo-Gotorum anitqui* IX 1859. Wie Schonen, so ist auch Seeland durch zwei Rechtsbücher vertreten. Beide sind jedoch in dän. Sprache geschrieben und in der überlieferten Gestalt jünger als Skånel., aber vor 1241 verfaßt. Das ältere, hsrl. und vielleicht ursprünglich *Sialanzfaræ logh*, in der Literatur aber nach Angaben jüngerer Hss. fälschlich *Valdemars sællandske Lov* geheißen, schöpft teilweise aus Skånel., teilweise wohl auch noch aus andern schriftlichen Quellen seinen Stoff (Ausg. einer älteren Redaktion ohne Büchereinteilung von Thorsen 1852, einer jüngeren Redaktion mit Einteilung in drei Bücher v. Ancher *Lovhist.* I 1769 S. 527—598, zu jener die photolithogr. Reprod. eines Pergamentbruchstückes c. 1275 *Det Arnamagnæanske Haandskrift* Nr. 244° 1869). Ein Auszug des Rechtsbuches, für den Gebrauch in Schonen zugerichtet, ist in späten Hss. überliefert und unter dem Namen *Arvebog* (*og Orbodemål*) gedruckt (zuletzt bei Thorsen Skånske Lov 1853 S. 207—237). Unabhängig vom vorigen und beinahe doppelt so umfänglich ist das zweite seeländ. Rechtsbuch, in älteren Hss. einfach *Siælænzk logh*, in jüngeren *Lex Erici regis* überschrieben und darnach in der Literatur fälschlich *Eriks sællandske Lov* genannt (hsg. in einer Redaktion v. 147 Kapp. durch Thorsen 1852, in einer Red. mit Einteilung in drei Bücher durch Rosenvinge a. a. O. II 1821). Eine Ausgabe der seeländ. Rechtsbücher, welche das gesamte hsrl. Material berücksichtigt, fehlt bis heute. Zur Abfassung von Rechtsbüchern mit gemeinrechtlicher Tendenz führt erst die Sammlertätigkeit seit dem 2. Viertel des 15. Jahrh. So entstand auf der Grundlage von Weistümern und der Spruchpraxis des Königsgerichts eine Kompilation, die sich selbst als »Reichsrecht« *Danmarks Rigens Ret og Kongens og Rigens Raads og gode Mands Domme*) bezeichnet (Ausg. v. K. Rosenvinge in Danske Magazin III, 1 S. 177 u. ff.). Was außer den genannten noch sonst an Denkmälern altdänischer Rechtsschriftstellerei vorhanden, steht in so engen Beziehungen zu gesetzgeberischen Erzeugnissen, daß es im Anschluß an die letzteren verzeichnet werden muß. Dagegen ist hier einer anderen Klasse von Privataufzeichnungen in dem S. 12 angegebenen Sinne zu gedenken, die freilich auch ganz im Gegensatz zu den Rechtsbüchern erst im SpätMA. als einigermaßen ergiebige Quelle in Betracht kommt und dafür über das MA. hinaus sich fortsetzt, nämlich der Weistümer. Sie tragen meist die Form von Gerichtsbriefen über Rechtsbelehrungen, welche in knapper und nüchterner Ausdrucksweise durch die Urteilfinder auf Anfragen aus der Gerichtsversammlung erteilt sind (Beispiele aus dem 15. Jahrh. in Rosenvinges *Udvalg af Gamle Danske Domme* I 1842, eines von 1384 in *Aktstykker til Oplysn. af Danm. indre Forhold*, Odense 1841 S. 98 flg.).

§ 20.

Neben den Privataufzeichnungen stehen in Dänemark gleich von Anfang an tief eingreifende, geschriebene Gesetze. Vor dem 13. Jahrh. ist freilich ihre Zahl noch eine geringe, und über das 12. Jahrh. zurück erfahren wir von dän. Gesetzen überhaupt nur aus den zum Teil mythischen Erzählungen der Geschichtsschreiber. Die ältesten Gesetze, deren Texte uns erhalten sind, gehören dem Partikularrecht an. Eine geschlossene Gruppe unter ihnen bilden die Kirchenrechte von Schonen und Seeland. Das schonische, im 13. Jahrh. »die *skraa*« genannt, ist von Erzbischof Æskil von Lund (1137—1178) mit seinen Diözesanen (i. J. 1162?) vereinbart und im dän. Original sowie in einer lat. Übersetzung bewahrt (krit. Ausg. v. Schlyter a. a. O.). Das seeländ. Kirchengesetz wurde nach dem Muster des vorigen vom Bischof Absalon v. Roeskilde und den Bauern auf dem Landsthing zu Ringsted am 21. Juli 1171 beschlossen (Drucke des dän. Textes bei Gr. J. Thorkelin *Samling af Danske Kirkelove* 1781 und bei Thorsen *Valdem. Sæll. Lov.* 1852). Die Weiterbildung des gesetzlichen Partikularkirchenrechts in Dänemark vollzog sich, wenn man von Kompromissen zwischen Bischof und Diözesanen, wie dem von K. Waldemar II. 1228 auf Fünen vermittelten, absieht, in spezifisch kirchlichen Formen (Quellen und deren Ausgg. nennt Rosenvinge Grundr. §§ 37, 87). Die Reihe der weltlichen Gesetze wird auf dem Gebiet des Landschaftsrechts durch einen latein. Erlaß von K. Knut VI. über verschiedene Strafsachen v. 28. Dez. 1200 für Schonen eröffnet. Bis gegen die Mitte des 13. Jahrhs. beschäftigt sich dann die allgemeine Königsgesetzgebung ausschließlich mit Schonen. Und auch später bleibt ein sehr beträchtlicher Teil derselben den einzelnen Landschaften gewidmet. Dabei bleibt das im *landsting* (*commune, generale placitum*) zu gesetzlicher Zeit oder auf Ruf des Königs oder seines Landrichters (*landsdommere, legifer, rector placiti generalis*) versammelte Volk aller freien Männer im Prinzip wesentlicher Faktor der Gesetzgebung. Und nur insofern wurde davon abgewichen, als man in dem vom König an seinen Hof berufenen Reichstag (*hof, Danehof*, — *concilium, parlamentum generale Danorum*) ein Surrogat des Landsting erblickte. Andererseits kommt es noch im 15. Jahrh. öfter vor, daß ein Landsting ohne den König eine »Willkür« (*vedtekt, vilkor*) beschließt, höchstens nachher die königliche Bestätigung einholt (z. B. Dipl. Viberg. Nr. 70 mit 73 a. 1471 flg.). Das weitaus bedeutendste und berühmteste Werk der Landschaftsgesetzgebung, zugleich die älteste Kodifikation, welche in der german. Welt bis zu unserem Jahrhundert in Geltung geblieben, ist das Gesetzbuch für Jütland (und Fünen und die Nebenländer) — *Jydske Lov* — in dän. Sprache [1]) von K. Waldemar II. auf einem Reichstag zu Wordingborg im März 1241 erlassen und nicht ohne Reminiszenzen aus dem Decretum Gratiani bevorwortet. Einen großen Teil seines Stoffes entnimmt Jydske L. aus älteren, jetzt verlorenen Texten, darunter einem, der (mittelbar?) auch in Skånel. benützt ist, also jedenfalls ziemlich tief ins 12. Jahrh. zurückgeht. Die Überarbeitung dieser verschiedenartigen Materialien war nicht gründlich genug, um alle Widersprüche zu tilgen. Zwei Redaktionen liegen vor, eine in 187 ursprünglich nicht nummerierten Kapiteln (hsg. v. Thorsen, *Valdem. d. And. Jydske Lov efter den Flensborgske Cod.* 1853) und eine Vulgata mit Einteilung in drei Bücher (hsg. v. Rosenvinge *Samling* [s. S. 82] III 1837 und in konstruiertem Text v. N. M. Petersen *Kong Vald. d. And. J. L.* 1850). Das Jydske L. hat noch während des MA. eine Literatur hervorgerufen, eine fehlerhafte plattdeutsche Übersetzung für Südjütland (14. Jahrh.) und eine noch schlechtere lateinische (um 1350? Ausg. beider v. Rosenvinge a. a. O.), die Vorläufer von anderen Übersetzungen, die im 16. Jahrh. nachfolgten, — ferner gegen 1488 eine von Bischof Knud Mikkelsen verfaßte Glosse von jener konkordierenden Tendenz zwar, wie sie in den analogen deutschen Arbeiten des SpätMA. herrscht (vgl. oben S. 97), aber durch ihre Mitteilungen aus der Praxis nicht ohne

[1]) Zur Grammatik: K. J. Lyngby, *Udsagneordenes Böjning i. J. L.* 1863. Dazu Konrad Gislason i. Annaler for Nord. Oldkynd. 1862 S. 356—369.

Wert. Einen Entwurf von 53 Novellen zum Gesetzbuch stellte in 1284—1304 der Landrichter von Nordjütland Thord litle (Thordo legifer Norjuciae) auf. Als Mitglied einer königlichen Kommission von 1304 fügte er noch 44 Artikel hinzu. Erhalten sind der lateinische Orginaltext, der wahrscheinlich 1326 die königliche Bestätigung erhalten hat, und mehrere abgekürzte dänische Bearbeitungen, die man bis in die neuere Zeit als *Thord Degns Artikler* zitierte (Drucke bei Rosenvinge a. a. O. und bei Thorsen *Stadsretter* 1885). — Die Sonderrechtsbildung für die Landschaften galt in Dänemark so sehr als selbstverständlich, daß die Form von Landschaftsgesetzen zuweilen auch gewählt wurde, wenn der Gesetzesinhalt aufs ganze Reich berechnet war. Ergehen in solchen Fällen für die drei Hauptländer Schonen, Seeland und Jütland gesonderte Ausfertigungen, so pflegen darin die partikularen Ausführungsgesetze für das Bestimmungsland gleich mit erledigt zu werden. Unter den auch der Form nach allen Reichsteilen gemeinsamen Gesetzen (Reichsgesetzen) bilden eine genetisch zusammengehörige Gruppe die »Handfesten« (im engern S.), d. h. die vom Reichstage beschlossenen Wahlkapitulationen der Könige (seit 1320). Die Ursprache der Reichsgesetze ist regelmäßig die lateinische. — Eine Privatsammlung von Gesetzen in 25 Artt. ist unter dem Namen einer Verordnung von »König Christof« bekannt und wahrscheinlich noch im 13. Jahrh. angefertigt. Die neuesten Drucke von Einzelgesetzen für Reich und Landschaften findet man in *Aarsberetninger fra det kong. Geheimearkiv* II 1856—60, V 1871 und soweit Verordnungen und Privilegien für die hansische Geschichte wichtig sind, in Höhlbaums *Hans. Urkundenb.* I—III 1876—1886.

Fruchtbarer noch als auf dem Gebiet des Landrechts betätigte sich die dän. Gesetzgebung auf dem des Stadtrechts. Schon unter den frühesten dän. Rechtsaufzeichnungen treffen wir Stadtgesetze an, was sich aus der langen Entwicklung erklärt, die schon damals die ältern dän. Städte hinter sich hatten. Dagegen weniger hieraus, als aus dem unmittelbaren genetischen Zusammenhang der adän. Stadtverfassung mit der Schutzgilde (§ 59) dürfte sich erklären, daß die dänischen Stadtrechtsdenkmäler im Gegensatz zu den älteren deutschen Erzeugnisse der Autonomie sind. Erst während des 13. Jahrh. fangen etliche dän. Städte an, ihre Statuten vom König oder Stadtherrn bestätigen zu lassen. Diese Bestätigungen vermitteln den Übergang zu den eigentlichen Privilegien und Rechtsbriefen, deren Blütezeit in die beiden letzten Jahrhunderte des MA. fällt und von denen die älteren sich noch ebensosehr als Konfirmationen alten Stadtrechts wie als Satzungen von neuem geben. Die Gruppierung der dän. Stadtrechte stimmt im wesentlichen mit jener der Landrechte überein. Der Zeit nach steht die jütländ. Gruppe, welche eine schleswigsche unter sich befaßt, voran. In der erhaltenen Gestalt 1200—1202 anzusetzen sind die latein. Statuten von Schleswig, einer der allerältesten dän. Städte. Von Schleswig wurden sie an Horsnes (Horsens) und von hier in der überkommenen Fassung an Æbeltoft mitgeteilt. In der bei der letzten Übertragung ausgestellten Urkunde sind die Statuten (91 §§) auf uns gekommen. Auch auf andere Städte Jütlands gingen sie, wenigstens in umgearbeiteter Gestalt über, so auf Flensburg wiederum zunächst in latein. Fassung (1284?), die um 1295 (?) zu einem dän. Text umredigiert wurde. Auf letzterem beruht eine plattdeutsche Redaktion aus dem 15. Jahrh. und auf dieser eine latein. Rückübersetzung. In Schleswig wurde c. 1400 auf Grundlage der latein. Statuten eine deutsche Redaktion des Stadtrechts veranstaltet. Eine von andern Lokalrechten unabhängige *»skraa«* gab es schon vor 1241 zu Apenrade (Opneraa). Wir haben sie in einer latein. Fassung (53 Art.), welche 1335 bestätigt und nachmals (vor 1474) ins Deutsche übertragen wurde. Wegen seiner Selbständigkeit ist noch unter den ältern jütländ. Stadtrechten das von Hadersleben zu nennen, welches 1292 bestätigt wurde, jedoch nur in einer neudän. Rezension (vor 1639?) vorliegt. Andere Städte in Jütland sind im 13. Jahrh. unter den Einfluß des lübischen Rechts geraten. Eine Mitteilung des letztern nach Tondern erfolgte 1243. Der hier rezipierte lüb. Kodex wurde in Ribe bei Anfertigung eines latein. Stadtrechts (59 Art.) benützt, das von K. Erich Glipping im Jahre 1269 bestätigt ist. Durch Einschreibung und Anhängung von Zusätzen sowie durch nebensächlichere Abweichungen entstand eine jüngere Redaktion dieser Statuten (123 Art.), wovon auch eine dän. Übersetzung erhalten ist. Das ältere Recht von Ribe wurde auf andere Städte in Jütland und auf Fünen übertragen, und eine sowohl unter Auslassungen als unter Zusätzen verfaßte Überarbeitung jener Statuten scheint diesem Zweck gedient zu haben. In mindestens zwei Rezensionen dänischer Fassung (nach 1350?) ist sie unter dem Namen *Kong Erik Glippings almindelige Stadsret* (*Byret*) bekannt. In einer derartigen Bearbeitung, die unter dem

Namen *Landbirkeret* ebenfalls auf K. Erik Glipping zurückgeführt wurde, haben im 14. Jahrh. auch einige jütländische Grundherrschaften das Recht von Ribe rezipiert. Auf Seeland und im Bereich seines Rechts bilden Kopenhagen und Roeskilde die eigentlichen Heimstätten von ganz oder halb autonomen Rechtsquellen: Kopenhagen mit einer Reihe von Stadtrechten seit 1254, wovon das von 1443 in einer Redaktion mit und einer andern ohne Anleihen aus dem schonischen Stadtr. (s. unten) für andere Städte (sog. »allgem. Stadtr. K. Christofs v. Baiern«) weiter gebildet wurde, — Roeskilde mit einem zuerst 1268 bestätigten, nachher vermehrten und für andere seeländ. Städte bearbeiteten Statut. Die statutarischen Quellen der schonischen Städte haben einen gemeinsamen Grundstock ihrer Bestände, ein Stadtrecht (*biærke ræt*) in dän. Sprache und ursprünglich 54 Kapp., welches in der zweiten Hälfte des 13. Jahrh. wahrscheinlich für Lund abgefaßt und nachher von den andern schon. Städten sowie von denen auf Bornholm rezipiert wurde. In der Unionszeit treten Versuche auf, ein allgemeines Stadtrecht in ganz Dänemark einzuführen. Mag sein, daß schon das »allgemeine Stadtr. Christofs v. Bayern« (s. oben) und ein anderes, das der Königin Margarete zugeschrieben wird, in diese Reihe gehören. Jedenfalls aber ist hieher zu stellen das »allgem. Stadtr.« in 160 Kapp., welches sich mit einer Vorrede von K. Hans einführt, 1484 oder 1487 erlassen sein will und schwedischen mit dänischem Rechtsstoff zu verschmelzen sucht. — Teils den kön. Rechtsbriefen für Städte teils den Statuten der letztern verwandt und wegen ihrer Seltenheit besonderer Aufmerksamkeit wert sind die Marktfriedensverordnungen. Sie waren aber nur zur zeitweiligen Geltung und daher zu alljährlicher Neupublikation bestimmt. Drei Denkmäler dieser Gattung, sämtlich für schonische Märkte verfaßt, sind bekannt: die mit den hansischen Kaufleuten vereinbarte »*motbok*« für Skanör und Falsterbo in dän. Text (*Skanör logh och Falsterbothe*) aus 1397—1412, in deutschem Text aus dem Anfang des 15. Jahrh. (?), die dän. *Skanerlogh* aus unbestimmter Zeit, wahrscheinlich aber der motbok vorausgegangen, endlich die Herbstmarktordnung für Malmö (dän.; 15. Jahrh.?). Ausgaben der Stadtrechte: Rosenvinge *Samling* V 1827 (teilsweise veraltet), *Aktstykker* (s. oben S. 84), Thorsen *De . . . Stadsretter for Slesvig, Flensborg, Aabenraa og Haderslev* 1855, Schlyter a. a. O., Secher *Den sdk. Erik glippings alm. byret* (in *Blandinger* Kjøbenh. 1882); die

Marktordnungen bei Schlyter a. a. O. (deutscher Text der motbok auch bei D. Schäfer in *Hans. Geschichtsquellen* IV 1887 *Beil. I*).

Wegen ihrer Heimatverhältnisse und ihrer Bedeutung für die Stadtrechte im nächsten Anschluß an diese müssen unter den Rechtsdenkmälern der autonomen Körperschaften die Gildestatuten erwähnt werden. Wie die ältesten so auch die wichtigsten darunter sind die Statuten von Schutzgilden (Schwurbrüderschaften, unten § 59), im Vergleich zu den wenigen Resten analoger Gesetze aus andern germ. Ländern eine dän. Spezialität. Schon im 12. Jahrh. standen die Schutzgilden in den dän. Städten in Blüte. Älter als die städtische Ratsverfassung ist die Verfassung der dän. Schutzgilde. Um so weniger kann es befremden, wenn nicht nur als Abschlüsse einer selbständigen Rechtsentwicklung einzelner Gilden Statuten aus dem 13. Jahrh. vorliegen, wie die »Skraaen« der Knutsgilde zu Odense um 1250 oder derjenigen zu Flensburg um 1285, beide in dän. Sprache, sondern auch Statuten, die von einem im Jahre 1256 durch 18 Gilden zu Skanör vereinbarten gemeinsamen latein. Text ausgehen. Skraaen von Handwerkergilden (*laug*) sind, obgleich diese schon um 1200 vorkommen, ebenso wie von Kaufmanns- und geistlichen Gilden, erst seit der Mitte des 14. Jahrh. erhalten (umfassende Sammlung von C. Nyrop, *Danmarks Gilde- og Lavsskraaer fra Middelalderen* 2 Bde. 1895—1904, einer Sammlung dänischer Schutzgildestatuten bei M. Pappenheim, *Die altdän. Schutzgilden* S. 437 ff.).

Das Recht der Gefolgschaftsverbände ist in Dänemark zuerst durch den *Vitherlagsret* vertreten. Unter diesem Titel pflegt man 2 Privatarbeiten zusammenzufassen, welche in vorzugsweise geschichtlicher Haltung das Recht des *viþerlagh*, d. i. des von Knut d. Gr. gegründeten Gefolgenheeres (auch *þingliþ* [= *þiginliþ*] genannt) beschreiben. Die eine dieser Arbeiten ist ein kurzer dänischer Aufsatz, der seinen Inhalt als auf Veranlassung von Knut VI. und Erzb. Absalon, also 1182—1201 niedergeschrieben und auch in andern als königlichen Gefolgschaften anwendbar hinstellt, die andere und ausführlichere eine von Sven Aggeson verfaßte *Historia legis castrensis* (*legis curiae*), welche gleichfalls von einer dänischen Aufzeichnung des Erzb. Absalon ausgeht und im X. Buch des Saxo Grammaticus ihr Seitenstück findet. Die Hauptbestandteile des vitherlr. in diesen jüngeren Fassungen sind Gesetzen entnommen, wovon die ältesten noch von Knut d. Gr. herrühren. Zwischen 1240 und 1259 ergingen königliche Novellen zum vitherlr. Dagegen scheint derselbe vom 14. Jahrh. an außer Gebrauch gekommen zu sein. Seit 1400 ungefähr wurde das schwedische Burg- und Hofdienstrecht (*gardsret*) in Dänemark eingeführt und mehrfach überarbeitet (Ausgg. des vitherlr. und des gardsr. bei Rosenvinge *Saml.* V).

§ 21.

Mit Schweden betreten wir den klassischen Boden jener skand. Rechts- und Gesetzbücher, welche der *laghsaga* (oben S. 79 f.) entstammen. Rechtsbücher dieser Art bilden denn auch die ältesten schwed. RDenkmäler, wenn wir von einer kurzen, aber nach verschiedenen Richtungen lehrreichen Runeninschrift (12. Jahrh.) absehen, die sich auf dem ehemaligen Türring der Kirche zu Forsa in Helsingeland befindet (Ausg. und Erklärung v. S. Bugge, *Rune-Indskriften paa Ringen i Forsa Kirke*, Christ. 1877, vgl. K. Maurer in Krit. Vjschr. XX S. 146—148, v. Amira *Obl.-R.* I S. 148 f., 415, Wadstein, *Runinskriften på Forsaringen* 1898). Die Gesetzbücher des schwed. Festlandes (über Gotland s. § 23) müssen zusammen mit den Rechtsbüchern besprochen werden, weil sie entweder wie diese unmittelbar aus der laghsaga hervorgegangen oder aber auf der Grundlage von Rechtsbüchern ausgearbeitet sind. Bis zur Mitte des 14. Jahrh. ist der Inhalt der Rechts- und Gesetzbücher wesentlich »Landschafts«- oder »Provinzial«-Recht. Vertreten sind durch solche Werke die Rechte der Götar in West- und Östgötaland und in den Tiuhæraþ, ferner der Svear in Upland, Södermanna-, Westmanna- und Helsingeland (nebst Finnland). Außer Tiuhæraþ besitzt jedes dieser »Länder« mindestens ein vollständig erhaltenes Rechts- oder Gesetzbuch, während die in Urkunden angeführten Gesetzbücher der Landschaften Nerike aus 1285—90 und Wermland ungefähr aus derselben Zeit vollständig verloren sind. Das älteste Rechtsbuch ist die *laghbok Væsgöta* (sog. *Westgötalagh*) [1]. Es liegt in zwei Redaktionen vor, einer kürzeren (»I«) aus der Mitte und einer ausführlicheren (»II«), welche die seit der vorigen eingetretenen Neuerungen berücksichtigt, aus dem Schluß des 13. Jahrh. (doch

[1]) Zur Grammatik: Karlsson im Arkiv f. nord. Fil. 1883 S. 384—392, Klockhoff, *Relativsatsen i. d. ä. Fornsvenskan* etc. 1884 (dazu Groth im Arkiv 1886 S. 91—94).

vor 1296). Die ältere, schon in 13 oder 14 balkar eingeteilt, aber vielfach noch aphoristisch und wortkarg, geht in ihrem Grundstock zurück auf eine älteste, die um 1225 der 17. Gesetzsprecher, der berühmte Æskil Magnusson verfaßt hatte, von dem durchaus verlässig berichtet wird, er habe sich um die Erhaltung der echten, zum Teil auf seinen frühesten Vorgänger Lumber (10. oder 9. Jahrh.) zurückgeführten laghsaga die allergrößten Verdienste erworben. Von dieser Æskilschen Redaktion sind nur Fragmente, nämlich das unter dem Namen *Hednalagh* bekannte Stück vom Zweikampf und ein paar kleinere Exzerpte in der Chronik des Olaus Petri und zwei gleichzeitige Pergamentblätter erhalten. Zwischen 1281 und 1325 ungefähr suchte man durch Nachträge der Red. I ihre Brauchbarkeit zu sichern. Vier verschiedene Autoren waren daran tätig. Die Materialien, woraus sie schöpften, bestanden teils in der Red. II, teils in jüngern Gesetzen, teils in dem Rechtsbuch von Östgötaland, teils endlich aus Quellen, die jetzt nicht mehr nachgewiesen werden können, darunter sehr wertvollen geschichtlichen aus der Zeit um 1250. Wie der Text des Rechtsbuchs selbst, so sind auch die Nachträge außer dem letzten, einer latein. Bearbeitung des Kirchenrechts in II, in asw. Sprache verfaßt. Durch 13 mehr oder weniger umfangreiche Nachträge (»add.«) wurde ferner (zu Anfang des 14. Jahrh.) die Red. II erweitert. Auch sie sind nur teilweise aus anderweitig bekannten Quellen genommen. Der Geltungsbereich von Wgl. umfaßte außer dem eigentlichen Westgötaland noch Dalsland und den nordwestlichen Teil von Småland (Mohæraþ), da diese Nebenländer unter der westgöt. Laghsaga standen. Das zweite götische Rechtsbuch, die *Östgöta laghbok* (sog. *Östgöt alagh*) [1]) kann seine jetzige Gestalt erst nach 1285 erhalten haben. Wahrscheinlich aber ist es sehr bald nach dem genannten Jahr verfaßt. Urkundlich nachzuweisen ist es 1303. Es ist das größte und meist durchgebildete aller schwedischen Rechtsbücher, berücksichtigt sorgfältig die Gesetzgebung unter Nennung ihrer Urheber, läßt sich auf Motivierungen ein, nennt aber in der an eine zuhörende Menge gerichteten Schlußformel den Inhalt seiner 10 balkar ausdrücklich eine laghsaga. Sein Geltungsgebiet erstreckte sich denn auch auf die Nebenländer der östgöt. laghsaga, nämlich die nördlichen und östlichen Hundertschaften von Smaland und die Unterlaghsaga von Öland. Nur dem unter dem Namen der »zehn Hundertschaften« (Tiuhæraþ) bekannten

[1]) Zur Grammatik: J. E. Olson, *Östgötalagens ljudlära* 1904.

småländ. Gesetzsprecherbezirk gehörte das um 1300 (nach 1296) verfaßte Rechtsbuch an, wovon allein der kirchenrechtliche Abschnitt vollständig erhalten ist (»*Smålands lagh*«)[1]. Es gehört der Gruppe schwedischer Rechtsbücher an, welche die Aufzeichnungen fremder Landschaftsrechte benützen. Im gegenwärtigen Fall dienten Östgötal. und das Gesetzbuch von Upland als Vorlagen. Letzteres unter dem Namen von *Uplandslagh* bekannt, steht ebenso quellengeschichtlich wie nach der Bedeutung seiner Heimat, des Mutterlandes der »südlichen« und der »westlichen Männer« wie der schwedischen Bewohner von Helsingeland, an der Spitze der »Swea-Rechte«. Über die Entstehung des Gesetzbuches sind wir verhältnismäßig genau unterrichtet. Namens der drei oberschwedischen Volklande Tiundaland, Attundaland und Fiæþrundaland hatte der Gesetzsprecher des erstgenannten, der Ritter Birghir Persson bei König Birghir Magnusson eine Kodifikation des oberschwed. Rechts beantragt. Mit der Abfassung desselben wurde Birghir Persson und eine von diesem aus den drei Volklanden berufene Kommission betraut. Die Kommission entledigte sich ihres Auftrags, indem sie auf Grundlage älterer Aufzeichnungen eine zeitgemäß verbesserte »laghsaga« in 8 balkar herstellte. Dabei ging sie, wie einst der westgötische Æskil Magnusson von den »Lumbs lagh«, so ihrerseits von den ungefähr ebenso alten *Vigers flokkar* aus, d. h. von den Stücken des Rechtsvortrags, die dem alten »Rechtswirker« Viger spa zugeschrieben wurden. Die jüngere Gesetzgebung wurde wie in Ögl. berücksichtigt. Nachdem der Entwurf auf der Landsgemeinde einstimmig angenommen war, erhielt er am 2. Januar 1296 die königliche Bestätigung. Bei Gelegenheit späterer Abschriften hat der Text sowohl Abänderungen als Zutaten erfahren, so daß er in mehrfacher Rezension vorliegt. Im ganzen nach dem Vorbild und oft unter wörtlicher Anlehnung an Uplandsl. sind die Rechts- und Gesetzbücher der anderen Swealandschaften verfaßt, wofür die Erklärung bei der inneren Verwandtschaft der Landrechte nahe genug liegt. Ein Rechtsbuch von solcher Art stand i. J. 1325 schon längere Zeit in Södermannaland in Gebrauch. Aus einer Umarbeitung desselben durch eine Kommission unter Leitung des söderm. Gesetzsprechers Laurentius Ulfsson und Teilnahme des westgöt. Gesetzsprechers Knut Magnusson scheint das Gesetzbuch hervor-

[1]) Zur Grammatik: Björkman, *Smålandslagens ljudlära* 1896.

gegangen, welches wir unter dem Namen *Södermannalagh* [1]) kennen. Nachdem es Gegenstand wiederholter Verhandlungen in der Landsgemeinde geworden, wurde es am 10. Aug. 1327 von K. Magnus Eriksson (mit Vorbehalten) bestätigt. Wir besitzen sowohl den Entwurf, der 1325 fertig war und von einer Kommission revidiert wurde (Text A) als auch das vom König Magnus Eriksson sanktionierte Gesetzbuch (Text B). Ein Rechtsbuch in zwei sehr verschiedenartigen Redaktionen, man könnte ebensogut sagen, zwei Rechtsbücher sind aus Westmannaland erhalten (»*Westmannalagh*« I und II). Der Text I, schon in alter Zeit als *Dalalagh* bezeichnet und wahrscheinlich auch mit besonderer Rücksicht auf die Verhältnisse in der westmännischen Hundertschaft Dalarne redigiert [2]), ist der kürzere und wohl nach 1327 anzusetzen. Verrät sich schon in ihm das Muster von Uplandsl. und Södermannal., so nimmt Text II (*Wæstmanna laghbok*, wahrscheinlich vor 1347) [3]), indem es I vollständig umarbeitet, gleich den ganzen Text des oberschwed. Gesetzbuches zur Grundlage. In ähnlicher Weise verfuhr man beim Abfassen des »Landbuches« oder »Rechtsbuches« für Helsingeland (sog. *Helsingelagh*, hschrl. *Helsingæ landæ laghbok, landsens bok*) zwischen 1320 und 1347. Was nun schon bei oberflächlicher Durchsicht aller dieser Schriftwerke auffällt, das ist die im ganzen gleichmäßig wiederkehrende Methode der Stoffverteilung. Sie ist namentlich auch solchen Rechts- oder Gesetzbüchern gemeinsam, die in keinem Filiationsverhältnis zueinander stehen. Systematisch in unserm Sinn kann sie nicht genannt werden. Sie folgt mit Vorliebe praktischen Gesichtspunkten, indem sie die einzelnen Materien gruppiert und die so entstehenden balkar aufreiht. Ein kirchenrechtlicher Abschnitt (*kirkiu-* oder *kristnu balker*) macht in jedem Landschaftsrecht den Anfang. Die Abschnitte von Tötung und Körperverletzung und vom Diebstahl (samt Verfolgung von Fahrhabe) können auch dort deutlich voneinander unterschieden werden, wo sie unter einem gemeinsamen Titel beisammenstehen. Das nämliche gilt vom Ehe- und Erbrecht, von denen jenes (außer in Westgötal.) diesem voranzugehen

---

[1]) Zur Grammatik: L a r s s o n , *Södermannalagens ljudlära* (in Antiquar Tidskr. XII 1891).

[2]) Zu seiner Grammatik: E. B r a t e , *Äldre Vestmannalagens ljudlära* (Ups. Univ. Årsskr.) 1887 und *Dalalagens böjningslära* (Stockh. 1890).

[3]) Zur Grammatik: S i l j e s t r a n d , *Ordböjningen i Vestmannalagen* 3 Teile (Linköp. u. Upsala 1890—93).

pflegt, weil »sich auf Bettes Zeugung alles Erbrecht gründet«. Ein Grundgüterrecht (*iorþæ balker* oder *eghna salur*) fehlt fast nirgends. Aus ihm wächst während des 13. Jahrh. ein besonderer Abschnitt vom Gemeinderecht (*bygda-* oder *bygninga-*, oder *viþerbo balker*) heraus, der auch das Landwirtschaftsrecht erledigt. Häufig findet sich ferner ein Abschnitt über die Thingordnung einschließlich der allgemeinen prozessualen Grundsätze. Die Landfriedensgesetzgebung von 1285 (vgl. unten § 22) ruft einen besonderen balker über *kunungs eþsöre* nebst verwandten strafrechtlichen Gegenständen hervor, welcher in den Swearechten durch allerhand verfassungsrechtliche Zutaten zu einem *kunungsbalker* ausgebildet wird. Dies die Grundlinien, bei deren Ausführung die Individualität der Verfasser, der Bedürfnisse und der Traditionen zur Geltung kommt. Sämtliche bisher besprochene Landschaftsrechte sind in kaum übertrefflicher Weise kritisch herausgegeben von C. J. Schlyter in dessen *Corpus Juris Sueo-Gotorum antiqui* I 1827—VI 1834 (dazu photolithogr. Reprod. von Westgötal. I im Cod. Holm. B 59 v. Börtzell u. Wiselgren, *Væsgøta Laghbok* 1889 [1]), dann buchstäbl. Abdruck von drei göt. Rechtshss. bei G. Klemming, *Småstycken på Fornsvenska* Stockh. 1868—81, und über die Lydekinus-Hs. auch in sprachlicher Hinsicht E. Lidblom in Antiqu. Tidskrift XVII 1905 Nr. 1, ferner O. v. Friesen, *Upplandslagen efter Ängsöhandskriften* [einer von Schlyter nicht benützten Hs.] 1902, K. H. Karlsson, *Södermannalagen efter Cod. Havn. Ny Kgl. Saml. 4e Nr. 2237* [der von Schlyter nicht vollständig abgedruckte Text B] 1904, ein Bruchstück von Södermannalagh herausg. v. K. Maurer in Münchner Sitzgsber. 1894 S. 433—37; die S. 91 erwähnten Fragmente s. bei Leffler, *Om den fornsvenska hednalagen* in Månadsbl. a. a. O.).

§ 22.

Die schwedischen Landschaftsrechte bilden bis gegen 1350 den Grundstock, an welchen sich alles schriftliche Quellenmaterial ansetzt. Zunächst das der Einzelgesetze (*staþgar, statuta*), deren Aufzeichnungen mit dem 13. Jahrh. beginnen. Gewöhnlich gehen sie vom König aus. Soweit es sich aber nicht um bloße Verwilligungen (»Gaben«) des Königtums handelte — wie bei den

[1]) Zur Textkritik von Wgl. I Noreen in Arkiv för Nord. Philol. V 385 ff. VIII. 176 ff.

meisten Privilegien für kirchliche Anstalten oder hohe Kleriker [1]) —, hing bis auf K. Magnus (Birghisson) Ladulås (1275—1290), die Giltigkeit des Königsgesetzes von der Zustimmung der Landsgemeinden ab. Seit Magnus Ladulås, in dessen Person das altschwed. Königtum den Gipfel seiner Machtentwicklung ersteigt, erscheint als Surrogat der Landsgemeinden des Königs erweiterter Rat, das »Reichsgespräch« (*rikis samtala*) oder der »Herrentag«, eine Veränderung, welche durch den Eintritt der Gesetzsprecher in des Königs Dienst und Rat vermittelt war und die allmähliche Schöpfung eines gemeinen Gesetzesrechts fürs ganze Reich ermöglichte. Die allgemeinen Gesetze und Privilegien vor 1250 beschäftigen sich vorzugsweise mit kirchlichen Verhältnissen. Ihre Sprache ist daher die lateinische und erst später wurden sie ins Schwedische übertragen. Seit den Söhnen des Jarles Birghir, Waldemar und Magnus, mehren sich die weltlichen Gesetze. Und in der Zeit des letztgenannten Königs beginnen die schwed. Originaltexte der Einzelgesetze. Als das älteste und quellengeschichtlich folgenreichste unter ihnen ist das 1285 zu Alsnö ausgefertigte und überwiegend strafrechtliche Gesetz zu nennen, dessen Durchführung schon vor 1281 von Magnus und 22 geistlichen und weltlichen Herrn — analog den deutschen Landfrieden — beschworen war. Die strafrechtliche Abteilung desselben geht auf Bestimmungen des Jarles Birgher von 1262 (oder gar 1251?) zurück und wurde unter dem Namen des »Königseidschwurs« (*kunungs eþsöre*) in den Rechts- und Gesetzbüchern fortgebildet (vgl. S. 94). Die Gesetzestexte bringen *Dipl. Suecanum* I—VI, 1829—1878 und *Svenskt Diplomatarium från och med år 1401* (her. v. Silverstolpe), bis jetzt 6 Bde. 1875—1903, die Privilegien für hans. Kaufleute auch Höhlbaum (oben S. 86). Nur teilweise veraltet ist die Sammlung von Hadorph hinter dessen *Biärköa Rätten* 1687.

Wie in Dänemark, so lassen auch in Schweden Landschaftsrechte und Einzelgesetze der Sonderentwicklung eines Stadt- (richtiger Markt-) Rechts Raum. Im Vergleich freilich zum dän. oder gar zum deutschen Stadtrecht ist das schwedische arm an Denkmälern. Auch beginnen sie wie überhaupt die Ausbildung des schwed. Städtewesens viel später. Um 1300 scheint eine sich selbst als *biærköæ rætter* einführende und ziemlich planlose

[1]) Das älteste Privileg Dipl. Svec. Nr. 115 ist in einen Schenkungsbrief eingekleidet.

Sammlung von Stadtrechtssätzen entstanden, die ursprünglich für Stockholm bestimmt war, aber später auch in andern schwed. Städten rezipiert worden ist und das Stadtrecht schon unter deutschem Einfluß zeigt. (Ausg. bei Schlyter im *CJSG.* VI 1844, hier vom Herausgeber in Kapp. geteilt.) Von einem andern für Söderköping unter starker Benützung von Östgötal. ausgearbeiteten Stadtrecht sind nur Splitter in J. Bures Glossaren übrig geblieben (zusammengestellt und rekonstruiert von G. Klemming *Upplysningar . . om . . . Söderköpings Rätten* in Kong. Vitt. Akad. Handl. XXV 1867). Über Wisby s. unten § 23.

Auf Grundlage der bis gegen 1340 angewachsenen Materialien an Rechtsbüchern und Gesetzen schritt man um jene Zeit zu einer gemeinrechtlichen Kodifikation für das schwed. Hauptland. Und zwar scheint man sich damals zum Beispiel genommen zu haben, was 70 Jahre früher in Norwegen (§ 25) geschehen war. Wahrscheinlich schon 1347 war von einer aus 3 Gesetzsprechern bestehenden Kommission ein Landrecht ausgearbeitet, welches unter zeitgemäßen Verbesserungen die bestehenden Landschaftsrechte konkordieren sollte. Als Hauptquellen hatten dabei Uplands- und Östgötalagh gedient. Dem Herrentag zu Örebro im März genannten Jahres schlug K. Magnus Eriksson den Entwurf des Gesetzbuchs zur Annahme vor. Da aber die Geistlichkeit gegen die mit dem kanon. Recht unvereinbaren Bestimmungen des Entwurfs protestierte, scheint eine förmliche Bestätigung des letztern durch den König nicht ergangen zu sein. Dagegen wurde das Gesetzbuch mit Ausnahme des Kirkiubalker in den einzelnen Landschaften im Laufe des 14. Jahrhs. mehr oder weniger vollständig rezipiert, so daß daneben nicht nur die Kirchenrechts-Abschnitte, sondern auch noch mancherlei andere Stücke der ältern Landschaftsrechte ihre Geltung behalten konnten. Es ist daher die handschriftliche Überlieferung des Gesetzbuchs eine sehr ungleichmäßige (erste und zugleich abschließende krit. Ausg. unter dem Titel *Kon. Magnus Erikssons Landslag* v. Schlyter im *CJSG.* X 1862). Eine Revision dieses »Rechtsbuchs von Schweden« (*legisterium Swecie*) in Gestalt eines Reichsgesetzbuchs kam mit Bestätigung durch K. Christof v. 2. Mai 1442 zustande (krit. Ausg. unter dem Titel *Kon. Christoffers Landslag* v. Schlyter a. a. O. XII 1869). Die beiden Landrechte waren einander zu ähnlich, als daß das ältere sofort durch das neuere hätte vollständig verdrängt werden können. Vielmehr wurde sein Text auch während des

14. Jahrhs. noch fortgebildet. Dies gab Anlaß zu der seit dem 16. Jahrh. sich ausbreitenden Fabel, daß zwischen dem Landr. Magnus Erikssons und dem von K. Christof ein vermittelndes erlassen worden sei (sog. *Medellag*). Im Glauben, das neuere Landrecht vor sich zu haben, hat gegen den Ausgang des 15. Jahrhs. der Archidiakon von Upsala und Doctor decretorum Ragvald Ingemundsson das Landr. Magnus Erikssons ins Lateinische übersetzt (Ausg. v. Joh. Messenius *Leges Svecorum Gothorumque* etc. Stockh. 1614). Früher als auf dem Gebiete des Landrechts gelang auf dem des Stadtrechts die Herstellung der Rechtseinheit. Indem er den Text seines Landrechts zur Grundlage gab, ließ Magnus Eriksson ein gemeines Stadtrecht ausarbeiten (1350—1357?), wobei die Thingordnung durch einen *radzstuffvu balker* ersetzt und unter Benützung älterer Stadtrechtsquellen ein Abschnitt vom Seerecht (*skipmala b.*) eingefügt wurde. Vor 1365 scheint das Stadtgesetzbuch allgemein eingeführt worden zu sein (krit. Ausg. unter dem Titel *Kon. Magn. Er. Stadslag* v. Schlyter im *CJSG.* XI 1865). Einzelgesetze, welche von der Königsgewalt erlassen werden, bauen während des SpätMA. auf den gemeinrechtlichen Kodifikationen weiter (wegen der Ausgaben s. oben S. 95).

Auch in Schweden schließen sich zunächst an das Stadtrecht Statuten der autonomen Körperschaften. Von Statuten eigentlicher Schutzgilden sind nur wenige Reste in einer dem Anschein nach späten Fassung vorhanden. Durch ihre Form merkwürdig ist die »skra« einer oberschwed. St. Eriksgilde, indem sie die Einteilung der Landrechte in balkar nachahmt. Zahlreicher sind die Skraen von Handwerker- und von geistlichen Gilden. Doch scheint keiner der erhaltenen Texte über 1350 zurück zu reichen. (Drucke: *Skråordningar saml. af* G. E. Klemming 1856, ergänzt durch *Småstycken saml. af* G. E. Klemming 1868—81 und *Fornsv. Dipl. af* Silverstolpe Nr. 602). Das Hofdienst- oder »Schloß«-Recht (*gardsrætter, slotsrætter*) wurde in Schweden dem Anschein nach zuerst unter K. Magnus Ladulås zum Gegenstand einer kurzen Privataufzeichnung gemacht, welche von K. Magnus Eriksson und später auch noch von andern Königen bestätigt und den Höfen der Reichsratsmitglieder verliehen wurde. Es sind übrigens nur zwei jüngere voneinander unabhängige Redaktionen dieses Gardsrætter erhalten, welche beide mit dem dän. Gardsret von derselben Vorlage abstammen (Drucke: *Magnus Erikssons*

Gårdsrätt und *Eriks af Pommerns Gardsrätt* bei Klemming *Småstycken* S. 53—68).

Weniger produktiv an Rechtsschriften als die rein persönlichen Rechtsverbände scheinen während des SpätMA. die lokalen. Interessante Beispiele markgenossenschaftlicher Statuten sind die »Waldordnungen« für den Hammars- und den Meþalþriþiunger in der oberschwed. Hundertschaft Trögd c. 1320 (Drucke: hinter Hadorphs *Biärköa Rätten* S. 23 ff. und bei Klemming *Småstycken* S. 71 ff.).

§ 23.

Ganz eigentümlich hat sich die Denkmälergeschichte der Insel Gotland gestaltet, die ja auch politisch eine Sonderstellung unter den ostnord. Landschaften einnahm, bis 1361 nur Schutz- und Schatzland des schwed. Königs, im übrigen Freistaat, nachher bald dänisch, bald schwedisch, bald Deutschordensgebiet war. Im Gegensatz zu Schweden entbehrte Gotland eines Gesetzsprecheramts. Daher ist auch das älteste und wichtigste Rechtsdenkmal der Insel, *Guta lagh*,[1]) von wesentlich anderm Schlag als die Landschaftsrechte des schwedischen Festlandes. Es gleicht mehr den dänischen, ermangelt insbesondere der Einteilung in balkar, kennt nur Kapitel. Der Vortrag ist trocken, unbehilflich, oft dunkel und zuweilen nicht frei von Widersprüchen. Merkwürdig ist die Benützung norwegischer Quellen. In der überlieferten Gestalt ist Gutal. Gesetzbuch, »vereinbart« von der gutnischen Landsgemeinde am Schluß des 13. Jahrhs. Als Gesetzbuch ist es auch fortgebildet worden. Wir haben zwei Rezensionen in gutnischer Sprache (in je einer Hs.), wovon die eine dem Rechtstext die berühmte »*Guta saga*« oder »*Historia Gotlandiae*« anhängt. Dazu kommen eine in der Deutschordenszeit (1398—1408) gefertigte deutsche und eine um 1550 entstandene dänische Übersetzung nach verlorenen gutnischen Texten (Ausg. v. Schlyter unter dem Titel *Gotlands lagen* im *CJSG.* VII 1852). Der halb deutschen, halb gutnischen Stadt Wisby bestätigte gegen 1350 K. Magnus Eriksson eine Kodifikation in 4 Büchern, deren plattdeutsches Original erhalten ist (Ausg. v. Schlyter im *CJSG.* VIII 1853). Das Stadtrecht entlehnt eine beträchtliche Menge seiner Bestim-

[1]) Zur Grammatik: S. Söderberg, *Forngutnisk ljudlära*, Lund 1879.

mungen mehr oder weniger wörtlich niederdeutschen, insbesondere lübischen und hamburgischen Stadtrechtsquellen, was durch die Stellung Wisbys in der Hansa genugsam erklärt wird. Im 15. Jahrh. entstand zu Wisby noch ein kleines Rechtsbuch in 35 Artikeln über die Privilegien der Stadt. Es ist in dän. Sprache verfaßt und auch ins Plattdeutsche übersetzt (Drucke bei Schlyter a. a. O. hinter dem Stadtr.). Außer diesen Hauptdenkmälern des Rechts auf Gotland belehren über jenes auch noch die von den Gotländern bzw. Wisbyern geschlossenen Staatsverträge und ein paar für die Insel erlassenen Einzelgesetze (aus den schwed. Diplomataren, aus Schlyter VII S. 219 ff. und aus dem *Hans. Urkb.* zusammenzusuchen) sowie die Skra der St. Katharinengilde im Kirchspiel Björke v. 1443 (gutn. bei Klemming *Småstycken* S. 149—151).

§ 24.

Wir wenden uns dem Gebiet des westnord. Rechtes, und zwar zunächst seinem Mutterland Norwegen zu. Hier nun stoßen wir ähnlich wie in Dänemark auf Erzählungen des MA., welche bestimmten Königen schon seit dem 9. Jahrh. eine mehr oder weniger tiefgreifende gesetzgeberische Tätigkeit nachrühmen. Verdienen diese Berichte bis zu einem gewissen Grad unsern Glauben, so gilt nicht das gleiche von jenen andern, wonach die ältesten Aufzeichnungen westnordischen Rechts vom hl. Olaf etwa um 1020—1025 und von seinem Sohne Magnus dem Guten 1040 veranstaltet sein sollen. Wer die Entstehung der wnord. Literatur kennt, wird sich schwerlich zu der Annahme entschließen, daß es einen derartigen Rechtstext handschriftlich vor dem 12. Jahrh. gegeben habe (vgl. die treffenden Bemerkungen v. K. Maurer in Ersch. u. Gruber Enzykl. s. v. Gulaþing S. 389—391). Von dem, was an altnorweg. Rechtsschriften erhalten ist, kann auch das älteste nicht mit Sicherheit über 1100 hinaufgesetzt werden. Auch haben wir es in den ältesten Denkmälern keineswegs mit Gesetzbüchern zu tun, die etwa ein König hat schreiben lassen, sondern mit Privataufzeichnungen. Diese sind, — von einem Weistum über norwegisch-isländische Beziehungen (erteilt 1083, zwei Redaktionen, am besten bei Finsen Grág. I b 195 folg. III 463—66) abgesehen, — von der nämlichen Art, wie wir sie an den ältern schwed. Rechtsbüchern kennen gelernt haben. Zwar liegen über die altnorweg. *lǫgsaga* keine so zahlreichen und unzweideutigen Zeugnisse vor, wie über die altschwedische. Dafür aber spricht sie sich in den ältesten Rechtstexten kaum weniger unmittelbar aus. So haben denn auch die altnorweg. Rechts- und Gesetzbücher in der Hauptsache die nämliche äußere Anlage wie die schwedischen. Die Gesichtspunkte, welche über die Bildung der *bælkir* entscheiden, sind beinahe die gleichen. Höchstens, was ihre Reihenfolge betrifft, scheint es eine wnord. Eigenheit, daß die Thingordnung (der *þingfarabalkr*) den Anfang zu machen pflegt. Vier »Provinzial«- oder richtiger »Landschaftsrechte« sind es zunächst, deren Denkmäler teils vollständig, teils wenigstens stückweise jene Gestalt zeigen. Es sind die Rechte der vier großen Thingverbände oder Bundesstaaten, zu denen bis zum Beginn der Rechtsbücherzeit die meisten norweg. »Volklande« zusammengetreten waren. Die Rechtsaufzeichnungen oder »Bücher« selbst sind nach den Hauptversammlungen (*lǫgþing, allsherjarþing*) benannt, auf denen alljährlich das Recht jener Verbände vorgetragen wurde. Dem schwedischen (götischen) Rechtsgebiet nächst gelegen ist das der beiden Rechtsbücher, von denen fast nur die »Christenrechte« übrig geblieben sind. Das eine gehörte dem *Borgarþing* d. i. dem um den Christianiafjord gelegenen Thingverband, das andere dem nördlich an den vorigen grenzenden binnen- oder hochländischen oder dem *Eiðsifaþing* an. Der *kristins dóms bǫlkr* des erstern, jetzt gewöhnlich als das »ältere Christenr. des Borgth.« bezeichnet, liegt in 3 Rezensionen vor, wovon nur die älteste (in 18 verhältnismäßig ausführlichen Kapiteln vollständig erhalten ist. Sie scheint in die Jahre 1140—1152 zu fallen. In den beiden jüngern Rezensionen sind verschiedene dem weltlichen Teil des Rechtsbuchs entnommene Bestimmungen über Ehe und Weiber eingeschaltet. Vom *kristin bǫlkr* des Hochlandsrechts oder dem sog. »ältern Chr. des Eiðsifathings« haben wir 2 Rezensionen. Die ältere und vollere (in 53 Kapp.) scheint bald nach 1152, die jüngere und verkürzte (44 Kapp.) ihrer geschichtlichen Einleitung zufolge erst nach 1184 (vor 1215?) verfaßt. Ein Bruchstück aus dem strafrechtlichen Teil des Rechtsbuchs ist alles, was von diesem außer dem Christenrecht bis jetzt bekannt wurde. Viel besser ist es mit der Erhaltung der (»ältern«) *Gulaþingsbók* bestellt, d. i. des Rechtsbuchs des südwestlichen Thingverbandes, der im *Gulaþing* seinen Mittelpunkt hatte. Die älteste Redaktion der Gulb. besitzen wir nur in einer größern Zahl von Bruchstücken einer Hs. aus dem 12. Jahrh. und von Auszügen, welche im 17. Jahrh. aus eben jener Hs. genommen wurden. Diese Redaktion scheint in den ersten Jahrzehnten des 12. Jahrhs. verfaßt und wäre somit eines der allerältesten skandinavischen Rechts- und Literaturdenkmäler. Durch ihre Umarbeitung in der Zeit (und auf Veranlassung?) von K. Magnus Erlingsson, etwa zwischen 1164 und 1184 entstand eine zweite Redaktion, von der nur wenige Bruchstücke vorliegen. Um 1200 wurde die Red. II, welche man dem K. Magnus, und die Red. I, welche man jetzt einem »Olaf«, d. h. dem hl. Olaf, beilegte, kompiliert. Von dieser Red. III haben wir Bruchstücke einer ältern und einen nahezu vollständigen Kodex einer jüngern Fassung (*Cod. Rantzovianus*), welche dem Rechtsbuch unter andern Zutaten die im ersten Viertel des 13. Jahrhs. vom Drontheimischen Gesetzsprecher Bjarne Marðarson verfaßte Wergeldtafel anhängt. Eine ähnliche Geschichte wie die Gulb. hat das Rechtsbuch der zum Frostuþing verbundenen Volklande um den Drontheimsfjord erlebt, die (ältere) *Frostuþingsbók*. Um 1164 gab es im Frostuþing bereits mehrere unter sich abweichende Rechtsaufzeichnungen, worin man das »Recht des hl. Olaf« zu finden meinte. Von diesem »Recht des hl. Olaf« ebenso wie von einer Revision desselben, welche zwischen 1164 und 1174 unter dem entscheidenden Einfluß des Drontheimer Erzbischofs Eysteinn Erlendsson veranstaltet wurde (*Gullfjǫðr*?), sind Bestandteile nur durch Vermittlung späterer Redaktionen erhalten. Die erste unter diesen scheint ungefähr zwischen 1215 und 1220 entstanden und wird durch die »Tübinger Bruchstücke« vertreten. Eigentümlich ist ihr die Einteilung des Stoffes in »Bücher« (*bǿkr*), der Bücher in »Teile« (*lutir* oder *bælkir*), der »Teile« endlich in Kapitel mit gebrochener Zählung. Diese Einteilung hat der nächstfolgende Überarbeiter (1220—1225?) durch eine einfachere ersetzt: 16 (?) *lutir* mit Kapiteleinteilung und vorangestellten Inhaltsverzeichnissen. Von seiner Redaktion besitzen wir ein Fragment des 2. und des 6. lutr. Eine Rekonstruktion des letzteren, dessen wichtiger Inhalt (*saktal* oder Wergeldordnung) im wesentlichen aus der Zeit vor 1164 stammt, habe ich in Germ. XXXII versucht. Die letzte Redaktion endlich (»Vulgata« in 16 *lutir*) dürfte 1125—1250 anzusetzen sein. Sie läßt die Anordnung der vorigen unberührt, zeigt aber im 6. lutr ein wesentlich verändertes *saktal*. Ihre Erhaltung ist eine nahezu vollständige. Von einem nach 1247 verfaßten, aber jetzt verlorenen Text des Christenrechts der Frb. mit der Thronfolgeordnung von 1164 an der Spitze haben wir aus einer dän. Übersetzung Kunde. Abdrucke der einzelnen Texte der »Landschaftsrechte« geben R. Keyser und P. A. Munch in *Norges gamle Love* Bd. I 1846, Nachträge dazu dieselben in Bd. II 1848 S. 496 ff. und Gr. Storm in Bd. IV 1885, V, 1 1890. — Nicht nur dem Zeitalter dieser Quellen angehörig, sondern auch mit einer derselben in genetischem Zusammenhang sind die älteren Denkmäler des Marktrechts oder Weichbildes (*bjarkeyjar réttr*). Es handelt sich um die Überreste eines nach 1164 verfaßten Rechtsbuchs, welches den bjarkeyjar réttr in seiner Anwendung auf die Stadt Niðarós und im Anschluß an die Frostb. darstellte. Gleicht insofern das Werk ganz dem Stadtrecht von Söderköping (oben S. 96), so zeigt es doch auch wieder eine gewisse Verwandtschaft zu den dän. Marktrechten, indem es dem bjarkr. ebenso die ununterbrochene Giltigkeit wie die Bindung an einen bestimmten Ort abspricht. Wie keine andere Quelle veranschaulicht es daher den Übergang des Marktrechts zum Stadtrecht und die Entstehung des letzteren. Drei Hss.-Fragmente und zwei Sammlungen von Auszügen liegen vor. Jene sind in der Ausg. von Keyser und Munch mit I, II, IV, diese mit III beziffert. Fragment IV läßt auf die letzten Kapp. des Christenrechts die ersten des Seerechts (*farmannalǫg*) folgen und repräsentiert dem Anschein nach die älteste, aber jedenfalls nach 1174 verfaßte Redaktion. Vielleicht dazu gehört Fragment II, welches die ersten 43 Kapp. des strafrechtlichen Abschnitts (*mannhelgi*) enthält. Dagegen sind die ersten 9 Kapp. des Christenrechts, woraus I besteht, in dieser Fassung jünger als IV, zwar vor 1247, aber nach der vorletzten Überarbeitung der Frostb. (oben S. 101) redigiert. Jünger noch war der Text, woraus die Exzerpte unter III genommen sind. Genaue Drucke von I und II brachten Keyser und Munch in *NGL.* I S. 303—315, von IV und III erst Storm a. a. O. IV S. 71—97.

§ 25.

Die Revisionsarbeit, welche sich in der Geschichte der Frostb. bis tief in die Regierungszeit Hákons des Alten hinein fortgesetzt zeigt, erstreckte sein Sohn, der »Gesetzverbesserer« Magnus (1263—1280) auch auf die andern Rechtsbücher. Und von jetzt an macht das Rechtsbuch dem Gesetzbuch Platz. Im Jahre 1267 brachte der König eine neue *Gulaþingsbók*, im Jahre 1268 eine *lǫgbók* für das Eiðsifaþing und Borgarþing zur Annahme, wogegen er 1269 am Frostuþing nur zur Revision der weltlichen Teile des

Rechtsbuchs ermächtigt wurde. Von den 1267 und 1268 eingeführten Gesetzbüchern sind die Christenrechtsabschnitte erhalten (das »neuere« Chrr. des Gulaþing und des Borgarþing in *NGL.* II 1848), die übrigen Bestandteile verloren. Das eine wie das andere erklärt sich aus dem weiteren Verlauf, den die Gesetzgebung unter König Magnus und seinen Nachfolgern nahm. Infolge der Vorgänge in Drontheim 1269 und des daran sich anschließenden kirchenpolitischen Konflikts, der erst durch das Konkordat von Tunsberg 1277 einen vorläufigen Abschluß erhielt, beschränkte sich der König darauf, der Kodifikation für das Frostuþing einen rein nominellen *kristins dóms bǫlkr* einzufügen, im übrigen aber einen Inhalt zu geben, der das Recht des Thingverbandes dem anderer Thingverbände, vor allen dem des Gulaþing möglichst näherte. Zu diesem Zweck wurden nicht nur die neueren fürs ganze Reich erlassenen Einzelgesetze (—1273) verwertet, sondern auch die Hauptbestände des Gesetzbuchs aus der älteren Frostb. und der älteren Gulb. unter beiläufiger Rücksichtnahme auf die andern Landschaftsrechte kompiliert. Im Gegensatz zu den letzten Redaktionen der alten Frostb. kehrt die neue zur Einteilung in (10) *bælkir* zurück. Am 24. Juni 1274 wurde das Gesetzbuch vom Frostuþing angenommen. Bald nachher (—1276?) scheint es auch in den andern, nunmehr beträchtlich erweiterten Thingverbänden und in den noch selbständigen Volklanden eingeführt worden zu sein, wobei nur die wenigen redaktionellen Änderungen im Text stattfanden, die durch die Verfassungsverhältnisse gefordert waren. Damit war wenigstens in der südlichen Hälfte von Norwegen die materielle Einheit des kodifizierten weltlichen Rechts hergestellt, und unter diesem Gesichtspunkt fassen wir die nahezu gleichlautenden Texte der »neueren« *Frostuþings-*, *Gulaþings-*, *Borgarþings-* und *Eiðsifaþingsbók* unter dem Namen des »neueren« oder »gemeinen Landrechts von K. Magnus dem Gesetzverbesserer« zusammen (sehr anfechtbare Ausgabe in *NGL.* II mit Nachträgen in IV). Eine Bearbeitung dieses »gemeinen Landrechts für die Städte mit eigenem *lǫgþing* wurde in Bergen, Niðarós, Oslo und Tunsberg eingeführt, in der erstern Stadt schon am 22. Januar 1276. Das Stadtgesetzbuch (»neuerer *bjarkeyjar réttr*, neueres oder gemeines Stadtrecht«, gedr. in *NGL.* II) folgt, abgesehen von dem Seerecht (*farmannalǫg*), in der Hauptsache dem Landrecht wörtlich bis auf den *þingskapanar bǫlkr*, den es umredigiert, *landabrigði* und *landsleigu bǫlkr*, welche beiden Abschnitte es durch eine Stadtordnung — *bǽjarskipan* — ersetzt. Während die unifizierende Bewegung auf dem Gebiet des weltlichen Rechts im Gange war, zeigten sich analoge Bestrebungen auf dem Gebiet des kirchlichen, welche teils vom König, teils vom Episkopat ausgingen. Als die nächsten Früchte der einschlägigen Arbeiten haben wir drei Entwürfe zu Christenrechten anzusehen, wovon einer, das sogen. Christenrecht des Königs Sverrir (*NGL.* I) sehr roh aus den Christenrechten der älteren Frostuþb. (Red. nach 1215) und der älteren Gulb. (Red. III), ein zweiter (in *NGL.* IV S. 50—65) aus der älteren Frostuþb., den älteren Christenrechten des Borgarþing und des Eiðsifaþing und jüngeren Materialien, der dritte endlich (*NGL.* IV S. 160—182) aus den vier älteren Landschaftsrechten kompiliert ist. Im Gegensatz zu diesen bloß textgeschichtlich wichtigen Quellen ist das (1273?) ebenso ungeschickt kompilierte »Christenr. des Erzb. Jón« (rauðe, *NGL.* II) wirklich unter Zustimmung des Königs 1277 im ganzen Lande als Gesetz zur Geltung gelangt, nachdem es eine nur oberflächliche Revision erfahren hatte.

Von den Einzelgesetzen (*réttarbǿtr*) der norw. Könige beginnen die Texte in der 2. Hälfte des 12. Jahrhs. Aber erst um ein Jahrhundert später treten sie in etwas rascherer Folge auf, und seit dem gemeinen Land- und Stadtrecht beruht die Fortbildung des geschriebenen Rechts fast ausschließlich auf diesen Verordnungen, welche jetzt dem Epilog der Kodifikationen gemäß der König einseitig erlassen konnte. Die meisten von ihnen beziehen sich auf die staatsrechtlichen Verhältnisse. In der Unionszeit kommen zu den eigentlichen réttarbǿtr alten Stils noch die Unionsurkunden und Wahlkapitulationen (Handfesten) als wichtige Quellen des Staatsrechts. Die Einzelgesetze bis zum Tod des Königs Olaf Hákonarson (1387) findet man größtenteils in *NGL.* I—IV, einer Sammlung, welche nicht nur ergänzt, sondern auch fortgsetzt wird durch das *Diplomatarium Norvegicum* (I—XVI 1848—1903, ferner jetzt von 1388—1447 bei Taranger *Norges gamle Love, anden Række* I 1912.

Seit dem Konkordat von 1277 übte, wiewohl dasselbe nachmals von der Staatsgewalt rückgängig gemacht wurde, der Episkopat die autonome Gesetzgebung der norw. Kirche aus (Provinzialstatuten v. 1280—1351, meist in anord. Fassung, in *NGL.* III, andere Statuten bei Taranger a. a. O.). Unter den rein persönlichen Verbänden mit weltlicher Rechtsbildung steht das königliche Dienstgefolge (*hirð*) voran. Von Königsgesetzen für die hirð seit dem hl. Olaf ist in den Geschichtsquellen die Rede. Auch über eine »alte *hirðskrá*«, d. h. ein Rechtsbuch für die hirð aus der Zeit des K. Sverrir etwa, fallen mehrfache Andeutungen. Sie ist wie alle älteren Gesetze in ursprünglicher Gestalt verloren, weil verdrängt durch die jüngere *hirðskrá*, eine ausführliche Kodifikation der *hirðlǫg* in 54 Kapiteln, welche in 1274—1277 K. Magnus Hákonarson erlassen hat (*NGL.* II). Die Weiterbildung der hirðlǫg gelangt dann in etlichen königlichen Verordnungen zum Ausdruck, die man unter den réttarbœtr zu suchen hat. An Gildestatuten des MA. ist Norwegen noch ärmer als Schweden. Der spezifisch norwegischen Statuten sind bislang überhaupt nur drei bekannt, die sämtlich dem Westen des Landes entstammen (zwei, aus dem 13. und 14. Jahrh., sorgfältig her. v. Pappenheim, *Altnorw. Schutzgildest.* S. 145—167, dann von G. Storm in *NGL.* V 1 1890, ein drittes, aus der Stadt Drontheim c. 1200 herausg. von G. Storm in *Sproglig-histor. Studier tilegn. Prof. Unger* 1897 S. 218—220).

Die juristische Privatschriftstellerei zeigt sich in Norwegen ähnlich wie in Schweden erlahmt, seitdem der freie Vortrag des Gesetzsprechers verstummt und das Rechtsbuch dem Gesetzbuch gewichen ist. Immerhin fehlt es auch jetzt wenigstens nicht an mancherlei Formularien für mündliche Geschäfte, noch auch an kleineren Rechtsaufzeichnungen. Zu den ältesten Stücken der ersteren Gattung gehören jedenfalls die so oft als Prachtmuster poetischer Rechtssprache zitierten Friedensformulare (*griðamál* und *trygðamál*), welche sich vollständig nur in isländ. Kompilationen erhalten haben (*Grág. Cod. R.* 114, 115, *Cod. A.* 383, 388 vgl. mit *Gulb.* 320). Jüngere Formulare, darunter sehr beachtenswerte prozessuale, teilt die Hss.-Beschreibung in *NGL.* IV mit. Unter den theoretischen Rechtsschilderungen (wovon die meisten ebenda) mag außer der schon S. 101 erwähnten Wergeldtafel des Bjarne Marðarson eine auf den Burgdienst bezügliche Bearbeitung des schwed. garðsrætter (oben S. 97) genannt werden, welche, vor 1320 verfaßt, ihren Inhalt unter dem Namen *borgara réttr* einem König Hákon zuschreibt (*NGL.* III S. 144 flg.), ferner der in späten Hss. vorkommende erbrechtliche Aufsatz eines geistlichen Verfassers (*NGL.* IV S. 431 flg.). In einem gewissen Sinn läßt sich auch der zweite und größere Teil des unter dem Titel *Speculum regale* bekannten und aus der ersten Hälfte des 13. Jahrhs. stammenden anorweg. Dialogs (Kapp. 24—70) der Rechtsliteratur einreihen, indem er nämlich auf eine anschauliche Schilderung der königlichen hirð (vgl. S. 105), der königlichen Gewalt und ihres Verhältnisses zur kirchlichen ausgeht (Ausgg. v. Keyser, Munch und Unger Christ. 1848 und von Brenner, Münch. 1881). Viel weiter ab steht schon um seiner leidenschaftlichen Einseitigkeit willen das sog. *Anecdoton Sverreri* (her. v. Werlauff 1815), eine um 1200 wahrscheinlich von König Sverrir selbst verfaßte und in den willkürlichsten Paraphrasen und Interpretationen kirchlicher Quellen sich ergehende anord. Streitschrift zugunsten der königlichen Allgewalt gegenüber dem Episkopat. Ein anderes nicht minder oft besprochenes, diesmal aber von kirchlicher Seite hinterlassenes Erinnerungszeichen der staatskirchlichen Streitigkeiten in Norwegen gehört in die Reihe der gefälschten Rechtsquellen, nämlich die 1276 verfertigte latein. Urkunde mit der Reichsschenkung von König Magnus Erlingsson an den hl. Olaf und den Privilegien desselben Königs an den Drontheimer Metropolitanstuhl (*NGL.* I 442—444, *Dipl. Isl.* Nr. 39).

§ 26.

Aus norwegischer Wurzel erwachsen und nach ebenso eigenartiger als selbständiger Entwicklung wieder neuen Einflüssen aus Norwegen verfallen ist das Recht auf Island. Um 930 (?) erhielt der Freistaat sein erstes formuliertes Landrecht durch den eingewanderten Norweger Ulfljótr von Lón, welcher dabei hauptsächlich dem Vorbilde der Gulaþingslǫg folgte. Von diesen »*Ulfljóts lǫg*«, worunter man sich nur die älteste isländ. *lǫgsaga* (vgl. S. 79 f.) vorstellen kann, sind spärliche Exzerpte heidnisch-sakralrechtlichen Inhalts durch Vermittlung des Vaters der isländ. Geschichtsschreibung, Are froðe, in verschiedenen jüngern Geschichtsquellen erhalten. Durch die gesetzliche Einführung des Christentums i. J. 1000, wie durch eine Reihe anderer Gesetze wurde jener Grundstock der lǫgsaga teils abgeändert, teils erweitert, bis i. J. 1117 ein Allthingsbeschluß den goðe Hafliðe Másson mit der Aufgabe betraute, das Landrecht mit geeigneten Verbesserungen »zu Buch schreiben« zu lassen. Im Winter 1117/8 wurde dies Werk nach den Angaben des Gesetzsprechers Bergþórr Hrafnsson und »anderer kundiger Männer« vollbracht und das nächste Allthing erhob es zum Gesetz. Diese »*Haflidaskrá*« schloß sich in der Einteilung wesentlich der lǫgsaga an, und als einer ihrer Abschnitte wird uns namentlich *vígslǫðe* (»die Folgen der Schlägerei«) bezeichnet. Der »Abschnitt vom Christenrecht« — *Kristinna laga þáttr* — jedoch wurde erst in 1122—1132 »gesetzt und geschrieben«. In ihrer ursprünglichen Gestalt sind diese Gesetze nicht auf unsere Tage gekommen. Wohl aber machen sie mit einem Zehntgesetz von 1096 den Kern jener kompilatorischen Rechtsaufzeichnungen aus den letzten Zeiten des Freistaates und den ersten Jahren der Königsherrschaft aus, denen die gelehrte Geschichtskonstruktion um 1600 den Namen des halbmythischen Gesetzbuches von K. Magnus dem Guten (oben S. 99), der *Grágás*, beigelegt hat. Behalten wir diesen nun einmal üblichen Namen in Ermangelung eines quellenmäßigen bei, so dürfen wir doch darüber nicht vergessen, daß wir es keineswegs etwa bloß mit Rezensionen eines und des nämlichen Werkes, sondern mit verschiedenen, voneinander unabhängigen Sammelarbeiten zu tun haben, deren gegenseitige Beziehungen nur auf der Gemeinschaft ihrer Materialien beruhen. Es bestanden aber diese Materialien, vor allem aus den Rechtsvorträgen, welche über den schon genannten Texten und den später hinzugekommenen Novellen (*nýmæle*) erwachsen waren, weiterhin aus Einzelentscheidungen (Gutachten) von Gesetzsprechern, partikularen Beliebungen, Formularen. Auch norwegische Quellen haben sich die Sammler zu Nutze gemacht, so z. B. die S. 105 erwähnten Friedensformeln und das ältere saktal der Frostb. (vgl. S. 101), das Weistum von 1083 (oben S. 99). Zwei Kompilationen sind es, welche diese aus sehr verschiedenen Zeiten stammenden Aufzeichnungen verhältnismäßig am vollständigsten vereinigen: die in der »*konungsbók*« (K.) oder dem »*Cod. regius*« (zu Kopenhagen) aus den Jahren 1258—1260 und die in der Arnamagneanischen *Staðarhólsbók* (St.) aus 1262—1271. Beide folgen in ihrer Anlage dem Grundplan der lǫgsaga, ohne doch ganz gleichmäßig deren sämtliche Abschnitte zu enthalten, wie z. B. die St. außer der Wergeldordnung auch die zu ihrer Zeit obsoleten staatsrechtlichen Abschnitte fortläßt. Höchst ungleich aber ist die Reihenfolge, in der K. und St. ihre gemeinsamen Materialien vorbringen. Die K. ist mehr Entwurf und führt uns als solcher unmittelbar in die Werkstätte des Kompilators, dem wir zusehen, wie er beim Abschreiben seiner Haupttexte die Bestandteile aus Nebentexten vorläufig notiert, welche die beabsichtigte Überarbeitung in extenso aufnehmen soll.

Die St. dagegen ist mehr ausgeführte und systematischer angeordnete Kompilation. Sorgfältiger gibt sie auch durch ihre Marginalzeichen die Stellen an, wo ein *»nýmæle«* beginnt. Bei aller Verschiedenheit jedoch stimmen K. und St. in bezug auf Ausführlichkeit, insbesondere eine auf die Spitze getriebene Kasuistik, überein. Läßt sich nun nicht bezweifeln, daß diese Eigenschaften schon die Vorlagen der Kompilatoren charakterisieren, so kann doch andererseits nicht angenommen werden, daß jemals in dieser ganzen Weitläufigkeit der Inhalt der Grágás mündlich sei vorgetragen worden, am wenigsten, daß er in der Hauptsache schon in der Hafliðaskrá so vorhanden gewesen. Zu deutlich vielmehr verrät sich die langsam fortbauende Arbeit der Jahrhunderte und der Literatur. Die Kompilationen von K. und St. waren denn auch weder die ersten Werke in ihrer Art, noch sind sie die letzten geblieben. Von älteren Sammlungen bis über 1200 zurück besitzen wir Bruchstücke. Von einer anderen liegt das Strandrecht (*rekaþáttr*) vollständig vor (in der *þingeyrabók*). Und dieser Sammlung nahe scheint die gestanden zu sein, woraus die Jónsbók geschöpft hat (s. S. 109). Ganz besonders oft wurden aber das Christenrecht und das Zehntrecht in jener kompilatorischen Weise fortgebildet, wozu dann noch mitunter Anhänge aus weltlichen Bestandteilen der »Grágás« traten, die sich doch weder in K. noch in St. finden (Hauptbeisp. die *Belgsdalsbók*). Auch die Grágásexzerpte von c. 1600 in AM. 125 A 4° stammen aus einer von K. und St. verschiedenen Vorlage. Buchstäblich genaue Drucke aller einzelnen Texte gibt V. Finsen: 1. *Gragás ... udg. efter det kong. Bibliotheks Haandskrift ... for det nord. Lit. Samfund, Förste Del* (Text) 2 Bde. 1852; 2. *Grágás, efter det Arnam. Haandskr. ... Staðarhólsbók* 1879, 3. *Grágás, Stykker* etc. 1883 (Zitierart dieser drei Editionen: »Grág. I, a, b, II, III«), — die Texte des Zehntgesetzes Jón Sigurðsson im *Diplomatarium Islandicum* I Nr. 22. An Rechtstexten, die nicht in die Grágás übergegangen, ist der Quellennachlaß der freistaatlichen Zeit begreiflicherweise arm. Es sind nur kleinere Stücke wie das Fastengebot und das Pönitentialbüchlein des Bischofs Þorlákr Þórhallsson c. 1178 (*Dipl. Isl.* I Nr. 42, 43) und die Strandordnung des Sæmundr Ormsson für den Hornafjǫrðr c. 1245 (a. a. O. Nr. 137). Formulare für mündliche Geschäfte haben sich außerhalb der Grágás noch in verschiedenen Sǫgur, wie z. B. der Njálá, der Heiðarviga s. erhalten.

Der Beginn der norwegischen Herrschaft über Island wurde zu

gesetzlich-formellem Ausdruck gebracht durch die Urkunden, worin sich i. J. 1262 die Nord- und Südländer dem König Hákon Hákonarson und seinem Sohn Magnus unterwarfen (*Dipl. Isl.* I Nr. 152). 1271—1273 gelangte stückweise das erste norwegische Gesetzbuch für Island am Allthing zur Annahme, die (nach ihrem Einband?) sog. *Jarnsíða*. In 141 Kapp. oder Absätzen folgt sie materiell dem Grundplan, den wir auch sonst in den Gesetzbüchern des K. Magnus Hákonarson eingehalten sehen. Wie nachher im »gemeinen« Landr. ist auch hier schon das Christenrecht nur nominell vertreten. Die Arbeit ist auch ganz die kompilatorische, wie in den andern Gesetzgebungswerken mit gemeinrechtlicher Tendenz aus der Regierungszeit jenes Königs. Hauptsächlich sind norweg. Quellen, nebenher auch isländische, ausgeschrieben. Die Redaktion ist sehr eilfertig und unharmonisch hergestellt, was mehrfach auf Rechnung der wechselnden Teilnahme von Norwegern und Isländern an der Abfassung fällt (bester Druck nach der einzigen lückenhaften Hs., doch unter dem falschen, erst seit dem 17. Jahrhundert aufgekommenen Titel *Hákonarbok* in *NGL.* I S. 259—300). Noch K. Magnus selbst nahm den Ersatz der Jarnsíða durch ein umsichtiger gearbeitetes und umfassenderes Gesetzbuch in die Hand. Auch dieses ist Kompilation, nur daß jetzt das »gemeine« Landr. als Muster diente. Als Quellen wurden außer diesem selbst benützt das gem. Stadtrecht, insbesondere dessen Seerecht, dann die Jarnsíða, die ältere Gulb., endlich aber auch ziemlich ausgiebig eine »Grágás«, die weder in K. noch in St. vorliegt (vgl. oben S. 108) Erst unter dem Sohn und Nachfolger von K. Magnus, K. Erik, wurde das »neue Gesetzbuch« am Allthing 1281 angenommen, nach schwierigen Verhandlungen, die uns die Arna biskups saga anschaulich beschreibt. Der lǫgmaðr *Jón Einarsson*, der wahrscheinlich auch an der Herstellung des Textes teilgenommen, hatte denselben nach Island gebracht. Noch im MA. wurde nach ihm das Gesetzbuch die *Jónsbók* genannt (Ausg. einer Rezension auf Grund der vier ältesten Hss. in *NGL.* IV; die Vulgata in den früheren Ausgg., worüber Möbius *Catal.* und *Verzeichn.* s. v.). Die Jónsb. hat in complexu bis heute ihre Gültigkeit behalten. Doch trat schon mit ihrer Einführung kein Stillstand in der gesetzlichen Weiterbildung des weltlichen Rechts auf Island ein. Die Hauptform dafür war jetzt die der königl. *réttarbót*, welche unter vorgängiger oder nachträglicher Zustimmung des Allthings in Kraft trat (die ältern réttarbœtr 1294—1314 in *NGL.* IV S. 341—349, andere im *Dipl.*

Isl. II, III 1888 ff.). Zwischen die Jarnsíða und die Jónsb. fällt die Ausarbeitung eines neuen »Christenrechts« durch Bischof Arne von Skálholt, wobei das norw. Christenrecht von Erzb. Jón (oben S. 104) zum Muster diente, doch auch das hergegebrachte isländische berücksichtigt wurde. Im J. 1275 vom Allthing provisorisch angenommen, nachher aber von der Staatsgewalt angefochten, scheint der *kristinréttr Arna biskups* nur durch die Praxis in Geltung gekommen zu sein (Auss. v. Storm in *NGL.* V 1 1890, spätere bischöfl. Statuten im *Dipl. Isl.* II, III. Ebenda findet man auch eine Reihe von Formularen für die verschiedenartigsten mündlichen Geschäfte, das einzige was an juristischen Privatarbeiten die isländische Literatur des Spätmittelalters darbietet.

Außer Island sind es unter den wnord. Kolonien nur noch die Færöer, von deren Recht wir schriftliche Denkmäler aus dem MA. haben: freilich erst königliche Verordnungen aus der Zeit nach der Einführung des norw. »gemeinen« Landrechts (*NGL.* IV S. 353 flg., III S. 33—40), wovon aber doch wenigstens eine, das sog. *saudabrèf* von 1298, auf den Færöern selbst verfaßt ist.

Zweiter Teil.

RECHTSALTERTÜMER.

Bearbeitungen vor J. Grimm sind genannt bei Gengler, *Grundr.* S. 10—13, Brunner, *RG.* I² S. 21 flg., Dreyer, *Beiträge z. Lit. der nord. Rechtsgelahrsamk.* 1794 S. 153—212. Hinzuzufügen: J. O. Stiernhöök, *De jure Sveorum et Gothorum vetusto* 1672. — Seit J. Grimm (oben S. 3 f., 6 f.): Palgrave, *The rise and progress of the Engl. commonwealth* I, II 1831/32, O. Göschen hinter dessen Ausg. der Goslar. Statuten 1840 S. 127—521, E. Fr. Rößler, *Deut. RDenkmäler aus Böhmen u. Mähren* Bd. I 1845 S. XIII—XXI, XLV—CII, Bd. II 1852 S. I—XXXI, LVI—XCIX, Tomaschek, *Deut. Recht in Österreich im 13. Jahrh.* 1859 S. 166—189, V. Hasenöhrl, *Österreich. Landesrecht im 13. und 14. Jahrh.* 1867 S. 37—235, Noordewier, *Nederduitsche Regtsoudheden* 1853, H. Zoepfl, *Altertümer des deut. Reichs u. Rechts* I u. II 1860, III 1861 (über I K. Maurer in Krit. Vjschr. f. Gesg. u. Rw. II S. 269—293), Osenbrüggen, *Stud. z. deut. u. schweiz. RGeschichte* 1868, ders. *RAltert. aus österr. Pantaidingen* (in Wiener Sitzgber. XLI S. 166—222), v. Hammerstein-Loxten, *D. Bardengau* 1869, Baumstark, *Urdeut. Staatsaltertümer* 1873, Ders., *Ausführl. Erläut. der Germania des Tacitus* 1876, Gengler, *Deut. Stadtrechtsaltert.* 1882, E. Rosenthal, *Beitr. z. deut. Stadtrechtsgesch.* H. I u. II 1883, S. Muller, *De middeleeuwsche Rechtsbronnen der Stadt Utrecht, Inleiding* 1885 S. 9—331, Fel. Dahn, *Deut. Gesch.* I S. 162—268, II S. 418—749, J. Kohler, *Beitr. z. german. Privatrgesch.* I—III 1885—88, M. S. Pools, *Westfriesche Stadrechten* I 1888 S. XIII—CCXXXIV (in *Werken* I R. Nr. 7). Gierke, *Der Humor im deut. Recht* 2. Aufl. 1886, Liebrecht, *Zur Volkskunde* 1879 S. 1—16, 296—305, 414—436, Vanderkindere, *Introduction à l'histoire des institutions de la Belgique au moyen age (jusq'au traité de Verdun)* 1890 S. 157 ff., — Kemble, *The Saxons in England* 2 Bde. 1849 (deutsch v. Brandis 1853/4), K. Maurer in Krit. Überschau d. deut. Gesg. u. Rw. I—III 1853—56 (aus Anlaß des vorgenannten Werks), R. Schmid, *Antiquar. Glossar* (hinter s. Ausg. der »Gess. der Angelsachsen« 2. Aufl. 1858), Adams, Lodge, Young u. Laughlin, *Essays in Anglo-Saxon Law* 1876 (worüber K. Maurer in Krit. Vjschr. XIX S. 581—589) W. S. Holdsworth *A hist. of English law* II (1909) 1—106 (ags. R.), F. Liebermann *Die Gess. d. Angelsachsen* II (*Rechts- u. Sachglossar*); — Fel. Dahn, *Westgot. Studien* 1874; — C. Molbech, *Indledning og Udkast til en Skildring af den germ. skand. indvortes Forfatning* etc. (in Hist. Tidsskr. IV S. 369—522), F. C. Dahlmann, *Gesch. v. Dänemark* I 1840

S. 127—174, II 1841 S. 180—282, 294—370, III 1843 S. 3—86, J. Steenstrup, *Danelag* (*Normannerne* IV) 1882, Rosenberg, *Nordboernes Aandsliv* II 1880 S. 95—155; — Strinnholm, *Svenska Folkets Historia* I 1834 S. 490—619, J. J. Nordström, *Bidrag till den svenska samhälls-författningens hist.* I 1839, II 1840 (dazu Bergfalk in der Zschr. Frey Ups. 1841 S. 158—220), G. O. Hyltén-Cavallius, *Wärend och Wirdarne* II 1868 S. 256—412; — J. F. G. Schlegel, *Comment. hist.* vor der Grágás-Ausg. von 1829 p. LXX—CXIV, P. A. Munch, *Det norske Folks Historie* I 1852 (deutsch: *D. nordgerm. Völker* . . . übers. v. Claussen 1853), R. Keyser, *Norges Stats- og Retsforfatning i Middelalderen* (*Efterladte Skrifter* II) 1867 (dazu K. Maurer in Kr. Vjschr. X S. 360—404), K. Maurer, *Island* 1874, V. Finsen, *Ordregister* hinter seiner Ausg. der Grágás 1883 (s. oben S. 108). — Außer den hier ein für allemal genannten Arbeiten ist auf die in § 2 angeführten rechtsgeschichtlichen Werke zu verweisen.

Erster Abschnitt.

LAND.

Literatur bei Brunner RG. I² §§ 7, 10, 11, 16, II §§ 78—81, Schröder Lehrb. §§ 4, 6, 18, 19, 39, 51, Siegel RG. §§ 19, 68, 88, 90, auch 96, Brandt Forel. II §§ 61, 62. Dazu: Cl. Frhr. v. Schwerin, *Die altgerman. Hundertschaft* 1907, S. Rietschel in Zschr. f. RG. 1908 S. 234—252, 1907 S. 342—434, 1909 S. 193—224, v. Schwerin ebenda 1908 S. 261—304, G. Seeliger in Hist. Vjschr. 1909 S. 98—107; — Spruner, *Bayerns Gaue* 1831, v. Peucker, *D. deut. Kriegswesen der Urzeiten* II S. 346—462, H. Böttger, *Diöcesan- u. Gaugrenzen Norddeutschlands* I—IV 1875—76, Werneburg in Forschgg. z. Gesch. Niedersachsens III 1 (1900), Luschin v. Ebengreuth, *Österr. Reichsgesch.* 1896 §§ 9, 13, 36, v. Richthofen, *Untersuchungen ü. fries. RG.* T. II S. 1—145, 511—939, 1138—1193, 1201—1310, III S. 1—49, Heck, *D. altfries. Gerichtsverfassung* 1894 S. 20—34 123—137, 428—431, K. Kretschmer, *Histor. Geographie v. Mitteleuropa* 1904; — M. Pappenheim in Krit. Vjschr. 1892 S. 172—218, K. Schulte in Gött. Gel. A. 1891 S. 520—31, Fr. v. Wyss in Zschr. f. schweiz. R. I S. 22—118 (auch in Abhandlgg. z. Gesch. des schweiz. öff. R. 1892 S. 3 ff.), Heusler ebenda X S. 5—25; — Stubbs, *Constitut. History* I S. 19, 82—118, Gneist, *Engl. VerfGesch.* §§ 3, 5, E. Hildebrand, *Engelska Samhällsförhållanden före den norm. eröfringen* 1875 S. 51 ff. M. Chadwick, *Studies in Anglo-Saxon institutions* 1905 S. 202—307, F. W. Maitland, *Domesday book and beyond* 1907 (1897) S. 172—219, P. Vinogradoff, *Engl. society in the eleventh century* (1908) 90—107; — S. Tunberg, *Studier rörande Skandinaviens äldsta politisk indelning* 1911 (dazu E. Mayer in Hist. Vjschr. 1913 S. 54—68); — O. Nielsen, *Bidrag til Oplysning om Sysselinddeling i Danmark* 1867, J. Steenstrup, *Studier over K. Valdemars Jordebog* I S. 1—25, 115—148, 188—192, Ders. in Hist. Tidsskr. (Kjøbenh.) 1883 S. 519—521, Ders. in Danske Vidensk. Selsk. Forhandl. 1896 S. 375—404; — Schlyter, *Jurid. Afhandlingar* II S. 38—126, 161—170, 202, Tengberg, *Om den äldsta territ. Indeln. och Förvaltn. i. Sverige* I 1875, H. Hildebrand, *Sveriges Medeltid* I 242—260, 365 f.; — Munch, *Hist. geogr. Beskrivelse over Kong. Norge i Middelalderen* 1849, K. Maurer, *Gulathing* in Ersch u. Gruber Enzykl., Ders. in »*Festgabe*« für Arndts Münch. 1875 S. 60 ff., *Vorlesungen* I 1907 Abt. 1 S. 37—68, 345—364, IV 1909 S. 36—116, v. Schwerin in Gött. Gel. Anz. 1909 S. 782—801, A. Taranger in Hist. Tidssk. (Krist.) 1887 S. 337—401 (dazu K. Maurer in Kr. Vjschr. XXXI S. 223—237), Styffe, *Skandinavien under Unionstiden* 1867, C. O. Montan, *Några blad ur de skand. Kommunalinstitut. utvecklingshistoria* 1883.

§ 27.

Die Germanen der geschichtlichen Zeit sind seßhaft, ihre Rechtsverbände bedürfen eines Landes innerhalb beständiger Grenzen. Auch wenn sich die Rechtsgenossenschaft auf die Wanderung begibt, geschieht es nur um einen neuen Boden dieser Art aufzusuchen. Es hängt mit ganz ausnahmsweisen Verhältnissen zusammen, wenn das älteste Gemeinwesen auf Island seiner Natur nach unterritorial ist (§ 52). Anfänglich sind die Germanen über eine sehr beträchtliche Zahl von Staaten verteilt, welche meist so klein sind, daß ihre Bewohner nur Teile von Stämmen ausmachen. Oft umfaßt das Gebiet eines solchen Staates nur das Tal eines einzigen kurzen Flusses. Erst im weiteren Verlauf der Geschichte wird eine Mehrzahl von Kleinstaaten zu größeren Gemeinwesen vereinigt, wozu den Übergang Staatenbündnisse und noch öfter Realunionen unter erobernden Herrschern bilden. Auch in den Kolonisationsgebieten wiederholen sich diese Hergänge. Verliert ein Staat seine Unabhängigkeit, so wird er doch nicht sogleich zum bloßen Bezirk desjenigen Staates, in welchen er eintritt. Vielmehr gibt er zunächst nur bestimmte Funktionen an denselben ab, behält daher aber seine ursprüngliche äußere Gestalt bei. Und das so begründete Verhältnis pflegt mehrere Jahrhunderte fortzudauern. Der germanische Großstaat ist gewöhnlich ein zusammengesetzter Staat. Das germanische Staatsgebiet heißt *land*, und wenn es unter einem Herrscher steht, *rîki* (got. *reiki*, asg. *rice* usw.) = Machtgebiet, »Reich«, gegenteils — wenigstens im skandinav. Sprachkreis — ein *folkland* oder *fylke* = Volksgebiet. Über »Mark« § 32. Von den andern Ländern seinesgleichen wird das Land, und zwar auch das »Reich«, unterschieden durch Nennung seiner Bewohner, seltener durch Angabe geographischer Merkmale, und erst im MA. zuweilen durch Angabe des Ortes, von wo aus es beherrscht wird.

§ 28.

Erfordern es Raum und Verkehrsverhältnisse des »Landes«, so wird es in **Bezirke** geteilt zu Zwecken der ordentlichen Rechtspflege, der Heeres- und Polizei-, in jüngeren Zeiten auch der Finanz- und kirchlichen Verwaltung. Der german. Kleinstaat kennt in der Regel nur eine Gattung von Bezirken. Diese erscheint bei Deutschen und Skandinaven in der Zeit der Rechtsdenkmäler als »Hundertschaft« — *hundari* (alam. *huntari*, asw. *hundari*, vielleicht auch **hundina*, — lat. von den Franken durch *centena* übersetzt, daher mhd. *zent*), ursprünglich wohl für eine nicht als Zahl von 100 oder 120, sondern als »Menge« zu denkende Volksabteilung, die einen rein persönlichen Verband, ein Heereskontingent und eine Gerichtsversammlung ausmachte, nachher erst, sicher aber schon in frühgeschichtlicher Zeit — als Wohnplatz dieses Verbandes — räumlicher Begriff. Dasselbe gilt von dem in den drei skandinavischen Hauptländern der Hundertschaft entsprechenden *heraþ* (*herraþ*, wahrscheinlich = Heervorrat, Heerbezirk), wogegen das erst g. 940 vorkommende ags. *hundred* (die »Hundertzahl«) den Quellen nach ursprünglich und teilweise bis in die normannische Zeit einen Bezirk bedeutete, den der Fiskus 100 Steuerhufen gleichsetzte [1]). Im dänischen Gebiet Nordenglands entspricht dem hundreð als Gerichtsbezirk in der Regel das *wǽpengetœc* (*wǽpentac*) = »Bezirk der Waffenberührung«, (so wegen der Form der Dingbeschlüsse genannt). Spezifisch deutsch scheint die Benennung *bant* (ahd. *panz*) für die Hundertschaft, nur friesisch in der gleichen Bedeutung *bifang* (später auch *ban* oder *ombecht*), unskandinavisch wenigstens die in Deutschland eine so große Rolle spielende Benennung »Gau« (got. *gawi*, ahd. *gewi*, afries. *gâ*, *gô*, as. *gô* usw. von bis jetzt nicht ermittelter Grundbedeutung). Sooft aber die letztere auoh vorkommt, sie ist doch — außer in Sachsen — nie ein fester Rechtsterminus geworden, bezieht sich vielmehr stets und vor allem auf einen geographischen Begriff, kann daher nicht nur die Hundertschaft, sondern auch den aus mehreren Hundertschaften zusammengesetzten Mittelbezirk (s.

---

[1]) Die (Hufen-, Höfe-, Familien-, Heeres-)Theorien, die bis in die neueste Zeit Vertretung fanden, suchen in *hundari*, *hundina*, *herað* Zahlbegriffe. Zu Ende gedacht führen sie zu phantastischen Vorstellungen über die Bildung der germanischen Staaten. Sie können auch vor einer **nüchternen** Betrachtung der vermeintlichen Quellenbelege nicht standhalten.

§ 29) und ebensowohl eine Gegend bedeuten, die gar kein Bezirk ist. Anderseits wird in Friesland die Hundertschaft zuweilen als ein Bruchteil des Landes benannt. Daß eine Hundertschaft als solche in kleinere Distrikte zerlegt wird, findet sich bei Südgermanen selten, häufiger bei den Skandinaven, insbesondere in Schweden, wo dann der Distrikt als Bruchteil der Hundertschaft bezeichnet wird. Künstlicher als die Einteilung des Landes in Hundertschaften und nur zu Zwecken der Seewehr wie nur an Küstenstrichen durchgeführt ist die Einteilung in Schiffsbezirke, welche in den drei skandinavischen Hauptreichen und seit der 2. Hälfte des 10. Jahrhs. auch in England vorkommt. Das Ausrüsten, Erhalten und Bemannen der Kriegsschiffe ist auf diese Bezirke umgelegt. Der Name für einen solchen ist in Schweden *skiplagh* oder *skiplæghi* (= Schiffsgenossenschaft), in Dänemark *skipæn* (= Anordnung, Rüstung), in Norwegen *skipreiða* (= Schiffsreede) oder *skipsysla* (= Schiffsdienst), in England *skipsócn* oder *skipfylleð* (= Schiffsmannschaft). Der Schiffsbezirk fällt in Norwegen und in Schweden regelmäßig mit der Hundertschaft räumlich zusammen, so daß diese von jenem geradezu den Namen annimmt. In Dänemark dagegen kann er ebensowohl einen Teil der Hundertschaft oder einen Verein von Hundertschaften wie eine einzige Hundertschaft ausmachen. In England endlich scheint er der Regel nach drei Hundertschaften umfaßt zu haben. Räumliche Unterabteilungen des Schiffsbezirks entstehen in den ostnordischen Staaten dadurch, daß die Stellung der Ruderer und Seekrieger auf den Grundbesitz umgelegt wird. *Ar* (m. = Ruder) oder *har* (= Ruderlager) heißt eins solcher Distrikt in Schweden, *hafna* (= Mannsplatz) im ganzen ostnord. Gebiet. Die bisher genannten Bezirke dienen in der älteren Zeit der vom Volke selbst ausgehenden und von ihm in seinen Versammlungen — *þing* oder **maþal* — oder doch von seinen Beamten — dem taciteischen *princeps*, dem *satrapa* Bedas, dem salfränk. **thunkin* [1]), dem norweg. *herser*, dem schwed. *hæraps höfþingi*, dem got. *hundafaþs* (?) — ausgeübten Verwaltung. In den altfriesischen Hundertschaften entsprach

[1]) Hsrl. bald *thunginus* bald *thunzinus*, was auf *thuncinus* führt. Vor andern Erklärungen empfiehlt sich als die wenigst gewaltsame, **thunc-ina* von **thuncjan* abzuleiten: **thuncina* wäre dann = Abhalter des **thunc* (mhd. *dunk*), was in den lateinischen Quellen durch *thunchinium* latinisiert und durch *placitum* buchstäblich übersetzt ist. Vgl. § 83. Anderer Meinung Kögel in PBB. XVI 513.

diesem Organe der Selbstverwaltung der *abba* (»Verrufer«) oder *hodere* oder *kok* (»Hüter«, »Bewahrer«), im ags. *hundred* dessen Aldermann (*hundredes ealdor*). Bei starker Entwicklung des Königtums geht die Bezirksverwaltung ganz oder doch in der Hauptsache auf den Herrscher über, so daß der Volksbeamte im Bezirke durch einen königlichen Diener, wie z. B. der thunkin durch den *hunno* (vgl. Kluge *Urgerm.* §§ 59, 278, *centenarius*, wovon mhd. *zentenære*, *zentgrâve*) oder »Schultheißen« (ahd. *skultheizo*, mnd. *skulthete*, fries. *skeltata*, auch *frana* = Herrendiener), der herser in Norwegen durch den *lendrmaðr*, in Dänemark durch den *umbuzman* oder *foghet* ersetzt wird.

§ 29.

Zu gemeinsamer Ausübung ihrer Funktionen können mehrere Hundertschaften in einen Verein treten. Von einem solchen Verein muß unterschieden werden der Mittelbezirk, welcher sich zwischen Land und Hundertschaft einschiebt, wenn auch seine Grenzen allerdings mit Hundertschaftsgrenzen zusammenfallen. Nur in wenigen Ländern dient er der Selbstverwaltung, so z. B. der gotländ. *þriþiunger*. Regelmäßig ist vielmehr der Mittelbezirk Amtssprengel für einen Diener des Herrschers und schon deshalb jüngern Ursprungs als die Hundertschaft. Dieses ist am deutlichsten erkennbar bei der Grafschaft (*grafia*, *comitatus*) der fränkischen Reichsverfassung. Sie ist sogar nach dem königlichen Statthalter, dem »Grafen« (fränk. *grâfio*, woraus mnd. *greve*, fries. *greva*, daneben ahd. *grâvo*, woraus mhd. *grâve*), d. i. dem »Befehlshaber«, benannt, auf den die Kanzleisprache den Titel des römischen Bezirkskommandanten (*comes*) übertragen hat. Sein Amtsbezirk ist eben die Grafschaft. Erst im MA. wird sie als »Gau« (s. S. 114) bezeichnet. Erst jetzt hört (z. B. in Sachsen) die Hundertschaft auf, der ordentliche Gerichtssprengel des Grafen zu sein, und wird die Grafschaft einheitlicher Bezirk des Grafengerichts oder echten Dings. Wiederum schon durch ihren Namen als Amtssprengel kennzeichnet sich die norwegische und westdänische *sysla* (*syssel*). Hiemit gar wohl vereinbar ist, daß räumlich manche sysla sich mit einem ehemals selbständigen »Land« deckte. Vereinigungen von mehreren Grafschaften, die an der Reichsgrenze lagen, unter einem und dem nämlichen Beamten (*praefectus limitis*, *comes marchiae*, *marchio*, *marchisus*, *dux limitis*) und unter dem Namen »Markgraftschaften« wurden als Militärgrenzen im fränkischen

Reich zuerst von Karl d. Gr. geschaffen, dann von den Königen des ostfränkischen Reiches neu organisiert und vermehrt.

In dem Maß, als die in §§ 47, 49, 51 zu schildernde Feodalisierung des Staats einreißt, verlieren Mittelbezirke wie Hundertschaften ihre Geschlossenheit, ja überhaupt ihre Bedeutung als Bezirke. Sie werden zuerst von eximierten Gebieten durchbrochen; was dann von ihnen übrig bleibt, wird selbst zu neuen Herrschaften, auf welche die alten von örtlichen Merkmalen entlehnten Namen nicht mehr passen, weswegen sie nun nach ihren Inhabern oder nach den Stammsitzen derselben benannt werden. In Deutschland wo dieser Prozeß am frühesten eingetreten und am weitesten gediehen ist, kann man daher von einer völligen Auflösung der Bezirke in feodale Herrschaften sprechen. In diesen erst, namentlich in den landesherrlichen Territorien, ist es wieder zu einer neuen und je nach Größe des Gebietes, rechtlichem Charakter seiner Bestandteile, Gewalten seines Beherrschers, eigenartigen Einteilung in Verwaltungssprengel (Landgerichte, Vogteien, Ämter) gekommen. Zusammengesetzt aus fertigen Herrschaftsgebieten, daher geographischer Einheit prinzipiell unbedürftig sind in Deutschland die »Kreise«, deren Einführung im Spätmittelalter mehrmals versucht, aber erst am Beginn der Neuzeit gelungen ist, und die in den voraufgehenden Landfriedensbündnissen von Städten und Fürsten ihr Vorbild hatten.

Andererseits beginnt im Frühmittelalter die dauernde Vereinigung der skandinavischen »Länder« zu größeren, zusammengesetzten Staaten (Reichen vgl. oben § 27). Eine Zwischenbildung liegt in den norwegischen Thingverbänden vor, welche in der schwedischen Landschaft Upland und wohl auch im dän. Jütland ihr Seitenstück haben: Eine Anzahl, und zwar zuerst nur eine kleine Gruppe von Volklanden tritt, dem Anschein nach unter wesentlicher Einwirkung des Königtums, zu einer Art Bundesstaat mit einer gesetzgebenden und richtenden Zentralgewalt zusammen, welche von einer zu gesetzlicher Zeit und am gesetzlichen Ort stattfindenden Thingversammlung (in Norwegen *lǫgþing*) ausgeübt wird, ohne doch die ältere Landsgemeinde als Gerichts- und Kultversammlung überflüssig zu machen. Im Großreiche erhält dann der Thingverband (oben S. 100) die Stellung einer autonomen Provinz. Seit dem Ausgang des 13. Jahrhs. vervielfältigen sich die ältern (4) Thingverbände Norwegens durch Teilung, da nun das ganze Reich in Gesetzsprecherbezirke (*lǫgmansdœme*) eingeteilt ist, von denen jeder sein eigenes lǫgþing erhält.

§ 30.

Von den andern germanischen Bezirksverfassungen prinzipiell verschieden war, wenn wir von den romanischen der gotisch-wandilischen Reiche absehen, die langobardische in Italien, die der angelsächsischen Staaten und die isländische. Über die letztere s. §§ 52, 31 a. E. Die langobardische Bezirksverfassung, lediglich auf die Hierarchie der königlichen Ämter berechnet, geht aus vom römischen territorium civitatis, indem sie dieses zum Amtskreis des königlichen Statthalters (*dux*, *judex* i. e. S.) macht. Daher heißt nun das territorium *ducatus* oder *judicaria*. Voneinander werden die Dukate unterschieden durch Angabe der Städte, welche ihre Mittelpunkte und die Amtssitze der duces bilden. Regelmäßig gesondert von der Staatthalterei ist die Krongutsverwaltung im Dukat. Sie wird von einem *gastald* (auch *comes*) geleitet. Doch kommt auch Verwaltung des Dukates durch den Gastalden vor, und im 8. Jahrh. werden die Funktionen des dux im Bereich des Kronguts auf die Gastalden übertragen. Im einen wie im andern Falle wird der Gastald zum judex. Unterbezirk des Dukates ist das »Schultheißenamt« (*sculdascia*, nämlich der Sprengel der richterlichen, finanziellen, militärischen und polizeilichen Unterinstanz unter dem dux, des *sculdhais* (im 8. Jahrh. auch *centenarius* genannt). Unterste, doch bloß polizeiliche und militärische Instanz mit räumlich abgegrenztem Distrikt, sei es Stadtbezirk (*civitas*), sei es ländlichem Ortsbezirk (*decania*), ist der *locopositus* bzw. *decanus*. Im königlichen Forst (*saltus*) entspricht dem decanus der *saltarius*. Nicht mit den vorhin erwähnten duces im langobard. Reich von Pavia dürfen verwechselt werden die *duces* von Benevent und Spoleto, welche die Stellung von Unterkönigen einnehmen wie der alamannische, bayerische, thüringische dux unter den fränkischen Oberkönigen. Ihre Reiche (*ducatus*) sind in Stadtbezirke (*actiones*, *actus*) oder in Verwaltungen (*gastaldatus*) eingeteilt, deren vom Herzog ernannte Vorsteher die Funktionen des Schultheißen mit denen des Gastalden vereinigen.

Von der Sprengelbildung für die Zuständigkeit eines Beamten geht auch die Einteilung der angelsächsischen Länder in *scire* aus. Die *scir* (lat. durch *comitatus*, *provincia* wiedergegeben, eigentl. = procuratio) ist der Amtsbezirk des königlichen Statthalters (*ealdorman*, — *dux*, *subregulus*, *comes*) und seines Gehilfen, des »Bezirksscharmeisters« (*scirgeréfa*, *scirman*, — *vicecomes*). Sie hat ihre eigene Gerichtsversammlung (*scirgemót, folcgemót*). Im Verlauf ihrer Geschichte wird sie allerdings auch ein Gemeindebezirk, da sie seit dem 10. Jahrh. mit eigener Kasse erscheint und für Schadensleistungen verantwortlich gemacht wird. Eine Vorstufe hiezu mag dadurch gegeben gewesen sein, daß manche scir ursprünglich mit einem Staatsgebiet zusammengefallen war. Zwischen die *scir* und das *hundred* (oben S. 114) wurde in einigen Ländern noch ein Mittelbezirk eingeschoben, so die *thriðing* in Yorkshire und Lincolnshire, der *leð* (*lathe*) in Kent, der *rape* in Sussex, von denen aber nur die beiden ersten der Rechtspflege dienten.

§ 31.

Die Ansiedlung oder der Wohnort (got. *haims*, an. *heimr*, ahd. *heim* u. s. f. — skand. öfter *bygð*) als solcher hat in der ältern Zeit der germanischen Rechte keinerlei politische Bedeutung, gleichviel ob Einzelhof (nord. *ból* oder *garðr*, — mhd. *einôte*, *einœde*, — ahd. *sedal?*) oder Dorf (an. ags. as. *þorp*, afränk. *thurp*, ahd. *dorf*, dafür auch aschw. *byr*, adän. *by*, wn. *bǿr* und ags. *tún*, nd. *wîc*, got. *veihs*). Einen staatsrechtlich administrativen Ortsbezirk hat die langob. Verfassung in Italien in der *decania* bzw. *civitas* (s. § 30) geschaffen. Aber erst im MA. kommt die politische Gemeinde, d. h. eine Gemeinde mit staatsrechtlichen Funktionen, zur Ausbildung, und zwar hauptsächlich in Form der Stadt. Die Grundzüge ihrer Entstehungsgeschichte sind in der ganzen germanischen Welt die nämlichen. Daher konnte auch in seiner Fortentwicklung das nordische Städtewesen durch das in Deutschland und England gegebene Muster bestimmt werden. Überall geht die Stadt aus dem Markt hervor. Unwesentlich dagegen, wenn auch, namentlich in Deutschland, sehr häufig ist, daß der Markt den Wohnplatz einer Landgemeinde bildet. Handelsplätze wurden sicher schon in ältesten Zeiten unter einen erhöhten strafrechtlichen Schutz, den Marktfrieden, gestellt, der, von Haus aus erweiterter Kultfriede wie z. B. beim asw. *disaþing*, später ein Ausfluß des den Kultfrieden ersetzenden Königsfriedens, sogar über dem Fremden waltete. Dem Friedensbewahrer, d. i. in jüngerer Zeit dem Herrscher, konnte ein Zoll gebühren. So wurde der Markt zur Zollstätte, seine Anlage und sein Schutz eine Finanzquelle und Vorrecht des Herrschers. Uraltes Befriedungszeichen, daher auch Wahrzeichen der befriedeten Handelsstätte ist der aufgesteckte Strohbund (ahd. *wifa*, mnd. *wip* — oder *scoup*, ags. *scéaf*), wie ja angeheftete Strohwische auch die zu Markt geführten Waren von jeher und marktfeile Pferde (Berth. II S. 187) noch heute kennzeichnen. In christlicher Zeit tritt an die Stelle des Strohbundes oftmals das Kreuz (Marktkreuz, ags. *griðcross* = Friedenskreuz), an dessen Arm mitunter noch das Symbol der herrschaftlichen Verleihung des Marktrechts, der Handschuh oder eine hölzerne Hand hängt. Genauer noch als das Marktkreuz bringt die Marktfahne den königlichen Frieden zum Ausdruck, weswegen sie oft neben dem Kreuz, freilich nur temporär, vorkommt. Im Norden pflegte man in frühester Zeit zu Handelsplätzen Inseln auszusuchen: *bjarkey*, ursprünglich vielleicht nur Name eines einzigen Eylandes (vgl. Birca im Mälarsee), wurde dort zur Bezeichnung einer jeden als Handelsplatz dienenden Insel; aber auch auf die auf festem Lande gelegene Handelsstätte (*kaupangr*) konnte er übertragen werden. So haben die Angelsachsen und Flandern den Namen *port* (*poort*) auf jeden Handelsplatz angewandt. *Bjarkeyjar réttr* wn., *biærköa retter* asw., *biærkeræt* adän., (oben S. 88, 95 f., 102) und *wicbelede* nd., *wichbilde* obd. (vgl. oben S. 10, 45, 69) heißt das Sonderrecht, welches im Handelsort gilt. Wirtschaftliche Bedürfnisse rufen es hervor. Befördert aber wird es durch die Erhebung des Handelsortes zum staatlichen Gerichtsbezirk. Auf solche Weise wird das Marktgebiet zu einem Ausschnitt aus der Hundertschaft oder Grafschaft, — daher jetzt im Norden Gegensatz zwischen *bœr* oder *kaupangr* einer- und *herað* andererseits, zwischen *býþing* und *heraðsþing*. Nun wird die Ansiedlung mit eigenen Verteidigungsanlagen bewehrt, an die Stelle des Dorfzaunes (*tún* ags.) treten Pfahlwerk oder Mauer, Wall und Graben. D. h. der Markt wird zum geschlossenen Militär- und folgeweise auch Polizeibezirk, wie er geschlossener Gerichtsbezirk ist. Damit ist der Begriff der Stadt gegeben, der auch bei künstlicher Gründung einer »Stadt« festgehalten wird. In der technischen Benennung der Stadt und ihrer Einrichtungen ist dieses klar ausgesprochen: eine »Burg« heißt sie bei allen Germanen, *burcgrâve* mhd., *borchgrêve* mnd. (*castellanus* insbes. in Flandern) der Stadtgraf in Deutschland, *burhgeréfa* der Vorsteher der städtischen Hundertschaft in England, *burhgemót* ihr Ding ebenda, *burcbann* ihr Gerichtsbezirk in Deutschland, wo auch der alte Marktfriede als *burcvride* fortlebte. Durch das Zusammenwirken der Bewohner zu öffentlichen Zwecken, insonderheit im Dienst der Finanz- und Militärverwaltung, entsteht die, seit dem 12. Jahrh. unter einem »Rat« (*consules*) sich organisierende, politische Stadtgemeinde, besonders leicht natürlich, wenn zuvor schon eine Landgemeinde da war. In letzterem Falle hat die Stadtverfassung oftmals auch Organe der Landgemeinde, wie z. B. in Deutschland den »Bauermeister«, übernommen. In vielen Städten ist der Gemeinderat aus einem Kolleg der geschworenen Urteiler des Stadtgerichts, in einigen dagegen aus einem Rat des Stadtherrn hervorgegangen. Bei planmäßiger Gründung von Städten wurde er gewöhnlich nach dem Muster eines anderwärts schon bestehenden Gemeindeorgans vom Stadtherrn eingeführt. Als *civitas* wird fortan die Stadtgemeinde von der *villa forensis* d. i. vom Markt unterschieden, und diesem Gegensatz entspricht der andere von *cives* (= *burger*, *bœjarmenn*) und *villani*. Das befestigte Tor in der Stadtmauer auf dem Siegel der Stadt ist das Zeichen der Bürger als Körperschaft. Auch jetzt noch ist der Marktplatz der rechtliche wie der wirtschaftliche Mittelpunkt der Ansiedlung. Aber das Marktkreuz genügt nicht mehr als erschöpfendes Sinnbild der Sonderstellung der Stadt und ihres Rechts; es wird (in Nieder- und Mitteldeutschland) ergänzt oder ersetzt durch den »Roland«, d. h. das Standbild des gekrönten oder ungekrönten Inhabers der Hoheitsrechte im Gemeinwesen, um deren Besitz und Ausübung sich die städtische Verfassungsentwicklung dreht.

Die L a n d g e m e i n d e (mhd. *bûrschaft*, *dorfschaft*, fries. *burar* pl., *liodgarda*, *elmetha*, *elmente* m.) ist auf kontinental deutschem Boden insgemein erst durch die Grundherrschaft (§ 51) zum politischen Bezirk gemacht worden, zunächst zum Bezirk für die Ausübung der grundherrlichen Obrigkeit, dann aber auch mitunter zum Selbstverwaltungsbezirk, sofern der Gemeinde die Wahl des Dorfvorstandes und allenfalls gar ein Recht der »Einung« d. h. die Autonomie zugestanden wurde. In norddeutschen und rheinischen Landgemeinden treten schon im FrühMA. »Bauermeister« mit staatsrechtlichem Geschäftskreis auf. Kolonistendörfern wurde oftmals schon durch Vertrag zwischen den Ansiedlern und dem Grundherrn ein weitgehendes Maß politischer Selbstverwaltung zuteil, wie z. B. den flämischen in Sachsen und in Siebenbürgen. In der Schweiz ist infolge der Auflösung der Hundertschaften in kleine Niedergerichtsbezirke (»niedere Vogteien«) oftmals der Gemeindebezirk mit dem öffentlichen Gerichtsbezirk zusammengefallen. In England nehmen seit ungefähr 1100 Bauerschaften (ags. *gebúrscipe tunscipe*, lat. *villæ*, norm. *villatæ*) den Charakter von politischen Gemeinden an, wenn sie mit der »Zehnerschaft« (*teóðung*) und der Freibürgschaft (*friborg*, norm. *francum plegium, plegium liberale*) zusammenfielen, — justiz- und kirchenpolizeilichen Verbänden, die der spätags. Zeit entstammten, seit Knut miteinander verschmolzen waren und in anglonorm. Zeit territorialisiert wurden. In der Eigenschaft als Kirchspiel wurde die ostnordische Landgemeinde zur Erfüllung staatlicher Aufgaben herangezogen, indem der periodisch zu Verwaltungszwecken der Pfarrei (*kirkiu sokn, sokn*), und zwar gewöhnlich auf dem Kirchhof stattfindenden Versammlung der vollberechtigten Kirchspielgenossen (*soknastæmna, soknaþing, kirkiustæmna*) Funktionen der freiwilligen Gerichtsbarkeit, der Wohlfahrtspflege und der Polizei übertragen wurden. In Deutschland sind es nachweislich niedersächsische Gaue, wo das Kirchspiel von den nämlichen Ausgangspunkten aus wie in Skandinavien zur politischen Einheit emporgestiegen und nun aber auch mit sehr viel mehr entscheidenden Funktionen ausgestattet worden ist. Deutlich verrät sich der Entwicklungsgang darin, daß der Siegelbewahrer, Gerichtshalter, Exekutivbeamte und Polizeiherr des Kirchspiels in Dithmarschen und auf Fehmarn der *sluter* (*claviger*) oder Kirchenkämmerer ist. Durch Vermittlung des Kirchspiels ist dann in Dithmarschen die Bauerschaft, welche hier einen Teil desselben ausmachte, Niedergerichtsbezirk geworden. Jenen niedersächsischen Kirchspielen durch ihre staatsrechtlichen Funktionen verwandt sind die in einigen friesischen Gauen und in einzelnen Schweizer Alpenländern, wie z. B. die »Kirchgäng« in Obwalden. Eine ähnliche Entwicklung der Parochie zu einer politischen Sondergemeinde hat sich in größeren deutschen insbesondere rheinischen Städten schon im FrühMA. vollzogen. Als politische Gemeinden, insofern eine Sonderverwaltung von Polizei und Rechtspflege in ihrer Hauptaufgabe liegt, haben sich während des MA. auch die deutschen, namentlich friesischen und niedersächsischen Deich- und Sielverbände ausgebildet.

Eine politische Gemeinde eigener Art ist der isländ. *hreppr*, ein geographisch abgegrenzter Bezirk, nach Bedarf in Unterbezirke zerlegt, mit der Aufgabe der Armenpflege und Versicherung der Insassen auf Gegenseitigkeit nach dem Prinzip der Selbstverwaltung. Daß diese Einrichtung in Norwegen ihr Vorbild gehabt habe, ist wahrscheinlich, während zweifelhaft bleibt, ob sie mit dem oben S. 119 erwähnten *rape* in Sussex parallelisiert werden darf. Anderseits teilt das isländische mit den andern wnord.

Kolonialrechten die Eigentümlichkeit, daß es im MA. keine politische Ortsgemeinde entwickelt hat.

§ 32.

Die Grenze (skand. *mære*, ags. *gemære*) oder der »Rand«, (*marka* = lat. margo!) oder das »Gewende« (ahd. *giwant*, mhd. *gewande*, f.) oder das »Ende«, (got. *andeis*, ahd. *enti* usw.), des Landes und seiner Teile ist in älteren Zeiten, wenn auch eine Scheide (afries. *skata*, mhd. *lantscheide*, ostn. *skæl*) verschiedener Gebiete, so doch weder künstlich vermessen, noch allemal eine bloße Trennungs l i n i e. Staaten, ja auch Bezirke innerhalb derselben waren durch natürliche Verkehrshindernisse, die meist neutrale Zonen bildeten, voneinander entfernt gehalten: durch Wildnis (asw. poët. *þangbrekka*), insbesondere Wald, weswegen das Wort für Grenze (*marka*, im wn. *mǫrk*) zur Bedeutung von Wald gelangte. Bei fortschreitender Ansiedelung erst verschwindet dieser neutrale Streifen, so daß die Grenze den Nachbargebieten gemeinschaftlich — wn. ein *mót*, ad. eine »Schneide« (ahd. *sneida*, ags. *snád*, mnd. *snêde*) oder eine »Nähe« (afries. *swethe*) wird. Aber auch jetzt noch kann der Grenzlauf der Festigkeit entbehren. Vielfach nämlich wird nicht bloß bei seiner erstmaligen, sondern bei seiner jedesmaligen Ermittlung auf den Ausgang von Ereignissen abgestellt, die man nicht völlig in seiner Gewalt hat. Die norweg. Schiffsreeden z. B. erstrecken sich anfangs soweit landeinwärts, »als der Lachs geht«. In deutschen Rechten spielt eine analoge Rolle, wie dort der Lachsgang, der Fall eines Schattens, das Rinnen von Wassern oder ein eigens veranstalteter Lauf von Männern oder auch von Tieren, das Fliegen von Vögeln, das Walzen einer Kugel, eines Eis, eines Schlegels. Das Werfen eines Hammers, einer Axt, eines Speers, eines Pflugeisens war allgemein verbreitetes Mittel der Grenzbestimmung. An solchen Rechtsbräuchen wurde noch spät im MA. festgehalten, nachdem man längst gelernt hatte, die »Schneide« durch bleibende Zeichen kenntlich zu machen. Das Grenzzeichen (wn. *endimark*, asw. *mærki*, *rift*, *ramarker*) befindet sich meist nur an einem bestimmten Punkt des Grenzlaufs, so daß nun dieser selbst durch eine Luftlinie zwischen den bezeichneetn Punkten gegeben ist. Dazu kann dienen ein Fels, ein Berggipfel, ein Totenhügel, ein Baum (mhd. *mâlboum*, *lâchboum*, mnd. *snâtboum*) mit eingeschnittener Kerbe (langob. *snaida*, mhd. *lâche*, *lâchene*, wie

z. B. die *decuria*) oder mit eingeschlagenen Nägeln, ein Pfahl, eine von Wissenden gestetzte Steingruppe (drei verschiedene asw. Arten: *ringrör, þræstene, tiældra,* eine wn. das *lýritti*), in christl. Zeit ein Holz- oder Steinkreuz, der Mittelpunkt eines Wohnhauses (in Niederdeutschland oft der »Kesselhaken«, in Österreich der Ofen), so daß die Grenze das Haus durchschneidet, — wogegen Inschriften (in Deutschland seit röm. Zeit) als Grenzzeichen immer selten bleiben. Der Grenzlauf kann aber auch, streckenweise wenigstens, ununterbrochen bezeichnet sein, was durch Rinnsale und Gräben, Gebirgsgrate, getretene Pfade, gepflügte Furchen, aufgeworfene Raine und Wälle geschieht. Der »Landgraben« dient während des MA. in ganz Deutschland nicht nur in Verbindung mit dem ausgeworfenen Erdwall als »Landwehr«, sondern auch in seiner Soole als Landmark. Aber auch unter dem Schutz von Gottheiten standen in heidnischer Zeit die Grenzen. Manches Grenzzeichen war gemeinsame Kultstätte der Nachbarschaften oder doch einem göttlichen Wesen geweiht. Daher mußte absichtliches Verletzen des Grenzzeichens nach sakralem Strafrecht gesühnt werden (§ 78) und diente Kultzwecken wie dem Feststellen und Überliefern der Grenzen der Markbegang (an. *merkjaganga,* ahd. *marchgang, marchleita,* ags. *þa gemǽru lædan, ymbgang*) oder Grenzumritt, der nicht bloß aus Anlaß von Besitzeinweisungen und Grenzuntersuchungen, sondern auch periodisch und dann feierlich, unter Beobachtung eines Rituals vorgenommen wurde und selbst in christlicher Zeit zuweilen noch einen sakralen Charakter bewahrt hat.

Zweiter Abschnitt
LEUTE.

Literatur bei Siegel RG. §§ 17—19, 71, 72, 93—96, 109, 125—133, 136, Brunner RG. I² §§ 14, 30—33, 35, 36 und Grundzüge §§ 4, 11, 25, 45, 60, Schröder Lehrb. §§ 9, 16, 25 (Note 93), 29, 42, 45, 46, 50 (Note 98) Rosenvinge §§ 14—16, 38, 40—42, 91—94, Brandt Forel. I §§ 17—19. S. ferner: v. Sybel, *Entstehg. d. deut. Königth.*² §§ 3—5, 10, 11, E. Mayer in Zschr. f. RGesch. XXXII Germ. Abt. 41—228, Ders. *Fries. Ständeverhältnisse* 1910 (dazu v. Schwerin in Zschr. f. RGesch. XXXI Germ. Abt. 577—598), Ders., *Italien. Verfassgsgesch.* I 1909 §§ 1—5, 7—11, 13, E. Molitor, *Die Stände der Freien in Westfalen u. d. Sachsenspiegel* 1910, Ders., *Der Stand der Ministerialen* 1912, O. Frh. v. Dungern in Deut. Litztg. 1912 Nr. 19 Sp. 1157—1166. H. Wopfner, *Die Lage Tirols zu Ausgang des MA.* 1908 S. 69—83, F. Güterbock, *Die Neubildg. des Reichsfürstenstandes* usw. (in Hist. Aufsätze für K. Zeumer 1910), A.

Schulte in MÖG. XXXIV (1903) S. 43—81, Sauerland, *D. Immunität v. Metz* 1877 S. 92 ff., Eheberg, *Üb. d. ä. deut. Münzwesen u. d. Hausgenossensch.* 1879 S. 118—176, v. Borch, *Beitr. z. RG. d. MA.* 1884, Lörsch, *D. Ingelh. Oberhof* 1885 S. LIX—LXX, Bücher, *D. Bevölkerg. v. Frankfurt a. M.* I 1886, Luschin v. Ebengreuth, *Österr. Reichsgesch.* I 1895 §§ 12, 35—37, Oechsli, *D. Anfänge der schweiz. Eidgenossenschaft* 1891 S. 153—201, Lindner, *D. Veme* 1888 Abschn. 81, 82, O. Stobbe, *Handb. d. deut. Privatr.* I §§ 39—42, 46, 47. Fockema Andreæ, *Het Ond-Nederlandsch burgerlijk recht* I 1906 §§ 1—8, R. Hübner, *Grundzüge d. deut. Privatr.*[2] 1912 §§ 8—14, Frh. v. Schwerin in A. Meisters Grundriß d. Geschichtswissensch. II Abt. V 1912 S. 10—16, Hinschius, *Kirchenr.* IV 1888 § 260; — S. Heywood, *A Dissertation upon the Distinctions in Society . . . under the Anglosaxon Governments* 1818, Stubbs, *Const. Hist.* I S. 42—47, 78—81, 149—162, E. Hildebrand (oben S. 112) S. 75 ff., Gneist, *Engl. VerfG.* S. 3 flg. u. 10, 64—68, 71—84, F. Seebohm, *D. engl. Dorfgemeinde* 1885, Little in Engl. hist. Review 1889 S. 723 ff. (dazu Liebermann in Deut. Zschr. f. Geschw. VI S. 169 f.), M. Chadwick, *Studies on Anglo-Saxon institutions* 1905 S. 76—171, 308—315, 378—411, F. W. Maitland *Domesday book and beyond* 1907 (1897) S. 26—79, P. Vinogradoff, *Villenage in England* 1892 S. 138—210, *English Society in the eleventh century* 1908 S. 14—89, F. Pollock and Maitland (s. oben S. 17) I S. 32—36; — Molbech in Hist. Tidsskr. (Kjøbenh.) II S. 393—514, N. M. Petersen i. Annaler of Nord. Oldkynd. 1847 S. 228—327, Larsen, *Forel.* §§ 77—81, 52—55, 57—65, J. Kinch i. Aarbøger f. nord. Oldk. 1875 S. 247—350, J. Steenstrup, *Stud.* (oben S. 112) I S. 67—148, Ders. i. Hist. Tidsskr. 5 R. VI S. 393—462, Ders. *Den danske bonde og friheden* 1888; — E. S. Bring, *Om Statsförfattningen och Krigsväsendet hos d. fordna Svear och Göther* 1832 S. 18—56, Schlyter, *Jur. Afhandl.* I S. 43 —50, Strinnholm, *Svenska folkets hist.* IV S. 560—596, Odhner, *Bidr. till Svenska Städernas och Borgareståndets Historia* 1860, H. Hildebrand, *Sveriges Medeltid* II S. 143—222, Westman, *Svenska rådets hist.* S. 70—99; — E. Hertzberg, *En fremstilling af det norske aristokratis hist.* 1869, Sars, *Udsigt over d. norske hist.* I S. 106—144, II S. 1—32, K. Maurer in Münch. Sitzb. 1889 II S. 169—207 (nach der 1. Aufl. dieses Grundrisses erschienen) und im Arkiv f. nord. fil. VI (1890) S. 272—80. *Vorlesungen* I Abt. I S. 95—213, 345—450 (wozu Cl. Frh. v. Schwerin in Gött. Gel. Anz. 1909 S. 801—821).

§ 33.

Zwei Hauptklassen sind vom Beginn der geschichtlichen Zeit an bis tief ins MA. hinein in der Bevölkerung aller german. Länder zu unterscheiden: die Freien und die Unfreien. Der Freie (**frija* eig. = geschont, unverletzlich, davon abgel. as. *friling*) oder »Freihals« (ahd. mhd. *frîhals*, wn. *frjáls*, on. *fræls*) heißt so, weil er unter Rechtsschutz steht und daher auch nicht gehalten ist, seinen Nacken einem Eigentümer zu beugen. Deswegen ist die Freiheit »Freihalsigkeit« (got. *freihals*, wn. *frjálse*, *frelse*, ags. *fréols*, fries. *frihelse*, ahd. *frîhalsi*) oder — bei den Skandinaven — »Mannheiligkeit« (wn. *mannhelgr*, asw. *manhælghi*, *manhælgþ*, adän. *manhælgh*). Aber nicht bloß unter Rechtsschutz stehen die Freien, von ihnen geht auch Recht, und zwar in ältester Zeit alles Recht (vgl. S. 11), aus, ob sie es nun finden im Gericht, oder ob sie es bestimmen in der gesetzgebenden Versammlung. Ebenso sind ursprünglich die Freien auch zum Regieren des Staats berufen, welche Funktion sie wie die gesetzgeberische in der (von Neueren sog.) Landsgemeinde (dem concilium des Tacitus — on. *lanzþing*, charakteristischer aber noch wie konkreter *aldra Göta*, *aldra Svia þing*, *Gutnalþing*) erfüllen. Korrelat dieser Rechte ist die Pflicht der Untertanen, jedem Rechtsgenossen zu seinem Recht zu helfen, z. B. als Zeuge, als Urteiler, dann bei der Vollstreckung, sowie für den Staat die Waffen zu tragen, womit sie sich auf eigene Kosten auszurüsten haben. Diese Pflicht ist mit der physischen Waffentüchtigkeit gegeben. Von der Erfüllung jener ist die Ausübung der wichtigsten Rechte bedingt. Der freie Mann ist und heißt demnach »Heer-Mann« (*hariman*, *exercitalis*), die Versammlung der freien Männer in friedlicher wie in kriegerischer Tätigkeit »Heer« oder »Heerversammlung« (wn. *allr herr*, *alls herjar þing*, lang. frankolat. *exercitus*). Schon weil das Heer nur aus Freien besteht, weil ferner und insbesondere allein die Freien rechtsfähig und berechtigt sind, bilden auch allein die Freien das »Volk« (in alten deut. und skand. Spr. *folk*) oder die »Leute« (fries., as. u. ags. sing. *liud*, *léod*, sonst gewöhnl. pl. tantum wie ahd. *liuti* usw. oder as. *liudskepi*, ags. *léodscipe* = die Völkerschaft). Sie allein tragen darum den Sondernamen ihres Volkes (s. oben *Götar*, *Sviar*, *Gutar*, ferner die Völkernamen in Verbindung mit *lex*, *pactus*, *edictus* oben in §§ 5, 6). Abzeichen des freien Germanen ist in ältern Zeiten herabhängendes Haar, bei Männern das Tragen der gewöhnlichen Waffen (»Volkwaffen«).

Die Freiheit erlangt man nach ältesten Recht durch Geburt von freier Mutter, wogegen später, soweit Ehen zwischen Freien und Unfreien anerkannt werden, die deutschen Rechte das Kind »der ärgern Hand«, ostnordische Rechte das Kind »der bessern Hälfte« folgen lassen. Einem Unfreien kann die Freiheit zuteil werden durch Rechtsgeschäft. Solange das Gemeinwesen auf einem Bündnis von Geschlechtern beruhte, d. i. in vorgeschichtlicher Zeit, gehörte dazu feierliche Einführung des Unfreien in ein freies Geschlecht. Als wesentlicher Bestandteil der Freilassung dauert dieser Akt noch in einigen historischen Rechten bis ins MA. fort (eidliche »Geschlechtsleite« — *ætleþing* — im ostnord. R., der eidlichen Anbrüderung in § 59 vergleichbar, *manumissio per hantradam* in der Lex Chamavorum [?]). Anderwärts erinnern daran wenigstens noch die familienrechtlichen Beziehungen, die zwischen dem Freigelassenen und dem Freilasser anerkannt bleiben. In der ältern geschichtlichen Zeit ist außer oder statt der Geschlechtsleite ein Staatsakt erforderlich, der in der Volksversammlung von einem Beamten, und zwar wahrscheinlich durch Wehrhaftmachung mittels symbolischen Überreichens von Waffen vollzogen wird. Verhältnismäßig am reinsten zeigt sich die Gestalt dieses Geschäfts im anglonormannischen Recht. Rudimente davon sind einerseits die langobard. Freilassung *per gairethinx* (§ 83), andererseits die Freilassung durch Herrschers Hand in verschiedenen deutschen Rechten, das *leiða í lǫg* (= Einführung in den Rechtsverband) durch den *goðe* auf Island und die fast überall fortdauernde Öffentlichkeit der Freilassung. Arten des Freiheitserwerbs für einen Unfreien sind nach einigen jüngern, unter römischer und kirchlicher Einwirkung stehenden Rechten: Ersitzung der Freiheit, Eintritt in den geistlichen Stand, Strafe des Herrn für bestimmte Vergehen, Belohnung des Knechts für bestimmte Verdienste.

An Recht wie an Ehre sind die Freien nicht sämtlich in der gleichen Lage. Klassen unter ihnen rief schon der Gegensatz von Waffenfähigkeit und Waffenunfähigkeit hervor. Als Waffenunfähige darbten Weiber und bevormundete Männer der Dingfähigkeit, der Fähigkeit zu Solemnitätszeugnis und Eideshilfe sowie zur Vormundschaft, Weiber in frühgeschichtlicher Zeit prinzipiell auch der Vermögensfähigkeit. Im Lehensstaat des MA. wurden Weiber allerdings (ausnahmsweise) regierungsfähig. Die Vermögensfähigkeit wurde ihnen zwar grundsätzlich schon früher zugestanden; doch blieben sie darin den Männern nachgesetzt (§ 54). Organstellungen sowohl in privaten wie in öffentlichen Genossenschaften blieben ihnen versagt. In ähnlicher Weise und ähnlichem Maße zeigt sich in deutschen Rechten bei freien Menchen von anormaler Leibesbeschaffenheit, bei Tobsüchtigen, Geistesschwachen und Aussätzigen die Rechtsfähigkeit beschränkt. Klassen unter den Freien sind aber auch zu unterscheiden auf Grund von Geburt, Beziehung des Einzelnen zu andern, später außerdem noch auf Grund von

Dienst, Besitz, politischer Macht, Lebensweise, Religion. Hierüber §§ 34—40. Hauptsächlich ist es die gesetzliche Taxe seines Mannwertes (ags. *manwyrð*) in Gestalt des »Wergeldes« oder »Leutegeldes« (§ 80) und der von ihm zu empfangenden, mitunter auch der zu gebenden Buße, woran man den Stand des Freien kennt, dann aber auch die Kraft seines Eides, seine politischen und prozessualen Rechte, gewisse Privatrechte, Art der Tracht, der Wohnung, ja sogar der Bestattung. Dabei nennen wir im Sinne des ältesten Rechts diejenige Klasse, deren Rechtslage zum Normal- oder doch Durchschnittsmaßstab für die aller andern Klassen dient, die »Gemeinfreien«. Auf sie beschränkt sich zuweilen der Begriff der »Leute« schlechthin, und nur wenig allgemeiner ist der des »Volkfreien« (langob. *fulcfree*, ags. *folcfréo*, asw. *folkfræls*).

§ 34.

Der höhere Stand über der Gemeinfreiheit ist der A d e l (*aþal* = Beschaffenheit, Abkunft, Geschlecht). In ältester Zeit ist er nur durch a n g e b o r e n e Art gegeben. Darum aber hatten auch Weiber wie Männer daran Teil. Wer solche Art an sich trägt, heißt adelich: **aþiling* (ags. *æðeling*, afries. *etheling*, ahd. *edeling* und *adaling*). Das altgermanische Edelgeschlecht ist legendarisches Geschlecht. Als Helden besungen zu werden, geziemt seinen männlichen Mitgliedern, weswegen auch die Rechtssprache dem Mann von Adelsart den Heldennamen (an. *jarl*, ags. *eorl*, ahd. *erl* in Eigennamen) gibt, im Gegensatz zum geringeren Freien, dem »gemeinen Mann« (ags. *ceorl*, *ceorlisc man*, ahd. *charal*, an. *karl*). Dem Edelgeschlecht wird göttliche Abkunft beigelegt. M. a. W. sein Urahn fordert und genießt dauernden Kult. Daher schreibt der Volksglaube der edlen Art auch Kräfte zu, die über die gewöhnlichen der Menschen hinausgehen (z. B. in der Rigsþula Str. 45, 47 das Verständnis der Vogelsprache, vgl. Asbjørnsen u. Moe Nr. 145 g. E.). Daher ferner glaubt man im Edelgeschlecht Land und Leute von der Gottheit geschirmt. Daher nun auch der höhere Wert, den das Recht wie die Gesellschaft auf den Menschen von edler Art legt. Das Volk nimmt mit Vorliebe seine Beamten, insbesondere seinen König aus dem Adel, und die Vertragstreue des Volkes gegen andere Völker gilt dann als die festeste, wenn es Edle als Geiseln gestellt hat. Das Recht aber zeichnet, wenigstens bei den Südgermanen und hier von früh auf den Adel durch gesteigertes Wergeld und gesteigerte Bußen vor allen andern Freien aus. Bayern, Alamannen und Burgunden machen in dieser Hinsicht unter den Adelsgeschlechtern selbst wieder Unterschiede, so daß die geringeren als *mediani* (*medii, mediocres*) zwischen dem hohen Adel (*primi, meliorissimi, optimates*) und den Gemeinfreien (*minores, minoflidi, inferiores, leudes, liberi*) stehen. Bei Friesen und Sachsen entspricht (im 8. Jahrh.) der höheren Werttaxe des Adelichen eine erhöhte Glaubwürdigkeit, weswegen derselbe einer geringern Zahl von Eidhelfern bedarf als der Gemeinfreie, sodann bei den Sachsen auch eine schwerere strafrechtliche Verantwortlichkeit. Das sächsische Recht sucht ferner das Herabsinken des Adelichen zur Gemeinfreiheit dadurch zu verhindern, daß es dem freien Mann geringerer Herkunft die Heirat mit der adelichen Frau verbietet. Im Wesen des altgermanischen Geburtsadels liegt seine Beschränkung auf eine geschlossene Zahl von Geschlechtern, die nur vermindert, nicht vermehrt werden kann. Daher verschwindet dieser Adel bei einigen südgermanischen Stämmen wie Franken, Goten, Burgunden, Alamannen schon während oder doch bald nach der Völkerwanderng und bei andern immerhin noch vor dem Frühmittelalter, wie bei den Bayern, wogegen er bei den Angelsachsen und den Nordgermanen sich auf die herrschenden Familien beschränkt und nur bei den Friesen bis ins 16. Jahrh. als ein nunmehr auch politisch privilegierter Stand von »Herren« oder »Häuptlingen« vermöge einer eigentümlichen Verbindung mit privilegierten Erbgütern (*ethel*) oder »adelichen Vollhufen« (*edelen heerden*) oder »gerichtführenden Hausstätten« (*riuchtferande statha*) fortdauert.

§ 35.

Die Stelle des ausgehenden altgermanischen Geburtsadels nimmt zunächst ein und seine Reste nimmt in sich auf ein D i e n s t - oder (den lat. Quellen nach) »O p t i m a t e n« - A d e l, der sich nach der Völkerwanderung bei den Südgermanen, unter dem Einfluß der letzteren im Mittelalter auch in den monarchisch verfaßten skandinavischen Staaten ausbildet. Durch Eintritt in den Dienst des Königs gelangt man in seinen besonderen Schutz und leicht zu Macht wie zu Ansehen. Hiedurch erhöht man in der südgermanischen Welt seinen Mannwert, außerdem in Kent noch seine prozessuale Glaubwürdigkeit, gewinnt man ferner in Wessex das Burgrecht (nach Ine 45 vgl. mit Ælfr. 40) und später in ganz England das Asylrecht sowie Freiung gegen jede Privatgerichtsbarkeit, bei den Westgoten straf- und staatsrechtliche Privilegien verschiedener Art. Da aber der König fast überall Herr des gesamten öffentlichen Dienstes wird, so gehören zu diesem neuen Dienstadel nicht bloß die Hofleute und die kriegerischen Gefolgsmannen (§ 60) des Königs sondern auch die Staatsbeamten, wenigstens auf den höheren Stufen, Nun aber kann hinter dem Königsdienst Gottes Dienst nicht zurückstehen. Darum wird auch der Klerus dem Dienstadel eingeordnet, teilweise sogar mit größeren Vorzügen ausgestattet als der weltliche. Nur im Langobardenreich, wo übrigens vor dem 8. Jahrh. auch der weltliche Dienstadel nicht hervortritt, ist dem Klerus eine solche Stellung nicht eingeräumt worden. Sonst unterscheidet im Anschluß ans kirchliche das weltliche Recht auch noch die Rangstufen des Klerus. In ähnlicher Weise macht das ags. und das langob. Recht Unterschiede unter den weltlichen Optimaten. Das erstere z. B. schlägt an Wergeld und Buße den *ealdorman* (oben S. 118) mindestens dreimal so hoch an, wie des Königs kriegerischen Hofdiener (*cyninges þegn* oder *c. geneat*), der ein »Zwölfhunderter« (*twelfhynde*) ist, d. h. ein Wergeld von 1200 scill. hat und an sechs Gemeinfreien gerächt wird, wogegen des Königs kriegerischer Gefolgsmann (in Wessex), der *gesið* oder *gesiðcundman*), der allerdings seit Ælfred zurücktritt, nur ein »Sechshunderter« (*sixhynde*) ist. Der Optimatenadel wird bei den Angelsachsen im FrühMA. zusammen mit den Aethelingen unter dem Namen der *eorlas* (s. S. 128) begriffen, bis dieser unter dänischem Einfluß ein Amtstitel wird. Hauptsächlich fortentwickelt hat sich die Amts- und Dienstaristokratie während des MA. in Deutschland. Aus ihr ist unter Ausscheidung der untergeordneten Bestandteile auf Grund seiner politischen Macht der Reichsfürstenstand hervorgegangen. Reichsfürsten (mhd. *vürsten*, md. *vorsten*, *principes* [*regni*], anfänglich auch noch *primates*, *primores*) sind bis c. 1180 die Könige und die Mitglieder der königlichen Familie, die (einst vom König investierten) Bischöfe, die Reichsäbte, der Probst von Aachen, der Reichskanzler, die Herzoge, Markgrafen, Landgrafen und (persönlich freien) Grafen, die Laien mit dem Titel *illustris*, die Geistlichen mit dem Titel *venerabilis*, — später, nachdem infolge der Ächtung Heinrichs des Löwen einige Grafschaften die zuvor Afterlehen des Reiches gewesen waren, unmittelbare Lehen geworden, andere mittelbar geblieben waren, nur noch die, welche Szepter- bzw. Fahnenlehen vom König haben und nicht Mannen eines anderen

Fürsten, oder welche vom König zu Reichsfürsten erhoben sind. Ihr Wergeld und ihre Bußen sind jetzt zwar nicht mehr nach allen Quellen höher als Wergeld und Bußen der Gemeinfreien, wenn auch ehrenhalber jene Zahlungen in Gold gemacht werden müssen. Dagegen haben die Fürsten von Standes wegen das ausschließliche Recht der Teilnahme am Reichstag, über ihren Leib und ihr Leben kann nur vor dem König und über Fürsten kann in bestimmten Sachen nur von Fürsten Urteil gefunden werden. Anderseits sind die Bußen (*wetten*), welche Fürsten an den König zahlen, höher als die jedes anderen Freien. Die im Besitz von Hochgerichten befindlichen, aber nicht zum Fürstenstand gehörigen Großen, die *vrien herren* (*magnates*, *barones*, *nobiles*, auch *liberi*, nachmals »Grafen und Herren«, — in den österreich. Ländern *landherren*) übertreffen die höhere Klasse der Gemeinfreien (§ 38) noch an Wergeld und Bußen und behaupten als »Fürstengenossen« ihren Gerichtsstand, teilweise auch die Reichsstandschaft neben den Fürsten.

Den norwegischen Dienstadel bilden auf dem Höhepunkte seiner Entwicklung, d. i. in der zweiten Hälfte des 12. und im 13. Jahrhunderts, von Laien der *Jarl* (Statthalter des Königs), der Herzog (*hertoge*), die *lender menn*, d. s. die in des Königs Dienstmannschaft eingetrtenen und von ihm mit einer *veizla* (§ 65 a. E.) beliehenen und so »mit Land ausgestatteten« Nachfolger der alten Hundertschaftshäuptlinge, der königliche Marschall (*stallare*) und Fahnenträger (*merkismaðr*), die »Tischdiener« (*skutilsveinar*), aber auch die Goldschmiede des Königs und im Dienst die sonstigen Königsdiener und die Führer der königlichen Kaufschiffe, von Geistlichen die Bischöfe, die Priester, die Äbte und Äbtissinnen. Sie verteilen sich auf verschiedene Rangstufen, denen besondere (bis 1274 gesetzlich fixierte) Wergelder und Bußsätze entsprechen, und zwar so, daß die unterste Rangstufe der obersten von den übrigen Freien gleichsteht. Außer den Werttaxen zeichnen den norwegischen Dienstadel noch ein privilegiertes Strandrecht und gegendenweise besondere Begräbnisplätze, ferner, da die Frau am Stand ihres Mannes Teil hat, eine gesteigerte Selbständigkeit der Ehefrauen vor den unteren Klassen der unadelichen Freien aus. Die dänischen Optimaten, unter der Benennung der »ehrenwerten Leute« — *heþvarþæ mæn* (*nobiles*) — mitbegriffen, bestehen aus den »Herren« (*hærrar*), d. h. vom König abgesehen, dessen Blutsfreunden, den »Herzogen« und »Grafen«, sodann aus den freien zu Roß dienenden Mannen dieser »Herren« (*hærra mæn*, *hærmæn*, *homines do-*

minorum). Sie genießen erhöhter Rechtsfähigkeit, bestimmter Privilegien verfassungs-, straf- und prozeßrechtlicher Art, insbesondere der Freiheit von Abgaben und Steuern, weswegen die Benennung *fri ok fræls* nur noch dem Edelmann zukommt. »Herren« wie den König, den »Herzog«, den Bischof, den (königlichen) »Ratmann«, den »Ritter« mit Dienstgefolge zeichnet das schwedische Recht durch erhöhte Beleidigungsbußen für volle Körperverletzungen ihrer Dienstmannen aus, wogegen um 1285 nicht nur sie, sondern auch ihre Dienstmannen und jeder, der den Roßdienst im Reichsheer übernimmt, durch Abgaben- und Steuerfreiheit zu *frælsismæn* werden. Immerhin bleiben die »Herren« eine besonders privilegierte Klasse, die regierende Aristokratie, insofern die »guten« oder »edlen« Männer, denen gegenüber die andern frælsismæn »mindere« Männer sind.

Obgleich Vererblichkeit nicht im Wesen des Dienst- und Amtsadels an sich liegt, findet sich doch, daß die Ehre des Optimaten auf seine Nachkommen teilweise übergeht. In Deutschland sind ebenbürtige Nachkommen der Fürsten freie Herren (s. oben S. 131) und »Fürstengenossen«. Sie führen sogar Amtstitel und Abzeichen des Fürsten. Das ags. R. legt beim Zumessen des Wergeldes u. a. Gewicht darauf, ob einer *þegenboren* oder *gesiðcund* (= von Gefolgenart) sei. In Norwegen und später in Schweden kommt vor, daß bis zu einem bestimmten Lebensalter der Sohn eines Optimaten der väterlichen Standesrechte genießt.

Westgoten und Burgunder, nachdem sie das spätrömische Possessorenwesen mit seinem patrocinium über Hintersassen übernommen, stellten die Großgrundbesitzer dem Dienstadel als Optimaten gleich. Bei den Angelsachsen tritt im MA. die Lehre auf, dem freien Grundeigentümer im Besitz von mindestens fünf Hufen komme das Standesrecht der königlichen Dienstmannen (*þegenriht*) zu. Ja, Reichtum überhaupt kann seinem Inhaber diese Auszeichnung verschaffen: denn auch der Kaufmann, der aus eigenen Mitteln »dreimal über die weite See gefahren«, ist »Thegenrechtes« würdig. Und das jüngere schwed. R. stellt neben den Herzog und Bischof unter die »Herren« (oben) einen, der auf eigene Kosten einen Stall- und Küchenmeister und einen Vierzigruderer hält.

§ 36.

Höfische, vor allem ritterliche Lebensweise ist im MA., und zwar zunächst unter französischem Einfluß seit dem 11. Jahrh. in Deutschland Grund einer neuen Art von Adel geworden, des Ritterstandes. Nur wer zu dem von der Sitte gebildeten *ordo militaris* (*o. equestris*) gehört, der »Ritter« (mhd. *ritter*, *rîter*, lat. *miles*) oder rittermäßige (*homo synodalis*, *sempære*, weil unmittelbar dem bischöflichen Gericht in der Diözesansynode und dem weltlichen Gericht des Landesherrn unterstellt), ist lehenfähig und fähig zum ritterlichen Zweikampf wie zum beständigen Führen ritterlicher Waffen. Daher wird seit dem letzten Viertel des 12. Jahrh. sein Zeichen das *wâpen*, d. i. der farbige Schild, um ein Jahrhundert später mit dem Helm darüber (*»arma«*, auch *insignia*) [1]. An diesem Zeichen hat er ein übertragbares Recht. Der Ritter ist ferner wie der »Pfaffe« mit seinem Gesinde zollfrei. Er kann größere Morgengabe schenken als der Unritterliche, ist nach Lehenrecht »Übergenosse« (§ 42) des letzteren, von dem er sich auch durch seine Tracht, insbesondere das bei erreichter Waffentüchtigkeit feierlich angelegte Wehrgehänge (*cingulum militare*), unterscheidet. Doch »hat Rittersfrau Ritters Recht«. Den Dienst- und Amtsadel (den hohen Klerus als »gekorene Ritterschaft«) nimmt der Ritterstand in sich auf. Anderseits erstreckt er sich bis in die Unfreiheit hinab (§ 41). Das Standesrecht der Rittermäßigen heißt *herschilt*. Gemäß dem Grundsatz, daß, wer eines anderen Mann (Vassall) wird, dessen Genosse nicht sein kann, also seinen lehenrechtlichen Rang niedert, werden im Sinne von lehenrechtlichen Rangklassen oder Ständen sieben »Heerschilde« von den mittelalterlichen Theoretikern aufgezählt, unter welche sich die Rittersleute verteilen. Dabei bleibt freilich die landrechtliche Stellung der Heerschildgenossen nicht unberücksichtigt. Auch der Ritterstand wird vererblich. Der Ritterbürtige oder der Mensch »von Ritters Art« hat die *edele* seiner Eltern und den Heerschild seines Vaters und ist *wâpengenôz* der Ritter, d. h. zur Wappenführung befugt, im SpätMA. nur gesellschaftlich, solange er nicht den Ritterschlag empfangen, als »(Edel-)Knecht« vom Ritter unter-

[1]) Zur Gesch. des Wappenrechts s. O. T. v. Hefner im Oberbayer. Archiv XXIX S. 106—186. F. Hauptmann, *D. Wappenrecht* 1896. Die wichtigeren Schriften, welche in die Heraldik d. i. in die Wappenlehre und Wappenkunst einführen, verzeichnet Otte, Kunstarchäologie 5. Aufl. I S. 458.

schieden. Vier rittermäßige Ahnen gehören zur Ritterbürtigkeit, und zwei Generationen hindurch wirkt auf die Nachkommen Niederung des Heerschildes fort. Im 14. Jahrh. kommt Aufnahme in den Ritterstand durch königlichen Adelsbrief auf. Seit dem dreizehnten wird das mitteleuropäische Ritterwesen im skandinav. Norden äußerlich nachgeahmt. Den Rittertitel erhalten die dän. hærræ mæn (S. 131), i. J. 1277 auch die norweg. skutilsveinar, während den lender menn der Titel *barun*, den einen wie den anderen der Herrentitel beigelegt wird. Eigentümlich ist aber dem Norden die Verbindung des Ritterstandes mit dem nationalen Dienstadel und anderseits das Fehlen einer unfreien Ritterschaft.

§ 37.

Für den Klerus ohne Rücksicht auf seine dienstliche Stellung (oben S. 130) hat die Kirche Standesprivilegien beansprucht, die ohne Mitwirkung des weltlichen Rechtes nicht durchgeführt werden konnten. Soweit german. Recht die kanonischen Standesprivilegien anerkannte, kommt hier der Klerus als eine von den Laien getrennte Klasse in Betracht, so daß sich dieser Gegensatz mit den anderen Unterschieden unter den Freien kreuzt. In Deutschland fanden, nachdem schon seit dem 6. Jahrh. fränkische Praxis und Gesetzgebung unter Weiterbildung der römischen den Klerus einem Spezialgericht für bestimmte Sachen unterstellt hatte, die privilegia fori (außer in Lehenssachen) und immunitatis im 13. Jahrh. die prinzipielle Anerkennung wenigstens des gemeinen Rechtes, wogegen aber alsbald eine partikularrechtliche Reaktion eintrat. Ags. Gesetze privilegieren den Klerus zwar strafrechtlich und prozessual, kennen aber zu einem besonderen geistlichen Gerichtsstand nur Ansätze und auch diese nicht vor dem 10. Jahrh. In Dänemark hatte der Klerus seit Knut d. H. (1076—1086) privilegierten Gerichtsstand, seit dem 13. Jahrh. auch das privilegium immunitatis. In Schweden ist nur der erste, und zwar i. J. 1200 eingeführt worden, nicht ohne noch in den nächsten Jahrzehnten auf Widerstand in einzelnen Landschaften zu stoßen, wogegen die sog. »geistliche Schatzfreiheit«, die wenig später auftritt, nicht ein Standesprivileg der Geistlichkeit, sondern ein Privileg des Kirchenguts ist. In Norwegen ist der Klerus erst gegen den Ausgang des MA. in den unbestrittenen Besitz seiner Standesprivilegien gelangt.

§ 38.

Eine Spaltung der Gemeinfreiheit haben in den meisten german. Staaten Art und Weise des Besitzes herbeigeführt. Zuerst zeigt sich dies besonders deutlich bei den Angelsachsen. In Wessex erhebt sich der deutsche Grundeigentümer als ein »Sechshunderter« (*sixhynde*), d. h. mit einem Wergeld von 600 Schillingen über den »Zinszahler« (*gafolgilda*) oder den »Bauern« (*gebúr* i. w. S., normann. *villanus*) als den »Zweihunderter« (*twyhynda* vgl. S. 130), der nicht ohne weiteres deswegen, weil er möglicherweise zu Wochenarbeit verpflichtet ist, für hörig gelten darf. Dem *gebúr* nämlich steht in der Spätzeit des ags. R. noch der »Kötter« (*cotsetla*, norm. *bordarius*) wenigstens in der Buße nach; auch er aber wird noch in den Rektitudines ausdrücklich den Freien beigezählt, wiewohl gerade die Wochenarbeit auf seines Gutsherrn Land charakteristisch für ihn zu sein pflegt. Wiederum unterscheidet das norw. R., und zwar das westnorw. schon im FrühMA. denjenigen, der ein Stammgut (*óðal* § 62) ererbt oder Anwartschaft darauf hat, als *hǫldr* (= »Held«, tüchtiger Mann) i. e. S. vom *ætt-* oder *árboren maðr* (auch *bónde*) d. h. vom gewöhnlichen Alt- oder Gemeinfreien. Jener stand mit der unteren Klasse des Dienstadels auf der nämlichen Stufe. Gleich stand ihm aber der Stadtbewohner mit Ausnahme des Freigelassenen unterster Ordnung (§ 39), also vorab der besitzende »Kaufmann« im weitesten Sinne des Wortes, was an die S. 132 erwähnte Stellung des Kaufmanns im ags. R. erinnert. Auch bei den Anglodänen des 10. Jahrhs. bestand ein Wertunterschied zwischen *hold* und *bonde*, der jedenfalls auf den Besitzverhältnissen beruhte. Überhaupt aber legten mehr oder weniger alle skandinav. RR. Gewicht auf Selbständigkeit des Grundbesitzes, das isländische und dänische sogar auf einen Zensus, wo es sich darum handelte, die Verlässigkeit des Wortes zu bemessen, was sie in den Erfordernissen der Legitimation zum Zeugnis und zum Geschworenendienst sowie auch zur Eideshilfe ausdrückten.

Die deutschen Rechte des Festlandes gehen beim Beginn des FrühMA. teilweise von ähnlichen Gedanken aus. Daneben wird die Art der öffentlichen Leistungen entscheidend. Nach dem ostfälischen Recht des Sachsenspiegels sind zum Urteilfinden unter Königsbann d. h. im Grafengericht allein noch fähig und insofern *scepenbare lüde* (*scepenbare vrie*, *scepenen*), daher allein noch den

Fürsten und freien Herrn ebenbürtig (§ 42) die rittermäßigen und also Heerdienst verrichtenden Altfreien, in deren Geschlecht als zinsfreies Eigen eine Stammburg, das *hantgemâl*, sich vererbt, ausnahmsweise die aus der Reichsdienstmannschaft (§ 41) Freigelassenen, wenn sie ein Schöffenamt erhalten und mit dem gehörigen Grundbesitz ausgestattet werden. Anderseits kann man, solange jene Bedingungen der Schöffenbarfreiheit erfüllt bleiben, sich unter Vorbehalt der letzteren in Dienstmannschaft ergeben. Dem Schöffenbarfreien wird ein Wergeld von 18 Pfund Pfennige und eine »Buße« von 30 Schillingen beigelegt. Hingegen kommt ein Wergeld von 10 Pfund und eine »Buße« von 15 Schillingen den *plechhaften* oder *biergelden* zu, d. h. den freien bäuerlichen Grundeigentümern, die anstatt Reichsheerdienstes eine Heersteuer (*plege*) leisten, ferner den *landseten*, die freizügig (*gastes wise*) als Pachtbauern oder Dienstleute auf fremdem Boden wohnen. Gemeinfrei sind sie, da sie ausschließlich unter Landrecht stehen und ihren Gerichtsstand vor dem staatlichen Gericht haben. Im wesentlichen entsprechen den »Pfleghaften« in Niederdeutschland die den »Heerschilling« oder »Grafenschatz« oder »Schoß«, in Oberdeutschland die eine Steuer (*stiure*, *bede*, *precaria*) oder ein »Vogtrecht« zahlenden, aber nicht unter Privatherrschaft stehenden Freibauern (»Freien«), den ostfälischen biergelden ursprünglich die fränkischen *bargilden* und die friesischen *berieldan*, während die ritterlichen Freien unterhalb der Fürsten großenteils in den Stand der »freien Herrn« (Magnaten oben S. 131) aufgestiegen sind. In den Städten haben die verschiedenen zur Gemeinde gehörigen Einwohnerklassen sich allmählich assimiliert und, seitdem in der Stadt »die Luft frei machte« (nicht vor dem 12. Jahrh.), die Zahl der Gemeinfreien vermehrt. Aber auch hier ist auf Grund der Besitz- und Erwerbsverhältnisse während der ersten Periode der städtischen Verfassungsgeschichte eine Spaltung der Gemeinfreiheit eingetreten. Nur die im Eigentum von Häusern befindlichen, die »erbgesessenen« Freien, meist Kaufleute und in vielen Städten usprünglich Brüder der Schutzgilde (§ 59) oder gar nur die Reichen, die imstande waren, die mit den Ratsstellen verbundenen ökonomischen Lasten zu tragen, erlangten (mit den Ministerialen des Stadtherrn) Anteil am Regiment. Insofern standen sie als die Vollbürger — *burgenses*, *cives* — den Schutzbürgern — *concives* — gegenüber, die wie die Handwerker, nur auf geliehenem und daher zinsbarem Boden der Stadt oder aber wie die »Aus-« oder »Pfalbürger« (= falsche Bürger) überhaupt nicht in der Stadt wohnten. Auch als die Zunftkämpfe des 14. Jahrhs. den in der Stadt ansässigen Handwerkern Anteil an der Stadtregierung verschafft und dieselben zu cives gemacht hatten, lebte doch der Gegensatz fort, indem als meist rittermäßige und mannigfach privilegierte »Herren« (im Rat »Rats-Herren«) oder »Geschlechter« (Patrizier) die Altbürger von den Neubürgern (im Rat »des Rats«) sich unterschieden.

§ 39.

Während der Adel sich über den Normal- oder Durchschnittswert der Freiheit erhob, gab es Freie, welche diesen Wert nicht erreichten: Minderfreie. Zu dieser Klasse gehörten jedenfalls schon in der ältesten Zeit wie noch in späteren Jahrhunderten regelmäßig die Freigelassenen. In der Freilassung lag eine »Gabe« des Herrn an seinen Knecht, ein Schenken der Freiheit (an. *gefa frelse*) oder freischenken (ags. *fréolsgifan*), daher die Freilassung an. *frelsesgjǫf* (= Freiheitschenkung) hieß. Wie jede Gabe verpflichtete auch diese wertvollste den Beschenkten zum Betätigen seiner Dankbarkeit. Der mit der Freiheit Beschenkte (an. *frjálsgafe*), selbst wenn ein »Gelöster« (an. *leysinge*, ags. *líesing*), ein »Freigelassener« (baier. *frîlaza*) oder »Entlassener« (got. *fralêts*) bleibt daher noch in einer gewissen Abhängigkeit vom Freilasser (ags. *fréolsgifa*). Dieser Grundgedanke zeigt sich in den älteren Rechtsdenkmälern in der Weise ausgeführt, daß der Freigelassene bald einer Beschränkung seiner Freizügigkeit und insofern einer wahren Hörigkeit, bald einer Schutzgewalt (alts. langob. *mund*) des Freilassers, bald einer Schmälerung seiner Handlungsfähigkeit und seiner erbrechtlichen Stellung und einer besonderen Abgaben-, Dienst- und Treuepflicht gegen den Patron unterworfen wird. In einigen Rechten gibt es sogar mehrere Stufen dieser Abhängigkeit, die nacheinander in absteigender Ordnung vom Freigelsassenen beschritten werden können und durch den Formalismus der Freilassung versinnbildet werden. Besonders lehrreich in dieser Hinsicht wie in bezug auf konsequente Verfolgung des vorhin angedeuteten Grundgedankens überhaupt sind die langobardischen Quellen einer-, die norwegischen andererseits. Mit jener privatrechtlichen Abhängigkeit des Freigelassenen nun im Zusammenhang steht, daß seine Ehre in Wergeld- und Bußtaxen wie im Maß der anderen Standesrechte und Standesfähigkeiten niedriger veranschlagt wird, als die des Gemeinfreien. Natürlich wirkt auch die Erinnerung an seine Vergangenheit, seine Herkunft auf seine Wertschätzung mit ein. »Dachtraufenmensch« (*skunkufals maþer*) heißt er in Westgötaland. Doch hat skandinavisches Recht in historischer Zeit nur hier, in Schonen, auf Island und insbesondere in Norwegen diese Minderschätzung der Freigelassenen bis zum Verschwinden der Unfreiheit festgehalten. — Die Abhängigkeit des Freigelassenen vererbt sich in seiner Nachkommenschaft oder doch in einigen Generationen derselben gegenüber dem Patron und dessen Erben, so daß auch ein Wertunterschied, nur allenfalls mit verminderter Schärfe, fortdauert zwischen den Nachkommen des Freigelassenen und den Gemeinfreien. Bei den niederdeutschen Völkern und den Alamannen erscheint der hörige Freigelassene bzw. sein Abkömmling als » L e t « (afränk. *leto*, fries. *let* oder *letma* = Letmensch, kent. *læt*, as. *lat*, alam. verschoben und latinisiert *lesus?* Vgl. lat. *lassus* = *lad-tus*, got. *lats*, deut. *lass* und *letzt*). Doch konnte auch ein Freigeborener einem andern sich als Leten ergeben. Besiegte, die sich mit ihrem Grund und Boden den Siegern unterwarfen, konnten daher als Leten ihre Freiheit auch im Staat der Sieger behalten. Dem niederdeutschen und alamannischen Leten entspricht in der Hauptsache der langob. (und baier.?) **ald* (lat. *aldius*, *aldio*, = Mensch?). Fassen wir aber auch den »Let« bzw. »Alden« der ersten 500 Jahre nach der Völkerwanderung als einen Freien unterster Ordnung auf, so leugnen wir damit nicht, daß er im MA. zu den Unfreien gerechnet werden konnte (wie z. B. in dem Gottesfrieden c. 1100 Const. I Nr. 426). Es geschah dies zu einer Zeit, als die Unfreien selbst in wichtigen Beziehungen längst zur Rechtsfähigkeit aufgestiegen waren (§ 41). — Die staatsrl. Seite der Freilassung ist S. 126f. besprochen. Zu den privatrechtlichen Bestandteilen des Geschäfts gehört bei den Südgermanen, wenn Freizügigkeit dem Freigelassenen zuteil werden soll, eine förmliche und sinnenfällig hierauf gerichtete Erklärung des Freilassers: das »Weisen der vier Wege« (auf dem Kreuzweg) bei den Langobarden, der »freien Wege und Türen« (nach röm. Muster?) bei den Franken, symbolisch verdeutlicht wie verstärkt durch die Hinzufügung eines Glückszaubers mittels Nachschießens eines Pfeiles (*per sagittam* im langobard. R.) oder mittels Nachwerfens von Sporen (im sächs.-thüring. R. des MA.). Aus der Schutzgewalt (*mund*) seines Herrn jedoch kommt der Freigelassene nach langob. R. nur, wenn jener die Wegeweisung nicht selbst vornimmt, sondern durch einen Treuhänder vornehmen läßt, nachdem der Freizulassende durch die Hand von zwei andern hindurchgegangen. Denn die Freigabe muß zu einer bloß formellen Gabe herabgedrückt werden, wenn sie keine neue Abhängigkeit des Begabten bewirken soll. Anderwärts bedarf es zu gleichem Zweck einer Gegengabe, wie z. B. in Burgund, aber auch in Norwegen, wo sie vom Freigelassenen bei einem unter gesetzlichem Zeremoniell abgehaltenen Biergelage (*frelsisǫl*) anzubieten ist. Nach fränk. R. bleibt ein Zinsrecht des Freilassers gegen den Freigelassenen, wenn jener nicht durch die *denariatio* (ahd. *scazwurf*), d. i. Ausschlagen eines dargebotenen Denars, symbolisch darauf verzichtet und so den Freigelassenen zum *denarialis* (*denariatus*, *scazwurfun*) macht. Zu den nationalen Arten der Freilassung werden von vielen Rechten die römischen rezipiert und den eigenen Bedürfnissen assimiliert. Letzteres geschieht nicht bloß in bezug auf Äußerlichkeiten, sondern auch hinsichtlich der Wirkungen. Schriftakt und Verlegung des Geschäfts in die Kirche spielen dabei im Formalismus die Hauptrolle, und hiemit im Zusammenhang steht es, wenn die so Freigelassenen in lat. Texten als *cartularii* bzw. *tabularii* bezeichnet werden, wogegen *cerarius* (*cerocensualis*) der Freigelassene heißt, welcher zu einem Wachszins an die Kirche verpflichtet bleibt.

Nicht wesentlich mehr Freigelassene noch auch Abkömmlinge von solchen sind die »Laten« während des MA. in Norddeutschland. Sie sind freien Standes, aber durch Geburt oder Ergebung zugehörig zu einem Herrenhof und insofern unfreizügig, außerdem verpflichtet zu Kopfzins und Heiratsabgabe an ihre Herrschaft, die auch ihren Mobiliarnachlaß oder statt dessen eine Erbgebühr nimmt (vgl. unten S. 144). Entweder hat der Late ein, meist erbliches Besitzrecht an einem Bauerngut unter Grundherrschaft oder er ist ungesessen, dann aber doch der Herrschaft zu Gesindediensten verpflichtet. Die rechtliche Lage dieser Hörigen erklärt sich zum Teil daraus, daß sie der von unfreien Bauern (S. 143 f.) assimiliert worden ist.

§ 40.

Minderfreie von Geburt sind in deutschen Staaten seit der Völkerwanderung unterworfene Leute undeutscher Abkunft als »Stammfremde« (ags. *ælþéodige mæn*), soweit ihnen überhaupt Rechtsfähigkeit zugestanden wird. Minderfrei sind daher im Franken- und im Langobardenreich die Romanen, in England die Briten, jene wie diese unter dem Namen der »Wälschen« d. i. der Fremdsprachigen (ags. *wealas*, afränk. *walaha*) begriffen. Haben sie Wergeld, so ist es geringer als das des gemeinfreien Deutschen. Sie entbehren ferner der politischen Standesrechte des Deutschen, während sie heerpflichtig sind wie dieser, und außerdem anders als er mit Steuern belastet. Gemäß dem Personalitätsprinzip (oben S. 23), bilden sie im Gegensatz zu den Deutschen eine engere Rechtsgenossenschaft. Eine ähnliche Rolle spielen noch im Ssp. die Wenden und hatten um 7 Jahrhunderte früher die Romanen unter gotischer und burgundischer Herrschaft gespielt. Den Juden wies nach südgerman. RR. weniger die Rasse als die Religion eine Sonderstellung an. Die westgot. Gesetze verfolgten seit dem 7. Jahrh. das Judentum mit dem Endziel, es auszurotten. In den deutschen Staaten wurden die Juden als Reichsfremde (§ 44) behandelt. — Minderfreiheit konnte ferner durch Schutzuntertänigkeit (§ 50) begründet sein. Das Schutzrecht oder die »Hand« (*munt*) gab dem Schutzherrn eine Vertretungs- und Befehlsgewalt, leicht auch eine Obrigkeit über den Schützling, so daß dieser der öffentlichen Gewalt gegenüber mediatisiert wurde. Hauptsächlich war dies in den südgerman. Staaten der Fall. Die ältesten fränk. Gesetze geben daher dem *tributarius*, d. h. dem unter »*patrocinium*« eines »possessor« stehenden romanischen Kolonen, geringeres Wergeld als dem Romanus possessor. Während des MA. ist in Deutschland minderfrei der unter lokal höchst verschiedenen Namen erwähnte, aber stets unter den Begriff des *muntman* (nd. auch *mundling*) oder *vogetman* (*homo advocaticius*) fallende bäuerliche Grundeigentümer oder Handwerker, der sich in widerruflicher oder unwiderruflicher Weise dem Schutz eines Grundherrn oder eines reichen Stadtbürgers unterworfen hat und dafür eine Abgabe (*muntschaz*) in Geld oder Wachs (*census*) oder in Naturalien (z. B. Fastnachthühner) entrichtet, allenfalls auch Fronden leistet. Städtische Muntverhältnisse dieser Art werden seit dem 13. Jahrh. verboten. — Zu den Minderfreien ist endlich im MA. auch zu rechnen der seiner Herrschaft zu Abgaben, meist auch zu Fronden verbundene Grundhörige (Grundholde, Kolon), welcher der Freizügigkeit darbt und mit dem Bauerngut, worauf er sitzt, veräußert werden kann, der *late* des Ssp. (vgl. S. 139), der *laet* des vläm., der *barschalk* (*barman*) des baier. Rechts, zuletzt auch der Fiskaline (unten S. 143). Im Wergeld steht der sächsische late den anderen Minderfreien nur wenig nach. Ebenbürtig (§ 42) sind sie alle untereinander, dagegen nicht den Gemeinfreien, hinter denen sie an Wergeld und Buße wie an Fähigkeit zum Urteilfinden im staatlichen Gericht und durch ihre Unterordnung unter grundherrliche Gerichte zurückstehen. Landfrieden des 13. Jahrhs. legen ihnen schlichte Haar- und Kleidertracht auf. — Auch das ags. R. auf seiner späteren Entwicklungsstufe kennt mediatisierte Freie, die an Wergeld bestenfalls »Zweihunderter« sein können (vgl. oben S. 135), bei mangelnder Freizügigkeit aber niedriger geschätzt sind. Zu ihnen, auf die jetzt der Ausdruck *ceorl* (*villanus*) beschränkt wird, gehören nicht nur der gebúr und cotsetla (oben S. 135), wenn sie Hintersassen eines Landherrn (§ 49) sind, sondern auch die Grundeigentümer, die nicht 5 Hufen Land haben, noch auch Gefolgsmannen des Königs sind (darunter die *sochemanni* des Domesdb.?). — Eine der deutschen Hörigkeit verwandte Minderfreiheit hat endlich seit dem 14. Jahrh. das dän. R. in seinem seeländischen Gebiet zur Ausbildung kommen lassen: der in einer Grundherrschaft ansässige Bauernsohn ist gehalten, dort einen Hof zu übernehmen, darbt insoweit des freien Zuges und ist dem Schutz (*vornæth*) des Grundherrn untertan. In älterer Zeit dagegen scheint nach den on. RR. minderfrei der Austrägler, der aufs »Flet« seines Alimentators »geführt« ist (*fletföring*) und sich in dessen Hausherrschaft »ergeben« oder »verkauft« hat. Seine schwed. Benennung *giæfþræl* mußte er sogar halbwegs mit dem Unfreien teilen.

§ 41.

Die Hauptmenge der Unfreien (on. *ofrælser mæn*), d. i. der Rechtsunfähigen, bildeten die Leute im Eigentum von Freien, die von modernen Rechtshistorikern (doch auch schon im 16. Jahrh.) sog. »Knechte«. Nach ältestem R. war der Knecht Fahrhabe wie Vieh und Hausrat. Daher sagt die Terminologie von ihm zunächst nur aus, daß er sich von andern Sachen als »Mensch« unterscheidet. Der Knecht hieß, wie dem Lateiner *homo*, so dem Germanen *man* (im Anord. gen. neutr.). Der Eigentümer zählte seine Knechte als »Menschenhäupter« (ahd. *manahoubit*), wie er seine »Viehhäupter« zählte. Weiterhin wurde aber der Knecht als »Diener (got. *þius*, ags. *þéow*, fränk. *theo*, ahd. *diu*, dazu an. *þý* = unfreie Dienerin, und as. *thiorna*, ahd. *diorna*, ahd. »Dirne« = Sklaventochter) bezeichnet, oder als »Ergebener« (got. *andbahts*, ahd. *ambaht*, dazu an. *ambátt* = þý, afränk. *ambotanea*, gutn. *am-*

batn). Deutsche und Goten nannten den Knecht auch »Schalk« (got. *skalks*, ags. fränk. fries. ahd. *skalk*), was ihn wiederum in seiner Unterwürfigkeit kennzeichnet. Bei Skandinaven und Oberdeutschen hieß er daneben *þræll* bzw. *dregil* (»Läufer«), bei den ersteren *ánauðigr*, (on. *annöþogher*), was den unter Zwang (*ánauð*) Befindlichen bedeutet. Die gewöhnliche deutsche Benennung der Unfreien im MA. ist »Eigenleute« (mhd. *eigenliute*), die der Unfreiheit »Eigenschaft«. Abzeichen der Knechtschaft, wenigstens bei Deutschen, Goten und Burgunden, ist geschorenes Haar. Das Scheren eines Freien konnte daher in ältester Zeit als Verknechtung gedeutet und später schimpfliche Strafe werden. Im MA. finden sich Spuren gesetzlicher Tracht für den Knecht. Tatsächlich in strengerer Knechtschaft befindet sich der Haussklave, in milderer der Knecht, dem als Peculium ein Grundstück mit Zubehör zu selbständiger Bewirtschaftung auf eigene Rechnung vom Herrn überlassen ist. Im letztern Fall hat der Herr sich bloß Dienste und Abgaben vorbehalten, deren Art und Maß wie das Peculium selbst nach ursprünglichem Recht ganz von der Gnade des Herrn abhängen. Rechtsgründe der Knechtschaft sind Kriegsgefangenschaft (daher Völkernamen wie ags. *Wealh*, ahd. *Walah*, dann *Sclavus* Benennungen der Unfreien), Geburt von unfreier Mutter und, soweit ein freies Weib Ehefrau eines unfreien Mannes sein kann, Erzeugung von unfreiem Vater, dann vertragsmäßige Ergebung eines Freien in Knechtschaft (wozu nach einzelnen RR. symbolische Handlungen gehören wie das Darbieten des eigenen Kopfes durch den sich Ergebenden, der Halsschlag oder das Haarscheeren durch den Annehmenden) oder Hingebung desselben durch seinen Gewalthaber, — in jüngern Rechten Strafe wegen gewisser Verbrechen, Verheiratung eines freien Menschen mit einem unfreien, Widerruf der Freilassung wegen Undankbarkeit des Freigelassenen, Ersitzung eines Freien durch einen andern, Aufenthalt in der Grundherrschaft, wo »die Luft eigen macht«, endlich in sehr weiter Verbreitung Exekution in bestimmten Schuldsachen (gesetzliche Schuldknechtschaft). Die Verschuldknechtung bringt auf einer zweiten Stufe ihrer Entwicklung den Schuldner nur in die Lage eines auslösbaren Pfandes (»*loco wadii*«), wodurch Leib und Leben des Schuldknechts gegen die Willkür des Schuldherrn gesichert werden. — Übrigens bestand die Vorstellung, Unfreie seien eine Rasse für sich, kenntlich an ihrer Leibesbeschaffenheit. Die meisten Unfreien waren eben als solche geboren.

In verhältnismäßig reiner Gestalt hat sich die Knechtschaft bis ins MA. hinein nur im skandinavischen Norden erhalten. Dafür ist sie hier am frühesten untergegangen. Von selbst verschwindet sie im westnord. R. schon gegen Ausgang des 12. Jahrh., im dänischen ungefähr 100 Jahre später; gesetzlich abgeschafft wurde sie 1335 in Schweden. Bei den Südgermanen ist seit der Völkerwanderung die rechtliche Lage der Unfreien, unbeschadet des Prinzips ihrer Rechtsunfähigkeit, in fortschreitender Besserung begriffen. Sie kommen in bestimmten Beziehungen unter Rechtsschutz und werden mehr und mehr rechtsfähig. Dabei ist die Einwirkung von Kirche und Königtum unverkennbar. Strafrechtlich geschützt wird der Knecht zuerst gegen willkürlichen Verkauf ins Ausland oder doch in heidnische Länder, ferner gegen Zwang zur Feiertagsarbeit, dann auch (zuerst bei den Westgoten zwischen 641 und 652) gegen willkürliche Tötung durch seinen Eigentümer, privatrechtlich im Besitz seines Peculium. Das Recht erkennt seine Ehefähigkeit und seine Sippe an, seine Prozeß-, seine Eides- und Zeugnisfähigkeit. Der unfreie Bauer (*servus casatus*, *mansionarius*) kann endlich nur noch mit dem Gut veräußert werden; nach Art und Maß bestimmt werden seine Fronden und Abgaben. Allerdings sind diese Fortschritte von den verschiedenen Rechten sehr ungleichmäßig getan worden. Am besten gestellt waren zuerst die Eigenleute des Königs (*servi fiscales*, *fiscalini*, *servi dominici*) und die Gotteshaus-Leute (*servi ecclesiae*). Den ersteren wurden schon frühzeitig gar öffentliche Ämter übertragen, wodurch sie unter den besonderen Königsfrieden gelangten, bei den Langobarden selbst bußberechtigt wurden. Zu Anfang des 9. Jahrh. haben die fränk. Fiskalinen schon das Konnubium mit Freien. Je weniger Hindernisse der Bewaffnung der Knechte durch ihre Eigentümer entgegenstanden, desto näher rückten sie denjenigen Minderfreien, welche nur noch mittelbare und unfreizügige Staatsuntertanen waren. So sind noch in karolingischer Zeit die Fiskalinen in die Minderfreiheit selbst emporgestiegen, zu bloßen Hörigen geworden.

Im mittelalterlichen Deutschland mit Ausnahme von Friesland waren die Eigenleute teils zu Kopfzins (*census capitis*, *c. capitalis*), teils bloß zu Diensten (*servitia*, *officia*) verschiedenster Art verpflichtet. Die unfreien Zinser, mit freien unter dem Namen *censuales* begriffen, hatten ein meist erbliches Recht an einem Bauerngut, wofür sie dem Herrn noch Fronden leisten mußten. Die unfreien Diener (*ministeriales* i. w. S., *servientes*, *servitores*) teilten sich in eine niedere und eine höhere Klasse. Die niedere wird von den zu ungemessenen wirtschaftlichen oder handwerklichen Arbeiten, zu Transportdiensten, zu Luxusfronden (Jagd- und Tanzfronden) gegen Verköstigung, zuweilen auch Lohn oder Kleidung verpflichteten *dagewerchten* des Ssp., den *dageskalken* oder *dagewarden* im Fränkischen, gebildet, die höhere von den nur zu bestimmten höfischen und ritterlichen Diensten gehaltenen, daher zum Ritterstand gehörigen *dienestmannen* (erst vom 12. Jahrh. an regelmäßig *ministeriales* i. engeren S.). Alle Unfreien werden jetzt in Sachen, die an Leib und Leben gehen, dem öffentlichen Gericht unterstellt. Doch bleiben sie den Freien unebenbürtig. Im Vergleich zum freien Ritter hat der unfreie kürzere Antwortfrist auf kämpflichen Gruß. Er führt seines Herrn Wappen. Zu ihren Heiraten bedürfen die Eigenen des Herrenkonsenses, den sie durch eine besondere Abgabe (*maritagium*, sächs. u. fränk. *beddemund* [vgl. den wn. *mundr* unten § 56], sächs. *bûmede*) erlangen. Anderseits hört das Recht des Herrn zum Heiratszwang auf. Gegen eine Erbgebühr (entweder *bûteil* mit *hergewæte* oder aber *tôtval*, *mortuarium*, *besthoubet*, *kurmiete*) sichert sich der Unfreie das Erbrecht an Fahrhabe. — Seit dem 12. und 13. Jahrh. setzt sich die ständische Scheidung unter den ritterlichen Ministerialen selbst wiederum fort, und zwar in die nicht bloß ritterlichen, sondern auch mit Hofämtern (insgemein des Marschalls, Kämmerers, Truchsessen, Schenken) des Reichs und der Fürsten ausgestatteten *ministeriales* oder *dienestman* i. engsten S. (in Südostdeutschland auch *dienestherren*) und die bloß ritterlichen *milites* oder *ritter* (*semperen liute* des Swsp.). Die erstern werden aktiv lehenfähig und fähig zu Grundherrschaft und Vogtei. Sie können eigene Ritter haben, führen ihr eigen Banner und sind sogar (von gewissen Ausnahmefällen abgesehen) fähig, über Freie Urteil zu finden und gegen sie Zeugnis zu geben, nehmen am Rat des Landesherrn teil und sind prozessualisch und strafrechtlich privilegiert. Die »Ritter« sind ihnen unebenbürtig. Schrittweise nähert sich aber ihre Rechtsstellung wieder mehr derjenigen der Dienstmannen i. e. S. Die ehemalige Unfreiheit der einen wie der andern geriet allmählich in Vergessenheit, als (seit dem 12. Jahrh.) Gemeinfreie unter Vorbehalt ihrer landrechtlichen Schöffenbarkeit in die Ministerialität eingetreten, die Fähigkeit der unfreien Ministerialen zu »rechtem« Lehen und zu freiem Eigen anerkannt, dem »rechten« Lehen das dienstmännische Hoflehen gleichgestellt, die Dienstmannen neben den freien Rittern zum Urteilfinden in den Lehengerichten zugelassen, die Kriegspflichten der Dienstmannen bedingt und gemessen waren. Die gesamte Ministerialität i. w. S. stellte sich am Ausgang des MA. als ein niederer Adel dar. In Österreich wurden die Dienstmannen i. e. S. während des 15. Jahrh. sogar den *landherren* (oben S. 131) beigezählt. — Neben dieser Befreiung der ritterlichen Ministerialität her ging eine analoge bei einer Klasse der gewerblichen Ministerialen in den Städten: den »Hausgenossen«, d. h. den Genossen des Münzhauses. Ihr Gewerbe, unterstützt durch das Monopol des Geldwechsels, warf so erheblichen Gewinn ab, daß der Eintritt in ihre Gilde selbst von den erbgesessenen Freien gesucht war, und unter Teilnahme am Stadtregiment erhoben sich die Hausgenossen in den Patriziat.

§ 42.

Soweit man von einem geringer Gewerteten das Geltendmachen der Ehrenrechte seines Standes gegen sich, wie z. B. kämpflichen Gruß, Urteilfindung, Zeugnis und Eid, Bevormundung, Beerbung, nicht zu leiden braucht, ist man nach der Auffassung des altdeutschen Rechts dessen *übergenôz.* Der Geringere heißt des Übergenossen *ungenôz.* Dieselbe Auffassung ist der Sache nach auch in andern südgerm. Rechten, insbesondere im westgotischen, vertreten. Da die Standesehre mit dem Blut übertragen wird, so ergibt sich aus dem Gesagten die Bedeutung der gleichen Geburt (mnd. *evenbort*), bzw. der »besseren« und der »geringeren« Geburt. Wer einem andern unebenbürtig, ist von schlechterer Art, kann ihn daher weder beurteilen noch beerben. Das Kind aus der Ehe eines Übergenossen mit einem Ungenossen »folgt der ärgern Hand«, d. h. es gehört dem Stand des geringer geborenen Elternteils an, — ein Grundsatz, der deutlich schon in der Lex Ribuaria auftritt. Standeserhöhung durch den König jedoch konnte (seit der zweiten Hälfte des 13. Jahrh.) den Makel der Unebenbürtigkeit tilgen. Nicht allemal ist der geringere Stand Ungenosse des höheren. Vgl. das Verhältnis der Schöffenbarfreien zu den Fürsten und freien Herren nach dem Recht des Sachsenspiegels oben S. 135 f. Daher könnte man im Sinne obiger Terminologie die Bewohner Deutschlands im MA. einteilen in »Genossenschaften«, die Genossenschaften in Stände, wobei sich — früher Bemerktem nach — eine andere Klassifizierung nach Lehenrecht als nach Landrecht ergeben würde.

§ 43.

Den skandinavischen wie den deutschen Rechten sind die Klassen der »rechtlosen« und der »ehrlosen« Leute bekannt. Die Rechtlosigkeit ist völliger oder teilweiser Ausschluß von den Ehrenrechten des Standes, ob nun diese in ihrer Gesamtheit, oder ob ihr vornehmster Repräsentant, das Recht auf Wergeld und Buße, unter dem aberkannten »Recht« (in deutschen Quellen *recht*, in den anord. *réttr*) verstanden wird. In älteren Zeiten erwies sich die Rechtlosigkeit insbesondere gegenüber Wortbeleidigungen wirksam. Dies trat schon bei der Klage aus einem Rechtslosigkeitsgrund in der prozessualen »Namengabe« hervor, überall ferner, wo ein Übeltäter mit dem »Neidingsnamen« belegt wurde. Nach dem deutschen R. des MA. entbehrte der Rechtlose des Wergeldes und einer richtigen Buße; nur Scheinbuße war ihm gesetzt. Er galt als lehensunfähig und den in ihrem Recht Vollkommenen unebenbürtig. Zu den Rechtlosen gehören stets die, welche schimpflicher Verbrechen überführt sind, dann Leute von verachteter Lebensweise, wie z. B. Spielleute, gewerbsmäßige Kämpen, Bettler, Landstreicher, in Deutschland auch die unehelich Geborenen und im Spätmittelalter die Henker. Die Rechtlosigkeit der Kämpen ist sogar auf deren Kinder vererblich. Die Ehrlosigkeit ist Verbrechens- oder Straffolge: wer sich einer treulosen Handlungsweise schuldig macht, verliert seine Glaubwürdigkeit und ursprünglich allgemein auch den Zutritt zu den Versammlungen und Verbänden von Biederleuten, später noch zuweilen die Befugnis zum Führen der Standesabzeichen (er wird alam. »von Ehr und Wehr gesetzt«). In den letzten Jahrhunderten des deutschen MA. haben sich Recht- und Ehrlose zu Genossenschaften vereinigt, innerhalb deren das Recht den Mangel der persönlichen Ehre übersah.

§ 44.

Der Landfremde (got. *framaþs*, ags. *fremþe*, ahd. *framadi* von *fram* = fort, oder ahd. *alilanti*, mhd. *ellende*) oder Gast (germ. **gastiz* vgl. lat. *hostis*) ist nach ältestem Recht für sich allein rechtsunfähig. Ähnlich wie der dem gastiz entsprechende hostis den Lateinern zum »Feinde« wurde, so ist bei den Deutschen der Begriff des »Elenden« in den des Unglücklichen übergegangen. Aber die rechtliche Schutzlosigkeit des Gastes führte zur Gastfreundschaft. Dem freiwillig in den Schutz eines Rechtsgenossen sich begebenden Fremden (langob. **wâregang*, afränk. **wârgenga*, ags. *wærgenga*, ferner an. *væringi*, worüber Thomsen *Urspr. d. russ. Staates* 1879 S. 125—127) wurde durch dessen Vertretung der Schutz des Rechtes vermittelt. Die Wirkungen dieses Prinzips sind wahrscheinlich zuerst auf Handelsplätzen und bei Kultgemeinschaft verschiedener Völker von Ausnahmen zugunsten des Fremden durchbrochen worden. Bei den Deutschen steht nach der Völkerwanderung, wo mehrere Staaten zusammen das Reich eines Königs bilden, der Landes- aber nicht Reichsfremde unmittelbar unter Rechtsschutz (vgl. oben S. 23), der Reichsfremde zunächst noch verfassungsmäßig unter Königsschutz. An den König geht daher der Nachlaß des Fremden und ganz oder teilweise auch sein Wergeld. Im MA. wird der unmittelbare Rechtschutz prinzipiell auf alle Ausländer erstreckt, doch nicht, ohne daß sie den Inländern vielfach nachgesetzt, insbesondere auch von politischen Rechten ausgeschlossen bleiben. Um so mehr blüht nun, in Deutschland namentlich, das Bevorzugen der Untertanen der einzelnen Herrschaften vor den übrigen Reichsangehörigen. Zuweilen haben aber Gesetze und völkerrechtliche Verträge den Ausländer auch vor dem Inländer privilegiert. Beide Wirkungen hatten die Gesetze, welche außerordentliche, insbesondere täglich zu haltende Gerichte für Gäste (Gastgerichte) einführten. In anderem Sinne waren besondere Fremdengerichte durch die westgot. Gesetzgebung eingeführt worden. Prinzipiell unterstellte sie die Fremden dem Landrecht: aber in Zivilstreitigkeiten unter sich sollten sie nach ihrem Nationalrecht und von ihren telonarii beurteilt werden. Die skandinavischen Rechte der historischen Zeit nehmen den Standpunkt des mittelalterlichen deutschen Rechtes ein. Doch unterscheiden sie zwischen Landes- und Reichsfremden, einige auch zwischen Reichsfremden mit skandinavischer und Reichsfremden mit anderer Muttersprache. Dem politisch oder national ferner stehenden wird nämlich im allgemeinen ein geringerer Wert, eine weniger vorteilhafte Rechtsstellung eingeräumt, als dem näherstehenden. Verträge und Privilegien haben auch dieses Prinzip durchbrochen. In Norwegen z. B. haben seit c. 1022 die Isländer das »Recht« des hǫldr (oben S. 135), wogegen sie zur Erfüllung bestimmter Untertanenpflichten herangezogen werden. Autonome Korporationen konnten in den drei letzten Jahrhunderten des MA. die reichsfremden Kaufleute aus

Deutschland in London (Stahlhof) und in verschiedenen Städten Skandinaviens (z. B. in Wisby schon c. 1229, — Kontor der »Hansebrüder« in Bergen etwa seit der Mitte des Jahrhs.) bilden.

Eine Sonderstellung haben in den deutschen Staaten die Juden eingenommen. Selbst die im Lande ansässigen galten als Reichsfremde und waren stets auf den Königsschutz angewiesen. Dieser aber mußte im mittelalterlichen Deutschland durch Abgaben an die königliche Kammer erworben werden (daher die Juden »Reichskammerknechte«) und gelangte wie andere Regalien an Fürsten und Städte. Soweit die Juden nicht besonderen Grundsätzen des Territorialrechts (z. B. in Sachen des Wuchers und Eigentumserwerbs, des Eides und Zeugnisses) unterstellt waren, galt für sie das mosaische Recht und hatten sie einen eigenen Gerichtsstand (gewöhnlich vor dem Rabbiner oder »Judenbischof«). Verkehrsbeschränkungen, Zwangswohn- und Begräbnisplätze, gesetzliche Tracht (Judenhut, -Ring, -Mantel) trennten die Juden auch äußerlich von den christlichen Einwohnern.

Dritter Abschnitt.

HERRSCHER.

Literatur bei Schröder Lehrb.5 §§ 5, 17—28 (S. 218—220), 32, 39, 43—48, 50, 51, Siegel RG. §§ 12, 17, 19, 23—26, 60—72, 74—92, 94, 95, 97—107, 110, 111, 116—120, Brunner RG. I² §§ 17, 25, 27, 37, 55, II §§ 60—85, 87—95 u. Grundzüge §§ 6, 10, 16—20, 23, 33—41, Rosenvinge §§ 13, 38, 39, 48, 89, 90, 99, 117, 118, Stemann Retsh. §§ 17—20, 43—47, Brandt Forel. I §§ 2, 3, 6, 11, II §§ 66, 88. Außerdem: v. Amira in Gött. gel. A. 1888 S. 49—52, 57—60, 1896 S. 192—199. K. Lehmann, *Abhandlungen* 1888 Nr. I u. III (dazu K. Maurer in Lit. Zentralbl. 1888 Sp. 1269—1272, Kr. Vjschr. XXXI S. 197—206, 208, 212, v. Amira in Gött. gel. A. 1889 S. 266—271), J. Krüger, *Grundsätze u. Anschauungen bei den Erhebungen d. deut. Könige 911—1056* (1912), M. Krammer *Das Kurfürstenkolleg bis . . . 1338* (1913), H. Schreuer in Hist. Vjschr. 1911 S. 330—366 und in Festgabe f. P. Krüger 1911 S. 367—375, Luschin, *Österr. Reichsgesch.* §§ 8, 9, 14—19, 25—28, 30, H. Spangenberg, *Vom Lehenstaat zum Ständestaat* 1912, M. Kroell, *L'immunité franque* 1910, Pfaff, *D. Staatsr. der alten Eidgenossenschaft bis z. 16. Jahrh.* 1870, v. Juvalt, *Forsch. ü. d. Feudalzeit im cur. Rätien* I, II 1871, v. Planta, *Die currhät. Herrschaften i. d. Feudalzeit* 1881, G. Seeliger in American Hist. Review XIV (1909) 237—248, H. Casparis, *Der Bischof v. Chur als Grundherr im MA.* 1910, H. Ryffel, *Die schweiz. Landsgemeinden* (1903) 1—137, A. v. Reding-Biberegg, *Die Landesämter des eidgen. Standes Schwyz* 1912, H. Hirsch, *Die Klosterimmunität seit dem Investiturstreit*, 1913, Wittich, *Die Grund-*

herrschaft in Nordwestdeutschland 1896; — Stubbs, *Const. Hist.* I S. 66 —68, 85—211, E. Hildebrand (oben S. 112) S. 29—75, Gneist, *Engl. VerfG.* S. 10—57, 79, 84, Chadwick (oben S. 112) 355—366, Maitland, *Domesday Book* 258—290, Vinogradoff, *Engl. society* 108—139; — Jessen, *Undersøgelser til nord. oldhist.* 1862, J. Steenstrup, *Studier* (oben S. 112) I S. 26—46, 149—270, II S. 325 ff., L. Holberg, *Leges Waldemari regis* 1886, Derselbe, *Konge og Danehof i det 13. og 14. Aarhundrede* I 1895, H. Hude, *Danehoffet ...* 1893, Matzen, *Danske kongers Haandfæstninger* 1889; — E. S. Bring, *De vet. Suecorum et Gothorum praecip., quae rempubl. spectant, institutis* 1826 S. 133—172, Schlyter, *Jur. Afhandl.* I S. 1—54, II S. 93—200, 276—281, Strinnholm, *Svenska folk. hist.* (an den ebenda V S. 119—124 zit. Stellen), v. d. Lancken, *Om länsförfattn. i Sverge* 1864, O. Alin, *Bidr. till svenska rådets hist.* I 1872, Ders., *Om svenska rådets sammansättning under medeltiden* 1877, L. Mechelin, *Öfvers. af svenska riksrådets statsrl. ställ.* 1873 S. 1—26, Westman, *Svenska rådets historia till år 1306* (1904), Fr. Ödberg, *Om den svenske konungens domsrätt* 1875, Naumann, *Sver. Statsförf.* I 1879 S. 1—141, T. Fahlbeck in Hist. Tidstr. (Stockh.) 1884 S. 1—50, H. Hildebrand, *Sver. Medeltid* II S. 1—142, I S. 231 —283, 725 f., 911 f., Key-Åberg, *Om Konunga och Tronföljareval* 1888, Kjellén, *Om Eriksgatan* 1889; — Aschehoug, *Norges offentl. Ret* I 1886, Sars, *Udsigt* insbes. I S. 145—162, 197—225, II S. 1—32, 72—241, K. Maurer, *Beitr. z. RG. des germ. Nordens* I 1852 (isl. unter dem Titel *Upphaf allsherjarríkis á Íslandi* 1882), Ders., *Vorlesungen* I 1 S. 214—345 (wozu v. Schwerin in Gött. gel. Anz. 1909 S. 825—830), IV 213—263, Ders. *Norwegens Schenkung an d. hl. Olaf* (in den Münch. akad. Abh. 1877), Ders. i. Germ. XIV S. 27—40, Zschr. f. deut. Phil. IV S. 125—130, Jen. Litztg. 1875 Art. 74, »Festgabe« f. Arndts 1875 S. 47—67, G. Storm, *Magnus Erlingssons Lov om Kongevalg* 1880, Y. Nielsen, *Det norske rigsraad* 1880, V. Finsen, *Om den oprind. ordning* (oben S. 78), F. Boden, *Die isländ. Regierungsgewalt i. d. freistaatl. Zeit* 1905 (dazu v. Amira in Hist. Vjschr. 1906 S. 527—535).

§ 45.

Die german. Urverfassung ließ für eine Herrschergewalt einzelner keinen Spielraum. Das Staatshaupt war die Landsgemeinde (oben S. 126). Außer ihr und der Hundertschaftsversammlung (oben S. 115) gab es keine andern Staatsorgane als Beamte, ja dem Anscheine nach nur solche Beamte, die von der Landsgemeinde gewählt waren. Dennoch knüpft das Aufkommen der Herrschergewalt an jenes Beamtentum an. Die Landsgemeinde stellt einen ständigen, wenn auch absetzbaren Beamten an die Spitze des Staates und nimmt ihn aus dem adelichsten Geschlecht. Sie ist dabei von dem nämlichen Beweggrund geleitet, aus welchem das Recht den alten Geburtsadel auszeichnete (oben S. 128). Denn die Beziehungen jenes Würdenträgers zur Gottheit sind es, von denen Wohl und Wehe des Volkes abhängt, und das Volk macht ihn denn auch dafür verantwortlich. »König« (ahd. as. *cuning*, ags. *cyning*, an. *konungr*, aber auch ags. *cyne*) heißt ein solcher Häuptling, sei es als Vorsteher des sippenhaften Gemeinwesens, sei es als Abkömmling des vornehmen Geschlechtes (etwa »vornehmer Herr«), — daneben auch »Volksführer« (got. *þiudans*, wn. *þjóðann*, ags. *þéoden*, as. *thiodan*), weil er der Zentralbeamte ist. Die Griechen übertragen diese Benennungen gewöhnlich durch βασιλεύς, die Lateiner durch *rex* und der letztere Terminus ist dann allgemein, der erstere sporadisch von den Germanen in ihren lat. Texten angenommen worden. Nicht alle Germanen haben bei ihrem Eintritt in die Geschichte Könige. Vorzugsweise bei den östlichen scheint das Königtum zuerst verbreitet. Wahrscheinlich dort zuerst ist auch als Abzeichen des Königs der Stab in Gebrauch gekommen, den wir wie die anderen Amtsstäbe als ursprünglich zauberkräftigen Botenstab werden deuten müssen. Bei einigen deutschen Völkern, wie z. B. den Markomannen, den Franken, den Langobarden, den Angelsachsen, entsteht das Königtum erst im Lauf, obschon nicht im hellsten Licht der Geschichte. Gewisse Grundzüge kehren im Charakter des germanischen Königtums allerdings gleichmäßig wieder, vor allem die Unmöglichkeit einer gesetzlichen Stellvertretung für den König und seine persönliche Verantwortlichkeit für seine Funktionen, worauf immer diese gerichtet sein mögen, — Merkmale, die sich unmittelbar aus dem Wesen des heidnisch-sakralen Königtums ergeben, aber auch alle seine späteren Wandlungen bis tief ins MA. hinein überdauert haben. Daß der Träger dieses persönlichen Regiments, seitdem man überhaupt von einem Regiment beim german. König sprechen kann, der geborene Heerführer des Volkes war, kann als sicher gelten. Die Schilderhebung bei gotischen und deutschen Königswahlen, der Helm als angelsächsisches, Schwert und Schild als langobardische Königsabzeichen, bei den Westfranken, wenn auch vielleicht nach römischem Muster, der Speer und in der ganzen german. Welt die vorgetragene Heerfahne (altdeutsch *gunþfano*, an. *merki*) symbolisieren den kriegerischen Bestandteil im Königsamt. Später, nachdem die Königswürde bei Kindern möglich geworden, ereignet es sich, daß sie in der Schlacht dem Heer vorangetragen werden. Aber auch die Sorge für Ordnung und Rechtspflege oder mit einem Wort die Friedensbewahrung oblag dem altgerman. König. Schon bei

Tacitus nimmt er das Friedensgeld (§ 80) ein, und judex heißt er bei alten Autoren oftmals. Anderseits fehlt dem altgerman. König alle und jede selbständige Gesetzgebungsgewalt. Er hat in der Landsgemeinde kein besseres Stimmrecht als der nächstbeste freie Bauer. Was sonst noch den Inhalt des ältesten Königtums angeht, so darf er keinesfalls als überall gleichartig gedacht werden, denn so wenig wie die Entstehungszeit waren die Entstehungsursachen des Königtums überall die gleichen. Priesterliche Funktionen sind daher bei skandinavischen Königen wahrscheinlich, während sie den burgundischen und deutschen nachweislich fehlten [1]). Dagegen deuten Rudimente im späteren Recht darauf zurück, daß südgerman. Könige selbst zum Gegenstand des Kultus geworden sind (Umfahrt des Königs nach bestimmtem Ritual, Glaube an seine Heilkraft, Fahnenwagen, Verteilung des Königsleiche). Vergötterung von Königen nach ihrem Tod findet sich bei skandin. Völkern (besonders lehrreich die Geschichte des Olafr Geirstadaálfr und des Hálfdan Svarte). Das Sakrale, das Legendarische, das Persönliche im altgerman. Königtum räumen der Individualität seines jeweiligen Trägers die größte Bedeutung für die Fortentwicklung der Institution ein. Dasselbe Volk, welches nach einem unglücklichen Krieg oder bei Mißwachs seinen König verjagt oder den Göttern opfert, duldet, daß er in Glück und Tatkraft die etwa zuvor schon seinem Amt innewohnende Befehlshaberschaft (den »Bann«) erweitert. In dem glücklichen Fürsten erblickt es seinen »Brotwart und Schutzträger« (ags. *hláford and mundbora*). Ihm sichert es durch Schwur eines Treueides (Huldigung) die Unabsetzbarkeit. Ihm überläßt es die Repräsentation des Staates, sowie alle entscheidende Verwaltung, insbesondere das Ernennen, Beaufsichtigen und Abberufen der übrigen Beamten, das Einrichten der Ämter, das Abgrenzen ihrer Sprengel, das Bestellen von Gewaltboten mit individuell bestimmter Vollmacht (frankolat. *missi*), ja auch, da er prinzipiell aus eigener Tasche für den Staatsbedarf aufzukommen hat, alle Staatseinnahmen, weiterhin das Finden von Urteilen in einem eigenen Gericht, das Aberkennen und Wiedergewähren des Friedens, zuletzt gar die Gesetzgebung, so daß höchstens noch gewisse Formen derselben an die ehemalige Souveränetät der Lands-

[1]) S. Gött. gel. A. 1888 S. 51. Wenn lit. *kuningas* wie einen andern angesehenen Herrn, so auch den geistlichen bezeichnen kann, so ist damit natürlich nicht der Schluß gefordert, das Wort sei schon in der Bedeutung »Priester« einer germ. Sprache entlehnt worden.

gemeinde erinnern, wie bei den Langobarden in Italien, soweit diese nicht völlig verschwindet wie im fränkischen Reich. Äußere Momente, welche vor anderen diese Weiterbildung beförderten, waren die Gründung von Großstaaten und die damit geforderte Arbeitsteilung auch auf dem Gebiet des Rechtslebens, — die Entstehung zusammengesetzter Staaten, deren Verband lediglich durch das (meist erobernde) Königtum hergestellt wurde, — bei südgermanischen Völkern insbesondere auch die Verlegung des Staates in ein Gebiet, dessen Bewohner der Überzahl nach ans römische imperium gewöhnt waren und denen gegenüber der König mit der Machtfülle wie unter dem Namen und mit den Geschäftsformen des römischen princeps auftreten durfte. Unter derartigen Verhältnissen konnte sich das germanische Königsamt nicht bloß zu einer unumschränkten Gewalt, sondern auch zu einer wahren Herrschaft über Land und Leute (— »Reich« —) ausbilden, die nicht mehr vom Volke abgeleitet oder irgendwie abhängig, vielmehr wie ein angestammtes und nutzbares Privatrecht ihres Trägers behandelt wurde. Ein solches Königtum ist vererblich wie ein Landgut und untersteht selbst der Verfügung seines Inhabers, der es teilen oder durch Annahme eines Mitkönigs oder eines Unterkönigs vervielfältigen kann. Der Übergang zum Christentum ist für die Königsherrschaft, sofern ihr die spezifisch heidnische Herkunft unvergessen, nicht ohne Gefahr, verschafft ihr aber, wenn einmal überwunden, leicht eine neue religiöse Grundlage. Ein von der Kirche gesalbter (»konsekrierter«) und gekrönter König kann den Thronerben, dem solche Weihe abgeht, verdrängen, eine neue Dynastie gründen. Und nun ist das Königtum nicht mehr menschlichen Rechtens, sondern göttlichen, der König »von Gottes Gnaden« und ein Vertreter Gottes oder eines heiligen Vorgängers, ausgestattet nicht bloß mit einem Kirchenhoheits-, sondern auch mit einem Kirchenregierungsrecht. Der Wert der königlichen Person kommt in deren besonderem strafrechtlichen Schutz und in ihrer unbedingten Glaubwürdigkeit zum Ausdruck, weiterhin aber auch in dem Königsfrieden, der des Königs Umgebung und Diener schützt (oben S. 129 f.), die Königsgewalt selbst in dem »Herren«-Titel (ahd. *truhtin*, ags. *dryhten*, an. *dróttin*, — ferner ahd. as. *hêrro* oder *frô*) und in der teilweise nach spätröm. Vorbild bereicherten Symbolik: dem Hochsitz (Königsstuhl, ags. *bregostôl*), dem Mantel, dem Hauptreif und dem Brustkreuz, während das nunmehr allgemein verbreitete Schwertsymbol und jüngere Varianten des alten Königsstabes, die Rute mit der

Friedenslilie oder (in England) mit der Friedenstaube, im westfränk. Reich der Stab mit der manus justitiae, die Funktionen des Königtums veranschaulichen. Das Salben und Krönen der Königin entstammt der Idee des Erbreichs.

§ 46.

Das hier skizzierte Entwicklungsschema ist nicht in allen Verfassungen gleichmäßig durchgemacht worden, vollständig überhaupt nur in der des fränkischen Großreichs. In den anderen ist der Höhepunkt der Entwicklung durch eine Vorstufe der absoluten Erbmonarchie bezeichnet. Unter den deutlich erkennbaren Typen der Institution ist am weitesten zurückgeblieben, weil durch die Landsgemeinde, im SpätMA. durch den Reichstag bzw. Reichsrat der Optimaten aufgehalten, das ostnordische Königtum. Das Höchste, was von diesem über das Maß des urnordischen hinaus erreicht wurde, war die (nicht einmal schrankenlose) Repräsentativgewalt, ein gemessener Anteil an der Gesetzgebung (oben S. 85 f., 92, 95, 96) und an der Amtshoheit, das Recht der persönlichen Urteilsfindung im »Königsgericht«, ein beschränktes Begnadigungsrecht und ein besonderer Königsfriede, das lebenslängliche Nutzungsrecht am Krongut (*Upsala öper* bzw. *kununglef*) und das Recht auf Gastung (asw. *gengærþ*, in Dänemark *procuratio*, *servitium noctium*), allenfalls noch auf die ordentlichen (hergebrachten), teilweise an die Stelle der Gastung getretenen Steuern (asw. *utskylder*, dän. *skot* und *stuþ*). Dagegen blieb der König auch nach der Vereinigung der Kleinstaaten zum »Reich« ein Wahlkönig, der in Schweden, weil nur auf dem Morathing der Upsvear und bis 1290 nur von diesen, seit 1319 nur von den Repräsentationen der Landschaften zu wählen, die *Eriksgata* reiten mußte, um in den übrigen alten »Ländern« förmliche Anerkennung, Einbürgerung und Huldigung zu erlangen, und der auf ähnliche Art in Dänemark, wiewohl auf einer Reichsversammlung gewählt, doch auf den Hauptversammlungen der alten Landschaften sich die Huldigung der Völker zu erholen d. h. mit diesen seinen Anstellungsvertrag zu schließen hatte. Ein solches Königtum muß sich zu Wahlkapitulationen bequemen und bleibt in seiner Heergewalt auf deren Verwendung zum Verteidigungskrieg beschränkt. Eine höhere Stufe schon hat das norwegische Königtum beschritten. Wiewohl noch als kleinstaatliches Amt, tritt es mit dem Charakter der Erblichkeit in die Geschichte ein. Diesen behält es, nachdem es (im 9. Jahrh.) Stammkönigtum geworden, mit einer vorübergehenden Modifikation im Jahre 1164, bis in die Unionszeit bei, und zwar von jenem Jahre an mit dem Prinzip der Individualsukzession, während es an einer festen Thronfolgeordnung bis c. 1260 gebricht. Das Volk wirkte bei der Thronbesetzung nur insofern mit, als die Huldigung desselben und die Ausübung der königlichen Gewalt bedingt war durch die *konungstekja*, d. h. durch ein Urteil der Landschaftsversammlung (seit 1260 nur noch der drontheimischen) über des Thronfolgers Erbrecht. Hinsichtlich des Inhalts seiner Gewalt unterschied sich der norwegische Großkönig vom schwedischen und dänischen zumal dadurch, daß er erst in der gemeinrechtlichen Zeit und auch jetzt nur kraft seines Aufsichtsrechts über den Gesetzsprecher (s. oben S. 80) zum Urteilfinden legitimiert wurde, dafür aber von Anfang an wesentlicher Faktor der Gesetzgebung war, gebunden zwar an die Annahme seiner Gesetze durch die Provinzialvertretungen (*lǫgþing*), aber ausgestattet mit dem Recht, das *lǫgþing* teilweise und dessen beratenden und beschließenden Ausschuß, die *lǫgrétta* ganz durch seine Beamten ernennen zu lassen, ferner dadurch, daß seit dem Ausgang des 12. Jahrhs. die gesamte Ämterhoheit Bestandteil der Königsgewalt und nach einem weiteren Jahrhundert deren exekutivische Befehlshaberschaft nach Art des fränkischen Königsbannes (§ 80) unter besondern strafrechtlichen Schutz gestellt und das königliche Begnadigungsrecht von allen Schranken befreit wurde. Der norwegische König erscheint schon in den älteren Quellen als Landesherr, das Reich ist sein *landeign*, der Untertan sein *þegn*, d. h. sein Diener. Die nächsthöhere Entwicklungsstufe stellt sich im langobard. Königtum insofern dar, als dieses, von Anfang an Stammkönigtum und von Hrotharit († 652) ab erblich, seit 660 auch teilbar, die unbeschränkte Heergewalt, die Aufsicht über den Urteilfinder im Untergericht und die persönliche Urteilfindung im höchsten Gericht erlangt hat. Beim Erlaß von Gesetzen freilich bedarf der langobardische König der Zustimmung der Landsgemeinde. Diese fällt bei den Angelsachsen hinweg, ohne in dem vom Belieben des Königs zusammengesetzten Notabelntag, dem *witena gemót* ein zulängliches Surrogat zu finden. Daher ist die ags. Gesetzgebung, und zwar schon in kleinstaatlicher Zeit formell ausschließlich Sache des Königs [1]),

[1]) Daß die Gesetze des ags. Königs nur für dessen Lebenszeit gegolten hätten, ist eine Behauptung E. Hildebrands, welche auf durchaus willkürlicher Quelleninterpretation beruht.

dem auch eine unbeschränkte Dispensationsbefugnis (Éadg. III 2 § 1) zusteht, daher auch der Landfriede nicht mehr Volks-, sondern Königsfriede oder Königsschutz: *cyninges mund* (besonders deutlich Wer 1 § 4). Ferner ist das königliche Kirchenregiment in der angelsächsischen höher als in den bisher erwähnten Verfassungen ausgebildet. Daß es hier bei einem rein theoretischen Absolutismus des »*Basileus*«, ja »*Imperator*« bewendet, liegt daran, daß der ags. König Wahlkönig und absetzbar ist, wobei die entscheidenden Funktionen der fehlenden Landsgemeinde vom wítena gemót versehen werden. Zwischen diesem Königtum und dem fränkischen steht das der gotisch-wandilischen Großreiche in der Mitte. Der westgotische König gelangt durch Optimatenwahl und gegen Wahlkapitulation zur Herrschaft, ist aber nicht absetzbar. Die andern Reiche sind erblich, das wandalische seit 477 mit Individualsukzession nach dem Grundsatz des Seniorats, das burgundische mit Simultansukzession und Teilbarkeit.

§ 47.

Nach seiner völligen Ausbildung sehen wir in fast allen Staaten, wo es nicht durch einen Eroberer vernichtet wird, das nationale Königtum einem Niedergang verfallen, wovon die Ursache teils in dem Aufkommen einer einheimischen mächtigen Aristokratie, teils in der Erstarkung der Kirchengewalt gegenüber der Staatsgewalt, insbesondere in dem materiell sieghaften Hervorgehen der erstern aus den Investiturstreitigkeiten liegt. Und zwar hat sich die Königsgewalt selbst, je mehr sie Herrschergewalt war, genötigt gesehen, zu diesem ihrem Niedergang durch Exemtionen von Untertanen aus dem Bereich der öffentlichen Gewalt und durch Übertragung der wichtigsten Hoheitsrechte auf jene (§ 49, 51) mitzuwirken. Am weitesten ist in dieser Hinsicht das Königtum im Frankenreich, bzw. das von ihm ausgehende, der Fiktion nach fränkische [1]) Königtum in Deutschland gegangen. An Gerichts-, Heer- und Finanzgewalten entstehen wegen ihrer Nutzbarkeit erbliche Privatrechte des geistlichen und weltlichen Adels. Hiedurch werden die seiner Herrschaft unterworfenen Leute der unmittelbaren Reichsuntertänigkeit entzogen (»mediatisiert«), während

[1]) Der deut. König wird regelmäßig auf fränkischer Erde gewählt. Er wird in der Grabkirche Karls d. Gr. gekrönt und auf dessen Stuhl inthronisiert. Er gilt, welcher Abstammung auch immer, als fränkischer Mann.

der staatsrechtliche Verband zwischen dem König und dem herrschenden Adel seinen praktischen Wert einbüßt und durch den privatrechtlichen der Vassallität (§ 60) ersetzt wird. Damit ist das Staatswesen »feodalisiert«, was durch den Grundsatz gesichert wird, daß erledigte Fürstenlehen binnen Jahr und Tag wieder verliehen werden müssen. Die Kronvassallen aber, einmal im festen Besitz ihrer Herrschaften, beschränken nun den König auch in der Ausübung der ihm noch verbliebenen Funktionen, wie sie das Königtum seiner Erblichkeit und Unentziehbarkeit entkleiden. Seit 887 wird regelmäßiger Praxis nach, seit 1077 auch der Theorie nach der Thron durch Wahl besetzt, welche bis 1257 allen Fürsten deutscher Nationalität, von 1257 an nur noch sieben bestimmten Fürsten (»Kurfürsten«, *principes electores*) zusteht und bis auf Rudolf von Habsburg Stimmeneinhelligkeit, von dieser Zeit ab Stimmenmehrheit der Wähler erfordert. Die Beschränkung des aktiven Wahlrechts auf die 7 Kurfürsten war seit dem ersten Viertel des 13. Jahrhunderts, insbesondere nach einer Theorie des Sachsenspiegels, dadurch vorbereitet worden, daß bei der auf die Wahl (das *irwelen*) folgenden Ausrufung des Gewählten unter dem Königsnamen (*kur*, *electio*, dem *bî nomen kiesen* [1]) einer Gruppe bestimmter Fürsten der Vorrang vor den übrigen zugeschrieben wurde. Durch Wahl eines »römischen« Königs, d. h. des Nachfolgers bei besetztem Thron, kann ein Interregnnm vermieden werden. An die Stelle der Vererbung der Krone aber tritt ein symbolisch-mystischer Akt (14. Jahrh.): die silberne Krone, womit der König investiert wird, geht vom Schädeldach Karls d. Gr. in dessen Herme zu Aachen aufs Haupt des neuen Königs über. Der (seit 1077 auch absetzbare) deutsche König hat vor seiner Krönung dem Reich »Hulde zu tun«, d. h. einen Eid zu schwören, wodurch er sich unter das Land- und Lehenrecht stellt, und ist — nach Maßgabe des Grundsatzes *nihil de nobis sine nobis* — beim Erlaß allgemeiner Gesetze an die Zustimmung der aus dem königlichen Lehenhof (*curia*) hervorgegangenen Versammlung der Fürsten, Magnaten und Reichsdienstmannen (des »Reichstags«, mhd. *lantsprâche*, *colloquium*), wozu seit Wilhelm v. Holland auch die »freien« und die »Reichs«-Städte Zutritt erhalten, — beim Erteilen von wichtigen Privilegien und bei Neuverleihung von Reichslehen und

[1]) Ein Seitenstück dazu das norwegische *gefa konungs nafn* (»den Königsnamen geben«).

Verfügungen über Reichsgut an die Zustimmung (»Willebriefe«) der Kurfürsten gebunden. Vollständig durchgeführt ist das Feodalsystem allerdings nicht: nicht nur übt der König die oberste Reichsgerichtsbarkeit persönlich aus (vgl. § 85), sondern es sind ihm auch, wohin er kommt, Gericht, Münze und Zoll ledig, und der belehnte Richter hat (in Norddeutschland) zur Ausübung der hohen Gerichtsbarkeit sich den Bann vom König unmittelbar übertragen zu lassen (sog. Bannleihe). Indes auch diese Prinzipien werden wieder durch feodale Ausnahmen zugunsten von Landesherren (§ 51) durchbrochen. Das Kirchenregiment des Königs ist seit dem 12. Jahrhundert durch eine bloße Schutzgewalt (*advocatia ecclesiae*) ersetzt worden.

Im skandinav. Norden hat die Union auch den Übergang Norwegens zum Wahlkönigtum bewirkt. In allen drei Reichen ferner bildete sich seit dem 13. Jahrh. ein mitregierender Reichs-»Rat« aus, dessen spezifisch aristokratische Zusammensetzung im wesentlichen vom königlichen Willen unabhängig wurde. Bemerkenswert ist aber, daß, auch wenn er über einen minderjährigen König eine Art von Regierungsvormundschaft führt, dort wie in Deutschland die Formen der königlichen Regierungsakte die Fiktion festhalten, daß es keine gesetzliche Stellvertretung für den König gibt. Lehen an Hoheitsrechten sind zuerst in Dänemark (im 12. Jahrh.) aufgekommen und hier allein (in Gestalt des Herzogtums und der Grafschaft, zum Teil sogar als erbliche »Fahnenlehen«) zu bleibender Bedeutung gelangt. Über andere feodale Elemente in Skandinavien und im angelsächs. Reich s. §§ 49, 50, 65 g. E.

§ 48.

Die konsequente Formel für die nach Erlangung des römischen »Patriziates« auf dem Gipfel ihrer Entwicklung angelangte Herrschergewalt des fränkischen Königs über die meisten christlichen Staaten des Abendlandes ist die römische Kaiserwürde. Gemäß der karolingischen Idee um 800 sollte dem Kaiser zukommen das auf Erden unverantwortliche *imperium mundi*, und zwar sowohl in kirchlicher wie in weltlicher Hinsicht, insbesondere aber die allseitige Durchführung des *jus divinum* (oben S. 27). Daher ist der *divino nutu* gekrönte und *divina inspiratione* handelnde Kaiser ebensosehr eine *clericalis* wie eine *regalis persona*, deren Gewalt ihren Rechtsgrund weder in Erbgang, noch in Wahl, noch in Ernennung, noch in Union mit einem Königtum haben kann. Diese Gewalt dient nicht mehr wie das altfränkische Großkönigtum dem Interesse ihres Inhabers, sondern dem der Gesellschaft, untersteht daher auch nicht mehr der Verfügung ihres Trägers. Zwar ein Mitkaisertum, aber keine Aufteilung des Kaiserreiches unter die Mitkaiser galt als zulässig. Die Geschichte des Kaisertums ist jedoch schon seit dem zweiten Jahrzehnt seines Bestandes die Geschichte seines Verfalles. Das fränkische bzw. deutsche Königtum zieht bei seinem Niedergang die Kaisergewalt in Mitleidenschaft. An die Stelle der Selbstkrönung oder der Krönung des Kaisers durch seinen Vorgänger treten Salbung und Krönung durch den Papst, die schon im 9. Jahrh. als Verleihung der Kaiserwürde durch den letzteren gedeutet und daher auch Fürsten zuteil werden, welche nichts weniger als das fränkische Königtum fortsetzen. Von 962 an ist es zwar ein Vorrecht des deutschen als des ostfränkischen Königs, die Kaiserkrone zu erlangen, aber diese selbst wird mehr und mehr Symbol einer bloßen Würde statt einer tatsächlichen Herrschaft und Gegenstand der Doktrin. Auf die Abzeichen des Kaisertums wird nun die größte Sorgfalt verwendet: zur goldenen Krone, zu Szepter, Schwert und Thron kommt der Globus (»Reichsapfel«) und die Pontifikalkleidung. Als praktische Bedeutung des Kaisertums bleibt nur übrig, daß es als Bindemittel unter den alten Stammesgebieten des deutschen Reichs und zwischen diesem selbst und seinen Nebenländern dient und daß Kaisergesetze von der Bologneser Rechtsschule als *authenticae* dem Codex Justinianeus einverleibt werden. Eben darum wird von Herrschern, die vom Kaiser unabhängig sind, die vorhin erwähnte Symbolik nachgeahmt.

§ 49.

Privatrechte an obrigkeitlichen Gewalten haben auf verschiedenen Wegen, und zwar vorzugsweise und am frühesten in den südgermanischen Staaten, Untertanen geistlichen und weltlichen Standes erlangt. Fränkische Immunitätsprivilegien für Großgrundbesitzer (*seniores*) gewähren schon im 6. Jahrh. dem Begnadeten nicht nur Freiung aller Bewohner seines Landes gegen das Eintreiben öffentlicher Schulden durch die königlichen Beamten (die sogen. emunitas ab exactionibus) und gegen das Ausüben der öffentlichen Gerichtsgewalt (sogen. emun. a districtione) und nicht nur Freiung des gesamten Besitztums gegen den Eintritt der öffentlichen Gerichtsbeamten (sogen. emun. ab introitu judicum publicorum), sondern auch die Befugnis, die öffentlichen Schulden von den Einwohnern des immunen Gebiets für sich selbst einzutreiben, die Möglichkeit, eine Gerichtsherrlichkeit (*privata audientia*, auch *familiaris justitia*) in Zivilsachen der Einwohner unter sich und eine Repräsentationsgewalt über dieselben in allen andern Sachen sowie die Justizpolizei auf dem gefreiten Boden auszuüben. Vom 7. Jahrh. bis tief ins Mittelalter hinein haben Gesetze und Privilegien die Immunitätsverhältnisse weiter ausgebildet. Der Immunitätsherr wurde Sühninstanz in Kriminalsachen seiner Leute, seine Gerichtsbarkeit wurde auf Fälle erstreckt, wo Auswärtige gegen Immunitätsinsassen klagten, ihm wurde der Vollzug des königlichen Heeresaufgebotes im gefreiten Gebiete übertragen, mitunter erlangte er sogar das Hals- und Blutgericht über seine Leute und Erstreckung seiner Immunitätsherrschaft auf fremden Grundbesitz. Das Vorbild der Immunität des Untertanen aber war die königliche Immunität, die selbst wieder die spätrömische Domanialimmunität fortgesetzt und weiter entwickelt hat. Diese haftete am Königsgut und ging mit demselben, wenn es verschenkt oder zu Lehen ausgetan wurde, in die Hand seines Empfängers über. Das unverliehene immune Reichsgut erscheint im mittelalterlichen Deutschland unter dem Namen der »Reichsvogtei« oder kürzer des »Reiches«, — dagegen die Immunität des Untertanen und sein Immunitätsbezirk unter dem Namen *muntât* (mhd.) oder *vrîunge* (*vrîheit*), der Bezirk auch, der, mit einem *etter* umzäunt oder auch durch die *banmîle* bestimmt, seinen Mittelpunkt im Herrenhof (*vrônhof*, *salhof*) hat, als *hovemark*. Die obrigkeitlichen Rechte des Immunitätsherrn werden nun prägnant bezeichnet als *twinc unde ban* (= gerichtsherrlicher, militärischer und polizeilicher Befehl, aber auch Buße für dessen Verletzung), *glockenklanc* und *geschrei* (= Recht des Aufgebots zur Landfolge), *herberge*, auch *nahtselde* (= Anspruch auf gastliche Aufnahme bei Ausübung der Hoheitsrechte) und *atzunge* (*servitium*, *procuratio* = Anspruch auf Verpflegung dabei), *spruch* (= Gebot der Urteilfindung), *vrevel* (= Strafgelder), *diup* (= Verwahrung und Einzug gestohlener Sachen), *stoc* (= Gefängnis) *unde* — nämlich bei Halsgerichtsbarkeit — *stein* (= lapis sanguinis, Richtstätte) oder *galge*. Hiezu kommen dann noch die Rechte aus dem Heerbann auf Transportleistungen (*paraferedi* und *hostilicia*), bzw. die an deren Stelle getretenen Zinse, und das aus dem persönlichen Aufgebot entwickelte

Besteuerungsrecht, wobei die Steuern, als Herd- oder Rauchsteuern erhoben, den Charakter von Grundlasten annehmen. In der Hauptsache der deutschen Immunität analog, wenn auch später (seit dem 8. Jahrh.), langsamer und zum Teil von andern Ausgangspunkten her, hat sich nach ags. R. die mannigfaltig abgestufte Obrigkeit, insbesondere zuerst Finanzgewalt, dann Polizeigewalt und Gerichtsherrlichkeit (*sócn, saca and sócn*) in büßbaren Strafsachen über ein der ordentlichen Bezirksverfassung entzogenes (»gefreites«) Gebiet ausgebildet. Als »Landherrn« (*landhláford, landrica*) bezeichnete man den Inhaber einer solchen Privatobrigkeit, die übrigens noch durch besondere königliche Privilegien wie Zollrecht (*toll*), Zuständigkeit im Besitzprozeß und Gewährenzug (*téam*) und im Verfahren gegen den innerhalb des Gebietes gefangenen Dieb (*infangen þeof, furis comprehensio*) gestiegert werden konnte, deren Ausübung aber unter königlicher Aufsicht blieb. In der zweiten Hälfte des Mittelalters wird der geistliche und weltliche Adel von Dänemark und Schweden mit einer immunitas (*frælsi*) ab exactionibus und mit dem Bezug der öffentlichen Abgaben und Strafgelder seiner Hintersassen ausgestattet. In Dänemark gesellt sich hierzu seit dem 13. Jahrh. das *biærkeræt*, d. h. eine Gerichtsherrlichkeit des adeligen Grundeigentümers über sein stadtartig exemtes Gebiet. Dagegen ist der Immunität, und zwar der geistlichen, im Frankenreich und in Deutschland eigentümlich, daß an den in ihr enthaltenen Hoheitsrechten neue Privatrechte für andere Leute als den Immunitätsherrn unter dem Namen der Kirchen v o g t e i aufgekommen sind. Seine Gerichtshoheit nebst den damit verbundenen finanziellen Rechten sollte nach einem Gesetz Karls d. Gr. der geistliche Immunitätsherr nicht persönlich ausüben, noch auch durch bloß von ihm abhängige Beamte ausüben lassen, sondern dies sollte durch einen vom König oder namens desselben, wenn auch im Einvernehmen mit dem Immunitätsherrn ernannten Laien (*vocatus, advocatus*, auch *causidicus, defensor, voget, voit, vout*) geschehen. In der Folge aber ist die Immunitäts- (oder geistliche) Vogtei als eine nutzbare, weil dem Vogt regelmäßig ein Drittel der Einkünfte sowie Abgaben und Schutzzinse abwerfende und Einquartierungsrechte gewährende Gewalt erblich und lehenbar geworden. Fortgesetzte Usurpationen haben dann den Vögten noch weitergehende Gewalten, wie z. B. Besteuerungsrechte, über die Untertanen der immunen Stifter, ja über die letzteren selbst verschafft. Unter Benützung faktischer Umstände gelingt es aber vom 11. Jahrh. an den Stiftern die Rechte ihrer Vögte, hauptsächlich im Vertragsweg, einzuschränken, mitunter sogar zurückzuerwerben. Auch Privilegien haben bei dieser »Entvogtung« mitgewirkt.

§ 50.

Westgotisches und fränkisches Recht haben an die vulgarrömische und im Gegensatz zu Königtum und Immunität unterritoriale und durch reinen Privatvertrag begründete Schutzherrschaft und Verantwortungsgewalt (*patrocinium*, *mithio*), die von den Deutschen als » M u n t « (vgl. S. 140) aufgefaßt wurde, obrigkeitliche Gewalten angeknüpft. Dem Immunitätsgericht ihres geistlichen Muntherrn sind schon die tabularii (oben S. 139) der lex Rib. unterstellt. Die Lehengerichtsbarkeit des Mittelalters scheint in der Munt des Lehenherrn über seine Vassallen ihren Ausgangspunkt zu haben. Insbesondere aber wurde seit karlischer Zeit der Heerbann nebst der Militärstrafgewalt über den Muntmann auf den Herrn übertragen. Im Mittelalter kommt bei der Munt über ganze Markgenossenschaften (Markvogtei) die Regierung der Mark für den Muntherrn (Vogt) hinzu. Als nutzbares Recht wird auch diese Vogtei vererblich und übertragbar. — Verwandte Vorstellungen wie jene altfränkischen mögen im Norden dahin geführt haben, dem G e f o l g s h e r r n eine Privatgerichtsbarkeit, und zwar selbst krimineller Art, über seine Gefolgsleute (§ 60), dem B u r g h e r r n eine analoge über seine gemieteten Burgmannen (*borgarar*) einzuräumen. In konstruktivem Sinn leitet dies über zu der wahren H a u s g e r i c h t s b a r k e i t (regelmäßig in geringeren Bußsachen), welche auf Grund des Hausfriedens (§ 76) deutsche Privilegien des Mittelalters dem Hausherrn »unter dem Dachtropfen« oder »binnen Zaunes« zugestehen. — Verschieden von dieser obrigkeitlichen Gewalt des Hausherrn sowohl in bezug auf Inhalt wie auf Fundament ist die des Leibherrn über seine E i g e n l e u t e im mittelalterlichen Deutschland und England. Nachdem die Leibeigenen den Höhepunkt ihrer Rechtsfähigkeit erstiegen, sind sie doch nur in gewissen Beziehungen der öffentlichen Gewalt unterstellt. In allen übrigen bleiben sie unter der Privatherrschaft (hofrechtlichen Obrigkeit), insbesondere auch Privatgerichtsbarkeit ihres Eigentümers. Über bäuerliche Eigenleute (oben S. 143) erscheint diese als Bestandteil der G r u n d h e r r s c h a f t, über ritterliche Eigenleute (Dienstmannen oben S. 140 f.) als Dienstherrschaft.

§ 51.

Aus höchst verschiedenartigen und nicht minder der Herkunft nach verschiedenen Befugnissen zusammengesetzt sind die Grundherrschaft und die Landesherrschaft. Grundherrschaft (Hof-, Gutsherrschaft, Herrlichkeit, *dominium*, in fränk. Zeit *senioratus*, *senioria*, daher afranz. *seigneurie*) ist der Inbegriff aller Gewalten und Rechte, die mit dem Besitz eines Frohnhofss (oben S. 159) über Land und Leute gegeben sein können. Diese Befugnisse sind teils obrigkeitliche, teils privatrechtliche. Die ersteren können ihren Grund in der Immunität haben oder in der Munt oder in der Leibherrschaft, also teils durchs Landrecht, teils durchs Hofrecht bestimmt sein. Sie brauchen also nicht allen Hintersassen gegenüber von gleichem Inhalt zu sein und können nicht alle durch die nämlichen Beamten, noch auch in den nämlichen Formen ausgeübt werden. Daher muß z. B. in der geistlichen Grundherrschaft ein ordentliches Gericht für die freien Immunitätsleute vom Kirchenvogt (oben S. 159), ein anderes für die Unfreien vom Leibherrn selbst oder vom leibherrlichen Maier abgehalten werden, und diese Gerichte gehen dann auch in ihrer Fortentwicklung ihre selbständigen Wege. Die privatrechtlichen Herrschaftsbefugnisse sind Ausflüsse teils des vollständigen Eigentums an den zum Frohnhof gehörigen Liegenschaften (Wald, Weide- und Ödländereien, Gewässern), teils des sog. Obereigentums an den Bauernhöfen nebst Zubehör, nämlich als vorbehaltene Rechte, wie z. B. auf »Fund und Pfrundt«, auf »Flug und Zug«, Vorrechte am Markboden, Wildbann, Gewerbsmonopole, das Veto bei Dispositionen des Hintersassen über seinen Hof. Daß die Hintersassen (Untersassen, *homines*, *subjecti*, Untertanen) verschiedenen Standesklassen angehören und insofern unter verschiedene Genossenschaften (Achten, Hagen, societates etc.) verteilt sein können, ergibt sich aus dem oben Gesagten. Da sie aber samt und sonders unter Verantwortung, Befehl und Friedensbewahrung ihres Grundherrn, gleichsam wie dessen Hausangehörige, stehen, bilden sie zusammen eine »Hausgenossenschaft« (*familia*, ahd. as. *hîwiski*). Dieses bewirkt nicht nur ein Einstands- und Retraktrecht der Hintersassen bei Veräußerung von Hofländereien an Fremde, nicht nur eine Annäherung der verschiedenartigen Bestandteile der grundherrlichen

Gewalt aneinander, und nicht nur eine gegenseitige Annäherung der verschiedenen Standesklassen in derselben Grundherrschaft hinsichtlich ihrer rechtlichen Lage, sondern auch die Pflicht des Grundherrn, seine Hintersassen in ihren Rechten zu schützen, für ihre Sicherheit zu sorgen, und die Verarmten zu unterstützen, welche Pflicht (grundherrl. »Vogtei«) allerdings seit karolingischer Zeit durch den Treueid (die sogen. Vogtei- oder Erbhuldigung) des Hintersassen bedingt ist. Letzterer erkennt durch den Treueid, sei es bei seinem Aufzug auf den Hof, sei es beim feierlichen »Einritt« der Herrschaft, seine Zugehörigkeit zur grundherrlichen Hausgenossenschaft förmlich an. Wer ohne in diese einzutreten die Vorteile des Besitzes eines hofhörigen Gutes genießen will, muß einen Stellvertreter (*trager*, *stuolgenôz*, *hulder*) darauf setzen. Die Hausgenossenschaft ist wesentlich ein persönlicher Verband. Oft sind mehrere solcher Verbände, sogar mit ebenso vielen Gerichten in einer und derselben Gemeinde entstanden, wenn nämlich die zu der letzteren gehörigen Höfe verschiedenen Grundherrn unterstanden. Anderseits konnte eine Teilung und Beschränkung der grundherrlichen Gewalt über eine und diese Hausgenossenschaft eintreten, ohne daß der Frohnhof geteilt wurde, wenn der Grundherr sich einem Muntherrn unterstellte (sog. Frohnhofsvogtei, zum Unterschied sowohl von der Immunitätsvogtei wie von der grundherrlichen Vogtei).

Landesherrschaft oder Landeshoheit (*dominium terrae* seit dem 13. Jahrh.) ist der Inbegriff aller obrigkeitlichen Rechte über einen Teil des deut. Reichs (*lant*, *territorium*), die in der Hand eines Reichsuntertanen vereinigt sind und die hohe Gerichtsherrlichkeit zum Mittelpunkt haben. Ihren Grund haben sie teils in erblichen Besitzrechten an Reichsämtern, teils in erblichen Besitzrechten an Bestandteilen der königlichen Finanzhoheit (Regalien), teils in der Immunität, teils in der Grund- und Dienstherrschaft, teils in der Vogtei des Herren, welche wiederum Immunitäts- oder Mark- oder Frohnhofvogtei (s. S. 160, 161 und oben) sein kann, teils endlich in Pfandrechten an Reichsstädten und Reichsvogteien (Reichspfandschaften). Die Amtsgewalten, welche, sei es zu Eigen, sei es zu Lehen, Ausgangs- und Mittelpunkt der Landesherschaft bilden, können zusammengesetzt sein aus denen des Grafen (d. h. des ordentlichen Bezirksstatthalters nach der karoling. Verfassung) bzw. Markgrafen, des Herzogs (d. h. des Grafen oder Markgrafen mit der Machtvollkommenheit eines königlichen Gewaltboten = *missus regis*), endlich des Pfalzgrafen (jüng. Ordg. = *comes palatinus* [1]), d. h. des ottonischen Spezial-*missus* für Ausübung der königlichen Finanz- und Gerichtsgewalt im Herzogtum). Kraft des Privatrechts an der Amtsgewalt gebühren aber seinem Inhaber die sämtlichen Gefälle, welche in Ausübung jener namens des Königs zu erheben wären. Überhaupt erwäge man, daß, auch wenn ein Besitzrecht an Staatshoheitsrechten nur durch Lehensvertrag begründet war, der Vasall befugt war, unter Ausschluß seines Lehensherrn über die Art zu bestimmen, wie er sich die Hoheitsrechte nutzbar machen wollte. Daher ist von Haus aus der Charakter der Landesherrschaft patrimonial. Seit Kaiser Friedrich II. wird sie durch Reichsgesetze und Privilegien wie durch die Praxis vervollkommnet. Gericht, Münze, Zoll hören auf, im fürstlichen Territorium dem König bei dessen Anwesenheit ledig zu werden. Regalien werden mit bestimmten Landesherrschaften für immer verbunden. Das Befestigungs- und somit das Recht der Stadtanlage, sowie das Gesetzgebungsrecht wird als wesentlicher Bestandteil der Landeshoheit anerkannt. Durch *privilegia de non evocando* und *de non appellando* werden Territorialherrschaften gegenüber dem König, durch den, — wenn man von den westfälischen »Freigrafschaften« (*comitiae liberae*) oder »Freigerichten« absieht, — fast allgemeinen Wegfall der königlichen Bannleihe (S. 157), deren Stelle jetzt eine besondere landesherrliche einnimmt, und der Afterverleihung der Grafschaft werden sie den Landesangehörigen (»Landsassen«) gegenüber konsolidiert. In der Markgrafschaft waren königliche Bannleihe und Afterverleihung, in den Herzogtümern wenigstens die erstere von Anfang an nicht erforderlich gewesen. Nunmehr ist es dem Landesherrn ermöglicht, seine Hoheitsrechte unmittelbar den Landsassen gegenüber durch von ihm ganz und gar abhängige Beamte zur Geltung zu bringen und seine Herrschaft mehr und mehr einheitlich zu gestalten. In seinen Verfügungen übers Territorium ist er zunächst nur durch Reichslehenrecht beschränkt. Dagegen erwachsen ihm hierin nicht nur, sondern auch in der Ausübung seiner Herrschergewalt neue und sehr tief eingreifende Schranken in der rechtlichen Stellung der Landstände (obd. *lantliute*), die sich ihm gegenüber wie die Reichsstände gegenüber dem König (oben S. 156f.) auf den Grundsatz *nihil de nobis sine nobis* stützen. Zu ihnen gehörten von Anfang an alle diejenigen Landsassen, denen

[1]) Nicht mit dem karoling. *comes palatii*, noch auch dem spätmittelalterlichen »Hofpfalzgrafen« (*comes palatinus*) zu verwechseln! Vgl. § 85.

Privatrechte an obrigkeitlichen Gewalten zustanden (die *meliores et majores terrae* oben S. 50). Ohne ihre Zustimmung kann der Landesherr kein Gesetz machen. Zu ihnen kommen alsbald die Vassallen und Dienstmannen des Landesherrn, dann seine Städte und Märkte, in einigen Territorien auch die freien Bauerngemeinden. Das Bedürfnis, in seinem oder in dem wenigstens mittelbar auch ihn berührenden Landesinteresse in die Rechte solcher Volksgruppen einzugreifen, insbesondere Steuerforderungen (*beten*) bei ihnen durchzusetzen, außerdem Wechsel der Dynastien und Thronstreitigkeiten nötigen die Landesherrn zur Gewährung staatsrechtlicher Zugeständnisse, die meist in der Form von Privilegien (»Freiheiten«) erfolgt (in Steiermark schon seit dem Ausgang des 12. Jahrh.). So erlangen im SpätMA. die Landstände das Recht, Bündnisse untereinander abzuschließen, wodurch sie die errungenen Freiheiten (nötigenfalls sogar mit Waffengewalt) verteidigen, neue erzwingen können (*jus armorum*). Sie organisieren sich als Korporation (*lantschaft*) mit dem Recht nicht nur der Steuerbewilligung und des Veto bei der Landesgesetzgebung, sondern auch der Mitregierung in Sachen der Rechtspflege, der Administration und der Disposition über das Territorium. Übrigens hat wie der Erwerb dieser Rechte so die Organisation der Landstände meist lange Zeit in Anspruch genommen. Namentlich der sichtbare Ausdruck der politischen Ständekorporation, der, wenn auch in teilweisem Anschlusse an den alten landesfürstlichen Hoftag (die *lantsprache*) ausgebildete, so doch auf anderm Rechtsgrund beruhende »Landtag« und der ständische Ausschuß sind nicht vor dem 15. Jahrh. dauernde Einrichtungen geworden.

Noch vor der Ausbildung der Landstände, seit dem 12. Jahrh., sind Ausschnitte aus der Landesherrschaft auf die Stadtgemeinden, und zwar ebenfalls zu privatem Besitzrecht, übergegangen, teils indem ein selbständiges Besteuerungsrecht, dann andere Bestandteile der Finanzhoheit sowie das Befestigungsrecht in ihrer Hand anerkannt oder durch Privilegien ihnen verliehen wurden, teils indem sie mit der Grafschaft oder landesherrlichen oder reichsvogteilichen Ämtern (Burggrafschaft, Schultheißenamt) oder der Immunitätsvogtei die Justizhoheit samt den damit verbundenen Polizei- und Finanzgewalten im Vertragsweg erwarben. »Frei« nannte sich im Gegensatz zu den »Reichs«- und zu den »Landstädten« eine Stadt, wenn im Prinzip sämtliche landesherrliche Rechte in ihre Hand gelangt waren. Das oberste Organ, wodurch die Gemeinde ihre Hoheitsrechte regelmäßig ausübte, war der Rat (oben S. 121), der sein Regiment mittels eines an die Stelle des herrschaftlichen tretenden gemeindlichen Beamtenorganismus führte. Ansätze zu einer analogen feodalen Entwicklung zeigt die Marktgemeinde. Während aber sie naturgemäß hinter der Stadtgemeinde in dieser Hinsicht zurückbleiben mußte, haben eine ähnliche Stellung wie die städtischen Räte in friesischen Distrikten (»Goen, Ländern«) die im 13. Jahrh aufkommenden »Ratgeben« (*rêdgevan, riuchtera, consules*) und teils um diese Zeit, teils noch im Spätmittelalter im Land Dithmarschen die Kirchspiele, in den »Ländern« der Mittel- und Ost-Schweiz die »Landtage« oder »Landsgemeinden« erlangt. In der Regel war dort das Ergebnis eine Teilung der Herrschergewalten zwischen König oder Landesherr oder auch einem eigenen Schutzvogt einer- und Land anderseits. Bündnisse unter Städten, Kirchspielen, Ländern (vgl. oben S. 50 ff.) führten diese zu gemeinschaftlicher Ausübung gewisser Herrschaftsrechte (Friedensbewahrung, Gesetzgebung, Rechtspflege), wozu Vereinstage und Bundesgerichte als Organe dienten.

§ 52.

Ganz und gar ihren eigenen Weg ist die Entwicklung der Herrschergewalt auf Island gegangen, womit wiederum zu einem guten Teil die Eigenheiten der isländischen Staatseinrichtungen überhaupt zusammenhängen. Herrschaft und Staat knüpfen sich auf Island an das Eigentum an der unter Dach und Fach angelegten heidnischen Kultusstätte (*hof*). Der Eigentümer ist der allein berechtigte Priester (*goðe, hofgoðe*) und insofern der natürliche Vorstand der Kultgemeinde, der er den Zutritt zum Heiligtum gegen eine Abgabe (*hoftollr*) gestattet. Die sakralen, aus Norwegen stammenden Institute des Strafrechts und Prozesses bringen aber auch die Gerichtsherrschaft nebst der Exekutionsgewalt in die Hand des Goden. Die Mitglieder des so entstehenden Gerichts- und Rechtsverbandes (*þinghá, þingmannasveit*) unterstellen sich dem Schutze (*traust*) des Goden. Hiedurch wird dieser ebensosehr zum Friedensbewahrer im Rechtsverbande, wie zum Vertreter seiner Angehörigen (*þingmenn*) nach außen berufen. Eine nur teilweise von der Zustimmung der Thingleute abhängige Gesetzgebungsgewalt und eine Befehlshaberschaft (*bann*), einschließlich des Aufgebots über seine Thingleute und des Rechts, ihnen ihren

Aufenthalt anzuweisen, steht ihm behufs Erfüllung seiner Aufgaben zur Verfügung. Damit ist das Godentum (*goðorð*) zu einem »Reich« (*ríke*), zu einer »Gewalt« (*velde*) und zu einer Regierung (*manna forráð*), der Thingmann zu seinem Untertanen (*undermaðr*), der Gode zur Obrigkeit (*yfermaðr*) seiner Dingleute gemacht. Und diese Herrschaft überwiegt derart ihre priesterliche Grundlage, daß sie auch nach dem Übergang zum Christentum nicht zerfällt. Territorialität ist dem goðorð nicht wesentlich. Denn das Verhältnis zwischen dem Goden und seinem Thingmann beruht lediglich auf der vom Goden angenommenen Unterwerfung (*segjask í þing við* oder *með goða*) des Thingmannes und ist beiderseits kündbar. Obschon nun aber die Pflichtseite im goðorð keineswegs verkannt wird, bringt doch sein Ursprung aus dem Tempeleigentum seine Vererblichkeit nicht nur, sondern auch seine Veräußerlichkeit und Teilbarkeit mit sich. Diese Eigenschaften des goðorð ermöglichen es im 12. und 13. Jahrh. einzelnen Häuptlingen, eine größere Zahl solcher Herrschaften in ihrem Besitz zu vereinigen, zuletzt aber dem norweg. König, mittels Erwerbs der goðorð den Freistaat sich zu unterwerfen. Der Freistaat selbst war konstruktiv wie genetisch aus den goðorð zusammengesetzt. Dies zeigt sich einmal in der Form seiner Zentralgewalt, nämlich des gesetzgebenden und administrierenden Ausschusses (*lǫgrétta*) der um 930 (?) eingeführten Landsgemeinde (*alþinge*). Die lǫgrétta besteht, abgesehen von dem durch sie gewählten Gesetzsprecher (oben S. 80) und in christl. Zeit den Bischöfen, aus Goden und von ihnen ernannten Beisitzern, welche seit 1004 nur noch beratende Stimme hatten. Das Landesgericht (der *alþingisdómr*) ferner ist zwar nicht aus Goden, wohl aber durch die Goden zusammengesetzt. Sodann aber geht auch die 965 eingeführte Bezirksverfassung vom goðorð aus, indem sowohl die Thingverbände (*þingsókner*) innerhalb des Landesviertels (*fjórðungr*) unter die gemeinsame Gerichtsherrschaft von je drei Goden (*samþingisgoðar*), als auch die Viertelsthinge (*fjórðungsþing*) unter die der vereinigten Goden des Viertels gestellt werden. Parallel damit geht eine Vervielfältigung des Landesgerichts in vier *fjórðungsdómar*, deren Gerichtsherren die Goden bleiben. Auch das 1004 gegründete »Fünft«- oder Oberlandesgericht (*fimtardómr*) ist durch Goden besetzt. In dem von Island aus besiedelten Grönland findet sich das goðorð ebenfalls. Doch läßt sich seine Stellung in der dortigen Verfassung nicht genau erkennen.

Vierter Abschnitt.
VERWANDTSCHAFTLICHE VERHÄLTNISSE.

Literatur bei Schröder Lehrb. S. 60, 64—73, 309—348, 752—755, 28 f., 162, 169, 655 f., Brunner RG. I² §§ 12, 13, 19, 29, II § 92, Grundzüge §§ 3, 44, 52—57, Siegel RG. §§ 134—141, 160—172, Hübner, Grundzüge d. deut. Privatr. §§ 90—101, Rosenvinge §§ 17, 20, 22, 43, 46, 50, 54, 58, 59, 95—97, 103, 106, Stemann §§ 60—83, Gengler Grundriß §§ 15, 52—60, 48. S. ferner: v. Schwerin in Meisters Grundriß d. Geschichtswissensch. Bd. II Abt. 5 (1912) S. 80—105, Gans, *Das Erbrecht i. weltgesch. Entwicklg.* 1835 IV, Lamprecht, *Zur Sozialgesch. der deut. Urzeit* 1889, M. Pappenheim in Forsch. z. deut. G. XXIII S. 616—631 u. Kr. Vjschr. XXXIV 172—218, W. Merz, *Das Intestaterbr. der argau. RQuellen* 1891, Winroth, *Om arfvingarnes ansvarighet för arflåterens förbindelser* 1879 S. 28—36, 84—135, Grupen, *De uxore theotiska* 1748, Leuenberger, *Stud. ü. bern. Rechtsgesch.* §§ 34—38, F. Roeder in den Nachrichten d. GW. zu Göttingen, philol. Kl. 1907 S. 1—15, 373—383, R. Lagus, *Om oäkta barns rättsförhållande* 1858, H. Brunner in Zschr. f. RG. XVI S. 63—108, XVII 1—32, Rusch in s. Ausg. des Appenzell. Landbuchs 1869 S. 11—60, Olivecrona, *Om makars giftorätt i bo* (5. Aufl.) 1882 S. 35—101, 119 flg. 128—130, 142 bis 230, K. Schmidt, *Jus primae noctis* 1881, Ders. in Zschr. f. Ethnologie 1884 S. 18—59, Ficker in der oben S. 9 angeführten Abhandlg., Gierke, *D. deut. Genossenschaftsr.* I §§ 3, 11, 26, 27, 35—43, F. Liebermann in Mélanges Fitting II (1908) 77—103, G. v. Below in Histor. Zschr. CVI 268—294, G. Schanz, *Z. Gesch. d. deut. Gesellenverbände* 1877, G. B. Salvioni, *Le Gilde inglesi* 1883 (dazu Pappenheim in Rivista crit. delle science giur. I p. 232—235), G. Groß, *Gilda mercatoria* 1883 (dazu Pappenheim in Zschr. f. Handelsr. XXX S. 276—288). Derselbe, *The Gild merchant* 1890 (dazu Liebermann in Zschr. f. Geschichtsw. 1891 S. 115—121, Pappenheim in Zschr. f. Handelsr. XXXIX S. 642—645), J. Kähler, *Die Gilden in den Holstein. Elbmarschen* 1904, v. Below in Jahrbb. f. Nat.-Ökon. 1892 S. 56—68, A. Wiessner in Zschr. f. Geschichtswissensch. XII 1894/95 S. 312—339; Kunik in Mém. de l'Acad. de Petersb. Sér. 7 XXXIII 1875 S. 247—253, 372—375; — Thorlacius, *Borealium veterum matrimonia* 1784, Engelstoft, *Forsög til en Skildring af Quindekjönnets kaar* 1799, v. Amira in histor. Zschr. 1877 S. 248—258, Derselbe, *Nordgerman. Obligat.-R.* I §§ 26, 53, 58, 61, 74, 77, 94, 96, II SS. 97—107, 193—197, 202—206, 214—218, 221, 645—657, 659—675, 812—815, 873—893, 907 bis 929; — Larsen, *Forel.* S. 145—169, 206, 222, V. Bang in Histor. Arkiv 1887 S. 401 ff.; — Schlyter, *Jurid. Afhandlingar* I S. 146—175, E. Estlander, *Studier i äldre svensk förmynderskapsrätt* (in Tidskr. af Jurid. Fören i. Finnland 1897, 1902), Nordling, *Antekn. efter förel. öfver ärfda balken* (2. Aufl.) 1878 S. 39—45, 185—189, 298—300, 331—333, Ders. *Om boskilnad* (2. Aufl.) 1883 S. 66—73, Olivecrona, *Testamentsrätten enl. svensk lagstiftning* 1880 S. 55—90, Kreüger, *Det aryska elementet i den fornsvenska familiens och slägtens organisation* 1881 [1]), H. Hildebrand in Vitterh. Akad. Månadsblad 1883 S. 73—80, 124—129, Winroth, *Äktenskap ingående* 1892 S. 13—24, 68—99, Thyrén, *Makes Gäld* 1893 (dazu Olivecrona in TRv. 1894 S. 100 flg.), — Brandt, *Forel.* §§ 20—28, E. Hertzberg, *De gamle loves mynding* (Christ. 1889), K. Maurer in Kr. Vjschr. XXXI S. 214—222, v. Amira in Gött. gel. A. 1889 S. 259—266, Michelsen in Eranien z. deut. R. Lief. II S. 116—183, III 68—99, V. Finsen in Annaler for nord. Oldkynd. 1849 S. 150—331, 1850 S. 121—272, K. Maurer, *Vorlesungen* III (1908) S. 1—335, Derselbe in Kr. Vjschr. II S. 75—122, IV S. 412—424, IX S. 550 bis 564, X S. 382—404, XI S. 412—416 und in Münch. Sitzgs.-Ber. 1877 S. 235—253, 1895 S. 65—124, Beauchet [2]) in Nouv. Revue hist. de droit français et étranger IX (1885) S. 65—106, Pappenheim, *Die Pflegekindschaft in der Graugans* (Brunner-Festschr. 1910).

§ 53.

Die Blutsverwandten (bei den Westgerm. **mêgôs* woraus as. *mâgôs*, ahd. *mâgâ* etc., in ihrer Gesamtheit ags. *mǽgð*, sonst **kunja*, nämlich got. *kuni*, skand. *kyn*, ags. *cyn*, ahd. *cunni*, dafür on. auch *niþ*) galten noch in der älteren histor. Zeit als die einander »Angehörigen« und die Genossenschaft κατ' ἐξοχήν, die »Sippe« (got. *sibja*, an. *sif* und *sift*, ags. *sib*, ahd. *sippea*, zu *sve*= »suus«, vgl. fries. *sia*). Aber vom Beginn der histor. Zeit an standen im Blutsverband schon nicht mehr bloß diejenigen, deren Verwandtschaft allein durch die Mutter vermittelt war: es galt im Rechte Verwandtschaft mit dem Vater und durch denselben. *Ætt* ist der von den Skandinaven bevorzugte Name für den Inbegriff der Blutsverwandten; er bedeutet die »Achtzahl«, d. h. die vier urgroßväterlichen und die vier urgroßmütterlichen Gruppen von Verwandten der Ausgangsperson (vgl. die holländ. *achtendeele*). Ein Stammvater war Eponymus des Geschlechts, und die Vaterseite (»Speerhälfte«, »Schwertseite«) unter den Verwandten genoß im allgemeinen sogar den Vorrang vor der Mutterseite (»Spindelhälfte«). Anderseits ragten Überbleibsel des gegenteiligen Systems aus der vorgeschichtlichen in die geschichtliche Zeit, m. a. W. aus der Zeit der Weibergemeinschaft in die Zeit der Ehe herein, wie z. B. der alsbald zu erwähnende Avunculat und die westgerm. Benennung des Schwiegersohnes nach der Schwiegermutter (ahd. *eidum* v. *eidî*)

[1]) Die von K. Lehmann (s. oben S. 5) verzeichnete Schrift von Landtmanson *Studier öfter arfsrättens historia* 1869 hat keinen germanistischen Inhalt.

[2]) Nicht »Glasson«, wie K. Lehmann Verzeichn. S. 231 angibt.

Die Gliederung der Sippe beruhte bei Beginn der geschichtlichen Zeit auf dem Gegensatz zweier Hauptgruppen oder Kreise. Der engere Kreis (afränk. **fathum*) war gebildet von Sohn, Tochter, Vater, Mutter, Bruder, Schwester, — den »gesipptesten sechs Händen« (fries.), — der weitere von den übrigen Verwandten (»Neffen« und »Nichten« im weitesten Sinn, wozu auch skand. *niþjar* got. *niþjôs*), deren Nähe nach »Knien« oder »Gliedern« berechnet wurde. Daher ags. *cnéoris* = Geschlecht. Und zwar wurde in der absteigenden Linie bei den Enkeln (ags. »zweiten Söhnen«), in der aufsteigenden bei den Groß-Eltern (ags. »zweiten Vätern«) das erste Knie gezählt. Die Nähe zwischen Seitenverwandten wurde durch Abzählen der Knie in den beiden von ihrem gemeinsamen Stammvater absteigenden Linien ermittelt, so daß hier die Kinder der Geschwister und die Geschwister der Eltern ins erste Knie zu stehen kamen. Eine uralte und ehedem allgemein ostgermanische Ausdrucksform für diese Berechnung der Seitenverwandtschaft bewahrt das isländ. Recht, indem es die Kinder der Geschwister als »nächste Brüder«, deren Kinder als »andere«, deren Kinder als »dritte Brüder« bezeichnet. Diesem klassifikatorischen System entspricht ein ähnliches westgermanisches, welches nach consobrini (nl. *zweers*, franz. cousins, ital. cugini) zählt (sog. Vetterschaftssystem). Das klassifikatorische System ordnet also die sämtlichen Blutsverwandten der Ausgangsperson nur auf sog. Querlinien an, die übrigens von Haus aus kaum über die eigene der Ausgangsperson (Vetternlinie) und die nächste obere (Oheimlinie) sowie die nächste untere (Neffenlinie) hinausgereicht haben dürften. Es hatte seinen Grund in der einst ausschließlich durch Weiber vermittelten Verwandtschaft. Aus einem Kompromiß zwischen diesem »mutterrechtlichen« und dem frühgeschichtlichen »vaterrechtlichen« System erklärt sich die älteste historische Verwandtschaftsgliederung in die beiden oben beschriebenen Kreise und erklärt sich auch, daß von einigen Rechten in bestimmten Fällen der Mutterbruder (Oheim, **auunka-imaz* = Schützer?) in den engeren Kreis einbezogen wurde (sog. Avunculat). In diesem aber standen jedenfalls der Ausgangsperson ihre Kinder und Eltern, nach einigen RR. aber auch ihre Geschwister gleich nahe (vgl. Götting. gel. A. 1883 S. 41 ff.). Und dies war der Grund, weswegen die Kniezählung erst außerhalb des engeren Kreises begann. Sollte in diesem eine Rangordnung durchgeführt werden, so konnte es nur durch namentliche Angabe der einzelnen Verwandten in ihrer Reihenfolge geschehen. Während diese Gliederung der Sippe in einigen, und zwar sowohl deutschen als skandinavischen, RR. sich bis tief ins Mittelalter hinein erhielt, geriet sie in den meisten unter dem Einfluß vermögens- und kirchenrechtlicher wie gesellschaftlicher Verhältnisse in Verfall. Das mehr und mehr um sich greifende Repräsentationsrecht, der Grundsatz vom »Brusterbe« (unten S. 175), das Berechnen der kirchlich »verbotenen Verwandtschaftsgrade« verwischte den Gegensatz der beiden Hauptgruppen, wie z. B. in der jüngeren ags. Rechnung nach »Sippfächern« (*sibfǽc*) und konnte, auch wo keine lehenrechtlichen Analogien mit hereinspielten, eine neue Struktur der Sippe nach Linien (fries. *fachten, kleften*, von Neuern mißbräuchlich sog. »Parentelen«) bewirken.

§ 54.

Die Sippegenossen waren im Altertum verpflichtet, einander in allen Nöten des Lebens zu helfen, umsomehr alles Feindliche gegen einander zu unterlassen: sie hießen daher »Freunde« (= Liebende, zu *fri*, wie oben S. 125 **frija*) und ihr Verband ags. eine *mǽgburg*. Es ist wie der älteste Stamm und die älteste Kultgenossenschaft [1]), so der älteste Friedensverband, und dauert als solcher auch noch innerhalb des Volksverbandes fort, erscheint zuweilen sogar gegen diesen privilegiert, steht jedenfalls unter erhöhter strafrechtlicher Gewähr. Eben darum kann ags. *sib* (wozu *gesibsumnes*) den »Frieden«, got. *sibjis* »friedlich, rechtlich« bedeuten. Als Schutzverband ist aber die Sippe vor allem ein kriegerischer Verband. Gemeinsam tragen die Gesippen die Fehde. Darum war die Sippe Abteilung (langob. u. afränk. *fara* = Geschlecht, eig. »Fahrtgenossenschaft«) [2]) des altgermanischen Heeres. Überhaupt aber oblag, sobald einer aus ihr erschlagen wurde, dem nächsten männlichen Verwandten die Verfolgung des Totschlägers, und die andern schuldeten ihm hiezu ihren Beistand. Daher auch wurde nach dem älteren Strafrecht das Wergeld (§ 80) vom ganzen Geschlecht, soweit Verwandtschaft galt, gegeben und genommen, wobei die Beitrags- und Empfangsquoten der einzelnen Gesippen nach deren Verwandtschaftsnähe abgestuft waren, insbesondere aber vom ältesten Rechte die an den Blutkläger zu gebende Sühne (on. *arvabot*, wn.

[1]) Der asw. *ættahögher* (»Hügel der Sippe«) scheint daran zu erinnern.

[2]) Über *fara* s. Kögel und Henning in Zschr. f. deut. Altert. XXXVI 316—326, XXXVII 217—222, 304—317.

vigsbœtr, nfries. *banebote*, mfries. *thet riuchte ield*, nl. *erfzoene*) von der an die übrigen Verwandten gehenden (on. *ættarbot*, wn. *niðgjǫlld*, nfries. *tale*, mfries. *meitele*, nl. *maechzoene*) unterschieden wurde. »Mit gemeinen Händen« gelobten dann die beiden durch die Übeltat verfeindeten Geschlechter einander die Urfehde. Primär auf der Verwandtschaft ferner ruhte die Armenpflege, und zwar in der Art, daß der Hilfsbedürftige (an. *ómage*) dem nächsten leistungsfähigen Blutsfreund zur Last fiel, worüber insbesondere die skand. RR. ausführliche Bestimmungen treffen. Aus der Armenpflege ergab sich aber nach einigen RR. auch noch eine subsidiäre Pflicht der Verwandtschaft, zu Bußen beizusteuern Wiederum verwandtschaftlich war Recht und Pflicht der Vormundschaft. Über den unselbständigen, d. h. nach der Anschauung des Altertums über den unwehrhaften Gesippen, folglich über den unwehrhaften Mann und über das Weib sein Leben lang hatten die selbständigen Blutsfreunde miteinander ihre schützende und im Familieninteresse ihre gewaltige »Hand« (and. *mund*, ahd. *munt*) zu halten, sei es, daß sie in den vermögensrechtlichen und persönlichen Angelegenheiten des Mündels selbst die nächst entscheidenden Handlungen vornahmen, sei es, daß sie — wie in der Regel — dieselben einem Verwandten (ahd. *mundwald*, *mundboro*, md. *momber*, — ahd. *foramundo* und *gêrhabe*), dem nächsten ebenbürtigen »Schwertmagen« des Mündels, d. h. dessen nächstem Blutsfreund im Mannsstamm, als seinem prozessualen Verteidiger (on. *malsmaþer*, — ags. *forspreca* — fries. *werandstef*, on. *væriandi*, *værie*) überließen oder unter mehrere verteilten und sich aufs Führen der Aufsicht beschränkten. Den Vermögensvormund traf nach ältestem Recht Wachstum wie Schwund des Mündelgutes; dafür aber hatte er den Mündel zu erhalten, im Notfall aus eigenen Mitteln, und für dessen Übeltaten zu büßen, wie er anderseits auch die Bußen für Verletzungen des Mündels bezog. Endlich äußerte sich die Schutzpflicht der Blutsfreunde in den Grundsätzen über die Eideshilfe (§ 89). Wo das Recht Blutsverwandtschaft zwischen dem Hauptschwörer und dem Eidhelfer verlangte, durften die Gesippen ihre Eideshilfe nicht verweigern, wenn sie sich nicht von ihrem Genossen lossagen wollten. Aber nicht bloß als Schutz- und Trutzverband von »Verpflichteten« (skand. *skyldir*) stellte sich das Geschlecht dar, es bestand in demselben auch eine Gemeinschaft der Habe (on. *fælagh*), deren Teilhaber (ahd. *geanervon*) freilich, soweit das verwandtschaftliche aus dem gemeindlichen Eigentum abgeleitet war, lange auf den engeren Kreis der Sippe beschränkt blieben. Doch ist dabei im Auge zu behalten, daß auch die Gemeinde bei massenweiser Ansiedlung gewöhnlich nur eine erweiterte Sippe war. Sondereigen war höchstens an denjenigen Fahrnissen anerkannt, die dem Toten ins Grab folgten. Aus jenem Gesamteigentum der Verwandtschaft aber, das sich im slawischen Zweig der Indogermanen bis heute erhalten hat, ist das Erbrecht entstanden, welches darum auch immer prinzipiell ein blutverwandtschaftliches und ein der Willkür des Erblassers entzogenes geblieben ist, anderseits erst schrittweise außerhalb des weiteren Sippenkreises um sich gegriffen und auch nachher noch aus den verschiedenartigsten Gründen und Vorwänden Eintrag zugunsten der öffentlichen Gewalt (namentlich in Deutschland) erlitten hat. Der Erbnehmer (got. *arbinumja*, ags. *yrfenuma*) oder »Erbe« (got. *arbja*, an. *arfi*, *erfinge*, ahd. *arbeo*) d. h. der Nehmer der Habe, in vorgeschichtlicher Zeit des »Viehstandes« (got. *arbi*, an. *arfr*, ags. *yrfe*, ahd. *arbi*, *erbi*) [1]) wurde nach ältestem R. durch den Tod des Erblassers nur von einer Schranke seiner Befugnisse befreit, indem er in die Verwalterschaft des Nachlasses eintrat, dessen Bestandteile ihm schon bei Lebzeiten des Erblassers gehörten. Als »Erbwart« (ags. *yrfeweard*, as. *erbhiward*, an. *erfivǫrðr*) aber hatte er, wenn der Erblasser seine Habe veräußern wollte, gemeinschaftlich mit demselben zu handeln oder doch zuzustimmen (sog. Beispruchsrecht). Nur unter Mitwirkung der Verwandten konnte denn auch ein Nichterbe zum Erben gemacht werden, und nur in der Form, daß er in das Geschlecht aufgenommen wurde. Aus dem Wesen des Erbrechts folgte ferner, daß der Erbe keines Erbschaftsantrittes bedurfte: »der Tote erbte den Lebendigen«. Nur hatte er mit Rücksicht auf den Kult des Erblassers bis zum Totenopfer (skand. *erfi* und *eptirgerþ*, in christl. Zeit mitunter als Erbschaftserwerb statt als Besitzergreifung hingestellt) die Nachlaßruhe zu beobachten, wie sie anderseits auch ihm zugut kam, ein Grundsatz, der noch in später christlicher Zeit in der rechtlichen Bedeutung des »Siebenten« und des »Dreißigsten« nachklingt. Aber nicht bloß Tote, auch Lebende konnten von ihren Verwandten beerbt werden, nämlich wenn sie vermögensunfähig wurden, wie z. B. die Sonder-

---

1) Vgl. Sievers PBB. XII 1887 S. 174—177. Doch wird neuerdings mit *arbi* usw. wieder lat. *orbus*, griech. ὀρφανός, armen. *orb* (verwaist) zusammengestellt.

siechen nach langob., die Blinden und Wahnsinnigen nach fries. R. und im Mittelalter die Mönche. Um Erbe nehmen zu können, mußte man nicht nur die erforderliche Vermögensfähigkeit besitzen, sondern auch nach einigen RR. von normaler Leibesbeschaffenheit und dem Erblasser ebenbürtig sein. Vgl. § 42. Auch »blutige Hand nimmt kein Erbe«, d. h. man kann nicht einen andern beerben, den man absichtlich getötet hat. Die Erbfolgeordnung war zu nächst durch die Nähe der Verwandtschaft bestimmt, so daß ursprünglich dem engeren Verwandtschafts- ein engerer Erbenkreis entsprach, innerhalb dessen alsdann die Kinder (der »Busen«) den Eltern (dem »Schoß«), die Eltern den Geschwistern vorzugehen pflegten. In die Stelle vorverstorbener und abgeschichteter Erbwarte deren Nachkommen eintreten zu lassen (sog. Repräsentationsrecht), war dem altgerman. Erbrecht ebenso fremd, wie die alleinige Sukzession e i n e s unter mehreren gleich nahe Berufenen (Individualsukzession). Dagegen hatten Weiber dem ursprünglichen Prinzip nach kein Erbrecht und auch, nachdem sich ihre Stellung gebessert hatte (ältester nord. Beleg die Inschr. v. Tune in Norwegen c. 500), standen sie noch gemeiniglich den Männern im Erbrecht nach, sei es, daß sie selbst von entfernter verwandten Männern, oder sei es, daß sie wenigstens von gleich nahen ausgeschlossen wurden, oder daß sie neben solchen geringere Anteile erhielten, sei es ferner, daß sie so in Ansehung des Nachlasses überhaupt behandelt wurden, oder daß sie nur noch in bezug auf bestimmte Güter zurückgesetzt blieben [1]). Dieser Bevorzugung der Männer vor den Weibern entsprach regelmäßig eine Bevorzugung der Speerseite vor der Spindelseite. Nach dem Tode einer Frau jedoch fiel in christlicher Zeit, als der Tote sein Sondergut nicht mehr ins Grab mitnahm, nach einigen Rechten die »Gerade«, d. s. bewegliche Güter des spezifisch weiblichen Gebrauchs unter Ausschluß von Männern an die Weiberseite, wie das »Heergerät« oder »Heergewäte« unter Ausschluß von Weibern nach der Männerseite

---

[1]) Zu ganz andern Ergebnissen gelangt O p e t, *Die erbrechtl. Stellung der Weiber i. d. Zeit der Volksrechte* 1888, eine Untersuchung, die ich schon in der Methode für vollständig verfehlt halten muß, da sie das westgerm. R. unter Heranziehung der gotischen und systematischer Übergehung der skandinavischen Rechte zu rekonstruieren sucht. Vgl. auch L i e b e r m a n n in Deut. Zschr. f. Geschw. II 1889 S. 514. Gegen die von der hier vertretenen abweichende Ansicht J. F i c k e r s s. H. B r u n n e r in der Zschr. der Savigny-Stiftung f. RGesch. XXI (germ. Abt.) S. 1—19, R. S c h r ö d e r *Lehrb.*[5] S. 340 Nr. 295.

fiel. Durchgreifende Veränderungen des Erbfolgesystems sind im Laufe der Zeit eingetreten teils durch Ausdehnung des »Busen«-Begriffes und einseitiges Verfolgen des Grundsatzes, daß »niederwärts«, nicht »aufwärts« geerbt werde, »Busen«- oder »Brust-Erbe« (asw. *brystarf*) dem »Rücken-Erbe« (asw. *bakarf*) vorgehe, teils aber auch durch ausschließliches Bevorzugen des Aszendenten als des »Schoßes« vor den Seitenverwandten. Gemeinsam wie die Habe war den Sippegenossen die Ehre. Schändung der letzteren (an. *frændaskǫmm*, *ǽttarskǫmm*) konnte durch verächtliches Verhalten eines Gesippen oder durch Verletzung ihrer Munt von seiten der Mündel bewirkt und dann von der Sippe am Täter mit Ausstoßung, unter Umständen mit Todesstrafe geahndet werden. Soweit ein solches Sippenstrafrecht nicht Platz griff, konnte sich jeder Gesippe durch formbedürftiges und öffentliches Geschäft von seinem Geschlecht lossagen (ags. [*mǽgð*] *forsacan*, in der L. Sal. *se de parentilla tollere*, in salfränk. Tochterrechten *forisjurare*), mit der Wirkung wenigstens, daß er sich seiner Pflichten gegen die Blutsfreunde entledigte. Anderseits konnte das Geschlecht durch »Einleitung« eines Fremden in dasselbe (wn. *ǽttleiðing* on. *ætleþing*, jene ursprünglich unter dem Symbol der Schuhsteigung, diese eidlich, bei Legitimation unter Schoßsetzung des zu legitimierenden Kindes) erweitert werden. Vgl. oben S. 127. Ein analoges Geschäft unter dem Symbol des Umarmens (später des Umschließens mit dem Mantel) behufs Aufnahme in den engeren Verwandtschaftskreis war das **atfathumjan* des altfränk. R. in seiner ursprünglichen [1]) Bedeutung. Bei den Langobarden gab es eine Anbrüderung (lat. *affratare*), in welche das Eingehen eines Gesellschaftsvertrages eingekleidet werden konnte.

§ 55.

Erstarkung des Staats und Vermehrung seiner Aufgaben, der Einfluß der Kirche, wirtschaftliche Ursachen, darunter zunächst schon die Art der fortschreitenden Bodenbesiedlung, wirkten zusammen, um eine ebenso rechtliche wie tatsächliche Lockerung der Sippe anzubahnen, deren Funktionen nun teilweise auf andere Verbände übergehen. Ihre überall, wenn auch ungleich-

[1]) Die l. Sal. selbst beschreibt unter dem Titel *de adfathamire* ein Geschäft, welches zwar noch Zuwendung des Nachlasses aber keine Geschlechtsleite mehr ist, vielmehr durch eine solche überflüssig wurde. Vgl. die anorw. *gjaferfð*.

mäßig und nichts weniger als gleichzeitig hervortretenden Symptome zeigen sich sowohl in der Abschwächung des verwandtschaftlichen Schutzverbandes, wie in den Veränderungen des Güterrechts der Sippe. Die Pflicht, zum Wergeld beizusteuern, wird eine subsidiäre, etwa gar an die Bedingung geknüpft, daß der Wergeldzahler die Erbschaft des Totschlägers empfängt. Oder sie verschwindet gegenüber den Wergeldnehmern, um nur gegenüber dem Totschläger (als Unterstützungspflicht) übrig zu bleiben. Auch das Recht zum Empfang des Wergeldes wird auf den Erben des Erschlagenen beschränkt, so z. B. schon im ribwarischen Gesetzbuch, welches auch die Pflicht, Wergeld zu zahlen, nur dem Totschläger bzw. dessen Erben auferlegt. Die Gesamtvormundschaft der Sippe wird von der Individualvogtei des nächsten »Schwertmagen« oder des nächsten selbständigen Blutsfreundes oder von den verschiedenen aus der einheitlichen Vormundschaft abgespaltenen und unter mehrere Verwandte verteilten Gewalten wenn nicht verdrängt, so doch zurückgedrängt. Konnte sie ihrer vermögensrechtlichen Bestandteile wegen als nutzbares Recht aufgefaßt werden, so führte einseitiges Verwerten dieses Gedankens deutsche Rechte schon ziemlich früh dazu, sie als vererblich zu behandeln, wie z. B. die Vormundschaft über eine Witwe nicht sowohl ihren Blutsfreunden als den Erben ihres Ehemannes zu übertragen. Mit der Entwicklung einer starken Herrschergewalt bei südgerm. Völkern in Zusammenhang stand es, daß nicht nur der Sippe, sondern auch dem Herrscher der Beruf zugeschrieben wurde, Unmündige zu bevormunden. Neben den gesetzlichen (»geborenen«) kommen ferner im Mittelalter durch Vertrag berufene (»gekorene«) Vormünder auf, in Ermangelung beider aber von der Obrigkeit bestellte und beaufsichtigte, neben der landrechtlichen ferner eine lehenrechtliche, die dem Lehenherrn des unmündigen Vassallen zustehende »Lehensvormundschaft«. Auch der Inhalt der Vormundschaft änderte sich, indem das Mündelgut aufhörte, eiserner Bestand zu sein, und der Vormund verpflichtet wurde, den Ertrag des Mündelguts zu verrechnen. Wie zum bloßen Verwalter wurde der Vormund anderseits zum gerichtlichen und außergerichtlichen Stellvertreter des Mündels. Die Unselbständigkeit endlich, wegen deren man eines Vormundes bedurfte, wurde nicht mehr in der Unwehrhaftigkeit, sondern in der Verstandesunreife oder Geschäftsunkunde erblickt. Die Folge davon war, daß die Altersvormundschaft zum Mittelpunkt des gesamten Vormundschaftsrechts wurde, während die Vormundschaft über Weiber (sog. Geschlechtsvormundschaft) in den Hintergrund trat, oft nur als gerichtliche fortdauerte oder zu einer bloßen Beistandschaft herabsank, über Witwen und Kauffrauen allenfalls gar aufhörte. Das Umsichgreifen des Erbrechts über den Kreis der Gemeinderschaft oder Ganerbschaft hinaus (oben S. 175) tat zunächst der letzteren Eintrag, so daß sie bei den Südgermanen nach der Völkerwanderung meist nur fakultativ neben dem Individulavermögen fortdauerte, schwächte aber weiterhin das blutsfreundschaftliche Erbrecht überhaupt, zumal wenn die alte Strenge der Verwandtschaftspflichten nachließ. Nun konnten Individualsukzessionen (Minorate und Majorate) Eingang in die Erbfolgeordnung finden, das Ganerbenrecht in den in §§ 62 und 64 zu beschreibenden Verfall geraten, ein Erbrecht des Ehegatten, des Brotherrn, des Gastgebers, des Gefährten anerkannt werden. Es konnten sogar gleichzeitig verschiedene Erbgänge in verschiedene Vermögen desselben Erblassers wie z. B. Allodial-, Lehens-, Stammgutsvermögen sich ereignen. Frühzeitig wurde auch unter der Herrschaft des Christentums der ehedem einem Gestorbenen ins Grab folgende Totenteil an der Fahrnis durch einen Freiteil ersetzt, der zunächst fürs Seelenheil des Gestorbenen verwendet werden sollte. Um so leichter konnten die Gesippenrechte den »Seelgaben«, dann aber auch Veräußerungen von Fahrnissen oder von »wohlgewonnenem« Gut gegenüber verschwinden, Vermächtnisse (oft unter »Testaments«-Namen, doch mhd. *gescheffede*, *gemechte* ags. *cvide*, fries. *bôkinge*) und Erbverträge [1]) in Aufnahme kommen.

§ 56.

Die altgerman. Ehe (ahd. *hîrât*, skand. *hjonalag*) war ein Aggregat verschiedener Rechtsverhältnisse, gegenseitiges Recht der Ehegatten als »Hausleute« (ahd. *hîun*, on. *hion*, wn. *hjón*) und »Genossen« (ahd. *gimahho* bzw. *gimahha*, ags. *gemaeca*, — ahd. *gimahhidi*, mhd. *gemechede*) auf Lebensgemeinschaft (ahd. *hîwunga*), die jedoch noch nicht Standesgemeinschaft mit sich bringt, Hausherrschaft des Mannes, welche die Vormundschaft über das Weib absorbiert, Hausfrauschaft des Weibes. Durch ihr Recht auf Lebensgemeinschaft wie durch ihre Zugehörigkeit an den Mann

[1]) Die letzteren schon vor 643 bei den Langobarden, deren Formel für die Erbeinsetzung in Roth. 173 erhalten ist: *lid in laib* = gehe ein in den Nachlaß.

unterschied sich die Ehefrau (skand. *aþalkona* und wn. *eiginkona*) nicht nur von der »Friedel«, sondern auch von der im Hause gehaltenen »Kebse«. Aber dieses Recht war beträchtlich schwächer als das gegenüberstehende des Mannes. Letzteres war ausschließlich, in der Art daß nach ostgerm. RR. sogar Witwentötung (= Opferung) bestand, das Recht der Frau nur gegen willkürliches Verstoßen gekehrt. Einen Ehebruch konnte die Frau gegen den Mann, nicht aber der Mann gegen die Frau begehen. Der Mann konnte sogar mehrere Ehefrauen gleichzeitig haben. Die eheherrliche Gewalt äußerte sich nicht nur in der häuslichen Befehlshaberschaft des Mannes und in einem Züchtigungsrecht desselben, sondern auch in seinem Recht, die Frau wegen Ehebruchs und anderer schwerer Verschuldungen oder in echter Not zu verkaufen, ja, in den ersteren Fällen sogar zu töten. Daher ist das Eheschwert Symbol der eheherrlichen Gewalt. Hinwiederum legte diese dem Manne die Haftung aus Übeltaten seiner Frau auf. Soweit aber die eheherrliche Gewalt Spielraum gewährte, hatte auch die Frau (als »Wirtin«) im Hause zu befehlen. Daher konzentrierte sich in Abwesenheit des Mannes oder bei vorübergehender Behinderung desselben die ganze Hausherrschaft in der Hand der Frau. Durch diese ihre »Schlüsselgewalt« unterschied sich die Ehefrau von der freien Dienerin. Die beschriebenen Eigenheiten der altgerman. Ehe erklären sich aus deren Enstehung ebenso wie ihre Eingehungsformen. Die praehistorische Weibergemeinschaft nämlich hat nur durch die Raubehe überwunden werden können. Der Mann, der in den ausschließlichen Besitz eines Weibes gelangen wollte, mußte es sich außerhalb der Rechtsgenossenschaft erbeuten. Neben der exogamischen wurde in der Folge (zuerst im Geschlechterstaat?) auch eine endogamische Raubehe (fries. *nedmund*) anerkannt unter der Bedingung, daß der Entführer sich mit den Verwandten der Entführten friedlich abfand, insbesondere daß er nachträglich von jenen die Vormundschaft erwarb, was er nach altdeut. RR. durch Erlag eines gesetzlichen Entgeltes (fries. *mundsket* = Muntschatz, langob.-lat. *mundius*) ohne weiteres konnte. Die Raubehe hat die Völkerwanderung und nach einigen Rechten (in Schweden als exekutivische Eheschließung) sogar das Frühmittelalter überdauert. Anderseits ist schon in vorgeschichtlicher Zeit zu ihrem Ersatz die Vertragsehe eingeführt worden. Diese ist in der heidnischen Zeit stets nur ein Geschäft zwischen den Verwandten der Braut und dem Bräutigam, nämlich eine »Vergabung« (ags. pl. *gifta* und v. *gyftigean*, *forgifan*, ahd. *prûtigepa*, wn. *gift, giftir, gifting* und *gjaforð*, on. *gipt, gipta, gipning*) [1]) d. h. eine Schenkung der Braut. Der Vormund der letzteren schenkte sie dem Bräutigam zur Ehe, was keine Zustimmung der Braut, wohl aber — wie jede »Gabe« — zu seiner Beständigkeit eine Gegengabe des Bräutigams erforderte. Diese Gegengabe liegt im *mundr* der skandin. RR. vor, der seinem Namen nach eine Gabe ist und von den götischen RR. auch als »Freundesgabe« (*vingjæf*) umschrieben wird. Sie liegt ferner vor in der ältesten langob. *meta*, im ags. *weotuma*, fries. *wetma*, alam. *widemo* ursprünglicher Gestalt, und im burgund. *witimo* (= ἕδνα). Wegen dieses Entgeltes fiel das Heiraten unter den Begriff des »Kaufes« im alten, nicht aber — wenn anders nicht mit dem Worte gespielt werden soll — im modernen Sinn dieses Ausdrucks. Und so erklärt sich zur Genüge, warum die Quellen denselben auf die Eheschließung anwenden. Nur das kentische R. scheint wirklich dazu übergegangen, das Geschäft in bestimmten Beziehungen als einen Kauf in unserem Sinn und insoweit auch die Braut als Ware zu behandeln, während anderwärts die Leistung des Bräutigams für die Braut zuweilen als Preis für die Munt (Muntschatz oben S. 178) umgedeutet oder aber, was in vielen Rechtsgebieten eintrat, der Braut selbst überlassen wurde (nach lateinischen Texten deutscher Rechte als »*dos*«). Zahlreich und umständlich waren die Formen bei Eingehung der Vertragsehe. Die meist charakteristischen unter ihnen waren das Antrauen der Braut durch deren Vormund an den Bräutigam im Brauthaus, wobei sie nach älterem, weit verbreitetem R. zum Zeichen der Gewaltübertragung ihm auf dem Schoß gesetzt wurde (ags. *in scéat alecgan*), nach jüngerem, oberdeutschem Recht er zum Zeichen der Gewaltübernahme ihr auf den Fuß trat, — dann der »Brautlauf«, d. h. das noch lange den Frauenraub nachahmende und so die Vertragsehe an jenen anknüpfende Heimführen der Braut durch den Bräutigam und sein Gefolge, das gemeinsame Trinken der beiderseitigen Verwandtschaft zum Zeichen des Friedens, endlich das vor Zeugen stattfindende Beilager. Für das letztere schuldete am darauf folgenden Morgen der Mann seiner Frau ein Geschenk, die »Morgengabe«, welche in wn. RR. zum »Haubengut« (*línfé*) für Jungfrauen und zur »Bankgabe« (*bekkjargjǫf*) für Witwen abgewandelt wurde Alle jene Formen genügten noch nicht zum Abschluß einer rechten

[1]) Die got. Terminologie zieht *liuga* (= Verhüllung?, s. aber F. Kluge, *Urgermanisch* 3 S. 6) vor, während *fragifts* dem überlieferten Sprachgebrauch nach = Verlöbnis ist.

Ehe. Es mußte vielmehr noch ein Vorvertrag voraufgehen zwischen dem Bräutigam und dem Vormund der Braut, worin unter Beobachtung von Öffentlichkeit oder gar Gerichtlichkeit und strenger Wortform der letztere seine Mündel dem Bräutigam »festigte« d. h. zur Ehe zu geben versprach, der Bräutigam die Braut (unter Kniesetzung nach nord. und ags. RR.) zur Ehe zu nehmen angelobte, — im Grunde aber doch nur ein Vertrag über den Brautlauf d. h. über das gewaltsame Heimführen der Braut, das ebendadurch seines deliktuosen Charakters entkleidet wurde. Dieser Vertrag war das Verlöbnis (on. *fæsta*, *fæstning*, wn. *festing*, ags. v. *befæstan*, *handfæstan*, mhd. *vesten*, *vestenen*, mit der Braut als Objekt, — ags. s. *beweddung*, — ahd. *mahal*, weswegen ahd. *gimahalo* »sponsus«, *gimahalâ* »sponsa«, — got. *fragifts*). Abgesehen von seinem strafrechtlichen Schutz wirkte es nur obligatorisch und machte ursprünglich nur den Verlober der Braut, später auch den Bräutigam haftbar, während es diesem überlassen blieb, die Treue der Braut durch besondere Geschenke (asw. *förningar*, wn. *festargjǫf*, *festarfé*, — mhd. *mahelschatz*, mnd. *hanttruwe*) sich zu »festigen«. Anderseits konnte der Verlober schon zum Abschluß des Verlöbnisses verpflichtet sein, auf Grund eines vorausgehenden Vertrags, worin er ein Handgeld (asw. *tilgæf*, *fæstningafæ*) empfangen hatte. Dieses Handgeld ist nach südgerm. RR. Bestandteil des Verlöbnisses geworden, ähnlich wie im Mittelalter Formen des Verlöbnisses unter die der Eheschließung gemengt wurden. Zuerst bei Südgermanen (Westgoten, Langobarden) hat auch der römische Annulus pronubus als Malschatz des Bräutigams Eingang gefunden. Neben Raub- und Vertragsehe gab es noch ein eheähnliches Verhältnis in Gestalt des tatsächlichen offenen und dauernden Zusammenlebens eines Mannes mit einem Weibe (— von Modernen als »Kebsehe«, im span. R. als *barragania* bezeichnet —). Skandinavische RR. behandelten einen solchen Konkubinat nach bestimmter Dauer als Ehe, — ein Seitenstück zur römischen usus-Ehe. Über die aus ihn erzeugten Kinder s. unten S. 184. — Ehehindernisse kannte schon das heidnische Recht. Innerhalb des engeren Sippenkreises folglich auch unter Geschwistern und in der ganzen auf- und absteigenden Verwandtschaft, war die Ehe ausgeschlossen, — unter Volksgenossen ferner, solange die Raubehe nur exogam war, — zwischen Freien und Unfreien grundsätzlich selbst dann noch, als Unfreie ehefähig geworden waren.

Vorzugsweise unter dem Einfluß des Christentums, teils aber

auch unter dem der allgemeinen Besserstellung der Weiber traten an Wesen, Inhalt und Eingehung der germ. Ehe Änderungen ein. Beseitigt wurde die Polygamie, gemildert die eheherrliche Gewalt. Auf dem Prinzip der Lebensgemeinschaft wurde das eheliche Verhältnis einheitlich konstruiert. Die Scheidungsgründe wurden nach vorübergehender Vermehrung beschränkt, zuletzt die Ehe prinzipiell unauflöslich. Die Ehehindernisse wurden vermehrt, Zustimmung des Weibes wurde Erfordernis einer rechtsgiltigen Heirat. Dies führte zur Verdrängung der Raubehe, und weiterhin zu Selbstverlöbnis und Selbsttrauung der Braut, die nun (im mittelalterlichen Deutschland) einen *mahelschaz* (*mahelrinc*) nicht nur empfängt, sondern auch gibt. Die Vertragsehe wurde fast überall zur e i n z i g e n »gesetzlichen« Verbindung von Mann und Frau (mhd. *êwe*, *ê*, ags. *ǽwe*, fries. *aſt*, mnd. *echt*, wovon on. *œkteskap*) erhoben. Immer aber blieb die Eheschließung ein weltliches Geschäft, und selbst wo die Sitte Segnung der geschlossenen Ehe durch den Priester forderte, oder wo ihm das Antrauen der Braut übertragen wurde, pflegte doch der Akt nicht in, sondern vor der Kirche zu geschehen. — Die durch Eheschluß verschwägerten Sippen standen zueinander in einem Treuverhältnis. Gerade sie sind nach ogerm. RR. »Magen«, und nach langob. stehen sie »unter e i n e m Schild«. Wnord. RR. haben ihren engeren Kreis am Geben und Nehmen des Wergeldes beteiligt, und auch in anderen Beziehungen haben sie, selbst wenn wir von der Aufnahme der kirchlichen Eherechtsnormen absehen, an die Schwägerschaft praktische Folgen geknüpft.

§ 57.

Vermögensverhältnisse zwischen den Ehegatten waren in der frühesten Zeit durch das Prinzip bestimmt, daß alles von ihnen eingebrachte und während der Ehe erworbene Gut ins Eigentum des Mannes fiel. Dies galt insbesondere vom Brautschatz oder der Heimsteuer der Frau (wn. *heimanfylgja*, *heimanferð*, *heimangerð*, on. *hemfylgia*, *hemfylgð*, *mæþfylgþ*, *hemgift*, *mæþgift*, — fries. *fletieve boldbreng*, *boldsket*, — langob. *faderfio*, — mhd. *hîstiure*), wodurch in der älteren Zeit die Braut für ihren Mitgenuß des Hausgutes bzw. für ihr Erbrecht von ihrer Sippe abgefunden wurde, und von der Widerlage (on. *viþermund*, wn. *gagngjald*, *tilgiǫf*), wodurch der Mann die Versorgung seiner Witwe sicher stellte. Nach den meisten ältern

Rechten bestand diese Widerlage in bestimmten Gütern, nach einigen jedoch in einer Quote des Mannesvermögens, so daß um dieselbe oder um eine Quote seines eigenen Wertes der Brautschatz sich »vermehrte«. Nach vielen Rechten absorbierte sie auch die Gegengabe für die Braut, nachdem es üblich geworden war, jene der letzteren zu überlassen, so daß nunmehr aus dem »Wittum« ein »Witwengut« wurde. Die ältesten Rechtsaufzeichnungen mit Ausnahme der burgund. und norweg., zeigen nun aber nur noch Überbleibsel jenes frühesten ehelichen Güterrechts, indem sie dasselbe durch verschiedene neue Systeme ersetzen. Von da an schreitet die Partikularisierung des ehelichen Güterrechts fast überall bis zum Ausgang des MA. fort. So weit aber die einzelnen RR. sich auch voneinander entfernen, alle gehen doch von dem Gedanken aus, daß die Frau am Ehegut irgendwie berechtigt sein müsse. Im übrigen sind zwei Hauptrichtungen der Entwicklung zu unterscheiden. Die eine läßt in der Zugehörigkeit der Habe jedes Ehegatten eine Veränderung durch die Ehe nicht eintreten, beschränkt sich vielmehr darauf, die beiderseitigen Güter der einheitlichen Verwaltung durch den Eheherrn zu unterstellen, in dessen Vermögen nach vormundschaftlichen Grundsätzen die Errungenschaft fällt, wogegen das Frauengut weder wächst noch schwindet (in Deutschland System der Gütereinheit oder der Verwaltungsgemeinschaft oder der Güterverbindung, im Norden wohl auch System der formellen Gütergemeinschaft genannt). Die andere, zu der (wenigstens in Deutschland) verschiedene Zwischenbildungen hinführen, läßt nicht bloß die Verwaltung der Güter, sondern auch die Güter selbst insgesamt oder doch teilweise den Ehegatten gemeinschaftlich werden (System der Gütergemeinschaft, im Norden der materiellen Gütergemeinschaft genannt). Wo die Rechte der Gesippen am Stammvermögen der Ehegatten zurücktraten, wie so oft in den Städten, konnte die Gütergemeinschaft als »allgemeine« sogar die von jedem Ehegatten eingebrachten oder während der Ehe erworbenen Grundgüter ergreifen. Sonst blieb die Gütergemeinschaft als »partielle« auf die Fahrhabe oder auf die Errungenschaft oder doch aufs wohlgewonnene (im Gegensatz zum ererbten) Gut beschränkt, und anderseits zog sie im ostdänischen Recht den einen Ehegatten in die Gütergemeinschaft mit den nächsten Gesippen des andern hinein, wenn dieser zugleich in Hausgemeinschaft mit ihnen lebte. Soweit die Gemeinschaft der Ehegatten reichte, bestand sie auf Gedeih und Verderb. Mindestens insoweit haftete daher die Frau auch für die Schulden des Mannes. Häufig aber hatte sie auch noch als Witwe mit ihrem nachehelichen Vermögen dafür aufzukommen, wovon sie nach deutschen RR. durch förmlichen Verzicht auf alles gemeine Gut unter dem Symbol des Schlüsselauflegens aufs Grab oder auf die Bahre des Mannes sich befreien konnte. Die Gütergemeinschaft beruhte auf dem Prinzip der Gesamthand, was viele RR. im MA. dahin geführt hat, über die gemeinsamen Liegenschaften die Ehegatten auch nur gemeinsam (mit »gesamter Hand«) verfügen zu lassen, und was ferner bei Auflösung der Ehe durch Tod ermöglichte, daß das Gemeingut hier nach Quoten, dort nach bestimmten Güterarten geteilt wurde, wieder anderwärts aber dem überlebenden Ehegatten ganz verblieb. Die beiden Hauptsysteme des ehelichen Güterstandes treten oftmals im nämlichen Rechtsgebiete nebeneinander auf, so insbesondere im wnord., aber auch in verschiedenen deutschen RR., — wenn nämlich der Eintritt der Gütergemeinschaft von der Geburt eines Kindes oder vom Vorhandensein eines Kindes bei Auflösung der Ehe oder von bestimmter Dauer der letzteren oder von bestimmter Vermögenslage der Eheleute oder endlich von einer besonderen Beliebung derselben abhängig gemacht wird. Überhaupt aber hat die gesetzliche Güterordnung in vielen Eherechten einen subsidiären Charakter angenommen, da ihrer vertragsmäßigen Abänderung ein mehr oder weniger breiter Spielraum gewährt wurde.

§ 58.

Das Rechtsverhältnis zwischen Vater und Kind — jünger jedenfalls als das zwischen Mutter und Kind — war in der heidnischen Zeit nicht sowohl von der Geburt des letzteren in der Ehe, als von der Anerkennung des Kindes durch den Vater bedingt. Diese fand sichtbar dadurch statt, daß der Vater das auf dem Boden liegende Neugeborene aufhob oder das dargereichte an sich nahm. Doch konnten Namengabe und die ersten Verrichtungen der Kindespflege (im Vaterhause?), nämlich Begießen des Kindes mit Wasser (von Neueren fälschlich »Wasserweihe« genannt) oder Ernährung desselben für die förmliche Anerkennung wenigstens insoweit eintreten, als von da ab der Vater das Kind nicht mehr aussetzen durfte. Das derart beschränkte Recht der Kindesaussetzung ist erst durch das Christentum unterdrückt worden. Aber auch nachher dauerten noch Reminiszenzen an den heidnischen Zustand fort, wie z. B. die Taufe als Bedingung der Erbfähigkeit im westgot. und in ostnord. RR. Das spezifisch väterliche Recht war die Vatergewalt, nach deutscher Auffassung eine »Munt« (vgl. oben S. 172) die sich aber von der des Vormundes wesentlich dadurch unterschied, daß sie dem einseitigen Interesse des Gewalthabers diente. Nicht bloß um das Kind zu erziehen, seinen Lebensberuf zu bestimmen, es zu verheiraten, sondern auch um dessen Arbeit in seinem Dienst zu verwerten, verfügte der Vater über das Kind. Ja, in echter Not mochte er es verkaufen oder in Schuldknechtschaft geben. Wiederum folgte aus der Gewalt des Vaters, daß er die Habe des Kindes zu eigenem Vorteil verwaltete und nützte und (von gewissen Ausnahmefällen abgesehen) Rechtsgeschäfte des Kindes zu seinem Nachteil nicht anzuerkennen brauchte, ebenso aber auch, daß er Übeltaten des Kindes zu verantworten hatte. Diese weitreichende Vatergewalt hinderte jedoch die S. 172f. erwähnte Vermögensgemeinschaft zwischen Vater und Kind so wenig, als die eheherrliche Gewalt der ehelichen Gütergemeinschaft entgegenstand. Beendigt wurde die väterliche Gewalt, sobald das Kind wirtschaftlich unabhängig vom Vater wurde. Zu diesem Zweck konnte der großjährige Haussohn Ausweisung seiner Habe oder, wenn Vermögensgemeinschaft zwischen ihm und dem Vater bestand, Abteilung verlangen. — Uneheliche Kinder hatten nach ältestem Recht nur mütterliche Verwandtschaft. Dies Prinzip ist jedoch von vielen, insbesondere den ostgerm. RR. frühzeitig aufgegeben worden, und zwar zunächst zugunsten des »Winkelkindes« (wn. *hornungr*, alam. *hornung*, fries. *horning*, ags. *hornungssunu*) d. h. desjenigen Kindes, welches der Vater in offenem Konkubinat mit einem freien Weibe erzeugt (vgl. über eheähnlichen Konkubinat auch oben S. 180). Wurde das Winkelkind auch nicht dem ehelichen oder »echten« Kind (wn. *skirgetinn*, *skilgetinn*, langob. *fulboran*, ags. *fulboren*) gleichgestellt, so wurde ihm doch eine Stelle im väterlichen Geschlechtsverband insofern eingeräumt, als man es hier zum Geben und Nehmen von Wergeld sowie zu vormundschaftlichen Funktionen berief und mit Alimentationsansprüchen, ja, sogar mit einem Erbrecht gegenüber dem Vater oder doch mit einer Abfindung für ein solches ausstattete. Nachmals wurde der rechtliche Unterschied zwischen dem aus offenem Konkubinat und dem aus heimlicher unehelicher Verbindung von freiem Weibe geborenen (wn. *hrísungr*, *laungetinn*), ja sogar dem von unfreier Mutter stammenden Kinde eines freien

Mannes (wn. *þýborenn*, on. *pybarn*) abgeschwächt oder ganz verwischt, was zur Ausbildung eines prozessualen Paternitätsbeweises führte. Wo jedoch die Kirche ihre Lehre von der Verwerflichkeit jeder außerehelichen Geschlechtsverbindung zur Herrschaft brachte, ist Besserstellung der unehelichen Geburt gegenüber der Vaterseite vielfach aufgehalten, ja, es ist sogar ihre Stellung zur Mutterseite in manchen Rechten verschlechtert worden. Dagegen hat die Kirche die Aufnahme fremdrechtlicher Formen der Legitimation befördert, während nach rein german. R. Legitimation nur in Gestalt der »Einleitung« in die Sippe (oben S. 175) möglich war. Anderseits ist es eine Reminiszenz an die Raubehe, wenn nach on. RR. Kinder aus raublicher Geschlechtsverbindung (*brutsbarn*) als eheliche behandelt werden. — Eine mütterliche Gewalt fürs älteste Recht zu leugnen, gibt die strenge Mundschaft über Weiber keinen triftigen Grund ab. In den Rechtsaufzeichnungen tritt die Muttergewalt zuerst als Erziehungsgewalt auf, welche sich nach dem Tode des Vaters in der Hand der Mutter konzentriert. Dieser Rest des praehistorischen Matriarchats kommt dann bei gesteigerter Selbständigkeit der Witwen zu neuen Kräften: es tritt hinzu eine Verlobungsgewalt oder ein Veto gegen das Heiraten sowie ein Recht der Mutter, das ihr mit den Kindern gemeinsame Gut zu verwalten.

§ 59.

Außer der Ehe, ja, wahrscheinlich sogar noch vor ihrem Aufkommen gab es noch andere Verträge, wodurch verwandtschaftliche Beziehungen zwischen den Kontrahenten begründet wurden, ohne daß doch der eine in den Geschlechtsverband des andern eintrat. Zunächst war es dabei bloß auf Treue- und Schutzverhältnisse abgesehen. Solchem Zweck diente, wenn Koordination der Vertragsparteien bestehen sollte, die Bundbrüderschaft (wnord. *fóstbrœðralag*, eigentl. = Pflegebrüderschaft) [1]). Der Vertrag, im Heidentum nur Männern zugänglich, stellte unter den Kontrahenten einen ähnlichen Schutz- und Trutzverband auf Lebenszeit her, wie er sonst nur unter leiblichen Brüdern begründet war. Insbesondere aber übernahm jeder Kontrahent die Pflicht,

[1]) Über Seitenstücke bei ungerman. Völkern s. J. Grimm RA. 193 flg., J. Lippert, *Kulturgeschichte* II S. 333 ff., Bötticher in Allg. Ztg. Beil. 1884 S. 1417, Post, *Grundr. d. ethnol. Jurispr.* II S. 93—96.

den Totschlag des andern zu rächen, bzw. dem Totschlagskläger beizustehen, weswegen denn auch dem Bundbruder neben den Gesippen ein Anspruch auf Wergeld für den getöteten Genossen eingeräumt wurde, ferner die Pflicht, den Kult des Toten zu besorgen. Unwesentlich dagegen, wenn auch oftmals zur Befestigung des Bündnisses verabredet, war Gutsgemeinschaft unter den Kontrahenten. »Vertragsbrüder« — *wedbróðor* — hießen die letztern bei den Angelsachsen, »Vertragsgenossen« — *gamahalos* (*confabulati*) — bei den Langobarden, im Norden aber, dessen Geschichtsquellen das Verhältnis am deutlichsten erkennen lassen, *fóstbrœðr* = »Pflegebrüder«, was an ein älteres Recht erinnert, wonach wie bei den Slawen Milchgeschwisterschaft der Blutsverwandtschaft gleich gestanden war (s. unten S. 190), — *stallbrœðr* = »Tischbrüder«, was mit got. und urnord. *gahlaiba* begriffsverwandt, — *eiðbrœðr* = »Eidbrüder« und *svarabrœðr* = »Schwurbrüder«, denn eidlich sicherten sie die Bundestreue einander zu, wie es ja auch eine eidliche Aufnahme in die Sippe gab (vgl. oben S. 175, 127). Daß aber Bruderpflichten und -Rechte unter ihnen entstehen sollten, symbolisierte das heidnisch-nordische Ritual des Vertragsschlusses zuvor durch die Blutmischung der unter einem aufgestochenen Rasenstreifen hindurchgehenden Schwurbrüder, die so zu erkennen gaben, daß sie sich als aus gemeinsamem Mutterschoß wiedergeboren betrachten wollten [1]). Mehrte sich die Zahl der Teilnehmer eines solchen Bundes, so diente leicht das schon durch den Totenkult geforderte Opfergelage (skand. *gildi*, as. *geld*, ags. *gild*) zum wiederkehrenden und sichtbaren Ausdruck der Genossenschaft. Von hier aus ergibt sich der genetische Zusammenhang zwischen der altgerm. Bundbrüderschaft und der mittelalterlichen »Gilde« (*convivium*), welche zunächst nichts anderes als eine lokalisierte und auf viele Genossen, daher auch auf unbegrenzte Dauer berechnete Schwurbrüderschaft [2]) mit regelmäßig wiederkehrendem Gelage war (sog. Schutzgilde). Ihren natürlichen Standort hat die Gilde da, wo die Beziehungen des einzelnen zu seiner Sippe gelockert werden, vornehmlich also in den Städten. Chri-

[1]) Das nämliche Symbol der Wiedergeburt dient in der Volksmedizin als Zaubermittel. S. z. B. Corrector Burchardi c. 165 und vgl. Feilberg in der Zschr. Am Urquell IV (1893) S. 6, Weinhold Berl. Sitzgsber. 1896 S. 37 f.

[2]) Das von K. Maurer, Kr. Vjschr. XXXI S. 218 dagegen angeführte Capitulare sagt nicht, daß es ungeschworene Gilden gab, sondern eher das Gegenteil.

stianisiert, wurde das Gelage zum kirchlich gefeierten Jahrtag der Genossenschaft, die nunmehr regelmäßig sich einem Schutzheiligen unterstellte und nach ihm benannte. Der heidnische Totenkult wurde durch den Gottesdienst fürs Seelenheil des gestorbenen Gildebruders ersetzt. Unter dem Einfluß des Christentums mußte ferner die Rachepflicht der Genossen hinter der allgemeinen Unterstützungspflicht zurücktreten. Damit wurde die Gilde auch Weibern (als »Gildeschwestern«) zugänglich. Streitigkeiten unter Genossen waren durch den Spruch der Gilde zum Austrag zu bringen. Dies führte zu einer Gerichtsbarkeit der Gilde. Im letzten Grund Strafgerichtsbarkeit stand sie selbst unter dem Schutz des äußersten Strafmittels der Gilde, der Ausstoßung (im Norden mit »Neidingsnamen« vgl. S. 146). Die Gilde ward also Rechtsgenossenschaft. In ihrem Bestande unabhängig vom Leben des einzelnen Mitgliedes wurde sie aber auch zur Korporation, die ihre eigenen Beamten und ihr eigenes Vermögen (mit dem Gildehaus als wertvollstem Stück) hatte, ihr eigenes Siegel führte, ihre Autonomie und Gerichtsbarkeit auf der vom Gelage abgezweigten Versammlung der vollberechtigten Brüder (an. *gildastefna*, adän. *gildstefna*, — *synodus generalis*, in Deutschland »Morgensprache«) ausübte. Durch Spezialisierung des Verbandszweckes lebte im MA. die Gilde als Handwerker- und Kaufmannsgilde (Innung, Amt, Gaffel, Zeche, Zunft, Hanse), als Gesellenverband, als Bauhütte, als Nachbarschaft, Brüder- und Schwesterschaft (in Siebenbürgen bis auf die Gegenwart), als Stuben- (Geschlechter-) Gesellschaft, als Schützen-, Pfeifer- und Fechter-Brüderschaft, endlich als geistliche Fraternität fort, auch nach dem sie als Schutzgilde veraltet war (vgl. oben S. 57). Und wie diese auf die Entstehung, so haben jene jüngeren Gilden auf die Weiterbildung der Stadtverfassung oftmals entscheidend eingewirkt. Viele von ihnen sind in der zweiten Hälfte des MA. wesentliche Bestandteile der polizeilichen, militärischen, finanziellen, gerichtlichen und zuletzt auch der regimentlichen Stadtverfassung selbst geworden.

§ 60.

Der Bundbrüderschaft und ihren Ablegern gegenüber stehen jene Verbände, welche den einen Kontrahenten dem andern über-, bzw. unterordnen. Dahin gehört zunächst der Vertrag, wodurch ein Freier einen andern »an Sohnes Statt« annimmt. Es handelte sich dabei nicht etwa, wie die herrschende, aber schon von Heineccius widerlegte Meinung will, um eine Adoption. Nicht nur fehlte die Einleitung in den Geschlechtsverband, sondern es wurden auch keinerlei verwandtschaftsrechtliche Beziehungen unter den Kontrahenten gestiftet, ausgenommen das Treueverhältnis, wie es zwischen Pflegevater und Sohn bestand. Daher konnte der Vertrag ebensowohl zur Befestigung eines völkerrechtlichen Bündnisses zweier Herrscher wie zur Einkleidung eines Alimentenvertrags benützt werden. Als Formen des hauptsächlich der Frühzeit angehörigen Geschäfts erscheinen Kniesetzung, Haarschur, Beschenkung, Urkunde. Eine weit größere Rolle spielte die Gefolgschaft. Eidlich verspricht ein Freier einem andern Treue und Gehorsam, zu lieben, was dieser liebt, zu meiden, was dieser meidet, insbesondere aber treues Begleiten in den Kampf. Er macht sich dadurch zum Gefolgen oder »Gefährten« (ags. *gesíð*, as. *gisîð*, langob. *gasind* = Weggenosse, bei Tacitus gut durch comes wiedergegeben) oder »Mann« (mlat. *homo*), aber auch zum »Verwandten« (mhd. *mâc*) eines Herrn (ags. *dryhten*, as. *drohtîn*, ahd. *truhtîn*, an. *dróttinn*, got. *drauhtins*). Treubruch zieht Ehrlosigkeit, und Verrat am Herrn schwere Strafe nach sich. Wie nun aber der Gefolgsmann den Schutz oder »Trost« seines Herrn übernimmt, so nimmt auch dieser den Gefolgen in seinen »Trost«. Mit Bezug auf das eine wie das andere kann der Gefolge frankolat. *antrustio* heißen. Aber auch als Tischgenossen hat ihn der Herr in sein Haus aufzunehmen. Daher ist der ags. Gefolgsherr der »Brotwart« — *hláford* — seiner Mannen, der skand. Gefolge »Hausmann« — *húskarl* (dafür in adän. Inschr. *himþigi*) — seines Herrn, die ags. Gefolgschaft »Hausgenossenschaft« — *híréd* (daraus wn. *hirð*) — ihres Führers. Was der Gefolge im Herrndienst einbüßt, soll ihm der Herr ersetzen. Durch Gaben (wn. *heiðfé*) überdies und vor allem durch Ausrüstung mit Waffen hatte der Herr die Ergebenheit seines Gefolgen zu lohnen. Nach dem Tode des letzteren fielen dann solche Geschenke regelmäßig an den Geber zurück. Im Hause des Herrn konnte der Gefolge noch einen besondern Dienst, ein »Hofamt«, übernehmen, wozu die Organisation einer zahlreichen Gefolgschaft (ags. *dryht*, ahd. *truht*) von selbst Anlaß gab. Ein solches Hofamt brachte seinen Inhaber in noch engere Beziehungen zum Herrn als die übrigen Gefolgsmannen, so daß sich leicht eine Rangordnung in der Gefolgschaft ausbilden konnte. Hierauf beruhte die ältere Einteilung der ags. Gefolgschaft in *þegnas* und *gesiðas* i. e. S. (vgl. oben S. 130), und auch die Rangordnung in der skand. *hirþ* entsprach ähnlichen Verhältnissen. Stets war übrigens die Organisation der Gefolgschaft Sache des Herrn, wobei auch das Gefährtenverhältnis der Gefolgsmannen in gegenseitigen Rechten und Pflichten unter diesen zum Ausdruck kommen konnte. Und insofern durfte, wie bei der adän. Gefolgschaft nachweislich, die Gesamtheit der Mannen eine »Genossenschaft» oder »Gesellschaft« (*viþerlagh*) heißen (vgl. oben S. 89). Als das Wesen der Gefolgschaft verblaßte, konnte man in eine solche eintreten, ohne ständiger Hausgenosse des Herrn zu werden, und wurde es anderseits üblich, daß der Herrr die einflußreicheren seiner Mannen, die sich nicht beständig bei ihm aufhielten, mit Grundgütern oder ihnen gleichgeachteten Rechten ausstattete. Im fränk. R. zuerst erscheint diese Ausstattung als Lehen (§ 65). Der skand. Gefolgschaft dagegen ist eigentümlich, daß für die nicht mit Lehen ausgestatteten Mannen eine feste Löhnung (*máli*) aufkam. Das Halten eines Gefolges war von Rechts wegen jedem Freien gestattet. Eine Neuerung skandinavischer RR. im MA. war es, wenn diese Befugnis für Untertanen des Königs beschränkt wurde. Durchgreifende Veränderungen sind seit dem 8. Jahrh. an der fränk. und nach deren Vorbild an der mitteleuropäischen Gefolgschaft dadurch eingetreten daß sich dieselbe mit der galloroman. V a s s a l l i t ä t verbunden hat. Als *vassus* oder *vassallus* (= Diener) »kommendierte« sich der Gefolgsmann seinem Herrn (*senior*), indem er sich unter Dienstübernahme in dessen Schutz- und Verantwortungsgewalt oder Munt (vgl. § 50) ergab. Auch einer Frau konnte man sich so kommendieren. Die Form für die Kommendation war das Einlegen der gefalteten Hände des Vassallen in die offenen des Herrn. Eine Gegengabe hatte diese Selbstübergabe zu lohnen. Durch Kuß nahm der Herr den Gefolgen in seine Munt auf. Im deut. R. des MA. erscheint die Kommendation (*manschaft*, *homagium*) vor dem Treuschwur als regelmäßiger Bestandteil der »*hulde*«, wodurch das persönliche Band zwischen dem Herrn und dem Manne begründet wird, — besteht ferner der Vassallendienst regelmäßig in *hervart* (mindestens Reichsdienst und niemals gegen das Reich d. h. den König) und *hofvart* (Herrndienst am Hoflager des Herrn) und hat der Vassall seinen Herrn zu »ehren«, insbesondere durchs Stegreifhalten, — ist endlich die der Mannschaft folgende Gegengabe bis um 1200 regelmäßig, nachher immer ein Lehen, so daß Lehen und Vassallität einander bedingen. Aber je wichtiger nun die Lehensobjekte als Grundlagen der Vasallenmacht und je fester die Rechte des Vasallen am Lehen wurden (§65), desto schwächer wurde das Band der Treue, desto sorgfältiger verklausuliert und nach Art wie nach Zeit umschrieben die Dienstpflicht des Vasallen, ja, die Heerfahrt sogar ersetz- und lösbar durch eine *herstiure*, welche in einer Quote der Lehenseinkünfte bestand, die Vasallität selbst willkürlich kündbar. Über die verfassungsrechtliche Bedeutung der Vassallität § 47, über die Lehensgerichtsbarkeit und die Gerichtsbarkeit des skandinav. Gefolgsherrn § 50, 86. Daß im MA. das skandinav. Gefolgschaftswesen, wenn auch nicht gerade in bezug auf diese Gerichtsbarkeit, vom Süden aus beeinflußt war, läßt sich erwarten und kaum bestreiten. Der Ritus, wonach der wn. Gefolge sich zum »Mann« (*maðr*) macht, die *handganga*, ist jener der Kommendation; dem ostnordischen (schwedischen) aber wird der Name *þiænistu maþer* beigelegt. Über Lehen an die skand. Gefolgsmannen S. 209.

§ 60 a.

Daß außer Abstammung und Verträgen auch rein tatsächliche Pflegeverhältnisse verwandtschaftsrechtliche Beziehungen begründen konnten, beweisen verschiedene Spuren im ags. und in wnord. RR. des FrühMA. Pflegekindschaft bewirkte, wenn der Pflegling noch im Kindesalter in sie eingetreten war, nach dem R. des isländ. Freistaates eine Züchtigungsgewalt des Pflegevaters über ihn, ferner die Befugnis den Notzüchter oder Verführer der Pflegetochter oder der Pflegemutter auf handhafter Tat zu töten. Sie machte auch den Pflegesohn so wie die nächsten Blutsfreunde und Verschwägerten zum gesetzlichen Stellvertreter des Pflegevaters und der Pflegemutter. In Norwegen gehörten Grundstücke, die zum Lohn für Kindespflege gegeben waren, zu den privilegierten Gütern, die Stammgütern gleichstanden. Das ags. R. scheint den Pflegevater an der Vormundschaft über die Pflegetochter beteiligt zu haben. Seltener werden verwandtschaftsrechtliche Beziehungen unter Pflegegeschwistern erwähnt. Aber ausdrücklich den Eidbrüdern gleichgestellt sind in Ansehung des Wergeldnehmens Milchbrüder im norweg. R., und sowohl die wnord. Benennung der Bundbrüderschaft nach der Pflegebrüderschaft (oben S. 186) als die noch weiter in der german. Welt verbreitete Milchbrüdersage bezeugen das hohe Alter und den gemein german. Charakter des Pflegeverhältnisses, wenn auch die Wahrscheinlichkeit eingeräumt werden muß, daß seine Ausprägung im wnord. R. nicht ohne keltische Einflüsse vor sich gegangen sein mag.

Fünfter Abschnitt.

VERMÖGEN.

Literatur bei Schröder, Lehrb. §§ 10, 11, 28, 33, 35 (Nr. 2, 3), 40, 41, 59, 61 (Nr. 2, 3), Brunner, RG. I² §§ 10, 11, 26—28, 58, II §§ 91, 110, 118, 119, 123 und Grundzüge 5 §§ 7, 11, 46—51, Siegel, RG. §§ 142 bis 159, 186, 73, Gengler Grundriß S. 335—358, v. Schwerin (oben S. 168) 27—80. Rosenvinge §§ 21—23, 47—50, 55—64, 98—103, 107—111, Stemann §§ 84—100, Brandt Forel. I §§ 28—45; — S. ferner: Leuenberger (oben S. 17) §§ 39—53, Moosberger, *D. Bündnerische Allmende* 1891, H. Wopfner, *Beitr. z. Gesch. d. ält. Markgenossenschaft* (in MIÖG. XXXIII 553—606, wo auch die sonstige neuere Lit. über denselben Gegenstand XXXIV 55—96) 1912, J. Grimm, *Kl. Schr.* I S. 122—144, II S. 30—74, 173—210, v. Richthofen, *Unters. ü. fries. RG.* T. II S. 1041—1188, Wopfner, *Die Lage Tirols zu Ausgang des MA.* 1908 S. 1—69, Aubert, *Den norske obligationsrets specielle del* III (1894) 1—73, L. U. v. Thal, *Die Fertigung in . . . St. Gallen* 1897, L. Peyer, *Gesch. d. Fertigung nach d. RQu. v. Schaffhausen* 1897, E. Goldmann, *Der Andelang* 1912, A. Steinhauser, *Das Zugrecht nach d. bündn. Statuten* 1896, Fockema-Andreae in Zschr. d. Savigny-Stiftung XXXIII Germ. Abt. 129—138, Fr. E. Meyer, *Ü. d. Schuldrecht der deut. Schweiz* 1913, H. Planitz, *Die Vermögensvollstreckung i. deut. mittelalt. R.* I 1912, (dazu A. Schulte in Zschr. der Sav.-Stiftung XXXIII Germ. Abt. S. 606—627), G. Buch, *Die Übertragbark. v. Forderg. i. deut. ma. R.* 1912, drei Schriften v. Gmür, Weisflog u. Hürlimann unter dem Titel: *Die Haftbark. des Erben für die Bürgschaftsschulden des Erblassers n. schweiz. R.* 1896, H. Mitteis, *Die Folgen des Leistungsverzugs beim Kaufvertrag n. niederl. Quellen des MA.* 1913, H. Stadlin, *Das Zuger Hypothekarr.* 1897, O. Könnecke, *RGesch. des Gesindes in West- und Süddeutschland* 1912; — P. Vinogradoff, *The growth of the manor* (1905) 145—211, Derselbe in Mélanges Fitting II (1904) 499—522 und Harvard Law Review XX 532—548, Maitland, *Domesday Book* (1897) 226—258, 350—520, — Gundermann in Zschr. f. deut. R. XVII S. 161—217; — Herrig, *De rebus agrariis Suecicis et Danicis.* 1868, — Larsen, *Forelæsninger* S. 175—205, 222—264, J. Steenstrup, *Studier* I S. 47—91, II 325—365, C. Christensen, *Agrarhistor. Studier* I Kjøbenh. 1886, K. Haff, *Die dän. Gemeinderechte* I, II 1908 (dazu v. Schwerin in Zschr. d. Savigny-Stiftung XXX Germ. Abt. 451—466 und Steenstrup in Hist. Tidsskrift 8. R. II 80—92), K. Ancher, *Samlede jurid. skrifter* III S. 260—404, Kjer, *Om Overdragelse af Eiendomsret over faste Eiendome . . . indt. Chr. V.s Lov.* 1889 (dazu Støchel in Ugeskrift for Retsvæsen 1890 Nr. 44);

— F. E. Florin et E. V. Blåfield, *De jure aedificandi antiquo coetuum rusticorum in Suecia*, Helsingf. 1848, Liljenstrand, *Om skifte af jord*, Helsingf. 1857 S. 1—62, K. F. Lagus, *Om Jordaskiften* etc. Helsingf. 1857 S. 1—51, Wahlberg, *Om lega af jord* etc. Stockh. 1870, Montgomery, *Om bolagskontraktet*, Helsingf. 1870 S. 1—11, Winroth, *Om tjenstehjonsförhållandet* etc. Ups. 1878 und in der S. 169 angef. Schrift, Kreüger, *Studier rörande de agrar. förhallandenas utveckling* etc. Lund 1882, Hjelmérus, *Bidrag till Svenska jordeganderättens hist.* Lund 1884 S. 41—63 (dazu Pappenheim in Schmollers Jahrb. NF. IX S. 311—314), Styffe in K. Vitterhets Hist. och Antiquit. Akad. Afhandl. XXIV S. 231—331, Serlachius, *Om Klander å jord* etc. Helsingf. 1884, Björling, *Den svenska rättens exstinktiva laga fång til lösören* etc. 1896 S. 56—105, E. Estlander *Bidrag . . . om klander å lösöre enligt äldre svesk rätt* 1900 (dazu M. Pappenheim in Zschr. d. Sav.-Stiftg. XXII Germ. Abt. 402—409), Landtmanson, *Svensk rättshistoria i utlandet*, Ups. 1883, Ders. Tidsskr. f. Retsv. 1889 S. 228—267, Brinz in Gött. gel. A. 1885 S. 513—584, Falkman, *Om mått och vigt i Sverige* I 1884, H. Hildebrand, *Sveriges Medeltid* I S. 740—769, K. Lehmann, *Abhandl.* 1888 Nr. II (dazu v. Amira, Gött. gel. A. 1889 S. 271—274, auch K. Maurer, Lit. Zentrbl. 1888 Sp. 1270 und Kr. Vjschr. XXXI S. 306—308), J. Forsman, *Bidrag till läran om skadestånd i brottmål* 1893 §§ 2—22, Sjögren, *Bidrag till en undersökning af kontraktsbrotten enligt Sveriges medeltidslagar* 1896; — K. Maurer, *Vorlesungen* III 319—600, Derselbe in Kr. Vjschr. XIII S. 360—375 und *Beiträge* I S. 21—81 (*Upphaf* S. 12—70), E. Hertzberg in Germ. Abh. f. Maurer 1893 S. 285 ff. A. Taranger, *Den norske besiddelsesret* I 1897, Derselbe in Sproglig-histor. Studier tilegn. Prof. Unger S. 108—124.

§ 61.

Das Eigentum[1]) ist urgermanische Institution, wie das adjektivische Partizip »eigen«, schon substantiviert, ein gemeingerman. Wort ist, dessen Grundbedeutung in der Terminologie aller RR. fortlebte. Nur Wulfila gebraucht statt dessen auch *svês* (= suus). Aber das v. *aigan* »hat auch bei ihm mehr eine innere, *haban* eine äußere Gewalt über den Gegenstand zu bezeichnen« (J. Grimm). »Eigen« war, was einem d. h. zu einem gehörte, daher seinen unaufzählbaren und ausschließlichen Verfügungsrechten unterstand, also nicht schon und nicht bloß, was sich in jemandes Besitz befand, — ursprünglich auch nicht immer eine Sache. Das ogerm. R. z. B. bedient sich des v. *aigan* (an. *eiga*), um das Recht

[1]) Dieses Wort selbst kommt nicht vor dem 13. Jahrh. vor, zuerst in der ndeut. Form *egendom* = dominium, dann auch = res in dominio.

der Ehegatten aneinander, der Eltern am Kinde zu bezeichnen. Aber im engeren und zugleich allgemein angenommenen Sinn »eigen« waren nur Sachgüter. Den Eigner beschreibt gewöhnlich das Partizip von aigan (z. B. got. *aigands*, anord. *eigande*); doch fand sich für ihn auch der Terminus *egesa* (ags.), *ecso* (asächs.), worüber Kluge, *Urgermanisch*3 § 179. Das Zeichen der Zugehörigkeit von Sachen zum Eigner war es, wenn sie dessen Marke (on. *mærki*, ahd. mhd. *marc*, *gemerke*, — isländ. *einkunn*) trugen. Die Gesamtheit seiner »eigenen« Güter nannte er got. *aihts*, ags. *æht* ahd. *êht* (f. abg. von *aigan*).

Es bilden aber unter den Sachgütern vom Beginn der histor. Zeit an Liegenschaften die vornehmsten Gegenstände des Eigentums, weswegen in abgeleiteter Bedeutung »Eigen« nach deut. wie skand. RR. = Grundeigentum, ja, = Grundstück ist. Das Eigentum an Grund und Boden (*land*, skand. auch *jorþ*) erscheint zuerst kollektiv. Es stand in der ältesten Zeit den Gesippen oder den Genossen eines größeren Verbandes (wie Nachbar- oder Bauerschaft, Dorf, Bezirk, Staat) miteinander (zu gesamter Hand) zu, in der Art, daß nur mit aller Genossen Willen darüber verfügt werden konnte. Es war, wie man in Deutschland sagte, »gemeine Mark« und, wenn ein Volk die Genossenschaft der Eigner (sog. Markgenossenschaft) bildete, »Volkland«. Aber nicht alles Land im Gebiet der altgerm. Staaten war eigen. Was an Grund und Boden und Gewässern nicht von Privatgrenzen umgeben war — und über sie gilt in der Hauptsache das in § 32 bemerkte —, unterstand dem Gebrauch jedermanns und der gemeinschaftlichen und ungeregelten Nutzung mindestens der Markgenossen (Mitmärker, Bauern, Nachbarn d. h. *nâhgibûron* ahd.), in deren Machtbereich es lag. Dies ist der ursprüngliche Begriff der deut. »Allmende« (Allmeinde nach Staub und Tobler, mhd. *almeinde*, aus **alagimeinida?*), als des wn. *almenningr*, on. *almænninger* (v. *almennr* = allgemein). Allmende und Eigen sind quellenmäßig Gegensätze. Beim Reuten erst, das jedem Markgenossen freistand, konnte die Allmende zu »Eigen« gemacht werden. Dies geschah durch Einfriedung oder Einfang (asw. *intaka*, ahd. *bifanc*), weswegen das so okkupierte Allmendland (adän. *ornum?* — ag. *weorðig*) in latein. Texten wie *proprisus* oder *apprisio*, so auch *clausura*, *captura*, *septum* und deutsch *bifanc* heißt. Um eigen zu bleiben, mußte aber ein solcher Einfang gegen Verwilderung geschützt werden. In der Folge ist freilich die

Allmende unter das Gesamteigentum der Markgenossen einbezogen oder aber Regal des Herrschers (= anorweg. *konungs, almenningr*, dän. *kon. alminning*) geworden, so daß Einfänge nur noch mit Genehmigung der ersteren bzw. des letzteren angelegt werden konnten. Abspaltungen des Allmendregals waren das Straßen-, Fluß- und Hafenregal, der königliche Forst- und Wildbann, das Strand- und Salzregal und wahrscheinlich auch das Bergregal, ein spezifisch kontinentaldeutsches Entwicklungsprodukt. Das Gemeinland wurde anfänglich von den Markgenossen ganz und gar gemeinsam bewirtschaftet. Dabei mußten, so oft man zwischen Wildland und Bauland wechselte, die Wohnstätten verlegt werden. Doch ist dieser Zustand bei den meisten Völkern zur Zeit ihres Eintritts in die Geschichte überwunden. Sie sind dazu übergegangen, die Feldmark, d. h. das gemeine Bauland (welches übrigens in der südgerm. Frühzeit nur Acker war) den einzelnen Sippen zur Sondernutzung zu überweisen, wogegen die Weide- und Waldmark unter gemeinschaftlicher Nutzung verblieb. Bestimmt wurden bei haufenförmiger Dorfanlage, der ältesten germanischen Ansiedlungsform, die Sondernutzungen durch Zerlegen jedes Gewannes (ahd. *ezzisk*, mhd. *ezzisch, esch*, ahd. *zelga*, ags. *gedálland*, dän. *vang*) in vermessene Beete (mhd. *gewanden* f.), welche dann für die jeweilige Anbauperiode unter die Sippen verlost wurden. Die Maßeinheit des Besitzes ist die Hufe (nur kontinentaldeutsch, as. *hôva*, ahd. *huoba* = Ertragsanteil?) oder das Los (»*sors*«, ahd. *hluz*) oder das Wohnland (ags. *hîđ*, ofries. *herth*, on. *bol*, mlat. *mansus, mansa, casatus*) oder das Pflugland (ags. *sulung*, anglolat. *carruca*, auf dem Kontinent wenigstens *aratrum, arealis, areola*). Überall verstand man unter dieser Einheit zunächst das Bauland, welches durchschnittlich zum Unterhalt einer Familie notwendig war und ebendarum nicht überall die gleiche Flächengröße, also auch nur gegendenweise ein Flächenmaß werden konnte. Nach ihr richteten sich gewöhnlich auch die Anteile an der gemeinsamen Nutzung der nicht dem Anbau unterstellten Mark. Als nicht mehr zwischen Wild- und Bauland, sondern nur noch zwischen Pflugland und Brache gewechselt wurde, kam das periodische Verlegen der Wohnstätten in Wegfall. Die Wohnplätze wurden nun für die Dauer unter die Sippen verteilt. Die so begonnene Aufteilung der gemeinen Mark setzte sich fort, indem bei zunehmender Intensität der Bodenkultur auch das periodische Verlosen der Nutzungsanteile am Bauland aufhörte. Doch blieben dieselben wegen der gemeinsamen Stoppel- und Brachweide noch dem Flurzwang unterworfen. Überhaupt aber dauerte das Gesamteigentum der Markgenossen an den aufgeteilten Ländereien insofern fort, als unter Umständen die Hufen samt den Wohnstätten zu einer einheitlichen Masse zusammengeworfen und neu verteilt werden mußten, oder es wirkte doch insofern nach, als die Veräußerung der Hufe durchs Näherrecht der Markgenossen (die sog. Marklosung) beschränkt und allenfalls vom Erbgang in die Hufe der entferntere Verwandtenkreis unter Heimfall jener an die Genossenschaft ausgeschlossen blieb oder wenigstens beim Fehlen gemeiner Erben die Nachbarschaft (nach spät-alamann. R. »der Nachbar«) sukzedierte. Noch im Mittelalter ist jene Neuverteilung von den on. RR. für den Fall vorgesehen, wo es sich darum handelt, Grenzverwirrungen unter den Hufen zu beseitigen oder die natürliche Einteilung (die *hamarskipt*) des vermessenen Landes durch eine künstliche (*solskipt*) mit Neuanlage des ganzen Dorfes (in Hälften, *raþuskipti*, oder Vierteln, *fiæþerskipti*) zu ersetzen (vgl. Obl. R. I SS. 605—610, 757 flg.). Wurde in der Allmend ein Tochterdorf (adän. *þorp*, asw. *afgærþisbyr*) mit eigener Mark gegründet, so pflegte es fürs erste vom Urdorf (dän. *aþælby*, asw. *oþolbyr*) abhängig zu bleiben. Vielmals ist erst im Spätmittelalter der Markverband zwischen Ur- und Tochterdorf aufgelöst worden. — Von der soeben geschilderten wich die Geschichte des Grundeigentums bei den jüngeren Ansiedlungsformen, der reihenweisen Dorfanlage (wie z. B. in Marsch- und Moorländereien) und den Einzelgehöften (wie z. B. in Westfalen, in Alpengegenden, bei den nördlichen Skandinaven, auf Island) insofern ab, als hier das Bauland von Anfang an nicht unter das Gesamteigentum der Markgenossen und darum auch unter keine Gewann- und Hufeneinteilung fiel.

Die Eigentumsverhältnisse in den Marken brachten nicht nur den Gegensatz von vollberechtigten Bewohnern (Bauern) und Minderberechtigten (Kotsäten, Seldnern, Häuslern), sondern auch eine Organisation der Gensossen mit sich. Gemeiniglich hatte ein Vorsteher (Bauermeister, Markmeister, Obermärker, Holzgraf) die Beschlüsse auszuführen, welche die vollberechtigten Genossen auf dem Märker- oder Burding faßten. Dieses aber war das natürliche Organ wie für die Selbstgesetzgebung so auch für die Rechtsprechung der Märker, soweit diese, wie gewöhnlich in Deutschland, eine Rechtsgenossenschaft (oft mit eigenem Strafrecht) bildeten. War so die Markgemeinde zur Korporation ausgebildet so verkehrte sich leicht ihr Dienstverhältnis zum Gesamteigentum ins Gegenteil. Das Gesamteigentum wurde Korporationseigentum, eine Veränderung, die oftmals dadurch unterstützt wurde, daß die Markgemeinde politische Körperschaft oder Kirchspiel war. Kam eine Mark unter Grundherrschaft oder wurde bei Kolonisation grundherrlichen Bodens eine Mark auf demselben eingerichtet, so traten an die Stelle des Eigentums der Genossen Rechte an fremdem Boden und oftmals an Stelle der genossenschaftlichen Selbstverwaltung die grundherrliche Leitung. Den Übergang zu einem solchen Verhältnis konnte die Markvogtei (S. 161) vermitteln.

§ 62.

Individualeigentum an Grund und Boden ist teils durch die Art der von den german. Stammsitzen ausgehenden Kolonisation, teils infolge von Wanderungen ganzer Völker, teils durch Kulteinrichtungen, teils durch die Lockerung des Sippeverbandes aufgekommen. Auf Island z. B. war die Bodenokkupation das Werk nicht geschlossener Verbände sondern von Einzelansiedlern [1]). In Mittel- und Südeuropa entstanden durch die Eroberungen ausgedehnte Krongüter, wovon ein großer Teil durch Schenkungen der Herrscher ins Individualeigentum von Untertanen gelangte. Als Individualeigentum der Gottheit ferner hatten schon in heidnischer Zeit die Tempelgüter, wenigstens die Weihgeschenke gegolten. Die christliche Zeit knüpfte hier an. Das einer Kirche geschenkte Gut wurde zunächst als Eigentum Christi oder des Schutzheiligen der Kirche angesehen, weswegen die Investitur bei Liegenschaftsvergabung an eine Kirche so oft über den oder an die Reliquien des Heiligen erfolgte [2]). Aus dem Gesamteigentum des nächsten Verwandtschaftskreises (oben S. 173) endlich schied das Individualeigentum der einzelnen Ganerben aus, indem bestimmten oder gar allen Gemeindern gestattet wurde, unter Abschichtung der übrigen Sondergut (ahd. *svâsscara*) für sich aus der Gemeinschaft herauszuziehen, ferner indem gewisse Erwerbsarten von vornherein Individualeigentum für den erwerben-

[1]) Die isländ. *almenningar* sind alle ursprünglich herrenloses Gut, die isländ. Miteigentumsrechte an Hochweiden (*afréttir*) durch Verträge begründet.

[2]) Daneben konnte, was durch unzählige Beispiele belegt ist, es vorkommen, daß eine Kirche samt ihrer Dotation ihrem Gründer und seinen Rechtsnachfolgern eigen war.

den Ganerben begründen sollten (z. B. Roth. 167). Die gesetzliche Ganerbschaft selber fiel nicht nur unter der Übermacht des massenhaften Individualeigens, sondern auch unter dem Einfluß der Kirche, welche in ihrem Interesse die Schranken des ganerblichen Verfügungsrechts hinwegzuräumen trachtete. Das frühzeitige Aufteilen der Gemeindeländereien in den größeren Markgenossenschaften begünstigte diese Veränderung, die fast überall außer dem fries. und dem onord. Rechtsgebiete im Frühmittelalter vollzogen ist. Aber nicht alle Spuren des ehemaligen Gesamteigentums waren damit ausgelöscht. Es wirkte nach im Wartrecht der Erben. Dieses war zunächst Beispruchsrecht, insoferne der Erbe des Grundeigentümers die ohne seinen Konsens geschehene Veräußerung oder Belastung des Gutes widerrufen und letzteres vom Erwerber zurückfordern konnte. Nachmals schrumpfte das Beispruchsrecht zu einem Vorkaufsrecht mit gesetzlichem Preis oder (bei Veräußerung in echter Not und noch später überhaupt) gar zu einem bloßen Einstands- und Retraktrecht zusammen. Auch dieses aber wurde in vielen Städten auf bestimmte Fälle beschränkt, in einigen deutschen aufgehoben. Neben diesem inhaltlichen Zurücktreten der Ganerbenrechte ging vielfach eine Schmälerung derselben in bezug auf das Eigentums-Objekt her, indem ihnen das wohlgewonnene Gut entzogen wurde, so daß nun dem letzteren als besondere Art von Grundeigen das Erb- oder Stammgut gegenüberstand. Solche Stammgüter waren das altnorweg. *óðal* (sonst im Norden = echtes Eigen überhaupt), das ags. *éðel* (bis etwa um 900), das as. *ôdhil* und ahd. *uodal* und wahrscheinlich das fries. *ethel* in seiner frühmittelalterlichen Gestalt (wfries. auch *statha* genannt), endlich auch die aschw. *byrþ* (oder der *byrþaluter*). Bei einigen derselben war nicht nur die Dispositionsbefugnis des Eigentümers beschränkt, sondern auch dem Mannsstamme die Vorhand auf das Gut eingeräumt, so beim norweg. óðal und bei ags. éðel. Unteilbarkeit und Vererbung des Stammguts auf den ältesten Schwertmagen zeichneten überdies diejenige Erscheinungsform des Erbgutes aus, welche während des Frühmittelalters in Oberdeutschland als *hantgemahele* und im Ssp. als *hantgemâl* (oben S. 136) vollfreier und in der Regel ritterbürtiger Leute auftritt. Neben dem gesetzlichen gab es bei den Angelsachsen ein gestiftetes Stammgut (eine Art »Familienfideikommiß«) schon seit dem 8. Jahrh. Man benützte dort die Urkundenbegebung beim Übereignen von Land (§ 71) um in der Urkunde (*bóc*) die maßgebenden Bestimmungen zu treffen.

Der Untergang der gesetzlichen Ganerbschaft verhinderte nicht deren (teilweise) vertragsmäßige Nachbildung, wie sie in den ritterlichen Kreisen Deutschlands seit dem 13. Jahrh. stattfand Nächst verwandt ist die von fürstlichen Familien zu erbrechtlichen Zwecken eingegangene Erbverbrüderung in Deutschland, während die spezifisch nordische Erbverbrüderung an die Bundbrüderschaft (§ 59) anknüpft.

Abgesehen von den aus Erbwartrechten und dem alten Markverband entspringenden gab es noch andere Dispositionsbeschränkungen des Grundeigentümers. Durch Rücksichten aufs Nachbarverhältnis war sein Gebrauchs-, durch sie wie durchs Gast- ud Verkehrsrecht war sein Verbietungsrecht, durch Regalien wie das Jagd- und das Bergregal, die im MA. immer mehr in das Sondereigentum eingriffen, wurde nicht nur dieses, sondern auch sein Nutzungsrecht beschränkt. Geschenktes Land durfte nach älterem R. nicht ohne Konsens des Gebers veräußert werden und fiel nach dem Tode des Beschenkten oder doch des kinderlosen Beschenkten an den Geber zurück. Wiederum beschränkten in weiten Verbreitungsgebieten Einstands- und Retrakt- (Losungs-, Zug-), ja, auch Expropriationsrechte Dritter die Veräußerungsbefugnis des Grundeigentümers, wie (außer den schon genannten) das der Nachbarn und des Geteilen. Dagegen wurde Belastung des Grundeigners als solchen mit einer Abgabe oder einem Zins, sei es an die öffentliche Gewalt oder an einen Privaten, lange als etwas dem Grundeigen Widerstreitendes angesehen, daher Auflage einer Grundsteuer in den älteren Zeiten als Konfiskation des Grundeigentums empfunden. Aber auch später noch, als Reallasten (§ 68) aller Art, insbesondere in Deutschland, gang und gäbe geworden waren, wurde dem belasteten Eigen als dem abhängigen das »ledige« oder »freie« als das vollkommene (mnd. *dorslacht egen*, auch *alôd*) oder reine Eigen (mhd. *lûtereigen*, auch *lûteigen*) gegenübergestellt. Dahin gehörten insbesondere die deut. Rittergüter (Edelhöfe), deren Besitzer statt bäuerlicher Lasten den Ritterdienst zu tragen hatten und manche von den im vollen Eigentum liegenden, aber den bäuerlichen Eignern verlorenen Rechten bewahrten, überdies auch mit staatsrechtlichen Privilegien ausgestattet waren. Insgemein konnten solche Güter nur von Rittermäßigen erworben werden. Ein analoges Institut kennt im Spätmittelalter das dänische R. im *sædegaard*, während das schwed. R. über die Ansätze dazu in der *frælsis iorþ* bis zum Schluß des Mittelalters nicht hinausgekommen ist. — Die wichtigsten Arten des Eigentumserwerbs an Land waren Okkupation und Vertrag. Über letzteren (s. §§ 69—71). Zur Okkupation oder »Landnahme« (an. *nema land*, *landnám*, ags. *niman land*) an herrenlosem Boden gehörte in ältester Zeit nicht nur Feststellung seiner Grenzen, sondern auch (Wortformel und?) Anzünden von Feuer auf dem Grundstück, eine Besitzhandlung, die abgeschwächt im isländ. *fara elldi um landit* erscheint und vielleicht auch im deut. »Sonnenlehen« [1]) eine letzte Spur hinterlassen hat.

§ 63.

Bewegliches oder »fahrendes«, im Norden »loses« Gut (auch »greifbares«, *gripr*), was eigen sein konnte, war beim Beginn der geschichtlichen Zeit Waffe, Gewand, Schmuck, Gerät, erjagtes Wild und Vieh, dem der unfreie Mensch damals noch vom Recht gleichgestellt war, aber auch das gezimmerte Haus, wogegen im Mittelalter nicht nur das stehende, sondern auch das schwimmende Haus, insbesondere das Seeschiff als Liegenschaft galt, ferner auch Rechte als unbewegliche Sachen behandelt wurden. Auf Viehbesitz aber kam es im Altertum an beim Reichtum an Fahrhabe. Daher einerseits »Vieh« (got. *faihu*, anord. *fé*, ags. *féo*, ahd. *fihu*, analog dem lat. pecunia und peculium) alles bewegliche Eigen und zuletzt Geld und Gut überhaupt bezeichnete, anderseits unter »Schatz« (got. *skatts*, as. *skat*, fries. *sket*, ags. *sceatt*, *scœtt*, ahd. *scaz*) nicht nur lebloses Gut und namentlich gemünztes Geld, sondern bei niederdeutschen Völkern auch Vieh verstanden wurde. Vieh war in der Frühzeit der german. RR. das allgemeine Tauschmittel und eine bestimmte Viehgattung, im Norden die Milchkuh (als »Kuhwert« = an. *kúgildi*, *kýrlag*) allgemeiner Wertmesser und insofern unvollkommenes Geld. Daneben dienten zu gleichem Zweck in skandinav. Ländern Leinwand (*lerept*) oder der übliche Wollenfries (*vaðmál*), in Norwegen auch die »Monatskost« (an Butter, *mánaðarmatr*). Edelmetallen nach Gewicht (als Barren zuerst in Ringgestalt, an. *baugr*, ags. *béag*, ahd. *pouc*, später in Form von Stab oder Platte) konnte Geldfunktion erst beigelegt werden, als sie in größeren Mengen vom Süden und Südosten aus zu den german. Völkern gelangten. Nachmals erscheinen sie in Form einheimischer Münzen, d. h. staatlich beglaubigter Barren mit Zwangskurs, als vollkom-

[1]) Vgl. mit J. Grimm RA. 279 den isländ. Okkupationsritus in Hænsaþoris saga 9.

menes Geld, — bei den Südgermanen zuerst nach ihrer Besitznahme vom römischen Reich und unter deutlichem Einfluß des römischen Münzwesens, bei den Nordgermanen nicht vor dem 10. und 11. Jahrh. und nicht ohne Nachahmung der in Deutschland und England geprägten Muster. Das wgot., burgund., fränk., langob. und oberdeut. Münzsystem ging vom röm. (Konstantinischen) Gold-*solidus* (= 1/72 röm. Pfund Gold von 327,45 g), genannt »Schilling« (got. *skilliggs*, ahd. *scillinc* usw.) als dem »klingenden« Geld aus, der gemeiniglich in 3 Gold-*tremisses* (*trientes*) und 24 Silber-*siliquae* (ahd. *silicha*) zerlegt wurde. Von c. 575 an wurde aber der Goldschilling selbst auf 1/84 Pfund herab- und daher nur noch 21 Siliquen gleichgesetzt. Da der Goldpreis damals sank, sank auch der Wert des Goldschillings weiter auf 20 Siliquen oder 40 Halbsiliquen, die man nunmehr als *denarii* bezeichnete. An die Stelle der Doppelwährung trat gegen 750 die Silberwährung mit einer einzigen geprägten Münze, dem Silberdenar oder Pfennig (ahd. *pfantinc*, *pfenninc*, nach Siebs = Teilmünze?, Zahlmünze?) wovon 12 auf die Rechnungsmünze, den Silberschilling (1/20 des römischen Pfundes fein oder 1/22 des Münzpfundes) gingen. Den Übergang zu diesem System hatte das andauernde Sinken des Goldpreises veranlaßt, wonach in der ersten Hälfte des 8. Jahrh. der Goldtriens nur noch 12 Denare galt. In den oberdeutschen Rechtsgebieten bestand zu jener Zeit noch ein eigentümliches Münzsystem. Man rechnete dort nach Silbermünzen im Wert von 1/80 Pfund (*saigae* = »Gewichten«, vgl. Schmellers. v. Saig), wovon 4 auf den fränkischen Goldtriens (*tremissis*) gingen und einer = drei fränkischen Denaren war. Bei den Sachsen erhielt sich bis um 300 ein Goldschilling, der um 1/3 kleiner war als der fränkische. Die Friesen rechneten in der ersten Hälfte des 9. Jahrh. nach einem Goldschilling, der ein Mehr- (3, 2, 2 1/2-)faches vom fränkischen ausmachte und in Teilstücken unter dem Namen *denarii* ausgeprägt wurde, die dem byzantinischen *mancus* (*mancosus*) entsprachen. Unter dem Namen *solidus* fand der mancus auch in Bayern Eingang, wo man 30 fränk. Pfennige dafür gab. Besonders beliebt war aber vom 9.—11. Jahrh. der *mancus* als Goldmünze und als Rechnungseinheit (= 30 Silberpfennigen = 1/8 Pfund Silber) in England. Im übrigen bestand bei den Angelsachsen eine eigentümliche Geldrechnung nach Schillingen und geprägten Teilmünzen, Pfennigen (= 1/240 röm. Pfund Silber, ags. *pendingas*, *peningas*, auch *sceat*), in Kent *scæt*, indem 4 oder 5 (seit dem 11. Jahrh. nur noch 12) Pfennige bzw. 20 scæt auf den Schilling gingen. Eigentümlich ist den Merkiern der *þryms* (zu 3 Pfen.). Seit etwa 1050 aber behielt das karoling. Münzsystem überall nur noch gemeinrechtliche Bedeutung, da nunmehr königliche Privilegien den mit dem Münzregal Beliehenen partikulare Münzfüße gestatteten. Die Münze, als Pfennig, Halbpfennig (= *obolus*, *helbelinc*) und Viertelspfennig (= *ferto*), Zwölfpfennigstück oder Schilling oder »großer« Pfennig (= fries. *grata*, lat. *grossus*, »Groschen«) ausgeprägt, wurde mit Ausnahme der königlichen territorial, eine Tatsache, deren schädliche Wirkungen seit dem 13. Jahrh. Münzkonventionen zu verhindern strebten. In den skandin. Ländern rechnete man anfangs nur nach Gewichten (§ 67), ebenso bei den Anglodänen, während die geprägte Hauptmünze der Pfennig (an. *penningr*) war. Aber der Münzfuß war nach Münzgebieten verschieden. Die älteren norweg. Quellen gehen von der Silberunze (29¹/₄ g § 67) zu 30 Pfennig aus. Um 1270 dagegen tritt ein neues norwegisches Münzsystem auf: 20 Schwarzpfennige auf die (bis dahin erheblich verschlechterte) Münzmark oder 240 auf das englische Pfund. Auf Island wurde nicht gemünzt. Wohl aber liefen dort seit dem 11. Jahrh. fremdländische Pfennige um, die älteren (englische?) unter dem Namen des »gesetzlichen Silbers« (*lǫgsilfr*), 60 auf die Unze fein, 40 auf die Pfennigunze. Man nahm sie sowohl gezählt als gewogen, rechnete aber (bis um 1200) große Geldsummen nach Zehnern und Großhunderten Silbers (z. B. *hundrað silfrs*), d. h. von Pfennigunzen, ein Brauch, der etwa seit 1000 auch bei den Anglodänen bestand und wahrscheinlich aus England nach Island sich verpflanzt hat. In Schweden rechnete man 24 (»weiße«) Pfennige auf die Unze oder 192 auf die Silbermark, während diese nach einem jüngeren göt. Münzfuß 384 (»kleine«) und nach dem dän. 288 Pfennige begriff. Seit dem 12. Jahrh. kommen auch im Norden Teilmünzen zum Pfennig vor. Zu ihnen scheint das wn. *þveite* zu gehören, dessen Name in ndl. *duit* wiederkehrt. In der Verfallzeit des karolingischen Münzsystems dringt die Markrechnung auch in Deutschland ein, zuerst (11. Jahrh.) in Köln (ein Münzfuß von 1 Mark = 160 und eine Rechnungsmark = 144 Pfennigen). Die schlechte, sich sogar verschlechternde Prägetechnik, das oftmalige Verrufen (»Verbieten«) und Erneuern der umlaufenden Münze im finanziellen Interesse des Münzherrn, die systematischen und illegitimen Herabsetzungen des Münzfußes, endlich die massenhaften Münzfälschungen bewirkten, daß fast überall der Zwangskurs nur ein subsidiärer blieb, neben dem gezählten das gewogene Metall fortfuhr, als Geld zu fungieren. Hierauf beruhte im Norden der Gegensatz zwischen »gewogener« und »gezählter« Mark oder zwischen Verkehrsmark (asw. *mark köpgild*) und volksrechtlicher Mark (asw. m. *karlgild*), in Friesland der Gegensatz zwischen »Gewandmark« (*hreilmerk* = *4 weden* oder Schillingen = 48 Silberpfennigen) und ihrem Vierfachen, nämlich der »vollen« Mark oder »Volksmark« oder »große« Mark (*fulle merk*, *liodmerk*, *grate merk*), ferner der »Geld«- oder »höchsten« Mark (*ieldmerk*, *hagoste merk*), die ein Schillingsgewicht Goldes betrug, der Watmark (*wedmerk*) zu 14, endlich der Pfennigmark (*panningmerk*) zu $13^1/_3$ Schillingen, — in England der Gegensatz von *libra pensata* und *libra ad numerum*. Die friesische *wedmerk* hat ihr westnordisches Seitenstück in der Friessellenmark (*mqrk vaðmála*), indem die Pfennigunze in einer bestimmten Zahl (gemeiniglich 6) von Ellen des *vaðmál* (oben S. 199) entrichtet werden konnte. Trotz dieser Unvollkommenheit und der gleichzeitigen Seltenheit des Geldes wurde doch der Name des Geldgewichts oder der Unze — wn. *œyrer*, on. *örir* (meist im Plur.) — bei den Skandinaven Benennung der Habe überhaupt (= *fé*), so daß zwischen *fastr œrer* als liegendem und *lauss œrer* (*lösöre*) oder *flytjande œrer* als dem losen oder fahrenden Gut unterschieden wurde [1]).

[1]) Zur Rechtsgeschichte des Geldes s. außer den bei R. Schröder Lehrb.[5] S. 191, 536 und Brunner, Grundzüge[5] 32 f. zitierten: v. Kiss, *D. Zahl- u. Schmuckringgelder* 1859, v. Richthofen, *Zur L. Saxon.* S. 358—363, Wilda, *Strafr.* S. 323—339; — B. Hilliger in Hist. Vjschr. 1911 S. 465—473, Jaekel in Zschr. f. Numismatik XI (1883) S. 189 bis 201, XII (1885) S. 144—200, v. Richthofen, *Altfries. Wörterb.* (unter den einz. Schlagwörtern), Behrend, *D. Magdeb. Fragen* s. v. »*Münzwesen*«, [Rockinger bei] Lerchenfeld, *D. altbayer. landständ. Freibriefe* 342, 356—59, Friedensburg, *Schlesiens Münzgesch. i. MA.* (in Cod. dipl. Sil. XII, XIII 1887, 88), P. Joseph, *Goldmünzen des 14. u. 15. Jahrh.* 1882; — C. F. Keary in Numismatic chronicle XVIII, XIX (auch in schwed. Auszug in Vitterhets-Hist. och Antiquit. Akad. Månadsblad, Stockholm 1882 S. 46—59. Ders., *A catal. of Engl. coins in the Brit. Museum*, *Anglosaxon Series* I 1887, II.... Ruding, *Annals of the coinage of great Britain* 1819, Lindsay, *A view of the coinage of the Heptarchy* 1842, B. E. Hildebrand, *Anglosachsiska mynt* 2. Aufl. 1881, R. Schmid, *D. Gess. der Angels.* 1858 Gloss. s. v. »*Geldrechnung*«, Liebermann in Deut. Zschr. f. Geschwissensch. VI 1891 S. 148 f.; — S. Müller *Ringguld* (in Aarbøger f. nord. Oldk. 1886 S. 300—308), H. Hildebrand in Månadsblad, Stockh. 1885 S. 122—134, Steenstrup, *Studier* I 325—65, Hauberg, *Danmarks Myntwæsen i. 1377—1481* (in Aarbøger 1886,

§ 64.

Das altgerm. Mobiliareigentum mit etlichen Neueren zu einem bloßen Besitz erniedrigen kann nur, wer außer acht läßt, daß schon in der Urzeit Eigentumserwerb an Fahrnis ohne Besitzerwerb möglich und mit Besitzverlust Eigentumsverlust keineswegs gegeben war. Letzteres ist aus der Bienenfolge des Zeidlers zu ersehen. Die älteste Art des Eigentumserwerbs aber ist das Weidwerk (an. *veiðr*), d. h. das Speisesuchen. Das Erweidete nun aber »gehörte«, soweit die Pürsch oder der Fischfang frei, dem Weidmann, als solchem und sonst dem Grundeigentümer, auf dessen Boden das Wild erjagt, in dessen Teich der Fisch gefangen war, — also möglicherweise einem, der Besitz ergreifen weder wollte noch konnte. Das Recht der Wildfolge stand damit in unmittelbarem Zusammenhang. Auch der Eigentumserwerb kraft des am weitesten im Norden entwickelten Strandrechts und des in Deutschland ihm nachgebildeten Grundruhrrechts, sodann der in den deut. Quellen des MA. eine so große Rolle spielende Erwerb des *anrîs*, d. i. an den vom Nachbarbaum überfallenden Früchten, endlich der von ererbter Fahrhabe waren nicht durch Besitzergreifung bedingt. Von den andern Arten des Eigentumserwerbs sind, da der Vertrag in § 69—71 besprochen wird, hier hervorzuheben die Beute im rechten Kampf und die Okkupation. Aneignung von Bienen konnte geschehen, indem der Okkupant den Bienenbaum mit einem Zeichen versah oder indem er ein Zeichen beim Schwarm zurückließ. Übrigens wurde die Besitznahme von Bienen auf fremdem Boden in manchen RR. als Fund behandelt. Erwerbsmonopole in der juristischen Form von selbständigen weil vom Grundeigentum getrennten und daher von ihm unabhängigen Nutzungsrechten an Grund und Boden waren mit den S. 194 genannten Regalien gegeben. Dazu kommt das so ziemlich überall zu den Herrscherrechten gezählte sog. Heimfallsrecht des erblosen Gutes (skand. *dánar-* oder *dána arfr, d. fé*). Was sonst noch als besondere Art des Eigentumserwerbs aufgeführt zu werden pflegt,

---

S. 135—189), Nordström, *Bidrag till penningeväsendets hist. i Sverige* 1850, H. Hildebrand, *Sveriges Medeltid* I S. 770—945, Holmboe, *De prisca re monetaria Norvegiae* 2. Aufl. 1854, Schive [& Holmboe] *Norges mynter i middelalderen* 1858—1865, Derselbe: *Om Forholdet i Middelalderen mellem den norske Mark Sølv og den . . . gangbare Myntmark* etc. (Christ. Vidensk. Selsk. Forhandl. 1876); — v. Amira, *Nordgerman. Obligationen-Recht* I § 64, II § 54.

der Fruchterwerb durch »Verdienen«, beruht auf der german. Vorstellung, daß schon die fruchttragenden Gewächse selbst, ebenso wie z. B. der Wald oder die Wiese, einem andern gehören können als der Boden, worin sie wurzeln [1]). — Individualeigentum an Fahrnis ist den Germanen bei ihrem Eintritt in die Geschichte geläufig. Doch war es Übereilung, wenn Heutige hieraus geschlossen haben, das Mobiliarerbrecht in unserem Sinne sei älter als das Grunderbrecht. Denn das bewegliche Individualeigen, welches älter ist als das unbewegliche, wurde nicht vererbt, sondern seinem Herrn ins Grab mitgegeben. Was er dagegen zurückließ, war Gesamteigen der Verwandten. Aus diesem erst hat sich das vererbliche Individualeigentum an Fahrhabe analog dem an Land und kaum ohne Mitwirkung christlicher Gedanken abgelöst. Aber das ehemalige Kollektiveigentum hat auf dem Gebiet des Mobiliarrechts schwächer nachgewirkt als auf dem des Grundgüterrechts. Immerhin erhielt sich in skand. wie deut. RR. der Satz, daß man nicht bei versiegender Leibeskraft seine Fahrhabe und sein wohlgewonnen Gut ohne Erbenkonsens vergeben könne, daher nicht auf dem Kranken- oder gar Sterbebett, nicht bei Unvermögen zu bestimmten Kraftproben. Dem Anschein nach in diesen Zusammenhang gehört auch der deutschrl. Satz, wonach man Fahrhabe nicht verschenken kann, ohne sie aus seinem Besitz zu lassen. Andere gesetzliche Dispositionsbeschränkungen brachte auch beim Mobiliareigen das Gastrecht, insbesondere im Norden, mit sich. — Auffällig schwach ist in den meisten german. RR. [2]), sogar dem sonst so romanisierten westgotischen, der prozessuale Schutz des Mobiliareigentums. Der Eigentümer ist prinzipiell auf die Besitzklage (§ 66) verwiesen. Denn »Hand soll Hand schützen« oder ihr »Gewähr« leisten (fries. *hond scel hond wera*, mnd. *hant schal hant waren*), und anderseits »muß man seinen Glauben da suchen, wo man ihn gelassen«, d. h. wer freiwillig sich des Besitzes von Fahrnis entäußert, kann ihn nur von seinem Kontrahenten zurückgewinnen. Insoweit fehlt die Eigentumsklage. Dies,

[1]) Vgl. z. B. Ög. Bb. 33, Jy. L. I 53, Gr. Ib 110, 111, 94, 95, 96, 104 mit Stobbe Handb. §§ 79 Nr. 3.

[2]) Irrig hält Brandt Forel. I S. 205, 182 f. das altnorw. R. für ausgenommen. Unter den von ihm zitierten Stellen belegt gerade Gu. 254 (= Ja. 133, Ll. IX, 4, Bl. VIII 7) schlagend, daß auch das norweg. R. von dem oben besprochenen Prinzip ausgeht. Denn der Kläger muß beweisen, er habe sich des Besitzes nicht freiwillig entäußert.

verbunden mit dem Sprachgebrauch »Eigen = Grundeigen, Grundstück« (oben S. 193), wozu »Habe« = Mobiliareigentum den Gegensatz bilden kann, führt zu der Vermutung, wahres Eigen (Gehören) an Fahrnis sei viel später anerkannt worden als der bloße Besitzesschutz.

§ 65.

Zeitliche Gebrauchs- und Nutzungsrechte an fremden Sachen, die im Gegensatz zu den S. 176 erwähnten »selbständigen« Nutzungsrechten nur aus dem Eigentum ableitbar und also von ihm abhängig waren, konnten erst mit dem Zurücktreten des Kollektiveigentums Spielraum finden. Als Reste desselben dauerten nach Aufteilung der Feldmarken zu Sondereigen Grunddienstbarkeiten fort, d. h. Eingriffsrechte (isländ. *ítǫk*) wie z. B. Weide-, Wege-, Wasserrechte, die um des wirtschaftlichen Bedürfnisses eines bestimmten Grundstücks willen dessen jeweiligem Eigentümer an einem andern Grundstück zustanden. »Gerechtigkeiten« des gleichen und andern Inhalts wie z. B. Forstrechte sind im Zusammenhang mit der Ausbildung des Großgrundbesitzes und der Grundherrschaft vorbehalten worden. Persönliche Dienstbarkeiten, d. h. Eingriffsrechte, die nur bestimmten Individuen für sich allein zukommen, wurden nicht nur durch Verträge, sondern auch wie die romano-german. *hospitalitas* durch Gesetzesvorschrift geschaffen. Von den vertragsmäßigen war bei den Südgermanen die gebräuchlichste das in Deutschland unter den Namen *lîftocht* und *lîpgedinge* bald übertragene bald vorbehaltene lebenslängliche Gebrauchs- und Nutzungsrecht. Eine besondere und oft gesetzlich bestimmte Erscheinungsform desselben ist der Altenteil.

Für die südgerman. RR. charakteristischer noch sind aber die mancherlei dauernden Besitz-, Verwaltungs- und Nutzungsrechte an »geliehenem« liegendem Gut (ags. *lǽnland*), zu deren Ausbildung und Ausbreitung der Großgrundbesitz und die staatsrechtlichen Verhältnisse die Ursachen abgegeben haben. Nicht nur wurde nach der Völkerwanderung in Süd- und Mitteleuropa die *precaria*, d. i. der auf schriftliche Bitte gewährte Nießbrauch des röm. Vulgarrechts, aufgenommen und zu einer Landleihe umgestaltet, die regelmäßig auf Lebenszeit des Beliehenen (nicht immer eines Bauern) oder auf eine bestimmte Zahl von »Leibern« begründet, durch einen Zins zu vergelten, bei Zinsversäumnis dem Heimfall ausgesetzt, endlich zum Schutz des Eigentümers fünfjähriger Erneurung unterworfen war. Man hat vielmehr auch, was man längst vor aller Bekanntschaft mit röm. R. unfreien Leuten aus Gnaden überließ (oben S. 142), nunmehr freien Bauern — behufs mittel- oder unmittelbarer Gewinnung ihrer Arbeitskräfte — im Vertragsweg eingeräumt. Der *massarius* z. B. auf der langob. *casa massaricia* konnte ebensowohl ein Freier wie ein Unfreier sein. Daß römische Leiheverhältnisse vorbildlich für gewisse deutsche Leihearten gewesen, soll darum nicht geleugnet werden. Den Gegenstand der bäuerlichen Leihe bildete ein Wirtschaftsanwesen, sei es Hof oder Kote, nebst Zubehör. Dieses sollte unmittelbar der vollen Nutzung des beliehenen Bauern unterstehen. Zweck der Leihe war aber, der Wirtschaft des Verleihers zu dienen. Daher war der bäuerlichen Leihe wesentlich, daß der Beliehene periodische Nutzungsäquivalente an den Verleiher zu geben hatte, falls nicht der Boden erst urbar zu machen und der Bauer hiezu verpflichtet war, wie beim baier. *Oedrecht.* Die Nutzungsäquivalente bestanden bald in gemessenen Natural- oder Geldabgaben, Zinsen (ags. *gafol*, ahd. *kelstar*, — mlat. *tributa*, *census*), bald in Ertragsquoten, wie z. B. allgemein beim langobard. *hospitaticum* nach 574. Neben den Abgaben, bei Leihe kleiner Güter statt ihrer, hatte der Bauer, wenn ihm das Gut nicht »zu Meierrecht«, d. h. wie einem sein Amt pachtenden Gutsverwalter, geliehen war, noch Frondienste (ags. *weorc*), allenfalls gegen Verköstigung zu verrichten. Doch kommen Fronden, insbesondere in der Form der Wochenarbeit, in Deutschland weniger bei den zur Beleihung voll- und minderfreier Leute bestimmten Gütern (*mansi ingenuiles* und *lidiles*, in Italien *casae coloniciae* und *aldiaricciae*) als bei den an Unfreie nach »Hofrecht« vergebenen (*mansi serviles*) vor. Unwesentlich ferner, aber häufig, war die Verpflichtung des Bauern zu einer Handänderungsgebühr (»Ehrschatz, Handlohn, Gewinngeld, Anleite, laudemium«), regelmäßig auch seine Pflicht das Gut zu bewirtschaften und zu bessern. Nicht nur diese Punkte, sondern auch Kündigungsrecht des Grundherrn, Abmeierung wegen Gutsverschlechterung und Zinsversäumnis, Zinsbuße im letzteren Fall (sog. Rutscherzins), Nutzungsvorbehalte für den Grundherrn, anderseits Ausstattung des Bauerngutes mit Inventar durch denselben, Vererblichkeit, Belastbarkeit des Gutes und seine Veräußerlichkeit unter »Hausgenossen« (s. oben S. 162), Bedingungen der Gutsübergabe an den Erben und Interims-(»Satz«-)Wirtschaft standen im MA. meist für ganze Gruppen von Gütern, die zum nämlichen Salhof gehörten, gewohnheitsrechtlich fest, was sich auch vielfach in der technischen Benennung der Güter (z. B. in den oben angeführten Namen) und ihrer Inhaber (z. B. ags. *genéat*, — *gebúr* i. e. S. — *cotsetla*) ausdrückte. Seit dem 11. Jahrh. das juristische wie ökonomische Seitenstück der bäuerlichen war die städtische Leihe, nämlich die Hingabe einer Hofstatt oder eines Hauses oder eines Verkaufsplatzes gegen Zins (als Reallast), daneben etwa noch Dienste, zu erblichem Gebrauchsrecht (»Erbrecht, Erbzinsrecht«, nd. auch *wicbelde*, mhd. *burcreht*).

Hingegen seinem Zweck und folgeweise seiner Struktur nach von der bäuerlichen und städtischen Leihe, welche es auch an politischer Bedeutung weit hinter sich ließ, verschieden war das (»rechte«) Lehen (mlat. *beneficium*, c. 930 zuerst in Südfrankreich *feum*, *fevum*, dann *feodum* [= *feo-um*? nach Kern v. *fehôn*, nützlich machen]), wie es sich seit dem 8. Jahrh. im fränkischen Reich entwickelt und dann über die meisten christlichen Länder verbreitet hat. Als beneficium i. e. S. tritt es zuerst an die Stelle des widerruflichen Landeigentums, womit bis dahin die Hulde des Vassallen (S. 189) gelohnt zu werden pflegte. Fortan bleibt die Beziehung zur Vassallität charakteristisch fürs echte Lehen im Gegensatz zum Bauern- oder Zinslehen, wie zum Hoflehen des Dienstmannes, und zu jedem Lehen ohne »Mannschaft«, und insofern ist das Lehen »Rittersold« (*stipendiarium bonum*). Unwesentlich dagegen ist dem echten Lehen Zinspflicht des Beliehenen. Das geliehene Gut war anfangs Grund und Boden. Seit dem 9. Jahrh. aber wurden vom fränkischen König auch dauernde Rechte auf Einkünfte und Rechte, mit denen solche verbunden sind, insbesondere Hoheitsrechte, deren Ausübung bis dahin den Inhalt von Amtsaufträgen gebildet hatte, und Regalien als Lehensobjekte vergeben, — eine Wendung, die noch stärker als die älteren Elemente des Feodalsystems dessen Ausbildung bewirkt hat, so daß der Feodalstaat geradezu als Lehensstaat bezeichnet werden kann. Das Recht des Beliehenen am Gut dauerte nur so lange, als sein Vassallenverhältnis zum Verleiher. Es hörte daher mit dem Herrn- oder Thronfall wie mit dem Mannfall auf. Außerdem konnte der Herr das beneficium einziehen, wenn der Mann das Gut verschlechterte oder seine Vassallenpflichten verletzte. Schon im 9. Jahrh. wird durch Vertrag die Leihe über den Herrn- und Mannfall hinaus verlängert und bei gewissen Lehen Wiederverleihung an den Sohn des verstorbenen Vassallen gegen Hulde gebräuchlich. Am Anfang des 11. Jahrhs. ist *erbelêhen* bereits technischer Ausdruck, und im 12. gibt jedes Lehen, bestimmte Arten von Lehen ausgenommen, im Zweifel ein bleibendes und auf die männlichen, partikularrechtlich auch die weiblichen Nachkommen des Mannes vererbliches Recht. Der Mann hat nun die »Folge an den andern Herrn«, d. h. er behält das Lehen, wenn er es rechtzeitig mit Mannschaft »sinnet« oder »mutet«, d. h. um Belehnung (sog. Lehenserneuerung) bittet, und analog ist die Stellung seiner lehenfähigen Erben beim Mannfalle. Die Lehenserneuerung braucht nur von einem unter mehreren Rechtsnachfolgern des Herrn und noch im 13. Jahrh. nur an einen unter mehreren Vassallenerben zu ergehen. Später freilich können die letzteren Belehnung zu gesamter Hand verlangen. Personen, über deren Lehenunfähigkeit als bloße Unfähigkeit zur Mannschaft der Herr hinwegsehen durfte, konnten ein Lehen mit der Maßgabe erlangen, daß ihnen ein »Lehenträger«, d. h. ein Lehenfähiger als Vassall an ihrer Statt, dasselbe verdiente. Kraft seines Rechts am Lehen schloß der Mann seinen Herrn von Besitz, Verwaltung und Nutzung des Gutes aus. Sein Recht ging in der Regel so weit, daß er an demselben dingliche Rechte für andere, unbeschadet der Rechte des Herrn und der Lehenerben am Gut bestellen, insbesondere es (als *afterlêhen*) an seinen Vassallen weiter leihen, ja sogar, daß er mit ihrer Erlaubnis das Gut für die Dauer belasten und veräußern konnte. Zu gesamter Hand Belehnte schuldeten dem Herrn nur e i n e s Vassallen (Lehenträgers) Mannschaft und konnten die Nutzungen des Lehens unter Aufhebung der gemeinsamen Wirtschaft teilen (*mûtschar*, Örterung). Das Lehen selbst teilen konnten sie unter Aufhebung des gemeinschaftlichen Vassallenverhältnisses partikularrechtlich etwa seit 1250 auch unter Fortbestand desselben. Ist der Vassall minderjährig, so zieht der Herr die Nutzungen des Lehens (das *anevelle*) und hat er die Lehensvormundschaft. Er kann aber auch beide zu Lehen austun. »Ledig« wird das Lehen dem Herrn unmittelbar durch Tod, Ächtung und freiwilligen Abgang des Vassallen ohne Lehenfolger, sonst mittels lehengerichtlicher Aberkennung (»Verteilung«) des Lehens gegenüber dem Vassallen wegen Treubruchs oder eines andern schweren Verschuldens. Unabhängig vom fränk. beneficium, ja sogar früher als dieses ist ein demselben ähnliches Institut im ags. Dienstgut entstanden, welches ein *gesîðcundman* (S. 130) von seinem Herrn erhielt und bis zur Kündigung seinerseits oder bis zur Versäumnis seiner Heerfahrt zu nützen und instand zu halten hatte (Ine 51,

63—66, 68). Dagegen drang im 11. Jahrh. von Deutschland aus das Lehenwesen in den skandinav. Norden vor. Freilich ist es dann hier, und zwar selbst in Dänemark, im großen und ganzen auf der untersten Stufe seiner Entwicklung stehen geblieben. Zwar gab es Lehen an Hoheitsrechten (fürstliche oder Fahnenlehen) wie an Dienstgütern und königlichen Einkünften für Beamte und Gefolgsmannen. Aber der Regel nach blieben sie unerblich, ja sogar widerruflich, gewährten sie ferner nur bestimmte, aufgezählte Nutzungen. Überdies entbehrten sie der begrifflichen Verbindung mit der Mann- oder Gefolgschaft. Ein dem beneficium entsprechendes nationales norweg. Institut war die *veizla* (v. *veita* = verleihen), Gegenstand derselben ein Krongut (*veizlujǫrd*), wogegen das *lén* im Norden regelmäßig auf Hoheitsrechte sich bezog und dem Empfänger Abgaben und militärische Leistungen auferlegte.

§ 66.

Der Besitz nach german. Anschauung ist stets tatsächliches und möglicherweise widerrufliches »Haben« (got. *haban* oben S. 192, an. *hafa*) oder Verfügen über eine Sache: ahd. *habida*, skand. *hefð*. In der deut. Terminologie des MA. erscheint er als *gewere* oder *gewer* (ahd. *giwerî*), was weder mit einer »Gewähr« noch mit einer »Wehr« irgend etwas zu schaffen hat, vielmehr »Bekleidung« bedeutet und durch *vestitura* übersetzt wird. Im letzten Jahrh. des MA. entlehnt der Norden diese Metapher der deut. RSprache. Während der Besitz an Fahrnis durch deren Gewahrsam gegeben ist, wird er an Liegenschaften bei demjenigen angenommen, der mittel- oder unmittelbar den Nutzen derselben zieht. Die *gewere* an Liegenschaften ist eine *nuzliche*, und tautologisch sagte man *nuz* und *gewer*, um den Immobiliarbesitz zu bezeichnen. Daher hatte den Besitz von Land, wer als Pächter oder Zinsbauer dessen Früchte erntete, ebenso aber auch, wer den Zins davon bezog, ferner der Vassall, wenn er das Lehen nützte, der Lehenherr, wenn er den Dienst des Vassallen genoß. Damit war mehrfache Gewere verschiedener Leute am nämlichen Gut ermöglicht. Die in unmittelbarer Nutzung bestehende hieß die *ledeclîche*. Anderseits fehlt die Gewere dem, der nur für einen andern besitzt, wie z. B. dem Gutsverwalter. Gewere, die sich als Ausübung eines Rechts gibt, wurde mnd. nach diesem benannt (z. B. *eigenliche*, *lênes gewere*), Gewere dagegen ohne Rücksicht auf wirklichen oder vorgeschützten Besitztitel *gemene* oder *blote* (auch *hebbende*) *gewere*. Widerrechtliche Angriffe auf seinen Besitz konnte der Besitzer mit Gewalt abwehren. Weiterhin aber galt im Prozeß um Gut das Prinzip, daß »Eignung näher ist dem, der hat, als dem, der anspricht«, d. h. daß (soweit das Beweismittel einseitig) als Angegriffener der Besitzer zum Beweis seines Besitztitels kommt, wenn sein Angreifer keine Behauptung aufstellt, bei deren Wahrheit jener hinfällig wäre. Aber auch eine solche Behauptung fand im Prozeß um Liegenschaften keine Berücksichtigung, wenn der Besitz des Angegriffenen als Rechtsausübung und unangefochten eine bestimmte Frist hindurch gedauert hatte, bzw. der durch die Behauptung zu stützende Anspruch nicht rechtzeitig erhoben war (mnd. *rechte gewere*, on. *lagha-hæfþ*). Mißbrauch mit diesen Grundsätzen war durch das andere Prinzip ausgeschlossen, daß »man sich zum Beweisrecht nicht rauben, noch stehlen könne«, vielmehr der raublich erlangten Gewere (on. *ranshæfþ*) gegenüber der Entwerte die beweisrechtliche Stellung des Besitzers behalte. Waren beide Parteien im Besitz, so kam diejenige zum Beweis, welche ihren Besitztitel von der andern ableitete. War durch den Satz von der raublichen Gewere ein prozessualer Besitzesschutz vermittelt, so war ein solcher unmittelbar gegeben in dem Klagerecht desjenigen, dem Fahrnis wider seinen Willen abhanden gekommen war. Will er den Besitzer nicht unmittelbar des Diebstahls oder Raubes beschuldigen, so erscheint seine Klage im deut. R. der Form nach als sog. Anefangsklage. Der Kläger, der die Sache beim Besitzer antraf, leitete seine Verfolgung damit ein, daß er, gleichsam Besitz ergreifend, an die Sache als eine ihm entwendete seine Hand legte (mhd. *ane-vanc*, *vürvanc*, ags. *ætfong*, *forefong*, *ætfón* und öfter noch *befón*, abaier. *hantalôd*). Diesem Verfahren entspricht das on. *handsama*. Der Besitzer hatte hierauf entweder die klägerische Behauptung unfreiwilligen Besitzverlustes zu widerlegen (— ein Fall der ags. *ágnung* —) oder aber die Sache seinem Besitzvorgänger (»Gewähren«) »zuzuführen« oder »zuzuschieben«, auf daß dieser die Widerlegung des Klägers übernehme [1]). Letzteren Falls trat der Gewähre in die Rolle des beklagten Besitzers. Der Zug (ags. *téam*, mhd. *schup*, on. *lepsn*) an den Gewähren (ags. *getéama*, ns. *gewere*,

---

[1]) Daß dem Beklagten nur motivierte Verneinung gestattet wird, dürfte sich aus den prozessualen Grundsätzen über die Beweismittel erklären. Den London schen Erklärungsversuch (Unredlichkeit des Beklagten präsumiert) halte ich für eine petitio principii.

warent, fries. *werand*, wn. *heimildarmaðr*, on. *hemulsman* oder *sali*) war ursprünglich nur dreimal gestattet, daher die Antwort des ersten Beklagten on. ein *leþa til þriþia sala* und mlat. die Klage selbst ein *intertiare* oder *in tertiam manum mittere*, so daß der dritte Besitzvorgänger des ersten Beklagten obigen Widerlegungsbeweis zu führen hatte. Blieb der Kläger unwiderlegt und bescheinigte er den unfreiwilligen Besitzverlust eidlich, so mußte ihm die Sache ausgeliefert werden. Außerdem aber hatte nach dem ältern R. der Beklagte von dem nun auf ihn fallenden Verdacht des dieblichen Erwerbs sich zu reinigen. Denn »wo der Gewähre fehlt, fehlt nicht der Strick« (dän. Sprw.). Endlich war nach älterem deut. R. der Entwerte innerhalb der nächsten drei Nächte nach dem Besitzverlust befugt, die Sache eigenmächtig an sich zu nehmen. Ein dem Anefangsprozeß um Fahrnis analoges Verfahren um Liegenschaften läßt sich für das früheste Recht erschließen aus dem langob. »*wiffare*« (Strohwisch aufstecken), dem oberdeut. Bannschaub, dem mittel- und westdeut. Hegewisch, der wnord. *lǫgfesta* (durch Aufstecken eines Kreuzes oder Hinwerfen eines Stabes), der götischen Grundstücksbefriedung durch Aufsteckung des Haselstabes oder Weidenzweiges. Niederdeutsche Rechte haben, wie es scheint, den Ritus des Handanlegens von der Klage um bewegliches Gut auf die Klage um liegendes übertragen.

§ 67.

Dem Besitz wie den Rechten an Sachen gegenüber stand die »Schuld« (Verbalabstr. vom Präteritopräs. *skulan*) [1], als das bloße Sollen nämlich ein Bekommensollen des einen und gewöhnlich auch ein Leistensollen (*skulan* i. e. S. mit dem Dat. pers.) des andern [2]. In diesem Doppelsinn war »Schuld« ein Zustand nicht allein dessen, der got. als *skula*, ahd. als *skulo* und heute als Schuldner erscheint, sondern auch dessen, den wir jetzt, in Anlehnung an römische Terminologie, als den »Gläubiger« (creditor) bezeichnen, weswegen dieser so gut wie jener wn. *skuldanautr* (= Schuldgenosse) oder *skuldarmaðr*,

---

[1]) Dafür got. auch *dulgs*, für dessen Entlehnung aus dem Slawischen die weite Verbreitung der Wortsippe mit entsprechender Bedeutung in den slaw. Sprachen angeführt werden kann.

[2]) Daß »Schuld« ursprünglich gerade = büßen sollen, ist eine Hypothese, die lediglich auf historischer Spekulation beruht.

on. *skyldugher*, mhd. *geschol* [1]), *schuldman*, *schuldenære*, *schuldigaere*, ja sogar *geltære*, *bezaler* heißen konnte. Ja, wesentlich für die Schuld war und ist noch heute nur das Bekommensollen eines Gläubigers, nicht auch das Leistensollen eines Schuldners. Es gab und gibt keine Schuld ohne einen Gläubiger, wohl aber, so seltsam es klingen mag, Schulden ohne Schuldner, wie z. B. in alter Zeit Schulden aus Schadensstiftungen von Tieren (Zschr. der Sav.-Stiftg. XXXI Germ. Abt. 487). Vom Standpunkt des Gläubigers aus war die Schuld aber auch ein »Haben« — an. *eiga* —, insofern, als ihm »beim« Schuldner oder »unter« demselben das geschuldete Gut gehörte. Daher waren Schulden, deren Erfüllung den Gläubiger bereicherte, Bestandteile seiner Habe und mit ihr vererblich, wenn schon nicht für sich allein übertragbar, Schulden ferner, deren Erfüllung den Schuldner ärmer machte, Passiva im Schuldnervermögen. Nicht bloß Geld (oben S. 199 f.) oder Sachen von Geldeswert, auch andere Güter, insbesondere erlaubte Handlungen aller Art konnten geschuldet werden. Wie die Art und oft auch das Maß des Schuldobjekts, entsprechend den Entstehungsgründen der Schuld (den verschiedenen Geschäftstypen, Übeltaten, verwandtschaftlichen, nachbarlichen, Gemeinschaftsverhältnissen) vom Recht geordnet war, würde ein spezieller, von diesem Grundriß jedoch ausgeschlossener, Teil des Schuldrechts zu zeigen haben. Die rechtliche Bedeutung der Schuld lag zunächst und mindestens darin, daß, was durch ihre Erfüllung seitens des Schuldners oder eines Dritten an den Gläubiger kam, rechtmäßig bei diesem blieb, und daß anderseits das »Versitzen« der Schuld oder das »Vorenthalten« des Geschuldeten als ein Unrecht galt, welches — ob beabsichtigt oder unbeabsichtigt — nach älterer Auffassung Sühne durch Buße, nicht etwa Begleichung durch Zins (an. *leiga*) oder Interessenvergütung forderte oder doch fordern konnte. Mit der Dauer des Verzugs wuchs das Unrecht, so daß sich die Verzugsbuße steigern konnte. Im deut. R. des MA. treten die Verzugsbußen zurück. Aber nur wenige und hauptsächlich nur städtische RR. füllen die Lücke durch einen Ersatzanspruch für den Verzugs-»Schaden« aus, während in bestimmten Mietfällen eine fixierte Interessenvergütung die Stelle der Verzugsbuße einnahm, sonst aber es darauf ankam, ob der Gläubiger sich von seinem Schuldner den »Schaden« hatte »geloben« lassen. Unter den Landrechten ist

[1]) So z. B. Stadtr. v. Burghausen (1307) in Oberbaier. Arch. XLV 185. Vgl. auch *selbschol* (= Gläubiger) in Stadtr. v. München art. 458.

es hauptsächlich das jüngere wnordische, insonderheit isländische, welches den Begriff des Verzugszinses (*lǫgleiga*) ausbildet. Erfüllen oder »schließen« (skand. *luka*) konnte man eine Schuld nicht durch Zahlung, d. h. durch bloßes Hinzählen, wenn auch etwa durch Aufreihen oder »Breiten« (wn. *reiða*, on. *ræþa*, mhd. *reiten*), so lange es kein Geld mit Zwangskurs (oben § 63) gab. Aber auch nachher verursacht die Armut ganzer Länder an gemünztem Geld, daß der Gläubiger rechtlich genötigt blieb, bestimmte »Wertsachen« an Geldes Statt anzunehmen, sei es zu einer gesetzlichen Taxe, sei es nach Abschätzung im einzelnen Fall. Mußte man beim Leisten oder »Gelten« von Sachen dieselben abmessen oder abwiegen, so kam, wie auch in den andern Fällen des Messens, gewöhnlich ein natürliches Maß zur Anwendung. Leibesglieder und Leibeskraft, Hör- und Seheweite, Augenmaß, übliche Kleidungsstücke und Geräte, Ertrags- und Aufnahmefähigkeit des Bodens, Zeitaufwand seiner Bearbeitung spielten unter den natürlichen Maßstäben die Hauptrolle. Oftmals war ein solcher nur auf einen einzigen Fall berechnet. Aber so mannigfaltig die Maßstäbe hiernach waren, so gleichmäßig zeigen sie sich, weil aus den allerfrühesten Zeiten stammend, bei den german. Völkern verbreitet. Nationale künstliche Maße sind gegendenweise durch Fixierung natürlicher entstanden, insbesondere für Längen und Flächen. Solche jüngere Maße geben, soweit nicht durch ihre Vervielfältigung ein neues Hauptmaß eingeführt war, ihre Herkunft dadurch zu erkennen, daß sie die Namen ihrer Vorläufer (Elle, Spanne, Handbreite, Fuß usw.) fortführen. Aus der Fremde sind zum Teil vor ihnen künstliche Maße aufgenommen worden. Und wahrscheinlich aus dem Südosten bezogen ist die künstliche Gewichtseinheit, die sich beim Beginn der historischen Zeit beinahe über die ganze germanische Welt verbreitet zeigt, nämlich die c. 29¹/₄ Gr. haltende Unze oder der skand. *œyrer* (on. *örir*), d. i. der achte Teil der »Mark«, der sechzehnte des ältern südgerm. (ags. fries.) »Pfundes«, das Dreifache der skandin. **ertǫugh* (wn. *œrtog* etc.). Das deutsche Lot (ags. *léad*, fries. *lâd*) d. h., das »Bleigewicht«, ist vielleicht durch Teilung aus der Unze abgeleitet. Im MA. bleiben diese Namen, während die dadurch ausgedrückten Gewichte durch die lokale Rechtsentwicklung in verschiedener Weise verändert werden. Wie die Größe der zu »geltenden« Sachen, so wurde auch die Erfüllungszeit mittels natürlicher Weiser gemessen. Naturerscheinungen, Gepflogenheiten des Wirtschaftslebens, Feste lieferten die Maßstäbe, wonach ein Termin oder »Tag« (skand. *eindagi*, *stefna*) oder eine Frist abgegrenzt wurde. Fristen berechnete man in der ältern Zeit nach Nächten. Im skand. R. besonders beliebt war die fünfnächtige Frist (wn. *fimt*, on. *fæmt*), vielleicht die altgerman. Woche. Wahrscheinlich liegt sie auch der deutschen Frist von sechs christlichen Wochen und drei Tagen als Einheit zugrunde.

§ 68.

Für die Erfüllung einer Schuld trat regelmäßig eine Garantie (mnd. *waringe*, *ware*, *werescap*) oder »Einständerschaft« (mnd. *vorstand*, vgl. on. *standa firi* und das lat. praestare) ein — »Bürgschaft« im ursprünglichen w. S. (an. *borgan*, *ábyrgð*, ags. *borh*) [1]) oder »Warte« (on. mit Vorliebe *varþnaþer*) genannt. Dies geschah dadurch, daß für den Fall der Nichterfüllung ein freier Mensch oder eine Sache einem Zugriff (skand. *tak*) ausgesetzt und insofern zum Unterpfand (germ. *vadi*, wozu lat. vas, vadimonium z. vgl.) gemacht und »gebunden« (mhd. *verbunden*, *ver-* oder *beheftet*, *verstrickt*) wurde. Aus dieser der röm. Obligation entsprechenden Gebundenheit oder Haftung konnte das Satisfaktionsobjekt nur durch Schuldtilgung oder Erlaß (Entlassung) und, was dem gleich stand, »erlöst« oder »geledigt« werden. Die Geschichte des germ. Obligationenrechts zeigt schon bei ihrem Beginn die beiden Hauptarten aller Haftung, welche den beiden Hauptformen des Kredits entsprechen, Sach- und Personenhaftung nebeneinander.

Die stärkste Realsicherheit wurde durch einen eigens hierauf gerichteten Vertrag begründet. Eine Sache wurde als Pfand (got. *vadi*, ags. skand. *veð*, ags. *wedd*, ahd. *weti*, mnd. *wedde*, mlat. *vadium*) »ausgesetzt«, oder »versetzt« d. h. dem Gläubiger preis- und in seinen Besitz und, wenn sie einen Ertrag abwarf, seine Nutzung gegeben, auf daß sie diesem eigen (»verwettet«) werde, falls gehörige Erfüllung der Schuld unterbleiben würde. Der Pfandversatz war also ursprünglich eine suspensiv bedingte Übereignung, und eben darum mußte der Versetzer dem Gläubiger den Besitz der Pfandsache verschaffen. Da diese dem Gläubiger wie ein Wetteinsatz an Erfüllungsstatt zufiel (sog. Verfallpfand), so schloß diese Art des Pfandes jede Personenhaftung für dieselbe Schuld aus. Erst als man den Wert

[1]) »Bürge« im engern und nahezu isolierten Sinn ist allerdings der fidejussor, aber gerade deshalb, weil von ihm nicht gesagt werden kann, daß er schuldet, sondern nur daß er garantiert.

des Pfandes auf die Schuld anrechnete oder gar das Pfand zu einem bloßen Exekutionsobjekt machte und aus dessen Verkaufserlös den Gläubiger sich befriedigen ließ (sog. Verkaufspfand), wurde ein Nebeneinander von Pfand- und Personenhaftung möglich. Im MA. findet sich, daß der Pfandgläubiger für den Fruchtgenuß am versetzten Gut einen Zins zahlt. Dieser gepachteten Satzung trat dann eine geliehene, d. h. das noch im Ssp. aus formellen Gründen verworfene Pfandlehen an die Seite. Unter dem Einfluß des kirchlichen Wucherverbots wurde verabredet, mitunter sogar gesetzlich vorgeschrieben, daß durch den Fruchtgenuß des Gläubigers die Schuld amortisiert werden sollte (mnd. *dotsate*). Wie Land wurden im MA. auch Rechte, insbesondere — wie z. B. bei den Reichspfandschaften — Hoheitsrechte versetzt. Im Gegensatz zu der bisher beschriebenen sog. »älteren Satzung« läßt eine jüngere Form des Immobiliarversatzes den Verpfänder in Besitz und Nutzgenuß des Pfandobjekts, während das Satisfaktionsverfahren die nämliche Entwicklungsgeschichte durchmacht wie bei der ältern Form. Den Übergang zu dieser sog. neueren Satzung, die zwar fortgeschrittenen Kreditverhältnissen, doch keineswegs, wie oft behauptet, überall spezifisch städtischen Wesens, ihren Ursprung verdankt, vermittelte in einigen Rechtsgebieten die Beleihung des Versetzers mit dem Pfandobjekt seitens des Versatznehmers bei der ältern Satzung, in andern, insbesondere in Deutschland, die vertragsmäßige Einräumung eines Exekutionsrechtes durch den Versetzer an den Versatznehmer (sog. Exekutions- oder Fronungspfand), wieder anderwärts endlich (wnord. R.) das Entfallen des Besitzwechsels bei der Übereignung. Dieser hypothekartige Versatz wurde seit der Wende von Früh- zum SpätMA. (zuerst auf Island) bei beweglichen Pfandobjekten nachgebildet. Den wichtigsten Anwendungsfall bildete in den Seestädten das »Verbodmen« von Schiffen. Generalhypothekartige Verhältnisse sind nur vereinzelten Rechten und auch diesen erst in ihren jüngern Entwicklungsperioden bekannt. Dagegen gewährte das älteste Recht neben dem »gesetzten« Pfand auch noch dem »genommenen« (*pant* in der lex Fries., *infant* in einer Glosse zur lex Alam., nach Siebs zunächst = »eingeschlossenes Vieh«, — on. *nam*, ags. *nâm*, dazu mhd. *nâme*, — endlich ags. auch *wed* und *bâd*) einen weiten Spielraum. Eigenmächtig durfte, wofern ein freier Mensch für die Schuld bürgte, der Gläubiger diesem Bürgen Fahrnisse wegnehmen, um sie bis zur Auslösung zurückzubehalten, nach einigen RR. auch, um sich aus ihr zu befriedigen. Die pfandbaren Sachen und der Ort der Pfandnahme, ebenso die Einleitung derselben durch förmliche Mahnung pflegten genau bestimmt zu sein. Nur eine kurze Frist stand der Gläubiger für das genommene Pfand ein, wenn er sich bereit gezeigt hatte, dasselbe auslösen zu lassen. Diese Pfandnahme stand prinzipiell wegen jeder unleugenbaren (ursprünglich auch wegen jeder nicht gehörig geleugneten?) Schuld dem Gläubiger frei. Ferner durfte der Grundbesitzer wegen handhafter Besitzstörung zur Pfandnahme ohne Vorverfahren schreiten. Südgerman. RR. haben schon sehr früh, die nordischen erst im MA. die Pfandnahme um gemeine Schulden, soweit sie nicht durch Verträge gestattet wurde, an die Mitwirkung der Obrigkeit gebunden oder aber im Exekutionsverfahren gegen den sachfälligen Schuldner aufgehen lassen. Nur um bestimmte Geldschulden, insbesondere aus Störungen des Grundbesitzes, Zins-, Zech-(nach deut. RR. auch Spiel-)Schulden, dann Schulden an die eigene Gilde und an die Obrigkeit dauerte die außerprozessuale Pfandnahme fort. Unter gewissen Voraussetzungen durfte der Gläubiger Sachen des Schuldners unter Erhebung eines Gegen-, (z. B. Lohn-)Anspruchs zurückbehalten, ja sogar gebrauchen, nützen und zu seiner Befriedigung verwenden, die weder durch Versatz noch durch Pfandnahme in seinen Besitz gelangt waren. Um Sachhaftungen endlich aus »Übeltaten« von Unfreien oder Haustieren handelte es sich, wenn nach altgerm. R. der Verletzte um seiner Genugtuung willen sich nur an den »Täter« halten, daher nur dessen Preisgabe verlangen, der Eigentümer denselben durch Sühnleistung »lösen« durfte. Denn Sachen konnten damals »nicht mehr verwirken als sich selbst«.

Die älteste Art, wie freie Leute haftbar gemacht wurden, scheint bei Schulden aus reinen Kreditgeschäften eine pfandartige, nämlich die — von Tac. (Germ. 20) mit Beziehung auf den Avunculat erwähnte — Geiselschaft, wobei an die Zeit zu erinnern ist, da der Vermögensverkehr nicht sowohl unter Individuen als unter Sippen sich abspielte. Das Rechtswort »Leisten«, welches auf der letzten Stufe seiner Bedeutungsentwicklung = Schuld erfüllen, bedeutete ursprünglich (vgl. got. *laistjan*) das Eintreten in die Spur des Gläubigers, wie es demjenigen oblag, der sich als Geisel in Gefangenschaft »setzen« ließ, und zwischen diesen beiden Bedeutungen liegt die des Zahlens für einen andern. Die Geiselschaft ist auf dem Gebiet des Personalkredits das Analogon zur ältern Satzung. Faustpfandartig ist der Geisel zu »Wette« (ags. *to wedde*) gegeben. Analog dem verwetteten Pfand verfiel er denn auch, sobald Schuldverzug eingetreten, dem Gläubiger zu eigen. Die Analogie zur neueren Satzung ergab sich, wenn man seine eigene Freiheit oder seine Leibesglieder oder seine Ehre nicht bloß als Wett- oder Spieleinsatz preisgeben, sondern auch verpfänden konnte. Eine Personalsatzung in diesem Sinn ist die (freie) Bürgschaft (= fidejussio oben S. 214 Note 1). Dem entspricht es, daß südgerm. Terminologie die Bürgenstellung als ein »Wetten« (got. *gawadjon*, ags. *weddian*, fries. *weddia*, mlat. *vadiare* bezeichnet. Der Bürge ist »Zugriffsmann« (skand. *taki*) wie der Geisel, nur daß er sich nicht in Gefangenschaft beim Gläubiger befindet. Wie der Geisel steht daher der Bürge primär und (nach älterm R.) in unvererblicher Weise ein. Da er aber bei Schuldverzug noch auf freiem Fuß war, so mußte der Gläubiger erst noch durch ein Achtverfahren (§ 77) Gewalt über ihn erlangen. Allerdings konnte die Acht erst eintreten, nachdem die Schuld durch Verzugsbußen vergrößert worden war. Denn das im Verzug liegende Unrecht (oben S. 212) mußte ungesühnt geblieben sein. Doch stand dem Gläubiger außer dem strengeren aber auch umständlicheren und gefährlicheren Achtverfahren die mildere, aber auch einfachere und minder gefährliche Pfandnahme (S. 216) zur Wahl. Wie nun aber in solche Bürgschaft oder »Wette« für den Schuldner ein anderer »sich legen« konnte, so konnte auch der Schuldner selbst die Bürgschaft übernehmen (sog. Selbstbürgschaft). Mit gewissen Schuldverträgen war diese Bürgschaftsübernahme regelmäßig gegeben. Und außerdem entsprangen aus Schadenstiftungen für freie Täter nicht nur Schulden, sondern gleichzeitig auch Bürgschaften der letztgedachten Art. Abwenden konnte man die Acht, indem man sich vertragsmäßig in Schuldknechtschaft ergab (an. *ganga í skuld*), welche zuerst eine definitive, später eine durch Schuldtilgung lösliche Unfreiheit war. In ähnlicher Verwendung wie die Acht erscheint im MA. der Kirchenbann. Wie durch Milderungen des Achtverfahrens neue Satisfaktionsmittel entstanden sind, zeigt § 92. Ein nicht durchs Gesetz vorgesehenes, sondern durch Vertrag zugesagtes ist die Selbstinternierung oder das »Einlager« (»Einreiten«) des Schuldners oder eines Dritten im Verzugsfall, welches seit dem 12. Jahrh. in Deutschland, viel später erst im Norden auftritt und von der im Privatrecht halbverschollenen (echten) Geiselschaft den

Namen (lat. *obstagium*) entlehnt. Ebenso kommen häufig im MA. vor vertragsweise Selbstunterwerfung unter die Acht, nachdem diese längst aufgehört hat, gesetzliches Satisfaktionsmittel zu sein, und unter den Kirchenbann. Für jede Personenhaftung charakteristisch war, daß ihr auf der Seite des Gläubigers ein Verfolgungsrecht (wn. *sǫk*, on. *sak*) entsprach, welches als Recht zum Ansprechen (anorw. *kveðja*) oder Mahnen d. i. Erinnern (ahd. *manôn*, on. *mana* und *minna*), begann und wenn nicht sogleich, so doch im nächsten Verlauf als Recht zum Anfordern (skand. *krefja*, got. *haitan?*) und zum Eintreiben (wn. *heimta*) in prozessualem Mahnverfahren mit Terminen, Fristen, Formeln, Zeugen ausgeübt wurde und als Recht zum Gewaltverfahren abschloß, soweit nicht etwa die Form der Exekution die entscheidende Tätigkeit in die Hand des öffentlichen Beamten legte. Dies Recht war bis ins MA. so wenig wie die Schuld unter Lebenden übertragbar. Wohl aber konnte sein Träger, wenn die Schuld auf wiederkehrende Leistungen lautete, durch den Besitz eines Grundstücks gegeben sein und mit demselben wechseln. Wie die Forderung hiedurch zum Realrecht wurde, so konnte die persönliche Haftung zur Grund- oder Reallast werden, indem sie als eine regelmäßig nicht durch Kapitalzahlung ablösbare dem jeweiligen Besitzer eines Grundstücks auferlegt ward. Beide Phänomene gehören freilich erst dem Recht des MA. an und sind teils Ausflüsse oder Reste von grundherrlichen bzw. Leiheverhältnissen, teils unter Anlehnung an letztere vom Bedürfnis der Kapitalanlage hervorgerufen, wie das vornehmlich bei den »gekauften« Gülten, aber auch bei vielen »vorbehaltenen« Bodenzinsen der Fall ist, teils endlich durch Privatisierung von Hoheitsrechten (z. B. auf Grundsteuern, Zehnten) entstanden. Wie bei den Grundlasten des MA., so kommt schon nach altgerm. R. ein Wechsel der obligierten Person im Zusammenhang mit dem Besitzwechsel an einer Sache in solchen Fällen vor, wo die Schuld auf Überlassung der Sache selbst gerichtet war. Aber der regelmäßige Weg, auf welchem die persönliche Obligation auf einen neuen Träger übergeht, ist Vererbung von Todes wegen oder unter Lebenden (vgl. oben S. 173). Der Vererbung eines Nachlasses gleich stand in jener Beziehung das Verteilen von Ächtergut (§ 77) und die Übergabe eines ganzen Vermögens, wie bei der bäuerlichen Gutsübergabe in Deutschland und beim Vitalizienvertrag, wofür die noch heidnische *branderfð* in Norwegen als ältester Typus gelten kann. Prinzipiell haftete aber der Erbe nur mit dem Nachlaß, sofern er ihn rechtzeitig liquidierte, — ein Grundsatz, der zuerst zur Ausbildung eines Konkursrechts geführt hat. Eine ähnliche Beschränkung der Haftbarkeit kann sich auch aus dem Grund der Obligation ergeben, so z. B. wenn das Gesetz den Gültschuldner nur mit dem belasteten Grundstück und der darauf befindlichen Fahrnis haften ließ.

§ 69.

Das vermögensrechtliche Geschäft, von den Fällen originären Eigentumserwerbs und vom bloßen Erlauben oder Zustimmen (skand. *ráþ*, auch mhd. *rât*, mnd. *râd*) zu Geschäften anderer abgesehen, war in der ältern Zeit prinzipiell mindestens zweiseitige Abrede (skand. *mál*, *máli*, wn. *máldage*, — ags. *geþing*, ahd. *gidingi*, *tagadinc*, mhd. *gedinge*, *teidinc*, seltener *dinc*) und insofern Übereinkunft (mnd. *eininge*, *endracht*, *overdracht*, — on. *sæmia* — wn. *samþykt*) oder Vertrag (mhd. *vertrac* und *vertraht*, — wn. *sátt*). Erscheinungsformen desselben sind die Abreden, wodurch ein Satisfaktionsobjekt haftbar gemacht (§ 68), ferner die Abreden, wodurch eine Schuld »gefestigt« wird (skand. *festa*, wn. auch *fastna*, ahd. *fastinôn*, wozu das m. *fastinôd* und das f. *festinunga*, mhd. *vestenen*, — afränk. **atchramjan*, mnd. *ramen*, *vorramen*), indem der eine »gelobt«, d. h. eine Schuld »lobt« [1]) oder »verheißt, zusagt, verspricht«, der andere das Gelöbnis »annimmt«, d. h. sich aneignet. Da durch diese Aneignung das Gelöbnis aus der Gewalt seines Abgebers kommt, kann dieser daran festgehalten werden, gleichviel ob er eine Leistung an den Annehmer oder an einen Dritten zugesagt hat. So folgte aus dem Wesen des obligatorischen Vertrags die allgemeine Zulässigkeit des sog. Vertrags zugunsten eines Dritten, und nur einer unter vielen Anwendungsfällen nach deut. R. war es, wenn ein *salman* oder Treuhänder sich ein Verfügungsrecht über eine Sache bestellen ließ, um sie auf einen Dritten zu übertragen. Erscheinen reine Schuldverträge in got. und deut. RR. unter dem Namen von »Wetten« (got. *gavadjôn* = verloben, ags. [*be*-] *weddian* = spondere, desponsare, *wed* = Versprechen, *beweddung* = desponsatio, ferner mhd. *wetten*, *erwetten*, mnd. *wedden*

[1]) Es heißt sowohl den Unterschied von ahd. *lob* und *loub*, *lobôn* und *loubên* als auch den von *triuwen* und *trouwen* verkennen, wenn Heusler Instit. I S. 67 das Geloben, das Erlauben und die Treue mit »Laub« und »kräftigem Wachstum der Pflanzen« in Zusammenhang bringt.

= zusichern, dann auch Strafe zahlen), so sind sie oder waren sie doch einst, wie es dem ältesten Obligationenrecht (§ 68) entsprach, kautionsbedürftig, sei es, daß die Kaution mittels Pfandsatzung oder daß sie mittels Geisel- bzw. Bürgenstellung bewirkt wurde (ags. *beweddian* = *mid wedde gefæstnian*). Theoretisch vom obligatorischen zu unterscheiden, wiewohl bei Natural- und bei Realkontrakten (z. B. Tausch, Zug um Zug, Gabe mit Auflage) mit ihm zu einem Geschäft verbunden, war der dingliche Vertrag. In ihm konnte der Wille gerichtet sein auf Rechtsübertragung oder auf Besitz- (streng genommen Sach-)Übertragung oder auf Löschung eines Rechtsverhältnisses, in der adeut. Terminologie: auf *sala* oder *salunga* (mhd. *sale*, *sal*, *salung*, zur Zeit der Rechtsbücher auch *gabe* genannt, mlat. *traditio*) oder auf *geweri* (mhd. *gewer*, mlat. [*in*]*vestitura*; vgl. oben S. 209) oder auf ein *uplaten* (mnd., *verlazen*, *ûfgeben* mhd., mlat. *resignatio*). Der Salung, wovon Paradigmen die Übereignung und die Belehnung, war der Rechtsgrund, woraus sie zu erfolgen hatte (Tausch, Verkauf, Leistung an Zahlungsstatt, Gabe = Schenkung und Gegengabe), wesentlich. Daß sie in irgendeinem ältern Recht für sich allein kräftig genug gewesen, den Übergang eines Besitzrechts zu bewirken, wie oft behauptet wird, muß bezweifelt werden. Das isländische Recht (der Grágás), wie auch sonst vielfach modern, hat dem dinglichen Vertrag diese Wirkung zugestanden. Die Übereignung des ältesten Rechts kommt getrennt von der körperlichen Besitzverschaffung, d. h. Einhändigung (unten S. 222), nicht vor. Wird später von der letzteren die Immobiliarsale dispensiert, so bleibt doch ein Surrogat der Besitzverschaffung erforderlich, welches durch Verbürgung oder doch in einer Erklärung gegeben sein kann, worin der Veräußerer dem Rechtserwerber erlaubt, selbst Besitz zu ergreifen (Auflassungserklärung, unten S. 222). Ein solches mußte auch in der Belehnung liegen, weil diese sogar den Namen der »Investitur« erhalten hat, und lag immer in der sog. symbolischen Investitur. Salung und Besitzübertragung wirken konstitutiv, die Auflassung dagegen wirkt (für sich allein) nur exstinktiv. Sie ist wesentlich Verzicht auf Ausübung eines Herrschaftsrechts an liegendem Gut, daher notwendig und ausreichend, soweit es bloß darauf ankommt, daß der Veräußerer eine rechtliche Schranke hinwegräume, welche auf seiner Seite der Herrschaft eines andern im Wege steht. Über sog. gerichtliche Auflassung s. unten S. 223. — Vertragsfähig war nach älterm Recht nicht nur der Volljährige, sondern auch der Minderjährige, dieser nur in unvollkommenerer Weise als jener, da er Geschäfte, welche ihm nachteilig waren, nach erreichter Mündigkeit widerrufen konnte. Aber nur auf Männer fand ursprünglich der Gegensatz von Voll- und Minderjährigen Anwendung, und zwar scheint zuerst die Volljährigkeit mit dem Eintritt der Wehrfähigkeit gegeben. In der Zeit der Rechtsdenkmäler jedoch ist sie an einen bestimmten Alterstermin geknüpft, mit dem man »zu seinen Jahren« kam. Der früheste, welcher vorkommt, ist der zurückgelegte zehnte Winter nach kentischem R. Und auch das ditmarsche R. des 15. Jahrh. geht von dem nämlichen Termin aus, indem es ihn um Jahr und Tag verlängert. Viel verbreiteter war aber schon in der Frühzeit das zurückgelegte 12. Jahr als Mündigkeitstermin. Jüngere RR. schieben ihn bald mit Bezug auf alle, bald nur mit Bezug auf bestimmte Geschäfte bis zu einem spätern Lebensjahr hinaus. Und von vornherein wurde ein solches angesetzt, wenn man eine Volljährigkeit von Weibern anerkannte.

§ 70.

Charakteristisch für das vermögensrechtliche wie für jedes andere germanische Rechtsgeschäft war seine Form (on. *skæl*). Nur in ihr, die eine gesetzlich bestimmte, vermochte es die beabsichtigte, dann aber sogar mehr als die beabsichtigte Wirkung zu erzielen. Wie bei den formstrengen Prozeßhandlungen (§ 87) sollten auch bei andern Geschäften durch die Form die Erkennbarkeit und Kundlichkeit des Hergangs gesichert werden und dem Bedürfnis der Rechtsgleichheit, aber auch dem ästhetischen Sinne des Volkes Genüge geschehen. In jüngerer Zeit mischen sich auch polizeiliche und finanzpolitische Gesichtspunkte ein und erhalten oder erneuern das Formenwesen, wo es bereits vom eiligeren Geschäftsleben als beschwerlich empfunden oder gar aufgegeben ist. Vor allem mußten nach dem bis ins 13. Jahrh. herrschenden Prinzip die Kontrahenten das ganze Geschäft in eigener Person abschließen. Ferner mußte es nach rein german. R. hörbar und sichtbar sein. Fürs erste bedurfte es also der mündlichen Rede. Diese hatte sich an die Wortformel (wn. *lǫgmál*) anzuschließen, die einmal durch Präzedenzfälle festgestellt war. Oft machten Reim und metrische Fassung die Formel so eindringlich für den Hörer als widerstandsfähig gegen Entstellung. Häufung der Ausdrücke, insbesondere Tautologie und negativer Schlußsatz strebten dem Inhalt des Geschäfts von allen Seiten beizukommen und seiner Wichtigkeit die Feierlichkeit anzupassen. Und buchstäblich wurde das Wort ausgelegt, soweit nicht ein für alle Male sein Sinn rechtlich feststand: »man nimmt den Mann bei seinem Wort«. Darum spielt die Irrtumslehre (anders als die vom Zwang) eine geringe Rolle im german. Recht. Aus dem gleichen Grund ist es in den meisten Rechtsgebieten frühzeitig üblich geworden, daß die Kontrahenten durch neben oder vor ihnen stehende geschäftskundige Männer ihr Wort führen ließen, was unbeschadet des Grundsatzes vom persönlichen Handeln zulässig war, weil ein solcher »Vorsprecher« nur als Bote, nicht als Stellvertreter seines Auftraggebers erschien.

Zusehen ist das Geschäft unmittelbar, wenn Sachbesitz übertragen werden soll und dies durch körperliche Übergabe der Sache geschieht. Das Verfahren dabei ist rechtlich festgestellt, wenn die Besitzverschaffung zwecks Rechtsübertragung erfolgt: Fahrhabe muß stets eingehändigt werden, und zwar schenkungshalber in bestimmter Weise (z. B. ein Ring mit Schwertes oder Speeres Spitze dargeboten und empfangen unter Männern), und ebenso in der Frühzeit ein Grundstück allemal, indem der Übergeber Teile aus demselben aushebt und dem Erwerber in die Hand oder in den hingehaltenen Rockschoß legt (on. *skötning*, wn. *skœyting*, mlat. *scotatio*). Außerdem mußte der Übergeber den Erwerber um die Grenzen des Grundstücks führen (skand. *umferþ*), auf daß dessen Größe und Lage genau bestimmt sei, und dann selber feierlich herausgehen (älteste Auflassung), etwa auch noch sein Feuer auf dem Herde löschen. Einige Rechte verlangen überdies, daß der Erwerber bestimmte Besitzhandlungen auf dem Grundstück vornehme, z. B. Feuer anzünde, Gäste bewirte oder doch wenigstens auf »dreibeinigem« Stuhl sitze. Jüngeres Recht zerbröckelt dieses umständliche Verfahren und gestattet Abbreviaturen, so daß z. B. der bloße Grenzbegang die Einhändigung des Grundstücks oder umgekehrt diese jenen mit vertreten, die körperliche Auflassung durch eine bloße Auflassungserklärung (*se exitum, se absacitum dicere* nach Vorbild der röm. missio in vacuam possessionem) ersetzt werden kann. Zu einem solchen Verwittern der Formen kommt es namentlich leicht, wenn die Salung nicht mehr auf dem Grundstück selbst vor sich geht. Ferner bildet sich in deut. RR. nach dem Vorgang des fränkischen und im norweg. R. der Grundsatz aus, daß die zur Rechtsübertragung gehörige Besitzverschaffung durch ein exekutivisches Verfahren ersetzt werden kann oder gar muß. Es besteht entweder darin, daß auf Grund von Salung und Auflassungserklärung der Richter das Gut einzieht und dem Erwerber ausantwortet, oder darin, daß auf Grund der Salung durch ein Gerichtsurteil die einseitige Besitzergreifung des Erwerbers legitimiert wird. Das erstere ist der wesentliche Vorgang bei der von Neueren als gerichtliche Auflassung oder Fertigung bezeichneten gerichtlichen Investitur des fränk.-deut. R., die in ihrer ursprünglichen Gestalt der richterlichen »Stätigung« mittels Königsbannes oder des »Friedewirkens« über das Gut, d. h. der obrigkeitlichen Beschlagnahme bedarf und vorgenommen wird, teils um dem Erwerber nach Jahr und Tag die rechte Gewere (oben S. 210) gegen Einspruchsbefugte zu verschaffen, teils um die unter Umständen erforderte obrigkeitliche Zustimmung zur Rechtsübertragung zum Ausdruck zu bringen. Das zweite ist der wesentliche Vorgang [1] der norweg. *skœyting* durch Waffenrühren (*vápnatak*) der Thingleute, nachdem der Erwerber von den Hauptteilen des Grundstücks »Erde genommen« hat.

Handelt es sich nun aber nicht um Besitzverschaffung oder um Auflassung an körperlichen Sachen, kann also das Geschäft nicht unmittelbar gesehen werden, so wird es dem Auge wahrnehmbar mittels des Symbols. Die Sprache verlangt nach Unterstützung durch die Gebärde, und zwar um so dringender, je weniger sie selbst imstande ist, abstrakte Dinge, wie z. B. ein Recht, eine Obligation, genau auszudrücken. Unter den Begriff der Gebärde fällt das Symbol und als bloßes Zeichen für das Abstrakte ist es der Metapher analog, auf welche die Sprache angewiesen zu sein pflegt. Die einfachsten Symbole sind die, welche der Mensch an seinem Leibe trägt. Das Recht verwendete von den Leibesgliedern hauptsächlich das organum organorum die (rechte) Hand zum Symbol, wie ja auch die Wortformel so oft von der Hand redete, wo sie ein Recht meinte. Mittels der Handreichung (skand. *taka i hand manni*, wn. *handsǫl*) wurde in allen Ländern germanischer Zunge die »Treue gegeben« und »genommen«, und darum kann insonderheit, wenn man seine Hand von der des Vertragsgegners ergreifen läßt, die Handreichung der symbolische Akt sein, wodurch Personen sich haftbar machen, indem sie die nicht mehr reell vollzogene Vergeiselung, die Selbstverpfändung (oben 216) versinn-

[1]) Den K. Lehmann in Zschr. f. RG. 1884 S. 94 ff. teilweise falsch schildert und völlig mißverseht, indem er von »symbolischer Investitur« redet.

licht. Aber auch als bloßes Zeichen der Einigkeit eignete sie sich vorzüglich dazu, jeden beliebigen Vertragsschluß zu veranschaulichen, so namentlich wenn nach thüringisch-sächsischem Brauch des MA. nur die flachen Hände der Kontrahenten erhoben und mit den inneren Flächen aneinander gelegt wurden. Die spezifische Gelöbnisgebärde aber war nach thüring.-sächs. R. das *upstippen* (*digitum levare*), nämlich das Aufrecken des rechten Zeigefingers mit einwärts gekehrter Handfläche, — ein Gestus, der auch bei Einseitigkeit des Geschäftes anwendbar war. Man gelobte »mit Finger und Zunge«. So wenig wie er aus der Handreichung abgeleitet sind: die sächsische Verzicht- oder Auflassungsgeberde mit gekrümmten Fingern (*curvatis digitis*), wobei man am Daumen den Zeige- oder Mittelfinger wegschnellte, der Redegestus, der im schlichten Erheben der offenen oder hohlen Hand besteht und u. a. zustimmende Erklärungen zu begleiten pflegte, der Befehlsgestus, der sich von obiger Gelöbnisgebärde nur durch die auswärts gekehrte Handfläche unterscheidet, hinweisende Geberden (weisende Hand, zeigender Finger) u. a. m. Aber nicht immer reicht die Hand allein aus. Sie muß dann ein Gerät zum Wahrzeichen halten, darbieten, aufnehmen. Das meist verbreitete ist der kurze Holzstab (on. *træ*, mlat. *festuca*), oder die Rute, die später bald ornamental stilisiert wird, bald auch durch einen Halm vertreten werden kann. Der Stab ist von Haus aus Gehstock. In heidnischer Zeit bezaubert, in frühchristlicher besegnet und einem Boten mitgegeben, dient der (weiße, d. h. geschälte) Stab zu dessen Legitimation, gleichviel ob der Bote mit oder ohne Gewalt ausgestattet ist, und auf diesen Botenstab gehen alle Amtsstäbe zurück, vom Weibelstab bis zum Herrscherstab. Mit Ausnahme des letzteren, der sich vielleicht von den südlichen Ostgermanen aus verbreitet hat, gehören die Amtsstäbe freilich nur der deutschen Rechtssymbolik an. Bei der Wadiation (oben 217) vom Schuldner dem Gläubiger zum Weitergeben an einen Dritten eingehändigt (mlat. *wadia*) vermittelt er den Bürgschaftsauftrag des Schuldners an den Dritten und die Bürgschaftsübernahme des Dritten gegenüber dem Gläubiger. Die Strenge des altfränk. Formalismus hat dieselbe Symbolik auf die Selbstverbürgung (oben 217) übertragen, indem er den Schuldner mit der linken Hand den Stab dem Gläubiger überreichen und mit der rechten zurückempfangen ließ. Jüngere Rechte ersetzen die Stabreichung bei der Bürgenstellung durch die Handreichung, — bei der Selbstverbürgung auch durch das Darbieten eines Mantel-

oder Rockzipfels von der Gewandung des Schuldners. Als Wahrzeichen der Botschaftserteilung wie der Bürgschaftsübernahme diente nach deutschen RR. des MA. auch das Überreichen oder Hinwerfen des Handschuhs. Okkasionell aber wurde nach denselben RR. schon bald nach der Völkerwanderung der Handschuh zum Wahrzeichen des Besitzes, der »manus vestita«, wie ja auch als Metapher des Besitzes ein Wort dient, welches Bekleidung bedeutet (S. 179). Man kann also den Besitz einem andern einräumen oder auf den Besitz verzichten durch Überreichen bzw. durch Wegwerfen eines Handschuhs vgl. auch oben S. 209). Aber auch Wegwerfen oder Brechen des Stabes oder eines Halmes können einen Verzicht oder ein Aufsagen ausdrücken. Hoheitsrechte als Lehensobjekte werden durch Abzeichen des Gewaltträgers symbolisiert, und ganz besonders erfinderisch zeigt sich hierin das deut. MA. Überhaupt aber ist die Symbolik des südgerman. Vermögensrechts, selbst abgesehen von ihrer Partikularisierung, eine viel reichere als die des nordischen. Nicht nur macht jenes den Hauptsymbolen noch eine beträchtliche Zahl von Nebensymbolen (z. B. dem zu zeichnenden Stäbchen das Messer) dienstbar, sondern es verbraucht auch die Symbole rascher, so daß es die hervorgebrachten oft durch neue zu ersetzen strebt.

Daß das Geschäft bloß hör b a r und sicht b a r , genügte dem ältesten Recht anscheinend nur in Ausnahmsfällen, wenn es ihm einmal auf die Form ankam. Vielmehr mußte das Geschäft wirklich g e h ö r t und g e s e h e n werden. Diesem Zweck diente das Zuziehen von Z e u g e n , die zum Sehen und Hören aufgefordert sein mußten (§ 89), deren Zahl mit der Wichtigkeit des Geschäfts wachsen konnte. In kontinentaldeutschen Städten wurden solche Urkundsmänner unter dem Namen von »Genannten« oder »Geschworenen« ständig aufgestellt. Eine analoge Einrichtung war in England schon unter K. Éadgár (um 962) allgemein. Zeigte sich die Rechtsgenossenschaft selbst an dem Geschäft interessiert, so mußte dieses in der G e r i c h t s v e r s a m m l u n g oder einer gleichwertigen Versammlung vorgenommen oder wenigstens verkündigt werden. Das asw. R. verlangte bei einer Gruppe wichtigerer Geschäfte die »Festigung« (*fæst*), d. i. ein Feststellungsurteil, welches von einer Anzahl von Festigern (*fastar*) unter Vorspruch (*forskiæl*) eines derselben über den Vertrag abzugeben war.

Von den Formen der Geschäfte zu unterscheiden sind die Mittel zu ihrer B e s t ä r k u n g. Hiezu dienen feierliches Treuegelöbnis, wie die wn. *tryðgir* (*tryggvar*), dann promissorischer Eid und Exsekration, gemeinsames Essen und Trinken der Kontrahenten, wodurch diese ihre Eintracht an den Tag legen und wovon im spätmittelalterlichen Deutschland der *vestwein* ein Überrest ist, nach Ausbildung königlicher Herrschergewalt auch der Königsbrief, der eine Strafe auf Vertragsbruch setzt. An sich von der Form entbunden scheinen die Realverträge. Sie fallen sämtlich unter den Begriff der Gabe mit Auflage. Die Vorleistung wird nicht gemacht, um zu erfüllen, sondern um den Nehmer zu verpflichten. Oftmals geradezu eine »Gabe« geheißen, unterscheidet sie sich von der gewöhnlichen german. Gabe (= Schenkung) nur dadurch, daß ihr Lohn schon vom Geber bestimmt ist. In gewissen Verträgen ist sie selbst vom Gesetz bestimmt und pflegt dann einen verhältnismäßig geringen Wert zu repräsentieren, kann z. B. in einem bloßen »Festigungspfennig« bestehen. Als der Nehmer aus dem Vertrag unmittelbar für Erfüllung der Auflage haftete, nahm dieses Drangeld (mhd. *beheftunge, hantnunft*) allerdings das Aussehen einer Formalität an und wurde dann (hauptsächlich in Deutschland) von den Kontrahenten und den etwa zugezogenen Zeugen als »Wein«- oder »Leitkauf« vertrunken oder als »Gottesgeld« oder »Heiliggeistpfennig« den Armen gegeben.

§ 71.

Ein tiefer Einbruch ins altgerman. System der Geschäfte wurde gemacht, als noch vor Schluß der Völkerwanderung die Südgermanen aus dem römischen Verkehrsrecht, im MA. die Skandinaven aus dem deutschen das Schriftwesen übernahmen. Die Willenserklärung des einen Kontrahenten wird geschrieben und das Schriftstück oder doch sein Material von ihm dem andern Kontrahenten gegeben. Auf diese Weise wird die Willenserklärung selbst abgegeben und angenommen, das Schriftstück (*carta* i. w. S., got. *bôkôs*, ags. fries. *bôk*, ahd. *buoh*) oder der »Brief« (erst im 15. Jahrh. *urkund*) zur dispositiven oder Geschäftsurkunde (*carta* i. e. S., *testamentum, epistola*) im Gegensatz zur einfachen Beweisurkunde (*notitia, memoratorium, breve*). Land, dessen Übereignung im Weg der Briefbegebung erfolgt ist, hieß ags. und fries. *bôkland*. Die Begebung der Urkunde geht nach afränk. R. vor sich, bevor das Pergament beschrieben ist, bei den Langobarden, nachdem der Text wenigstens teilweise geschrieben und bevor die Urkunde vollzogen ist, ebenso bei den Angelsachsen, wenn der Urkundengeber der Aussteller ist. Es konnte jedoch die ags. Urkundenbegebung (*bóc syllan*) beim Übereignen von Land auch mit der *carta primitiva* (*liber antiquus*), d. h. mit der Urkunde, geschehen, welche beim ersten schriftlichen Übereignungsakt ausgestellt worden war. Im folgenden soll nur von den Fällen die Rede sein, wo der Urkundengeber der Aussteller ist, da er die Urkunde schreiben läßt (*fieri rogat, jubet*). Die Begebung konnte nach fränk.-deut. R. der Frühzeit nur in einer Form geschehen: der Urkundengeber legte das Schreibmaterial auf den Boden und hob es von hier auf (*cartam levare*), um es dem Schreiber hinzureichen; nachdem dieser das Aktenstück geschrieben, übergab es der Urkundengeber dem Nehmer zu eigen. Die Notwendigkeit jener levatio wird daraus erklärt, daß ursprünglich das levare nur bei Übereignung von Grundstücken stattfand und daß bei diesem Geschäft das Schreibmaterial mit den Symbolen von Grund und Boden verbunden war. In Rhätien wurde die carta vom Geber dem Nehmer zugeworfen, weil sie den Stab vertrat. Auf dieses Aushändigen der Urkunde durch den Geber oder aber auf ihre Aushändigung durch den Schreiber an den Destinatär bezieht sich das »*datum*« der »Datierungszeile« kontinentaler Urkunden, im Gegensatz zum »*actum*«, worunter das beurkundete Geschäft, und »*scriptum*«, worunter die Herstellung des Schriftstücks zu verstehen ist. Von Angabe des Kanzleipersonals ist die dispositive Kraft der Urkunde nicht bedingt. Nennen langobard. oder altfränk. Urkunden den notarius oder cancellarius, jene auch noch den dictator, diese den Rekognoszenten, so geschieht es nur, um eine Bürgschaft für die Echtheit der Urkunde zu beschaffen. Dagegen mußte die dispositive Urkunde vom Geber »gefestigt« werden (*firmatio, roboratio, stipulatio*, ahd. *fasti, fastinôd*), was durch Unterzeichnen oder durch Handauflage (ahd. *handfesti*) geschah. Die Fassung des Textes ist meist subjektiv und bedient sich dann regelmäßig in ihrer dispositio des Präsens, in England des Futur. Objektive Fassung pflegt das Präteritum anzuwenden. Zeugen sind bei der ältern Geschäftsurkunde notwendig. Daß sie die Begebung gesehen, beurkunden sie, indem auch sie die Urkunde »festigen«. Die Konkurrenz der dispositiven Urkunde hat bei den Südgermanen die altnationale Form der Geschäfte erschüttert, insbesondere die der Salung und der Investitur, indem sie teils die german. Formen verdrängte, teils sich mit ihnen verband und sie dadurch schwächte.

Zuerst mußte der dispositio in der Urkunde noch die mündliche Rede des Gebers entsprechen. Bei den Angelsachsen wurde sie schon durchs Vorlesen des Textes ersetzt. In Deutschland und in Skandinavien fällt während des MA. die Mündlichkeit ganz fort. Die Handfestigung geschieht jetzt durch Anhängung des Siegels. Das Zeugnis wird unwesentlich. Diese Veränderungen wirken zurück auf den gesamten Charakter des Geschäfts. Wird nämlich in der Urkunde dem Inhaber als solchem versprochen, so wird das Geschäft seinem Wesen nach ein einseitiges des Ausstellers: nicht mehr auf einen Begebungsakt, sondern nur noch darauf kann es ankommen, daß der Aussteller die Urkunde irgendwie aus seiner Gewalt verloren hat (vgl. oben S. 219). Im MA. erhält sich die dispositive Urkunde vorzugsweise nur als Schuld- und als Stiftungsbrief. Dagegen wird nunmehr, und zwar zuerst vom deut. Stadtrecht (12. Jahrh., Köln), die öffentliche Beweisurkunde in den Geschäftsformalismus aufgenommen. Diese Urkunde wird vom Gericht (oder von dem an Gerichtes Statt auftretenden Rat) über das vor ihm oder unter seiner Mitwirkung abgeschlossene Geschäft ausgestellt und verwahrt. Sie ist Gerichtszeugnis (vgl. § 89 a. E.) und genügt in der Form eines Protokolls, welches zuerst auf Rollen oder einzelnen Blättern (Hauptbeisp. die »*Kölner Schreinsurkunden des 12. Jahrh.*«, her. v. Hoeniger in den Publ. der Ges. f. Rhein. Gesch. I, II 1884—95), später im Gerichts-(Stadt-, Gedenk-)Buch geführt wird. Das Gerichtsbuch ist Grundbuch, wenn es nur dem Immobiliarverkehr dient und nach den Liegenschaften des Buchbezirks eingeteilt ist. Bei Geschäften über Liegenschaften wurde der Bucheintrag zur Form erhoben. Die Folge davon war, daß die »gerichtliche Auflassung« (oben S. 223) ihren selbständigen Wert einbüßte, der Rechtsübergang mittels des Bucheintrags allein bewirkt wurde.

Sechster Abschnitt.

VERBRECHEN UND STRAFEN.

Literatur bei Schröder Lehrb. §§ 12, 36, 62, Brunner RG. I[2] §§ 21—23, II §§ 64, 65, 114, 124—146 und Grundzüge[5] §§ 8, 21, 42, Siegel RG. S. 484—518, Gengler Grundriß S. 359—388. Dazu: v. Schwerin (oben S. 168) S. 123—137, I. Telting, *Over de sporen van oudgerm. strafr. in de Germania* (Vrije Vries IX), v. Amira in Gött. Gel. A. 1888 S. 52—54 und im Oberbaier. Arch. XXXII S. 263—282, E. Frhr. v. Künßberg, *Acht* 1910, J. Poetsch, *Die Reichsacht im MA.* 1911, K. Maurer in Kr. Vjschr. V (1863) S. 301—311, Franklin, *D. Reichshofgericht im MA.* II S. 320—384, v. Richthofen, *Unters. ü. fries. RG*, I T. 2 S. 453 flg., 498—511, v. Planck, *Gerichtsverfahren* II §§ 143, 139, Frensdorff in histor. Aufsätze z. And. an Waitz S. 460—490. R. His in Zschr. d. Sav.-Stifg. XXXIII (germ. Abt.) 1912 S. 139—224, Luppe, *Beitr. z. Totschlagsrecht Lübecks im MA.* 1896, Stöber, *Der Klapperstein nebst ähnlichen Strafarten* etc. (2. Aufl.) 1876, v. Künßberg, *Ü. d. Strafe des Steintragens* 1907, F. Cattier, *Evolution du droit pénal germanique en Hainaut*, 1893, Cannaert, *Bydragen tot de kennis van het oude Strafrecht in Vlaenderen* 1835; — E. Henderson *Verbrechen u. Strafen in England von Wilhelm I. bis Eduard I.* (1890), Stephen, *A hist. of the crim. law of England* I 51—59, Ackermann in Archaeologia XXXVIII 54 ff.; — Rosenvinge §§ 24, 25, 65—70, 112—115, Larsen, *Forelæsninger* S. 205—285, Stemann *RH.* §§ 101—113, Matzen, *Forel. Offentl. R.* III, P. Hasse, *D. Quellen des Ripener Stadtrechts* 1883, S. 13—36 (dazu aber auch Secher in Hist. Tidsskrift Kjøbenh. 1883 S. 480 ff.), M. Pappenheim, *D. altdän. Schutzgilden* 1885 S. 82—102 322—407; — Schrevelius, *De principiis legislationis poenalis majorum* I—VIII (Lund) 1833—36, Bring, *De judicio homicidii sec. jura Suigothiae vetusta* (Lund) 1820, Schlyter, Jur. *Afhandl.* I S. 55—113. II S. 284—292, Olivecrona, *Om dödsstraffet* 1891 S. V—XIV, 1—9, J. Forsman, *Grunderna för läran om delaktighet i brott*, Helsingf. 1879 S. 24—34, Derselbe an dem S. 192 angef. O., K. G. Westmann in Antiqu. Tidskrift för Sverige XVII (1905) Nr. 2, Björling, *Om bötesstraffet i den svenska medeltidsrätten* 1893, v. Amira, *Nordgerman. Oblig. R.* I §§ 18, 54—58, 92, 93, II §§ 11, 12, 43—47, 86, Derselbe in Germ. XXXII S. 129—164, M. Pappenheim, *Ein altnorweg. Schutzgildestatut* S. 80—98, K. Maurer, *Vorlesungen* V (1900) S. 3—286, Derselbe, *Das älteste Hofrecht des Nordens* S. 21—29, 59—73, 118—131, K. Lehmann, *D. Königsfriede* §§ 4—6, 14, 16, 20—23 und Anhang, P. Merker, *Das Strafr. der altisländ. Grágás* 1907, A. Heusler, *Das Strafr. der Isländersagas* 1911 (wozu v. Schwerin in Zschr. f. Rg. XXXII Germ. Abt. 1912 S. 491—520 und E. Goldmann in Österr. Zschr. f. Strafr. III 1912 S. 375—377), Derselbe, *Zum isländ. Fehdewesen i. d. Sturlungerzeit* 1912.

§ 72.

Das Verbrechen ist und heißt vom Standpunkt des staatlichen Strafrechts aus, das vom Privatstrafrecht (§ 82a) unterschieden werden muß, ein »Bruch des Friedens« (wn. *friðbrot*, on. *friþbrut*, dazu *bryta friþ* = den Frieden brechen, afries. *thene fretho breka*, mhd. *vridebruch*, ags. *griðbryce*) und, da der Friede durchs Recht hergestellt ist, ein »Rechtsbruch« (an. *lagabrot*, *lǫgbrot*, asw. *laghabrut*, ags. *lahbryce*) oder »Einbrechen ins Recht« (asw. *bryta i lagh*), ein »Bruch« (on. *brut*) oder ein »Brechen« (fries. *breka*) von Rechtsgeboten oder Verboten, ein »Schlitz ins Recht«

(on. *laghslit*), ein »Unrecht« (fries. *unriucht*, mhd. mnd. *ungerihte*, wn. *úskil*), eine »Verfehlung gegen das Recht« (an. *lagalǫstr*). Auch die Grundbedeutung von »Übel« (= Übertretung) scheint hierauf zurückzugehen. Angerichtet wird der Friedensbruch durch eine »Schädigung von Gütern« (on. *skaþi*), welche nicht bloß körperliche noch auch bloß Rechte von Leuten, sondern auch sittliche Normalgesetze sein können, wiewohl nicht jede Übertretung eines solchen ein Verbrechen ist. Allemal aber ist dieses eine »Tat« und daher eine Misse- oder Übeltat (ahd. *missitât*, ags. *misdǽd*, got. *missadêds*, wn. *misgerning*, *misgerd*, on. schlechtweg *gærning*, *gærþ*, — got. *fravaurhts*, ahd. *fratât*, mhd. *untât*, — ahd. *ubiltât*) und genauer nach dem ältern Recht ein »Wehtun« (got. *vaidêds*), was nicht ausschließt, daß ein Unterlassen Verbrechen sein kann. Kommt es ursprünglich beim Friedensbruch aufs Vollenden eines Schadens an, so daß auch der böswilligste Versuch als solcher kein Verbrechen ist, so wird doch nicht minder auf die Beschaffenheit des Willens Gewicht gelegt, mit dem jener schädliche Erfolg in Kausalzusammenhang stehen muß. Es ist in bezug auf die rechtlichen Folgen ein scharfer Gegensatz zwischen absichtlichen und unabsichtlichen Übeltaten, — skand. *viliaverk* (*valdsverk*) und *vaþaverk*, — fries. *weldich dêde* und *unweldich dêde* (entspr. ags. *willes* und *unwilles*, *gewealdes* und *ungewealdes*, *þances* und *unþances*, mhd. mnd. *dankes* und *undankes*). Bei den ersteren ist die Absicht (skand. *vili*, *wald*, fries. *wille*, ags. *geweald*, ahd. mnd. *danc*) des Täters auf den schädlichen Erfolg gerichtet, daher selbst schon »Gefährde« (ahd. *fâra*, mhd. *vâre*), »üble Klugheit« (mhd. *arclist*, mnd. *argelist*) und »Vermessenheit« (ahd. *fravili*, mhd. mnd. *vrevele*, lat. übers. *temeritas*), welche sich bei Angriffen auf Leib und Habe zur »Feindseligkeit« (an. *heipt*, alam. **haist*, vgl. wn. *heiptugri hendi*, alam. *haistera handi*, fries. *mit haster hond*, *fan hast*, mlat. *asto*) spezifiziert. Bei den andern ist der üble Ausgang nur Folge eines gefährlichen Verhaltens (skand. *vaþi*), aber nicht selbst beabsichtigt. Daher trägt zwar den Schaden der unabsichtlichen Übeltat dem Prinzip nach stets, wer die Gefahr des schädlichen Ausgangs verursacht hat, sei es daß er für Ersatz oder Vergütung, sei es daß er für Genugtuung einsteht; aber den Frieden zu brechen ist wiederum dem Prinzip nach eine solche Tat ungeeignet, wenn auch dadurch in heidnischer Zeit eine ernstliche Anerkennung der Blutrache als einer Kultpflicht und i n s o w e i t allerdings eine Friedlosigkeit des Täters bei unabsichtlichem Totschlag nicht ausgeschlossen ist. Anders die absichtliche Missetat: sie ist Friedensbruch, sie kränkt die Rechtsgenossenschaft im ganzen und fordert deren Gegenschlag heraus. Auf ihren jüngern Entwicklungsstufen erst nehmen die german. Rechte von einer ausnahmslosen Durchführung dieses Gegensatzes Abstand, indem sie einerseits die leichtesten Fälle der absichtlichen Übeltat aus der Reihe der Friedensbrüche streichen, anderseits Fälle der zwar nicht absichtlichen, doch fahrlässigen Übeltat den Friedensbrüchen zugesellen. Auf jüngern Stufen fangen sie auch an, bestimmte einzelne Tatbestände unter dem Gesichtspunkt des Versuchs zu bestrafen. Unter den deutschen Rechten hat zuerst das salfränkische, unter den skandinavischen das isländische diese Richtung eingeschlagen.

§ 73.

Was nun die Merkmale der absichtlichen und der unabsichtlichen Übeltat betrifft, so haben wir natürlich von denjenigen Friedensbrüchen abzusehen, bei denen schon der Begriff der Tat selbst die Unabsichtlichkeit ausschließt, wie z.B. bei Mord, Diebstahl, Raub, Notnumft. Bei den andern Tatbeständen geht das Recht, indem es der leidenschaftlichen Erregung des Verletzten und Gekränkten ein Zugeständnis macht, von dem Prinzip aus, Absichtlichkeit anzunehmen. Diese Präsumtion muß erst durch bestimmte Tatsachen widerlegt werden, soll die Tat als unasbsichtliche gelten. Diese Tatsachen sind entweder gewisse Umstände der Tat selbst, von denen schon das Gesetz feststellt, daß sie die Absicht ausschließen, oder aber besondere nachträgliche Handlungen des Täters, mitunter auch des Verletzten. Je nach Lagerung des Falles kann ein und dasselbe Recht bald jenen, bald diesen Weg vorziehen. Nach keinem der beiden Systeme kommt es aber zu einer Analyse des individuellen Falles, so daß möglicherweise eine Tat als unabsichtliche behandelt wird, die doch auf den schädlichen Ausgang angelegt war. Nach dem ersten System muß der Tatbestand unter einen von nur wenigen aufzählbaren Typen, wie z. B. Schädigung eines Menschen durch eine Tierfalle oder bei gefährlichen Arbeitsleistungen, gebracht werden können, wofür die Beweislast den Täter trifft, der es nun aber zur Klage darf kommen lassen. Das zweite System findet sich wiederum in zweifacher Weise verwirklicht: entweder nämlich — und dieser Richtung folgt insbesondere das altschwed. R. — hat der Täter, bevor es noch zum Prozeß kommt, ja überhaupt binnen sehr kurz bemessener Frist und zuweilen in demütiger Form, sich zu eidlicher Entschuldigung und zur Genugtuung bereit zu zeigen, allenfalls auch der Geschädigte zu erklären, daß er die Tat als unabsichtliche gelten lasse, oder aber — und dieser Richtung folgen insbesondere die deutschen Rechte — der Täter hat auf vorgängige Klage hin seine Absicht eidlich zu leugnen, so daß die Entschuldigung in den Prozeß hinein verlegt ist. Die letztere Richtung ist wie die mildere, so vermutlich auch die jüngere. Die eine wie die andere aber setzt voraus, daß der sichtbare Tatbestand unter einen Typus fällt, welcher den Mangel der bösen Absicht wahrscheinlich macht, wie z. B. bei Tötung oder Leibesverletzung durch Fehlschießen [1]), mißlungenen Kuren, Schäden, die man nach rückwärts, ohne umzuschauen, anrichtet. Eine im Lauf der Zeiten an Reichtum zu-, an Übersichtlichkeit abnehmende Kasuistik, mit eigener Terminologie, sucht diesem Gesichtspunkt gerecht zu werden.

§ 74.

Es sind nicht immer nur Menschen, denen absichtliches Übeltun zugeschrieben wird. Im MA. wenigstens findet sich fast in allen german. Ländern der Gebrauch, Haustiere wie Menschen zwar nicht prozessual verantwortlich zu machen, wohl aber hinzurichten, wenn sie Menschen getötet oder schwer verletzt hatten. Dieses Verfahren ist, vermittelt durch die zuerst wohl in Frankreich und England ausgebildete Konfiskation schadenstiftender Haustiere und unter Anlehnung an unverstandene Kultvorschriften des Mosaischen Rechts, an die Stelle einer bloß privatrechtlichen Rache (vgl. oben S. 183) getreten. Noch weniger mit germanischem Strafrecht zu tun hatten die bald weltlichen, bald kirchlichen Prozesse und Malediktionen (sog. Exkommunikation) gegen Ungeziefer, welches dadurch von Grundstücken vertrieben werden sollte. Sie sind wahrscheinlich als Umbildungen eines aus dem Heidentum stammenden Zauberbannes gegen Wiedergänger und Dämonen aufzufassen. — Bleiben wir nun beim verbrecherischen Willen des Menschen stehen, so setzt jener Rechtsfähigkeit des Täters ursprünglich nicht prinzipiell voraus. Auch Unfreie also können den Frieden brechen, wiewohl nicht friedlos werden (§ 77). Erst

[1]) Doch verdient bemerkt zu werden, daß gerade Fehlschießen nach der Auffassung des Beow. 2435—2442 nicht entschuldigt.

jüngere Rechte sprechen dem Unfreien die Fähigkeit zum Friedensbruch ab, weil sie die Friedlosigkeit als notwendige Folge jedes Friedensbruchs auffassen. Nach fries. R. im MA. z. B. gilt Knechtestat als unabsichtlich. Anderseits wird auch nicht allen freien Leuten die Absicht zugerechnet. Unzugerechnet bleibt sie im allgemeinen Minderjährigen, Irrsinnigen, soweit ihre Krankheit an gesetzlichen Merkmalen erkannt werden kann, zuweilen auch, soweit sie bekannt ist, ferner nach älteren fries. R. Weibern (worüber krit. Vjschr. XVII S. 435 flg.). Hat der Täter einem Befehl zu gehorchen gehabt, so gilt die Tat nicht als die seine, sondern als die des Befehlers. Wie der Befehl wird in jüngern deut. RR. auch der Streitanfang (*urhap*, *anevang*) behandelt.

§ 75.

In der Böswilligkeit werden Stärkeunterschiede gemacht nach folgenden Gesichtspunkten. Es wird vor allem darauf gesehen, ob die Tat einer sittlich verwerflichen Gesinnung entstammt. Denn nicht jede rechtswidrige Absicht galt auch als sittlich verwerflich. Hierauf beruht der Gegensatz von ehrlichen und unehrlichen Missetaten. Die Unehrlichkeit des Täters kann liegen in dem Motiv seiner Tat, bzw. in der Unterdrückung von Gegenmotiven, wie z. B. bei Totschlag oder Leibesverletzung unter Bruch einer besonderen Treuepflicht, oder eines angelobten Friedens (z. B. einer Urfehde oder eines beschworenen Land- oder Stadtfriedens, vgl. oben S. 52, 46, im 11. Jahrh. auch noch des beschworenen »Gottesfriedens«), oder bei Heerflucht oder bei Angriffen auf Wehrlose, — ferner in der Art, wie die Tat vollführt wird, wobei insbesondere Heimlichkeit einen Erschwerungsgrund bildet, so bei dem geradezu nach der Heimlichkeit benannten Verbrechen, dem Diebstahl, bei Mord, bei nächtlich oder mit Zaubermitteln verübter Tat, — endlich aber auch in der Art, wie der Friedensbrecher nach vollbrachtem Werk sich benimmt, z. B. indem er dasselbe leugnet, dessen Spuren beiseite schafft. Als etwas »Außerordentliches, Unerhörtes« wurden solche Verbrechen überall angesehen und benannt: got. *fairina*, skand. *firn*, ahd. as. *firina*, ags. *firen*, fries. *firine*, — dazu skand. *firnarverk*, ags. *firenweorc*, as. *firinwerk*, *firindâd*, ahd. *firintât*. Das Außerordentliche lag eben in dem sittlich so »Falschen« der Handlungsweise (ahd. mhd. *meintât*, mhd. *untât* i. e. S., an. *údáð*, *udáðaverk* — dem taciteischen scelus und flagitium), daß sie der ältesten Vorstellung des Volkes geradezu als Werk eines Entarteten erschien, daher bei Nordleuten und Angelsachsen der unehrliche Missetäter ein »hassenswerter Mensch« (*niþinger, níðing*) heißt und die Tat nach einem solchen benannt ist (*niþings verk, níðinges dǽde*). In oberdeut. Quellen des MA. ist der Ausdruck *unêrliche sache* neben untât technisch. Weiterhin hängt die Bösartigkeit des verbrecherischen Willens von der Gemütsverfassung ab, in welcher der Täter handelt. Leichter genommen wird eine Missetat, die im Eifer (fries. *bi ira mode* = in abirrendem Mut, *fan hast* oben 230, mnd. *mid hastmude*, langob. *haistan*), im Leid (on. *mæð harms hændi, m. h. vilia*), im Zorn (on. *mæþ vræþs hændi, m. v. vilia*), jählings (asw. *mæþ braþum gærningum*), als eine, die mit kaltem Blut und Überlegung (mnd. *vorsate*, mhd. *ûfsaz*, — on. *mæþ længre forakt*), z. B. aus Habsucht, begangen ist. Doch zur Qualifikation von Verbrechen überhaupt wird dieser Gesichtspunkt erst von mittelalterlichen Rechten verwertet. Die Frühzeit folgt ihm nur bei bestimmten Verbrechen und nur unter Beobachtung gesetzlicher Merkmale. Dagegen erblicken schon alte Rechte im Rückfalle als einem sicheren Zeichen der Entartung einen Erschwerungsgrund bestimmter Missetaten.

§ 76.

Außer der Beschaffenheit des verbrecherischen Willens war für die Schwere der Tat der W e r t d e s G u t e s maßgebend, welches geschädigt wurde. Demgemäß wurden z. B. die Angriffe auf Leib und Leben, dann die auf fremde Habe sorgfältig abgestuft, Unterschiede zwischen großen und kleinen Diebstählen gemacht. Es begreift sich aber auch, daß die Schwere der nämlichen Tat zu verschiedenen Zeiten oder auch in verschiedenen Kulturgebieten verschieden angeschlagen werden mußte, je nach der Schätzung des Angriffsobjektes. Hievon abgesehen konnte die Schätzung des nämlichen Angriffsobjektes im nämlichen Rechtsgebiet zur nämlichen Zeit unter bestimmten äußeren Umständen eine Steigerung erfahren, sodaß durch eben diese Umstände auch das Verbrechen ein schwereres wurde. Es ist den Quellen gemäß, in diesen Fällen von Bruch eines besondern, nämlich verstärkten »F r i e d e n s« zu sprechen, der das geschädigte Gut schirmt. Ein solcher Friede kann an bestimmten Orten alle oder doch bestimmte Güter schützen, und zwar entweder dauernd, wie der Tempelfriede in heidnischer, und sein Nachbild, der Kirchenfriede in christlicher Zeit, wie ferner der Haus- oder Heimfriede, der Schiffsfriede, der Mühlenfriede, der Deichfriede, der Stadtfriede, oder nur zu gewissen Zeiten, wie der Dingfriede, der Ackerfriede (als Saat- oder Pflugfriede und Herbst- oder Erntefriede), der ältere Marktfriede (oben S. 119), der Königsfriede als Befriedung des königlichen Aufenthaltsortes, der Friede während des Heeresaufgebots. Andere Frieden schützen dagegen nur bestimmte Personen, und zwar wiederum entweder dauernd, wie der Königsfriede als Befriedung des Königs selbst und seiner Diener und Schutzleute (oben S. 129, 152), oder vorübergehend wie der Heerfriede. Eine dritte Gattung von hohen Frieden endlich bilden die eben so sehr heidnischen als christlichen Gottes- und Festfrieden, welche sich auf bestimmte Zeiten (»gebundene Tage«), nicht aber auf bestimmte Orte und Leute beschränken. Sieht man auf das genetische Verhältnis unter den hohen Frieden, so gruppieren sie sich anders: alsdann gehört z. B. der Marktfriede zum Tempel- und Kirchenfrieden (vgl. oben 119), ebenso vielleicht der Dingfriede, zum letztern der Heerfriede, zum Hausfrieden der Schiffs- und Ackerfriede. Räumliche und zeitliche Grenzen der hohen Frieden pflegten durch besondere Zeichen in die Sinne zu fallen, die ersteren durch Grenzmarken, die zweiten durch feierliche Verkündigungen (Rede, aber auch Glockenklang, Hörnerschall, Errichtung und Wegnahme sichtbarer Friedenszeichen).

Bei Beteiligung mehrerer an einem Verbrechen hängt der ältern Auffassung nach die Schwere des Verschuldens jedes Teilnehmers noch von Art und Maß seiner Mitwirkung zum schädlichen Erfolg und von ihrer äußerlichen Wahrnehmbarkeit ab. Daher wurden die mannigfaltigen Formen der Beihilfe, der psychischen Teilnahme und der Begünstigung nicht nur von der Täterschaft, sondern auch voneinander scharf unterschieden, teilweise sogar mittels feststehender Kunstausdrücke. Die psychische Teilnahme, insbesondere die Anstiftung, hieß »Rat« (skand. *ráþ*, ags. *rǽd*, fries. *red*, ahd. *rât*) im Gegensatz nicht nur zur Tat (ags. *dǽd*, fries. *dêd* usw.), sondern auch zur Beihilfe (ags. *fultum*, *fylst*, fries. *fulliste*, *folste*, as. *fullesti*, ahd. mhd. *volleist*). Die Zahl der als Täter Verfolgbaren war oftmals gesetzlich beschränkt, z. B. bei Leibesverletzungen oder Tötungen durch die Zahl der Wunden oder Schlagspuren. Während das wissentliche Begünstigen eines friedlosen Menschen selbst als Friedensbruch behandelt wurde, zogen das Anstiften und das Helfen ursprünglich nur bei bestimmten

Verbrechen Rechtsfolgen nach sich, und auch diese waren in der ältesten Zeit keine strafrechtlichen, sondern nur obligationenrechtliche. Am frühesten bestraft wurde das Anstiften in südgerman. Rechten, doch wahrscheinlich nur das Anstiften als Tötung, — im fränk. R. auch noch nicht unter dem Gesichtspunkt der Teilnahme, sondern als selbständiges Delikt der Lebensgefährdung. An die Beihilfe knüpften sich strafrechtliche Folgen zuerst in denselben Rechtsgebieten, und zwar vornehmlich, wenn auch nicht allein, an die Beihilfe in den sog. Bandenverbrechen, d. h. Verbrechen, deren Tatbestand das Zusammenwirken einer bestimmten Mindestzahl von bewaffneten Genossen (Bande, z. B. ags. *hlóð* 7—35 Mann, von da ab *here*, dagegen dän. *hær* 5 Mann = wnord. *flokkr*) erforderte. Bei diesen Verbrechen unterschied man nicht selten Grade der Beihilfe, z. B. eine Gruppe von näherer und eine von räumlich ferneren Gehilfen oder auch handtätige Gehilfen und bloße Folger. Im allgemeinen wurde der Teilnehmer milder behandelt als der Täter. Doch konnte der Gegensatz zwischen Täterschaft und Teilnahme dadurch aufgehoben werden, daß die Genossen eines Friedensbruches im Prozeß zusammenstanden. Im MA. ferner verwischt ihn das deutsche Recht dadurch, daß es prinzipiell die gleiche Strafe auf die Teilnahme setzt wie auf die Täterschaft.

Bei Einheit der Ausführungshandlung oder bei Einheit ihres Erfolges zeigen die german. RR. die Neigung, eine Mehrheit von Missetaten anzunehmen, sobald sich die Ausführungshandlung in eine Mehrzahl von Willensbewegungen oder der Erfolg in Teilerfolge zerlegen läßt. Es wird z. B. jede durch einen und den nämlichen Stich begangene Verwundung, jeder bei einer Verwundung zugefügte Knochenbruch als besondere Missetat gezählt, oder es wird bei Eintreiben von Vieh auf fremdes Feld eine der Zahl der Viehhäupter entsprechende Menge von Eigentumsverletzungen angenommen. Die verschiedenen RR. beobachten freilich dieses Spalten des Tatbestandes keineswegs mit gleicher Folgerichtigkeit. Am weitesten gehen darin friesische RR. und zwar weiter im MA. als in der älteren Zeit. Da wird z. B. nach der Zahl der Nadelstiche, womit eine Wunde zugenäht, nach der Zahl der Maßeinheiten, womit sie gemessen werden muß, nach der Zahl der Finger, die einem ins Haar gegriffen, die Zahl der Übeltaten bestimmt. Die aus der Spaltung des Tatbestandes sich ergebende Konkurrenz von Missetaten forderte Häufung ihrer rechtlichen Folgen: »so viele Wunden, so viele Bußen«. Aber dies hatte seine Grenzen. Friedlosigkeit und öffentliche Strafen konnten nach vielen RR. den Eintritt von Bußfälligkeit verhindern. Oder man ließ die Klagspartei nur zwischen der Verfolgung der einen oder der anderen Tat wählen. Oftmals findet sich auch, daß Häufung gleichartiger Bußen nur bis zu einem gewissen Höchstbetrag ansteigen kann. Demgegenüber hielt man aber in manchen Rechtsgebieten so streng an formalistischer Häufung von Strafen fest, daß man selbst vor einem Scheinvollzug mehrerer Todesstrafen am nämlichen Täter nicht zurückscheute.

§ 77.

»Unrecht schlägt seinen eigenen Herrn.« Denn: »wer nicht andern das Recht will gönnen, der soll nicht Rechtes genießen«. Den Friedensbrecher muß daher die Friedlosigkeit (asw. *friþlösa*, mfries. *ferdloshed*) treffen. Diese Folgerung zieht das ältere germanische Strafrecht in aller Strenge. Der Friedlose (wn. gutn. *friðlaus*, asw. *friþlös*, ags. *friðléas*, afries. *fretholâs*, mhd. *vridelôs*) ist aus dem Rechtsverband (*lag*) ausgestoßen: wn. *útlagr*, on. *utlæger*, *utlagþer*, ags. *útlah*, mnd. *ûtlagh* (daher die Friedlosigkeit wn. *útlegð*). Gleichbedeutend mit utlæger sind asw. *billugher* (doch wohl zu *bil* oben S. 10 vgl. E. Brate *Vestmannalagens ljudlära* SS. 32—36) und ags. *londrihtes ídel*, hd. *von dem landrehte getan*, mhd. *êlôs*, *echtelôs*, *rechtelôs*. Weil und soweit er des Rechtsschutzes darbt, ist sein Los das eines Flüchtigen (ags. *flýma*). Er ist gehetzt wie der Wolf und heißt daher wie dieser — an. *vargr*, ahd. afränk. as. *warg*, ags. *vearh* — und trägt »*wulfes héafod*« (ags.), weswegen die Friedlosigkeit ein »Wolfsleben« (as. *wargida*). Seine Zuflucht soll sein der wilde Wald; daher ist die Friedlosigkeit ein »Waldgang« (wn. *skóggangr*, wofür asw. prägnant *skogher*), der Friedlose ein »Waldgänger« (wn. *skóggangsmaðr*, ags. *vealdgenga*, vgl. den *homo qui per silvas vadit* im Ed. Chilp.) oder »Waldmensch« (wn. *skógarmaðr*), wie anderseits auch der Wolf ein Waldgänger heißt [1]). Spezifisch mittelalterlich-deutsch ist die Benennung Acht (mhd. *âhte*, *eht*, mnd. *achte*, — früher, wie z. B. in ags. *óht* = Verfolgung überhaupt) für die Friedlosigkeit, womit aber auch nur wieder der Zustand des Verfolgten (mhd. *æhtære*) ausgedrückt werden will. Ähnlich verhält es sich mit dem Ausdruck »Fehde« (and. langob. *faida*, von *fijan* »hassen«, — ahd. *fêhida*, ags. *fæhðe*, von ahd. *fêh*, ags.

[1]) *Holzgangel* in der Gottschee, Anz. f. K. d. deut. Vorz. 1854, S. 51.

fáh »feindlich, verfolgt«), welcher zunächst nur den Zustand eines der Todfeindschaft Ausgesetzten bezeichnet. Doch steht Vald. Sæll. L. c. 87 *fegh ok frithlœs.* Spezifisch nordisch andererseits ist der mit jenem *fáh* begriffsverwandte Ausdruck *úheilagr* (= unheilig, schutzlos). Nur ein Reflex dieser Schutzlosigkeit des Ächters, kein subjektives Recht, ist das von Neueren sogen. Fehderecht, wo dasselbe als Folge eines Verbrechens eintreten soll, und genau das Nämliche ist von dem sogen. Racherecht zu sagen, welches weiter nichts als eine Erscheinungsform jenes Fehderechts ist. Der Friedlose ist überhaupt dem Grundgedanken der Acht nach nicht bloß dem Verletzten preisgegeben, sondern jedermann darf, ja soll ihn als Feind behandeln. Man wird bestraft, wenn man ihn befördert, haust, hoft, ja auch nur speist. Daher liegt in der Acht eine »Speisungsverbot« (adän. *matban*, ahd. *meziban*, mnd. *meteban*, *miteban*). In England und auf Island wird sogar ein Preis auf des Ächters Kopf gesetzt. Selbst Asyle schützen den Friedlosen nicht immer. Und im MA. wird ihm nach einigen Rechten sogar das christliche Begräbnis versagt. Aber nicht bloß der Leib des Friedlosen, auch seine Habe wird von der Acht betroffen (und nach nord. Vorstellung sogar »friedlos«). Rechtsgenossenschaft, Herrscher, Kläger können sich ihrer bemächtigen und sie unter sich verteilen, was nach skand. RR. im Weg eines umständlich geordneten Verfahrens (isländ. *féránsdómr*, asw. *boskipti*, *skyfling*) geschieht. Aufs Ächtergut bei gemeiner Friedlosigkeit haben noch in vorchristlicher Zeit sächsische, später auch die andern deutschen Rechte nach Analogie des Rituals der öffentlichen Strafe die »Wüstung« (S. 240) angewandt.

Die Friedlosigkeit wird nun aber nicht immer in ihrer vollen Strenge verhängt. Überall kommen Abstufungen und Spielarten derselben vor, indem ihre Wirkungen bald zeitlich, bald räumlich, bald inhaltlich beschränkt werden. Zeitlich beschränkt sind sie, wenn sie durch Sühne (§ 80) abgewendet werden können. Dies ist der Fall bei der an. *útlegð* i. e. S., bei der deutschen Verfestung (mnd. *vestinge*) des MA. Auch der isl. *fjǫrbaugsgarðr* gehört hieher, indem bei ihm der skóggangr durch Sühne in eine bloß dreijährige Acht verwandelt ist. Räumlich beschränkt ist die Acht, wenn sie den Geächteten nur außerhalb bestimmter Orte, wie z. B. der isländ. *fjǫrbaugsgarðr* in seiner ersten Phase, die gotländ. *vatubanda*, die deutschrl. Verstrickung, oder nur innerhalb eines Bezirkes oder Landes schutzlos macht, wie bei der Verbannung und so denn auch beim *fjǫrbaugsgarðr* in seiner zweiten Phase. Oft und insbesondere im deut. R. findet sich der Satz, daß die Acht nicht über das Banngebiet des ächtenden Richters hinaus wirkt. Hierauf beruht in Deutschland der Gegensatz zwischen Verfestung und Königs- oder Reichsacht. Inhaltlich beschränkt ist die Acht, wenn sie nur den Leib des Ächters treffen will, wie z. B. die adän. Entziehung der *manhælgh*, das schonische *matban*, oder wenn sie von der Habe nur die fahrende preisgibt, wie im norwegischen und deutschen R. des MA. regelmäßig, oder wenn sie die Rechte des Betroffenen nur suspendiert, wie die deut. Verfestung und Reichsacht im Gegensatz zur Aber- (auch Ober-, Über-) Acht (*secunda proscriptio*) oder größeren (hohen, höchsten) Acht, oder wenn sie seinen »Leib nur dem Verletzten erteilt«, wie (auf Grund karolingischer Gesetze?) nach deutschen RR. des MA. Im letztern Fall wird am leichtest n der Schein eines Fehde-»Rechts« erweckt. Für sich allein Verbrechensfolge scheint im Altertum nur die mildere, die zeitlich beschränkte oder bedingte Acht gewesen zu sein. In ihrer strengsten Form stand sie ursprünglich in Verbindung mit der Todesstrafe (§ 78), zu deren Ersatz sie später diente.

Eines gerichtlichen Apparates, überhaupt staatlicher Einrichtungen, um den Missetäter zu treffen, bedurfte die Friedlosigkeit in ältester Zeit nicht. Das lag in ihrem Wesen, da sie ja in einem rein passiven Verhalten der Rechtsordnung besteht. Später aber drang überall das Prinzip durch, der Friedbrecher müsse durch gerichtliches Verfahren friedlos »gelegt« oder »gemacht« werden. Dies geschah in feierlicher Rede (as. *fartelljan*, ahd. *firzellan*, mhd. *verzellen*, auch *verruofen*, *übersagen*) des Richters und der Dingleute, nach ostnordd. RR. sogar durch förmliches »Hinausschwören« (*utsværia*), unter Gebärden und Wahrzeichen, wie z. B. Fingeraufstrecken, Waffenschlag, Schwertzücken, Fackelschwingen, Stabbrechen. Mitunter findet sich, daß dem Ächter noch eine Fluchtfrist vom Verruf an gegönnt wird. Aber auch nachdem die Wirksamkeit der Acht von der Friedloslegung im allgemeinen abhängig geworden, lebte die Erinnerung an das entgegengesetzte Prinzip in einzelnen Konsequenzen desselben fort. Zu diesen gehört namentlich, wenn wir von den Fällen absehen, wo noch sehr späte Gesetze wegen eines Friedbruches die Acht ipso jure in ihrem vollen Umfang eintreten lassen, die Erlaubtheit des Tötens oder doch des Bindens des Friedbrechers auf handhafter Tat, eine Befugnis, die erst im Spätmittelalter zu jener der erlaubten Notwehr zusammenschrumpft, ferner die gesetzliche Anweisung an den Übeltäter, schon vor allem Prozeß dem Verletzten aus dem Weg zu gehen, und anderseits das meist gleichzeitige Hegungs- und Speisungsverbot an die Rechtsgenossen (s. oben S. 238), endlich auch die prozessuale Behandlung der »frischen« (= nicht übernächtigen) Tat.

§ 78.

In bestimmten Verbrechensfällen bleibt das Recht nicht dabei stehen, seinen Schutz dem Missetäter zu entziehen. Es duldet nicht, daß er entkomme. Es will ihm eine benennbare und genau umschriebene Pein vom Gemeinwesen zugefügt wissen, d. i. was die Jurisprudenz als »öffentliche« Strafe zu bezeichnen pflegt. Hiezu sind staatliche Einrichtungen, insbesondere Staatsämter, nötig. Die öffentliche Strafe (erst mhd. *strâfe*, und zwar zunächst nur = Tadel, dagegen askand. ags. *víte*, as. *wîti*, ahd. *wîzi* = animadversio, supplicium, — gemeinaltdeutsch *haramscara* = Schmerzzufügung) ist in heidnischer Zeit stets Todesstrafe. Der zu bestrafende Verbrecher wird nämlich — ähnlich wie bei den Kelten (Caes. b. G. VI 16) und ähnlich dem röm. homo sacer — der Gottheit als Opfer »gegeben«, auf daß die Rache derselben wegen der verübten Missetat von der Rechtsgensossenschaft abgewandt werde. Nebenher geht nach deutschen Rechten die »Wüstung« (nl. *woestinge*), d. h. das Niederbrennen oder Niederbrechen des Wohnhauses des Missetäters, auf daß sein Andenken ausgetilgt werde. Weil nun aber in vorchristlicher Zeit die öffentliche Strafe ein Kultakt war, darum stand sie damals auch nur auf solchen Friedensbrüchen, welche die Gottheit zur Rache am Volke reizen können. Das sind die Neidingswerke (oben S. 233f.) und die Verletzung der Heiligtümer. Hieraus ergibt sich eine Duplizität des altgermanischen Strafrechts: gemeine Friedensbrüche mit Friedlosigkeit und unsühnbare Verbrechen mit Opfertod, — ein sakrales neben einem weltlichen System [1]). Weil die heidnische Todes-

---

[1]) Ich vermag diesen Gegensatz im altgerm. Strafrecht nicht schärfer zu betonen, als ich es schon 1876 in »Zweck u. Mittel« S. 57—59 getan habe. Um so erstaunlicher finde ich die Behauptung von Bar Handb. I Note 242, daß ich »dem germ. Strafr. ursprünglich einen wesentlich sakralen Charakter vindiziere«. — Gegenüber dem Widerspruch, den meine Ansichten über den Charakter und das Alter der german. Todesstrafen bei E. Mogk und

strafe ein Kultakt (»supplicium« bei Tacitus), hat sie ein umständliches Ritual. Hierauf beruht es, wenn die Todesstrafe auch Menschen trifft, die nicht geächtet werden können und wenn sie wenigstens zum Schein auch an der Leiche des Neidings vollstreckt wird, hierauf ferner, wenn das Gesetz überall für bestimmte Fälle eigene Todesarten bestimmt, hierauf endlich die Formen, die bei jeder besonderen Art von Exekution beobachtet werden mußten, z. B. beim Hängen der Weidenstrang anstatt des Strickes, der laublose Baum anstatt des Galgens, oder das Aufrichten des ihn vertretenden Galgens am Meeresufer, das Kehren des Gehängten nach Norden, das Mithängen d. h. Mitopfern von Hunden (legendarisch: »Wölfen«), die wir als Leibspeise gewisser Gottheiten kennen, — ferner beim Rädern die Zahl der Radspeichen, das Aufrichten des Leichnams mit eingeflochtenen Armen und Beinen auf dem Rad — bei beiden Strafen das Hängenlassen bzw. Liegenlassen der Leiche, ihr »Erlauben an die Vögel in der Luft«. Wiederum gehört hieher beim Enthaupten der Gebrauch von Block, Barte und Schlegel, in bestimmten Fällen auch der Pflugschar, das Aufstecken des abgeschlagenen Hauptes, beim Ertränken die Wahl der Flutgrenze als Hinrichtungsort. Von einigen Todesstrafen wird uns ausdrücklich gesagt, daß sie Kultakte waren, wie vom Hängen, Ertränken, Rückenbrechen, vom Lebendigbegraben. Von andern läßt sich das Nämliche mit Hilfe der vergleichenden Volkskunde erweisen oder wenigstens wahrscheinlich machen, wie z. B vom Rädern, vom Steinigen, vom Ausdärmen, vom Aussetzen in steuerlosem Fahrzeug. Charakteristisch ist für einige Strafarten, daß sie es dem Zufall, d. h. der Fügung der Gottheit, überlassen, ob sie wirklich zum Tod führen (sog. Zufallsstrafen). Auch die Vorbereitungen der Todesstrafe gehörten zum Ritual, wie z. B. das Schleifen auf der Kuhhaut, die Kastration. Weil nun die Todesstrafe ein unter so strengen Regeln stehender Kultakt, bedurfte ihre Vollstreckung des Kultbeamten. Was die Wahl der Todesart betrifft, so dürfte sie schwerlich von jenen symbolischen Zwecken beherrscht gewesen sein, die Tacitus angibt, wenn sich auch solche bei den sog. spiegelnden Strafen des MA. nicht verkennen lassen.

K. Binding, teilweise auch bei H. Brunner gefunden haben, gedenke ich sie ausführlich in einer demnächst erscheinenden Abhandlung zu begründen. Gegen Mogk s. einstweilen Ranisch in Deut. Litzeitg. 1911 Sp. 596 f., F. Kauffmann in Theol. Litzeitg. 1911 Sp. 519 u. Arch. f. Religw. XV 612 f.

Maßgebend waren dagegen die Rücksicht auf die Natur derjenigen Gottheiten, denen das Opfer galt, und die Rücksicht auf das Geschlecht des Opfers. Das Hängen und das Rädern z. B. waren im Altertum keine Strafen für Weiber. Ein polizeilicher Gesichtspunkt war beim Verbrennen (von besonders gefährlichen Missetätern, wie Hexen) im Spiel. Auch wird man in Anschlag bringen müssen, daß nicht alle im nämlichen Recht vorkommenden Rituale aus der nämlichen Zeit stammen, wie z. B. das Abpflügen des Kopfes nicht über die Zeit der eisernen Pflugschar zurückreichen kann, daher auch nur in räumlich beschränkter Verbreitung (Deutschland) vorkommt.

§ 79.

Nach dem Übergang der german. Völker zum Christentum mußte der Gegensatz der beiden Strafrechtssysteme in seiner ursprünglichen Bedeutung aufgehoben werden. Die Todesstrafe wurde entweder wegen ihres heidnischen Charakters beseitigt und durch die schwereren Formen der Acht oder durch Leibesstrafen ersetzt oder doch wenigstens ihres sakralen Zweckes entkleidet. Im ersten Fall wurden die ehemals todeswürdigen Verbrechen, wenn die Acht eine definitive war, zu unsühnbaren (wn. *úbótamál*, on. *urbotamal*). Im zweiten Fall blieben noch leicht Reste des ehemaligen Kultrituals im Gebrauch. Ein Nachklang des sakralen Strafrechts ist es auch, wenn im MA. nach deut. RR. die Strafen, die an Hals oder Hand gehen »Rechtlosigkeit« (oben § 43) mit sich bringen und die von ihnen getroffenen Verbrechen ohne weiteres zu »unehrlichen« machen. Nirgends hat das Christentum die Todesstrafe ganz und gar abgeschafft. Da sie aber nur als eine öffentliche Strafe rein weltlicher Art fortdauert, so werden nun, begünstigt von einer neuen Auffassung des Strafrechts nicht nur, sondern auch der Aufgaben des Herrschers, neue öffentliche Strafen eingeführt, und zwar ebensowohl für Verbrechen, welche ehedem die Acht nach sich gezogen hatten, wie für solche, die ehedem todeswürdig gewesen waren, weiterhin aber auch für jene Tatbestände, die überhaupt erst jüngeren Zeiten als strafwürdig galten: Leibes-, Freiheits-, Ehren-, Vermögensstrafen, zuletzt sporadisch auch Arbeitsstrafen. Oftmals werden deren mehrere zu einer Gesamtstrafe für die nämliche Missetat verbunden, wie sie auch zur Verschärfung der Todesstrafe verwendet werden. Für die wollüstige Grausamkeit des MA. ist hier ein ebenso breiter Tummelplatz gegeben wie für seine unerschöpfliche Erfindungskraft. Die Gesichtspunkte, von denen die letztere sich anfangs noch leiten läßt, sind teils symbolischer, teils polizeilicher, teils standesrechtlicher Art, teils aber auch die rein äußerliche Wiedervergeltung (Talion). Symbolisch als abgeschwächte Todesstrafe gibt sich z. B. das Brandmarken mit dem Bild des Galgens oder Rades, das Einmauern, das Hunde- oder Sattel- oder Strang- oder Pflugtragen, das Schwemmen. Ein symbolisches »*ostendere scelera dum puniuntur*« ist es, wenn der Münzfälscher gesotten, die meineidige oder fälschende Hand abgehauen, die schwertzückende durchstoßen, wenn dem Späher die Zunge ausgerissen und die Augen ausgestochen wurden. Mehr an die Ehre als an den Leib gehen und daher symbolisch zu nehmen sind die Pranger- oder Kakstrafe, das Eselreiten, die Haarschur, das Tragen des Strohzopfes, des Strohkragens, der Schandlarve, der Geige, des Strafmantels u. dgl. m. Nur das deutsche Femrecht des Spätmittelalters kennt eine einzige Strafart, den Strang. — Eine weitere Verwischung der ursprünglichen Duplizität des Strafrechts tritt schon ziemlich frühzeitig ein, indem nach Analogie der mildern Friedlosigkeit auch die öffentlichen Strafen mittels Sühnleistung ablösbar werden, indem ferner die Strafe zuweilen als Genugtuung für den Kläger aufgefaßt, daher durch ihn vollstreckt wird, weiterhin durch das Aufkommen einer arbiträren Strafgewalt und eines Begnadigungsrechts, das im MA. keineswegs bloß Herrschern, sondern auch (unter Bedingungen) Untertanen, wie z. B. Frauen oder dem Henker (als »Henkerzehnt«) oder dem Kläger zustand. Decken mit dem Mantel ist ein Symbol des Begnadigens, wenn es von Frauen oder Hochstehenden ausgeübt wird (vgl. »Mariae Mantelschaft« in der bildenden Kunst).

§ 80.

»*Nec implacabiles durant*«, wird uns schon am Anfang der hist. Zeit von den germ. *inimicitiae* berichtet, unter dem Beifügen, daß selbst Friedensbrüche wie Totschläge durch Leistungen von Geldwert ausgeglichen werden können. Damit ist die Sühne bezeichnet. Alle Friedensbrüche, die todeswürdigen ausgenommen, waren damals sühnbar. Die »Sühne« (ahd. *sôna, suona* eigentl. = Reinigungsopfer, an. *són*, dann Ver»söhnungs«mittel, in lat. Texten *compositio*) ist ein Entrichten (wn. *gjald*, on. *gæld*, ahd. *gelt* etc., auch ursprünglich = »Opfer«?) zum Zweck des »Ausbesserns«

des angerichteten Schadens (»Buße«, skand. ags. *bót*, as. *bóta*, ahd. *buoza*), überhaupt der Vergütung, daher mhd. *wandel*. Diese Leistung geht teils an den Verletzten, teils an die öffentliche Gewalt. Allemal aber ist die Leistung gesetzlich sowohl ihrer Art als ihrer Größe nach bestimmt. Sie stellt den gesetzlichen Preis dar, um welchen der Friede für seinen Brecher käuflich ist. Dieser »kauft sich aus dem Wald« und »in den Frieden« oder »ins Land«. Die Sühne ist eine »Hauptlöse« (fries. *havdlesne*, an. *hǫfuðlausn*). Die Träger der öffentlichen Gewalt, denen gesühnt wird, sind in der ältesten Zeit die Rechtsgenossen selbst (Land, Hundertschaft), allenfalls noch der amtliche Friedensbewahrer (König). Später ist nach den meisten Rechten der Herrscher allein Einnehmer dieses öffentlichen Teiles der Sühne. Nur in etlichen skandinav. Ländern dauert der ältere Zustand fort. Doch erinnert es an ihn auch noch im mittelalterlichen Deutschland, wenn dort gewisse Strafgelder von den Dingleuten vertrunken werden. Und wo sich ein freistaatliches oder ein privatgenossenschaftliches Strafrecht ausbildet, wird der ursprüngliche Zustand wieder erneuert. Der hier besprochene Teil der Sühne wird das »Friedensgeld« genannt, in den Quellen afränk. *frethu* (frankolat. *fredus*), fries. *fretho*, *frethopanning*, adän. *friþköp*, wn. *friðkaup*. Die letztere Benennung wie das gleichbedeutende wn. *landkaup* zeigen zugleich deutlich, daß nicht etwa für ein bloßes Vermitteln zwischen dem Täter und dem Kläger, sondern fürs Gewähren des Friedens das Friedensgeld entrichtet wurde. In den ags. Gesetzen erscheint das Friedensgeld schon mehr als Strafgeld — *wíte*, während anglodän. *lahslit* begrifflich analog dem fränk. frethu ist und anglodän. *lahcóp* obigem friþköp entspricht. Die Sühne an den Verletzten (*compositio*, »Buße« im engeren Sinne, ags. *fǽhðbót*) hieß, wenn sie die Tötung eines Freien verebnete, »Mann- oder Menschenvergeltung« — lang. *wirigild* (doch auch allgemeiner *widrigild*), alam. *wirigild*, ahd. *werageld*, mhd. *wergelt*, ags. *wergild*, gutn. *vereldi*, auch prägnant ags. *wer* (m)., gleichbedeutend afränk. *leudi*, ags. *léod* oder *léodgeld*, wn. *manngjǫld*, on. *mangæld* oder *manbot*, während ags. *manbót* zum Unterschied von dem an die Verwandten des Erschlagenen zu zahlenden Wergeld (*mǽgbót*) dasjenige bezeichnet, welches an seinen Gefolgs- oder Muntherrn geht. Über die Beteiligung der Verwandtschaft am Wergeld oben S. 171 f. Im MA. wird der Name »Wergeld« auch auf die Ersatzleistung für Unfreie, ja für Tiere angewandt. Im Gegensatz zum Wergeld hießen die andern Sühnleistungen an den Verletzten »Bußen« im engsten

Sinne des Wortes. Nach Einführung des Geldes (§ 63) sind Wergelder, Bußen- und Friedensgelder in der Regel gesetzlich benannte Geldsummen, und die ältesten geschriebenen Gesetze der Deutschen scheinen sogar hauptsächlich zu dem Zweck gemacht, diese Summen festzulegen. Dabei erscheinen Friedensgeld und Privatsühne nach einigen Rechten als Quoten eines Gesamtbetrags, nach andern als je für sich besonders bestimmte Beträge. Aber noch bis tief ins MA. hinein kommt neben der Geldleistung das Sühnen mit andern Sachen, wie z. B. Butter, Wachs, Vieh vor. Und dies entspricht dem ältesten Recht. Dabei war vom Gesetz entweder ein fester Betrag von Naturalien (z. B. »certus armentorum ac pecorum numerus«) genannt oder nur ein Maßstab bestimmt, wonach von Fall zu Fall die Menge des zu entrichtenden Gutes ermittelt werden sollte (z. B. Aufwiegen des Getöteten in Gold, Bedecken desselben mit Gold, das Balgfüllen oder -Hüllen mit Getreide wie beim »Katzen- und Hunderecht« u. dgl. m.). Die Größe der Sühne pflegt zunächst von der Größe des angerichteten Übels abzuhängen. Sorgfältig war unter diesem Gesichtspunkt jedes einzelne Verbrechen, z. B. jeder Totschlag nach dem Stand des Getöteten, allenfalls auch noch nach seinem Geschlecht, jede Leibesverletzung nach der Brauchbarkeit des geschädigten Gliedes und der Art des Schadens taxiert. Daneben kommen dann noch die andern Umstände in Betracht, durch welche eine Missetat qualifiziert werden konnte. Oft war dann Vervielfachung der Grundtaxe das Ergebnis, so insbesondere in der fränk. und langob. Gesetzgebung, wenn die Todesstrafe durch schwere Sühne ersetzt werden sollte. Der feste Bußbetrag diente lediglich der Genugtuung, wenn neben ihm — wie oft bei Vermögensbeschädigungen — Ersatz des Schadens zu geben war. Die festen Bußbeträge pflegten technisch nach den zu sühnenden Verbrechen benannt und so voneinander unterschieden zu werden. Mit Vorliebe drückte man sich hierbei ebenso wie beim Benennen des Friedensgeldes prägnant aus: *landnám* z. B. heißt wn. nicht nur das Beeinträchtigen fremden Grundeigentums, sondern auch das Bußgeld dafür, *áfang* nicht nur wiederrechtliches Angreifen fremder Sachen, sondern auch das Bußgeld dafür. So heißt auch on. *þukki* eine Geldbuße für Beleidigung. Das wichtigste deutsche Beispiel ist der »Königsbann« (*bannus regius*), der, von Haus aus eine Beleidigungsbuße an den König für Übertretung seines Verbotes oder Gebotes und insofern in der spätags. *oferhýrnes*, auch dem nach Muster des engl. contemptus brevium entwickelten norweg. *brefabrot* ein Seitenstück fand, doch bald das Friedensgeld absorbierte. War durch die Übeltat ein Schaden an Gut gestiftet, so mußte dieser ersetzt (»gebessert«, »geheilt«), das Gut wieder »voll gemacht«, oder »entgolten« werden. Bald geschah dies nach einer gesetzlichen Taxe, so daß der Ersatz in der Buße enthalten sein konnte, bald durch individuelle Vergütung neben der Bußleistung. Letzternfalls pflegte dem ältern Recht nicht ein bloßes Wertäquivalent wie z. B. Geld, sondern nur ein Ersatz von Gleichem mit Gleichem zu genügen. Nicht immer reichten Geld und Gut zur Sühne hin. Zum Beilegen einer Ehrenkränkung gehört insgemein ein feierlicher Widerruf; für Totschläge werden nicht bloß Wergelder gegeben, sondern auch Wallfahrten unternommen, Sühnkreuze errichtet, das Ausweichen gegenüber der geschädigten Freundschaft versprochen. Anderseits war in leichtesten Fällen, d. h. in solchen, die in einer ältern Zeit überhaupt keine Missetat enthielten, die Buße so gering, daß sie nur formelle Bedeutung hatte (eigentliche, weil ausführbare »Scheinbuße«), so z. B. wenn nach dem Ssp. die Buße des Tagewerchten in einem Paar wollener Handschuhe und einer Mistgabel, die des Rechtlosen in zwei Besen und einer Schere besteht. Materiell lief solche Buße wie die uneigentliche (unausführbare) Scheinbuße (z. B. mit dem Schatten) auf ein sarkastisches Herabwürdigen des Bußempfängers oder der zu sühnenden Tat hinaus.

§ 81.

Ursprünglich folgte auf gemeine Friedensbrüche als das Primäre die Friedlosigkeit, die Sühne als das Sekundäre. Der Friedbrecher durfte sühnen, sollte aber nicht, wenn er es auf die Wirkungen der Acht ankommen lassen wollte. Anderseits mußte er, sobald er gehörig sühnte, in den Frieden wieder eingesetzt werden. Dieses durfte aber erst geschehen, wenn dem Verletzten die Privatsühne gehörig geleistet oder doch gesetzmäßig verbürgt war. Hiezu gehörte aber Angebot der Sühne in gesetzlicher Frist, in bescheidener Form des Benehmens, nach skand. RR. und jüngeren ags. auch das Angebot des sog. Gleichheitseides (an. *jafnaðareiðr*), d. h. der eidlichen Erklärung, daß der Missetäter an Stelle des Sühnempfängers mit der nämlichen Sühne vorlieb nehmen würde. War dies alles beobachtet, so durfte der Verletzte nicht durch Annahmeverzug die Friedensgewährung verhindern. Freilich mochte er oftmals glauben, daß ihm die Sitte das Annehmen der gesetzlichen

Sühne verbiete, weil er sich verpflichtet fühlte, das Unrecht zu verfolgen. Dagegen sucht dann die Gesetzgebung vorzukehren, in Dänemark und im westnord. Gebiet u. a. dadurch, daß bei der Totschlagsühne dem Wergeld noch eine Überbuße (*gœrsum* = Kostbarkeit, *baugþak* = Ringdach) hinzugefügt wird, im niederdeutschen Gebiet dadurch, daß der Blutkläger einen Voraus (ags. *healsfang*, das »*praemium*« der L. Sax., holl. *voirzoene*) aus dem Wergelde erhält. Allemal aber hatte nach Empfang der Sühne der Verletzte in feierlicher Form Urfehde (ags. *unfæhðe*, mhd. *urvêhede*, *urvêhe*) anzugeloben (wn. *trygðir*, on. *trygd*, berühmt die isländ. Formulare), nach niederd. RR. unter Gewährung des Friedenskusses (nl. *mondzoene*), dessen Stelle anderwärts, insbesondere in der Schweiz vom »Abtrinken des Friedens« vertreten wurde. Aber auch der Friedbrecher hatte, wenn er verfolgt gewesen, Urfehde zu geloben. Vorbereitet wurde dieser definitive Friedensschluß durch einen Waffenstillstand (skand. *griþ*, mhd. *trôstunge*, *stallunge*). — Während sich im skand. R. das ursprünglicheVerhältnis zwischen Friedlosigkeit und Sühne bis tief ins MA. forterhielt, kehrte es sich bei den Südgermanen frühzeitig um, so daß nicht mehr ohne weiteres auf Ächtung, sondern zunächst nur auf die gesetzliche Sühne geklagt und erkannt werden, der Urteiler daher ahd. *suonari*, das Gericht *suonstuol* heißen konnte. Die gewöhnliche Sühne wurde damit zur Geldstrafe, mithin das Friedensgeld (mnd. *gewedde*, mhd. *wette*, *unreht*, *vrevele*) zur öffentlichen Strafe, die Friedlosigkeit in ihren mildern Formen und Ausläufern zu einem Exekutionsmittel, während sie im Kontumazialverfahren den Charakter der Strafe behielt (vgl. § 87). Der so nahezu hergestellten Einheitlichkeit des Strafrechtssystems entspricht es, wenn nunmehr die Verbrechen auf Grund der Art und Schwere ihrer Bestrafung in *ungerihte* und *vrevele* eingeteilt werden. Unter Ungericht pflegte man, insbesondere im nördlichen Deutschland, die Übeltat zu verstehen, welche an den Leib (Hals, Hand, Haut, Haar), unter Frevel diejenigen, welche an die Habe gingen.

§ 82.

Über die prozessuale Verfolgung eines Missetäters zu verfügen, war in der ältern Zeit ausschließlich Sache des Verletzten. Dieser ist der »Klaginhaber« (asw. *malsæghandi*) oder »Hauptmann der Klage« (isländ. *sakar aðili*). Es wird sogar die Reihenfolge der hiernach Klagberechtigten sorgfältig geordnet. Die Sitte freilich, in gewissen Fällen auch der Kult, forderten, daß der Klagberechtigte die Tat sich nicht gefallen lasse. Aber eine rechtliche Pflicht zum Klagen bestand nach rein german. R. nicht. Vielmehr war die öffentliche Gewalt, soweit sie nicht selbst verletzt oder Vertreterin des Verletzten war, in der prozessualen Verfolgung vom Verletzten abhängig. Daher konnte, sobald zur Acht förmliche Friedloslegung erforderlich geworden (oben S. 239), durch einen Privatvergleich zwischen dem Verletzten und dem Friedbrecher die Sache aus der Welt geschafft und die öffentliche Gewalt um ihr Friedensgeld gebracht werden. Um letzteres zu verhindern, mußten erst besondere Gesetze das Eingehen von solchen Vergleichen verbieten. Sodann wurde für die schwereren Fälle, wo der Verletzte nicht klagen konnte oder wollte, ein subsidiäres Klagerecht der öffentlichen Gewalt zugestanden. In Deutschland diente demselben die von Karl d. Gr. eingeführte Rügepflicht der Dingleute bzw. ihrer Vertreter, die jedoch in den Städten alsbald verschwand und in Oberbayern 1346, in Niederbayern 1365 aus polizeilichen Gründen abgeschafft wurde, während sie in den Femgerichten zur eidlich übernommenen Anklagepflicht des »Freischöffen« sich steigerte. — Eine Anzeigepflicht kannte übrigens auch schon das westgot. R., welches anderseits für gewisse Fälle die subsidiäre Popularklage einführte. Teils die letztere, teils die primäre Popularklage kommt auch in einzelnen schweizerischen Gesetzen des SpätMA. vor. Den ausgiebigsten Gebrauch hat aber von der einen wie von der andern noch im FrühMA. das isländ. Recht gemacht [1]).

§ 82 a.

In fast allen bisher abgehandelten Beziehungen weicht vom staatlichen Strafrecht das Privatstrafrecht ab. Soweit ein Tatbestand gegen dessen Normen verstößt, kommt er nicht als Bruch des allgemeinen Friedens in Betracht, kann er folglich auch nicht Friedlosigkeit für den Täter nach sich ziehen. Wohl aber ist er oder gilt er doch als willentliche Verletzung eines Rechtsgutes, und zwar von Privaten, z. B. der Ehre der eigenen Sippe des Täters

---

[1]) Nach Opet, *D. Popularklage der Berner Handfeste*, 1894, hätte die Popularklage ein noch viel ausgebreiteteres Gebiet gehabt. Diese Annahme beruht auf irriger Auslegung der Quellen.

(S. 175), oder der Ehre oder ausschließlichen Gewalt seines Ehegatten (S. 178) oder der Ordnung und Gewalt seiner Genossenschaft (S. 187, 195). Daher ist dem Verletzten oder dem gesamten Kreis der verletzten Personen weit eher als ein Entschädigungsanspruch eine Befugnis zum Strafen eingeräumt, — sei es durch die Rechtsordnung der Gesellschaft überhaupt, sei es durch die Autonomie der engeren Gruppe, die den Täter und den Verletzten in sich befaßt. Eine solche Strafbefugnis findet sich im Altertum, wie wir sahen, bei der Sippe und beim Ehemann, im MA. bei vielen Markgenossenschaften, bei der Gilde und ihren Ausläufern sowie in dienstherrschaftlichen Verbänden. In südgerman. RR. kommt sie bald nach der Völkerwanderung auch als geregeltes und daher klagebedürftiges Racherecht vor. Je nach ihrer Zuständigkeit und ihrem Zweck waren die Strafmittel verschieden in ihrer Art und Schwere. Sollten sie die Verletzung einer Genossenschaft ahnden, so war diese befugt, den Täter auszustoßen. Eine Sippe durfte dabei nach dem Verwandtschaftsrecht der Frühzeit bis zur Tötung des Schuldigen gehen, — ein Rudiment des vorstaatlichen Rechts, das sich aber in ndeut. Ländern noch das ganze MA. hindurch erhalten hat. Auch die eheherrliche Strafgewalt schloß bis ins MA. hinein die Tötungsbefugnis in sich. Ging die Strafgewalt der Gilde nicht ebensoweit, so war doch den RR. der skandinavischen Schutzgilden das Ausstoßen mit dem Neidingsnamen geläufig. Dagegen gab das Ausliefern eines Übeltäters an den Verletzten, wie es in gewissen Fällen nach südgerm. RR. verlangt werden konnte, ihn ursprünglich der willkürlichen Tötung preis. Erst jüngere Gesetze beschränkten diese Willkür. Die Todesstrafe nach Privatstrafrecht entbehrte von jeher des sakralen Charakters, der in heidnischer Zeit die öffentliche Todesstrafe kennzeichnete. Dies schloß freilich nicht aus, daß sie unter besonderen Umständen einem sakralen Zweck dienstbar gemacht, noch auch daß gelegentlich ihre Form einer sakralen öffentlichen Strafe entlehnt wurde. Gewisse Gepflogenheiten in dieser Hinsicht mögen sich da und dort herausgebildet haben, ohne daß man sie doch als Rechtsregeln wird ansprechen dürfen. Soweit sich nicht ihrer Natur nach die Strafgewalt bei einer einzigen Person oder soweit sie sich nicht bei einer Genossenschaft mit bestimmtem Entscheidungsorgan befand, war auch die Zuständigkeit ihrer Ausübung fast überall nur locker geordnet. In der Sippe konnte daher das Verfahren leicht einer Volksjustiz gleichen, wenn auch die verwandtschaftliche Munt ihren

Träger vor andern Sippengenossen dazu berufen mochte. Nur in westgotischen Gesetzen lassen sich entschiedene Versuche zu einer Organisation der sippenrechtlichen Strafgewalt nachweisen.

Siebenter Abschnitt.

GERICHT UND RECHTSGANG.

Literatur bei Schröder, Lehrb. §§ 8, 13, 25, 37, 49, 50 (S. 613—621), 63, Siegel, RG. §§ 185—198, Brunner, RG. I §§ 20, 24, II §§ 77, 79, 81—85, 97—123 und in Grundzüge §§ 7, 9, 18, 22, 38, 40, 43, Gengler, Grundr. S. 388—405, 520—523, Stemann Retshist. §§ 26—55, Brandt, Forel. II S. 157. S. ferner: v. Schwerin (oben S. 168) S. 138—149, E. Meister. *Ostfäl. Gerichtsverfassg. im MA.* 1912, v. Wrochem, *Der Schultheiß in der Gerichtsverfassg. des Ssp.* 1908, F. Philippi, *Landrechte des Münsterlandes* (1907), Einleitg., v. Schwerin in MÖG. XXIX 467—481, K. van Alkemade, *Behandeling van't kampregt* 1702, J. Grimm Vorw. u. J. G. Thomas Einleitg. vor des letzteren *Oberhof z. Frankfurt a. M.*, De Geer i Nieuwe Bijdragen voor Regtsgeleerdheid VII S. 141—177, Sv. Grundtvig, *Om de gotiske folks våbened* 1871, Baechtold in Roman. Forschungen V 221—233, Opet in MIÖG. XV S. 479—482, v. Amira in Gött. gel. A. 1896 S. 200—209, A. Schultze in Ztschr. f. d. Privat- u. öffentl. R. XXII (1894) S. 99—127, G. L. v. Maurer, *Gesch. der Fronhöfe* I S. 511—535, IV S. 84—274, 440—458, O. Stolz, *Gesch. d. Gerichte Deutschtirols* (AÖG. CII S. 85—334), Sello in Märk. Forsch. XVI S. 1—121, Pyl, *Beitr. z. pommer. Rechtsgesch.* II (1891), C. Neuburg, *Über d. Ausdehnung der Zunftgerichtsbarkeit* 1878 S. 66 ff., Ders., *Zunftgerichtsbark. u. Zunftverfassg* 1880, v. Planck i. d. Münch. Sitzgsber. hist. Kl. 1886 S. 155—180, Lörsch, *D. Ingelheimer Oberhof* 1885 S. XC—CCXII, Rosenthal, *Beiträge zur deut. Stadtrechtsgeschichte* §§ 1—12, Brandileone in Studi e docum. d. stor. X (1889) S. 3—35, J. van Kuyk, *Hist. beschouwinge van het antwoord van de gedagde* 1908, Fr. Beyerle, *Die Beweisverteilg. im gerichtl. Sühneverfahren der Volksrechte* 1913, K. O. Müller, *Z. Gesch. des peinl. Prozesses in Schwaben* 1910, H. Planitz in Zschr. d. Sav.-Stiftg. XXXII 1911 germ. Abt. S. 529—537, v. Schwerin in Festschr. f. Amira 1908 S. 179—233, E. Goldmann ebenda 81—101, Th. Unger in Zschr. d. Ver. f. Volkskunde VI (1896) 284 ff., K. Lehmann ebenda 208 f. R. Köstler in Zschr. d. Sav.-Stiftg., Germ. Abt. XXXIII 208—248, H. Planitz (oben S. 191); — Stubbs, *Constitut. Hist.* I S. 102 flg. 114 fl. 132, Gneist, *Engl. VerfG.* S. 18—21, 45—57 auch 134 ff., M. Rintelen, *Die Urteilfindg. im ags. R.* (in Hist. Aufsätze für K. Zeumer 1910), F. Liebermann, *Die Eideshufen bei den Ags.* (ebenda), Wilda in Verhandl. der Germ. z. Lübeck 1847 S. 249—260, Th. Wolff in Zschr. f. vergleich. Rechtsw. VI S. 1 ff.; — Stein, *D. Geschichte d. dän. Zivilprozesses* S. 1—79, Larsen, *Samlede Skrifter* I 1 S. 70—105, Steenstrup in Danske Samlinger 2 R. II S. 229—241, Sylow, *Den materielle*

Bevisteoris Udviklingshist. i. dansk Ret 1878, Secher, *Om vitterlighed og vidnebevis i. d. æ. danske proces* 1885 (dazu K. Maurer in Kr. Vjschr. 1886 S. 90—94), Pappenheim, *D. adän. Schutzgilden* S. 277—322, 23—37, Holberg, *Leges Waldemari* 1886 S. 156—173, 218—230, 235 bis 252, Ders., *Dansk. Rigslovgivning* 1889, insbes. §§ 4—11, 13, 20, 22 (dazu Pappenheim in Kr. Vjschr. XXXII S. 44—79), Matzen, *Forelæsn. Offentl. R.* II (1894); — Schlyter, *Jur. Afhandl.* II S. 210 bis 241, Hjärne, *Om d. fornsvenska nämden* (Ups. Univ. Arsskr. 1872, dazu Schlyter, *Gloss. S.* 802—805), K. G. Westman, *Den svenska nämden* I (1913), Th. Engströmer, *Vittnesbewiset* (1911) S. 30—103, Ödberg (oben S. 149), Uppström, *Öfvers. af d. svenska proc. hist.* 1884 (dazu v. Amira in Gött. gel. A. 1885 S. 161—171), Serlachius (oben S. 192), insbes. S. I—XV, E. Estlander (oben S. 192), Derselbe in Tidskrift utg. af Juridiska Fören. i Finnland 1908 S. 199—303; — K. Maurer, *Vorlesungen* I Abt. 2, V S. 289—820, Derselbe in Münch. Sitzgsber. phil. Kl. 1883 S. 548—592, 1896 S. 3—48, Pappenheim, *Ein altnorw. Schutzgildestatut* S. 63—68, J. Arnesen, *Historisk Indledn. til den . . . Islandske Rettergang* 1762, A. Kempe, *Studier öfver d. Isl. Juryn* 1885 (dazu K. Maurer in Kr. Vjschr. 1886 S. 80—88), V. Finsen, *Om den oprind. Ordning* (oben S. 78).

§ 83.

»Das gekrümmte Rechtsverhältnis wieder in die Richte zu bringen« — ahd. die *rihtunga* — ist Beruf des »Gerichts« (ahd. *girihti* n., mnd. *gerichte, richte,* mhd. auch *reht*), ein Beruf, der erfüllt wird durch Rechtsprechung oder Urteil (erst ahd. *urteili,* as. *urdêli,* afries. *urdêl*). Das Urteil aber war und hieß »Satzung« (skand. *dómr,* got. *dôms,* and. *dôm,* ahd. mhd. *tuom*) in dem Sinn, daß, auf einen Streitfall angewandt, Recht »gewiesen« und »gefunden«, die Sache selbst dadurch »geordnet«, der Streit zum »Stillstand« gebracht wurde (daher got. *staua* f. = Urteil). Denn als ein »Formen« und »Schaffen« (skand. *skapa,* afränk. **scapan*), wie als ein »Trennen« und »Abgrenzen« (skand. *skila*) wurde das Geschäft des Urteilers aufgefaßt. Gemäß dem Wesen des Volksrechts konnte aber diese Rechtsanwendung nur von der Rechtsgenossenschaft selbst ausgehen. Daher war, solange dieser Grundgedanke lebendig blieb, das german. Staatsgericht, wiewohl keineswegs bloß zum Entscheiden von Streitigkeiten da, eine Versammlung aller selbständigen Rechtsgenossen (ags. *folcgemôt,* — dafür auch as. *hwarf,* fries. *warf*) im Gerichtssprengel, eine Versammlung zum Verhandeln an bestimmtem »Termin« — *þing,* (ahd. *ding,* langob. *thinx,* aus vorgerm. **tenkos,* vgl. lat. *tempus,* got. *þeihs*), **maþul* (got. *maþl*, ahd. *madal*, as. *mahal*, frankolat. *mallus*). Die Gerichtsversammlung der ältesten Zeit ist entweder Landes- oder Bezirksversammlung. Und zwar konkurrierten Landes- und Bezirksversammlung hinsichtlich der Gerichtsbarkeit, ausgenommen die nach staatlichem Strafrecht todeswürdigen Sachen, in welchen die Landesversammlung (Landsgemeinde) ausschließlich zuständig war. Letzteres erklärt sich daraus, daß die Todesstrafe Staatsopfer war (oben S. 240 f.), die Staatsopfer aber auf der Landsgemeinde dargebracht wurden. Der Bezirksversammlung stellt das an. Marktrecht das Schiffsding (*skipara stefna*) gleich. Im Zusammenhang mit der Auflösung der Bezirksverfassung (oben S. 117) erhalten die neugegründeten Herrschaftsgebiete und fast immer auch die politischen Gemeinden ihre eigenen Gerichtsversammlungen.

Die Gerichtsversammlung findet, soweit sie staatlichen Ursprungs ist, periodisch (im Ssp. als *echteding*, mhd. *êhaftding*, fries. und nsächs. *lotting* d. i. *logting*) und in diesem Sinn zu gesetzlicher Zeit, statt; außerdem kann sie, wann man ihrer bedarf, doch unter Beobachtung der gesetzlichen Fristen, aufgeboten oder »ausgelegt« werden (sog. gebotenes Ding). Nur dem isländ. R. ist das gebotene Ding unbekannt, und anderseits ist das anord. Schiffsding seiner Natur wie seinem Namen nach ein gebotenes. Zu gewissen Zeiten (»gebundenen Tagen«) soll regelmäßig kein Ding gehalten werden, kein Ding ferner bei Nacht, so daß die Gerichtsversammlung buchstäblich ein *tagadinc* (ahd., — mhd. auch *teidinc*) ist, — ausgenommen auf Island, wo es zur Sommerzeit nächtliche Gerichte gibt. Gesetzlich ist beim echten Ding auch die Dauer, gesetzlich der Ort (*echte* oder *rechte dingstat* nach deut. Quellen). Der Ort (ahd. *mahalstat*, ns. *tie*) ist regelmäßig eine herkömmliche Stätte im Gerichtssprengel, in Deutschland seit fränkischer Zeit wenigstens fürs echte Ding. Ursprünglich immer und im MA. noch gewöhnlich lag die Dingstätte unter freiem Himmel [1]). Mit Vorliebe wählte

[1]) Anschauliche Beispiele liefern viele erhaltene Dingstätten wie die zu Dortmund (früherer Zustand bei B. Thiersch, *Der Hauptstuhl des westfäl. Vemgerichts auf dem Königshofe vor Dortmund*, 1838, Titelbild, — gegenwärtiger Zustand bei A. Meininghaus, *Die Dortmunder Freistühle*, 1910, S. 16/17) zu Basdorf (E. Schröder in Zschr. d. Vereins f. Volksk. 1896 S. 347—354), die hessischen Gerichtslinden zu Kaichen (*Kunstdenkm. im Großh. Hessen Kreis Friedberg* S. 157), bei Berfelden (a. a. O. *Kr. Erbach* S. 12), Großsteinheim (a. a. O. *Kr. Offenbach* S. 65), bei Erbach (*Denkmalpflege* II 1900 S. 42), Altenritte, Berghausen, Elgershausen, Elmshagen, Helsa, Vollmarshausen

man dazu Anhöhen, bei den Salfranken so regelmäßig, daß sie jede Gerichtsstätte *malloberg* nannten. Nicht ganz und gar diesem malloberg entsprechend, doch zum Behuf von Verkündigungen unentbehrlich ist im isländischen Untergericht der »Dingbrink« (*þingbrekka*), in der isländischen Landsgemeinde wie in der wermländischen der »Gesetzesfelsen« (*lǫgberg, lagbergh*). In wirtlicheren Gegenden verlangte das Schattenbedürfnis der Versammlung Befriedigung, weswegen die Dingstätten insgemein mit Bäumen bestanden sein mußten. Aber auch Kultuszwecke konnten in heidnischer Zeit dabei in Betracht kommen. Viele Dingstätten waren damals Opferstätten, und eben hiemit mag es zusammenhängen wenn es noch in christlicher Zeit üblich bleibt, bei großen Steinen, bei Gewässern, auf Kirchhöfen zu dingen. Doch finden sich in Deutschland seit Karl d. Gr. Verbote gegen das Abhalten von Gerichten an geweihter Stätte. Seit derselben Zeit werden Gerichtsräume auch bedeckt, aber so, daß die Wände zum größeren Teil offen bleiben (»Gerichtslauben«), wie solche noch in vielen Rathäusern erhalten sind. Erst im MA. kommt es, und zwar meist im Zusammenhang mit einer prinzipiellen Änderung der Gerichtsverfassung, auf, in geschlossenem Raum, zuerst noch in Gildehäusern, Rathäusern, dann in eigenen Ding- oder Richthäusern Gericht zu halten. Aber auch nachdem das Gericht ein »Stubengericht« geworden, erinnert das Offenhalten von Türen oder Fenstern der Gerichtsstube an das einstige Tagen der Versammlung in freier Luft.

Gewöhnlich wurde auf Grund von Banngewalt das Ding berufen (daher *»placitum«* d. i. **thunc* oben S. 115, skand. *stefna*) und geleitet vom Gerichtshalter (ahd. *rihtari*, mhd. mnd. *rihter*). Dies pflegte die Hauptfunktion des Bezirksvorstehers zu sein und eine wichtige des Herrschers zu bleiben, welchen Namen dieser auch führen mochte. In der Zuständigkeit des Gerichtshalters kennt das älteste Recht nur Unterschiede nach Gegenständen der

---

(sämtl. im Reg.-Bez. Kassel, Ansichten und Grundrisse in *Bau- u. Kunstdenkm. im Regb. Cassel* IV Taf. 2), Jugenheim, Breitenbrunn, Bingenheim, Gütersbach und auf dem Landberg bei Heppenheim, zu Feldkirchen bei Neuwied, die »Schranne« zu Oberalm (Salzburg) und zu Non (Reichenhall), worüber Weinhold in Zschr. d. Vereins f. Volksk. VII 1897 S. 404 f. nebst Taf. IV), der Steinacker zu Mollis (Glarus), der Banco de la reson zu Cavalese im Fleimser Tal (Zschr. d. Vereins f. Volksk. IX 1899 S. 69) u. a. m., worüber O. Schell in Zschr. d. Ver. f. Volksk. XI 1901 S. 47, 48, 296, 297) u. a. m.

Rechtshändel und nach Sprengeln. Der erstere Unterschied, der auch im MA. noch fortdauert, begründet den Gegensatz von Hoch- und Niedergericht. Jünger ist der Unterschied von Instanzen (Ober- und Untergericht, unten S. 259, 261) und erst während des MA. bildet sich in Deutschland im Zusammenhang mit der Über- und Untergenössigkeit (§ 42) ein Unterschied der Zuständigkeit nach den der Gerichtsgewalt unterworfenen Personenklassen aus (Standesgerichte). Wahl des Gerichtshalters durch die regierende Versammlung der Rechtsgenossen bildete in der Frühzeit die Regel. Im MA. wurde er unter den mannigfaltigsten Amtstiteln meist vom Herrscher (Gerichtsherrn), soweit dieser nicht selbst das Gericht abhielt, ernannt oder mit seinem Amt bzw. dessen Einkünften belehnt. Insbesondere war dies in den Grundherrschaften und in den landesherrlichen Territorien der Fall, wo der Gerichtshalter sogar oftmals sein Amt pachtweise innehatte. Aber auch erbliche Gerichtshalterschaften gab es damals in einigen deutschen Gegenden, wie z. B. die Dorfschulzenämter in den deutschen Kolonien Schlesiens und der Mark Brandenburg, während anderwärts — und zwar auch abgesehen von Freistaaten — eine Mitwirkung der Dingleute beim Bestellen des Gerichtsvorstehers sich forterhielt oder unter der Gunst lokaler politischer Verhältnisse wieder auflebte. So ist z. B. der auf die Dauer bestellte *gogreve* des Ssp. wie schon sein Vorläufer, der *centenarius*, dem Grafen von den Dingleuten durch Wahl präsentiert, wird anderseits den niederfränkischen Kolonisten in Siebenbürgen freien Richterwahl durch Privileg zugestanden. Daß ein Ding nicht vom Gerichtshalter, sondern von demjenigen Dingmann berufen wird, »der des Dinges bedarf«, findet sich als Regel im norweg. R., als Ausnahme für den Fall einer Klage um »jähe Tat« im ältern deut. R. (*nôtdinc*). Auf solchem Notding wurde bei Abwesenheit des ständigen Richters einer zum Richten über den vorliegenden Fall gewählt. Im Richten der Femschöffen auf handhafter Tat lebte dies Notding noch während des SpätMA. fort. Das Berufen geschah auf dem Lande meist durch Herumsenden eines Botschaftszeichens (ursprünglich des Botenstabes oben S. 224), welches die einzelnen Dingleute untereinander selbst weiterzubefördern hatten, aber auch durch Geschrei (*gerüchte*, *gerüfte*, so insbesondere beim Notding), in Ansiedlungen mit Kirchen gewöhnlich durch Glockengeläute, in Städten, insbesondere nordischen, auch durch Hörnerschall. War für den Zusammentritt einer Gerichtsversammlung ein Tag durchs Gesetz bestimmt, so bedurfte es keiner besonderen Ansage. Das Erscheinen und Fungieren im Ding ist für die durch Gesetz oder gesetzmäßige Botschaft Berufenen insgemein nicht bloß Recht, sondern Pflicht (»Dingpflicht« »Gerichtsfolge«), und zwar eine Genossenpflicht (oben S. 126), deren Versäumnis bestraft wird.

Die Urteil f i n d u n g ging ursprünglich wohl nur von e i n e m Dingmann aus, indem dieser auf Befragen durch die Partei einen Urteilsvorschlag machte, sei es daß wir uns in jenem nach Art des schwedisch-götischen *laghmaþer* und *hæraþshöfþingi*, des ags. *ealdorman* und *scirgeréfa* [1]), des alam. *judex* den Gerichtshalter selbst, oder sei es, daß wir uns in ihm nach Art des friesischen *âsega* und, des bayerischen *judex* (*êsago, êsagari?*) einen vom Gerichtshalter verschiedenen und eigens zum Rechtweisen angestellten Beamten zu denken haben. Jüngere Rechte, wie z. B. schon das altfränkische, übertragen die Urteilsfindung einem (vom Gerichtshalter ernannten?) Ausschuß der Dingversammlung: der Gerichtshalter ist an der Findung rechtlich unbeteiligt, erhält aber die neue Aufgabe, durch sein Rechtsgebot (jussio) das Urteil rechtskräftig zu machen, ohne freilich dasRechtsgebot nach seinem Ermessen verweigern zu dürfen. Allemal jedoch bedurfte der Urteilsvorschlag, um r e c h t s k r ä f t i g e s U r t e i l werden zu können, der Zustimmung (mhd. *volge*. mnd. *vulbort*) aller Dingleute, und ursprünglich war es die Folge allein, wodurch das Urteil Rechtskraft erlangte. Nach dem ältern Recht wurde sie durch Zuruf und Waffenrühren (skand. *vápnatak*, langob. *gairethinx* = Speergeding, womit zu vgl. an. geiraþing = Kampf), nach jüngerem durch Stillschweigen erteilt. Eigentlich scheint aber jenes Waffenrühren noch mehr als bloßes Zustimmen bedeutet zu haben, nämlich das Gelübde oder den Schwur, daß man das Urteil für Recht halten wolle (vgl. einerseits den promissorischen Waffeneid, anderseits das Hinausschwören des Friedlosen oben S. 239). Daher wohl heißt afränk. nicht bloß das Mitglied des urteilfindenden Ausschusses, sondern auch jeder andere Dingmann ein »Bürge« d. i. Bewahrer des »Ratschlusses« — **raginburgjo*. Aus dem Gesagten ergibt sich, daß jedes rechtskräftige Urteil Einstimmigkeit der Dingleute erfordert. Nach jüngerem Recht muß sich diese wenigstens formell in der Weise ergeben, daß nicht noch nach

[1]) Entscheidend Éadw. I pr., Éadg. III 3, 5, Cnut II 15 § 1, 18 u. Conc. Assandun. in Forschg. XIV S. 395. Dazu stimmt auch die Beschreibung des ungerechten *déma* bei L i e b e r m a n n *Gesetze der Angels.* I 475 (g. 1000) c. 9 (1) 10.

der Urteilsfindung und vor der »Folge« der Mehrheit ein Widerspruch gegen das Urteil des Finders geltend gemacht wird. Hiemit in Zusammenhang steht das Wesen der Urteilschelte (salfränk. *lakina*, fries. *lakinge*, ags. *forsacan*, mnd. *dat ordel scelden*, mhd. *daz urteil widerwerfen*, *widerahten*). Die Urteilschelte ist ein Anschuldigen wegen Rechtsbeugung. Von jedem dem Urteiler ebenbürtigen und am eigenen Recht vollkommenen Dingmann und insofern allerdings auch von der beschwerten Partei kann sie ausgehen. Dabei muß der Schelter »unverwandten Fußes« und förmlich das Urteil finden, welches er für das richtige erklärt. Demnach führt die Urteilschelte zur Zwiespältigkeit der Dingleute (an. *þingrof*) und verhindert so das Zustandekommen eines rechtskräftigen Urteils. Da anderseits die Natur des Volksurteils jede revidierende Instanz ausschließt (vgl. § 84), so kann der Streit nach altgerman. R. nur durch Zweikampf (§ 90) zwischen dem Schelter und dem Gescholtenen ausgetragen werden, falls letzterer bei seinem Urteil beharrt, was er nach älterem R. sogar muß. Nach Abschaffung des Zweikampfes freilich ergriff man ein analoges Auskunftsmittel wie zur Entscheidung über ein gescholtenes Beamtenurteil (unten S. 259), so z. B. in Norwegen, wo man den Rechtszug (*skjóta dóme*) an eine höhere und größere Dingversammlung gestattete, soweit man noch am Prinzip der Einstimmigkeit festhielt. Im fränkischen Reich ist schon um 755 neben dem alten Scheltungsverfahren ein neues in Form einer Klage wegen Rechtsbeugung vor dem Königsgericht zugelassen.

Die Gerichtsverhandlung beginnt mit einem Gebot des Schweigens und Zuhörens, welches der Gerichtshalter, in der heidnischen Landsgemeinde auf deutschem Boden der Kultbeamte, an die Dingleute erläßt und wodurch er das Ding »befriedet« oder »bannt« oder im w. S. »hegt«. In älterer Zeit scheinen alle Dingleute bewaffnet im Kreise (»Ring«) zu sitzen. War zur Urteilfindung ein Ausschuß berufen, so saß nur dieser nebst dem Gerichtshalter, und zwar innerhalb eines kreisförmigen oder viereckigen und insgemein eingehegten Raumes (mhd. *rinc*), die Urteilfinder auf Steinen oder Bänken (bayr. *schrannen*, nl. *dingbancken*, *vierschare*), der Gerichtshalter nach deut. RR. auf einer besonderen Bank mit gekreuzten Beinen, das Antlitz nach Osten gekehrt, den »gewaltigen« Stab, d. h. den weißen Stab des Gewaltboten, (doch im Hochgericht wohl auch statt dessen das Schwert) in der Hand, den Richterhut auf dem Haupt. Auch die Urteilfinder tragen im MA. besonderes Gewand. Am Ende des

Verhandelns oder der Dingzeit erfolgte meist eine förmliche Auflösung des Dings (an. *þinglausn*), in Deutschland z. B. unter Umstürzen der Schrannen. Während der Dingzeit kündete ein Schild, aufgehängt an Speer oder Baum, oder ein Schwert, eine Fahne, aufgesteckt, den Dingfrieden (S. 235) an. Überdies aber stand im Heidentum das Ding, wenigstens die Landsgemeinde, unter göttlichem Schutz. »Weihebande« (an. *vébǫnd*), an Haselstangen umhergezogen, »hegten« den Platz der Urteilfinder ein: das Ding wurde »gespannt«. Auch die Dinghegung scheint ein sakrales Element enthalten zu haben. Daß mit Vorliebe der Dienstag oder Donnerstag zum Gerichtstag gewählt wurde [1]), deutet nach derselben Richtung [2]).

§ 84.

Die im vorstehenden geschilderte Verfassung des altgerman. Staatsgerichts hat sich nur in wenigen Ländern rein bis ins MA. erhalten. In ihr Gegenteil verkehrt erscheint sie da, wo Befehlsgewalt und Urteil verbunden, das Schöpfen des rechtskräftigen Urteils dem Gerichtshalter (nunmehr got. *staua* m.) ausschließlich übertragen wurde. Dies ist nicht nur während oder alsbald nach der Völkerwanderung bei denjenigen Südgermanen (Goten, Burgunden, Langobarden) geschehen, welche unmittelbar dem römischen Einflusse ausgesetzt waren, sondern in der zweiten Hälfte des MA. auch bei skandinavischen Völkern, insbesondere in Schweden (die Städte ausgenommen). Dogmatisch und teilweise auch genetisch ein Mittelglied zwischen den beiden gegensätzlichen Systemen der Gerichtsverfassung bildet dasjenige, welches zum Urteilen eine Mehrzahl von Schöffen einsetzt. Mit dem Gerichtshalter gemein hat dann der Schöffe, daß er — wiewohl ungelehrt — Beamter ist, gleichviel ob auf Lebenszeit oder bloß für die Dauer der Gerichtssitzung angestellt, gleichviel ferner ob durch Ernennung oder durch Erbgang zu seinem Amt berufen. Er findet daher das Urteil nicht mehr auf Grund seiner Genossenpflicht gegenüber der Partei und folglich nicht mehr auf deren unmittelbar an ihn gerichteteAufforderung, sondern auf Grund seiner Amtspflicht und folglich auf Befehl des Gerichtshalters.

[1]) Über den Donnerstag vgl. H. Petersen *Nordb. Gudedyrkelse* S. 67 bis 69.

[2]) Daß aber weder der Mars Thingsus noch die Alaisiagae Gerichtsgottheiten waren, zeigt Siebs in Zschr. f. deut. Philol. XXIV S. 433—456.

Von diesem aber unterscheidet er sich dadurch, daß er lediglich an der Urteilsfindung beteiligt, während der Gerichtshalter regelmäßig davon ausgeschlossen ist, sie vielmehr von den Schöffen zu erfragen hat. Der Gerichtshalter kommt ins Gericht, »nicht um das Recht zu bringen, sondern um es bei den Schöffen zu finden«, und das gefundene allenfalls förmlich kund zu machen (»auszugeben«). Das Prototyp einer Schöffenverfassung gewährt das fränkische Bezirksgericht seit der Zeit zwischen 769 und 803. Der Schöffe (afränk. **scapin*, darnach and. *scepeno*, fries. *sceppena*, ahd. *sceffino*, — ferner ahd. *scephjo*, *sceffo*, alles zu *skapan* [oben S. 251]) ist der Nachfolger des sitzenden Raginburgen, aber nicht wie dieser bloß für die Gerichtsdauer, sondern für Lebenszeit vom Gerichtsherrn unter Zustimmung der Dingleute ernannt und vereidigt. Das Urteil hat er, soweit das Gesetz geschrieben, dem geschriebenen Text gemäß zu finden. Sieben Schöffen müssen im Gericht sitzen; außer ihnen ist ein Umstand der Dingpflichtigen nur noch in dem vom Grafen abzuhaltenden echten Ding notwendig, und auch hier fällt die förmliche Vollbort des Umstandes weg, so daß an dessen ehemalige Bedeutung nur noch die Urteilsschelte erinnert. Den Übergang hiezu hatte ein Gesetz Karls d. Gr. vermittelt, wonach zum gebotenen Ding nur Notable aus den Dignpflichtigen zu beschicken waren. Die Verschiedenheit in der Zusammensetzung des echten und des gebotenen Dings führte zu einer Verschiedenheit in der Kompetenz dieser Gerichte. Über Leben, Freiheit und Eigentum sollte fürderhin nur noch im echten Ding erkannt werden. Damit war dieses zum Hoch- (oder »freislichen«), das gebotene zum Niedergericht gemacht. Die karoling. Schöffenverfassung ist nur in einigen Teilen Deutschlands durchgeführt worden (von Anfang an nicht in Friesland, auch nicht im sächsischen Gogericht), in noch wenigeren übers 12. Jahrh. hinaus erhalten geblieben. Auch wo sie aber sich forterhielt, sind erhebliche Modifikationen an ihr eingetreten. Die wichtigsten derselben bestanden darin, daß der »Umstand« als solcher nicht mehr im echten Ding beim Zustandekommen des Urteils mitwirkte, das Schöffenamt erblich oder durch Kooptation oder (wie in den Freigerichten) durch Aufnahme in einen Bund (mnd. *veme*) von Wissenden besetzt, die Kompetenz des gebotenen Dings der des echten angenähert wurde. Unabhängig vom karolingischen Schöffenwesen sind im Grundgedanken verwandte Einrichtungen während des MA. in verschiedenen Rechtsgebieten innerhalb und außerhalb Deutschlands ins Leben getreten. Dahin gehören z. B. die in Bayern und in Österreich nach dem Untergang des karolingischen Schöffenamtes in den Landgerichten (c. 1200), aber auch die in Dänemark vom Richter aus den erschienenen Dingleuten ernannten Beisitzer, und insbesondere die sämtlichen Gerichte (*dómar*) im Verfassungssystem des isländ. Freistaates, deren Urteiler in beschränkter Zahl von den Goden (oben § 52), und zwar für die Dinggerichte aus den Dingleuten, ernannt wurden, während die Goden selbst sich lediglich mit der Justizverwaltung zu befassen hatten.

Mit diesen Veränderungen im Wesen des german. Gerichts ging eine Veränderung der Urteilschelte und der Urteilspaltung (isländ. *véfang* = Mislingen) Hand in Hand. Im Gegensatz zum Volksurteil ist das Beamtenurteil verbesserlich, weil es kein unmittelbarer Ausdruck des Rechts ist. Nunmehr konnte der urteilende Richter bei dem ihn beaufsichtigenden Vorgesetzten bis hinauf zum Herrscher wegen Rechtsbeugung verklagt (langob., ags., schwed., norweg. R.), es konnte ferner der Streit ums bessere Urteil von Schöffen zur Entscheidung durch vorzüglichere Urteiler des nämlichen Rechtsgebietes gebracht werden, sei es als Streit zwischen dem Schelter und dem Urteilfinder (älteres deut. R. und isländ. R.), sei es als Streit zwischen dem Schelter und seinem Prozeßgegner (jüngeres deut. R.), sei es ferner in Form von Holen des Rechts (»zu Haupt Gehen«) im »Oberhof« und Wiedereinbringen des geholten im Untergericht (Deutschland, vgl. oben S. 47), oder sei es unter Erledigung des Prozesses im Obergericht (Island). So verschieden aber auch das Verfahren sein mochte, insgemein erinnerte ein Strafgeld des unterliegenden Schelters bzw. Urteilers an die ehemalige Entscheidung des Streites durch Kampf. Mußte das Strafgeld beim Beginn des Verfahrens deponiert werden, so wurde es zum »Wetteinsatz«. — Mit dem Urteilfinden als einer Amtstätigkeit unverträglich scheinen konnte es, wenn ein Nichtbeamter das Urteil schalt. Wo dieser Gesichtspunkt maßgab (Ssp.), mußte dem Schelter erst auf seine Bitten die Bank geräumt und er so der Form nach zum amtlichen Urteiler gemacht werden, ehe er sein Gegenurteil finden konnte.

Ein völlig neues Prinzip dagegen liegt der im MA. aufkommenden k o l l e g i a l e n Organisation des Gerichts schon insofern zugrunde als sie den Gerichtshalter an der Urteilfindung, die keiner Vollbort bedarf, teilnehmen, dann aber auch insofern, als sie zuweilen beim Zustandekommen des Urteils die Mehrheit der Gerichtsmitglieder entscheiden läßt. Durchgeführt wurde diese Verfassung zuerst in den Städten, wo der Rat Gerichtsbarkeit erlangte, ferner seit dem 13. Jahrh. teilweise in den friesischen »Ländern« und Landdistrikten, wo nach dem Vorbild der städtischen Räte *rêdgevan* (*consules*) oder *êhera* (»Rechtsherrn«) oder *riuchtera* (oben 166) oder *jurati* nach jahrweisem »Umgang« unter den hiezu allein Befähigten und unter Leitung eines von ihnen (*kêthere*, *edictor*, *enunciator*, *orator*, — *grêtman*, — *placitator*) das Gericht bildeten. Im SpätMA. kehrten auch in Landfriedensgerichten, wie sie durch die Landfriedensbündnisse in Deutschland eingesetzt wurden, die Teilnahme des Obmannes an der Urteilfällung und der Grundsatz der Mehrheitsentscheidung wieder. Systematisch genommen Zwischenstufen zwischen dem altgerman. Gericht und dem mittelalterlichen Kollegialgericht ergaben sich, wenn zwar Justizverwaltung und Urteilfindung verschiedenen Organen zugewiesen blieben, jedoch die Urteilschelte ausgeschlossen wurde. Mehrheitsentscheidung und bei Stimmengleichheit künstliche Auskunftsmittel wie z. B. das Los, wie im isländischen obersten Gericht schon 1004 ließen sich dann nicht umgehen.

§ 85.

Während das ordentliche Staatsgericht stets nach dem Recht, und insofern nach der »Wahrheit«, niemals »nach Wahn« zu urteilen hatte, kommt im Zusammenhang mit der Entwicklung der Königsgewalt ein Gericht auf, welches ebensosehr nach subjektivem Ermessen (»Billigkeit«) entschieden durfte und sollte, wie nach dem Recht. Das ist das »K ö n i g s g e r i c h t«, wie es sich schon zwischen Völkerwanderung und Frühmittelalter in den südgermanischen Großstaaten zeigt. Nicht bloß um die von seinen Beamten gesprochenen Urteile auf deren Rechtmäßigkeit zu prüfen, sondern mit der Befugnis, den Rechtsstreit unter bewußter Abweichung vom bestehenden Volks- oder Landrecht zu schlichten, sitzt der Herrscher (König, Unterkönig) zu Gericht, mithin auch keineswegs bloß, um einen Streit zwischen Urteilfindern des Untergerichts, sondern auch, um den Streit zwischen den Prozeßgegnern des Untergerichts zu entscheiden, sei es, daß schon dort ein Urteil gefällt war, sei es, daß das Urteil des Untergerichts umgangen wurde. Daher ist juristisch genommen im Königsgericht wie der Gerichtshalter so auch der Urteiler der Herrscher allein, auch wenn er, was in seinem Belieben steht und allerdings die Regel bildet, Beisitzer zu seiner Beratung ernennt. Insoweit bedarf das Königsgericht auch keiner Ding-Versammlung. Jene Funktionen kann der König auch dann ausüben, wenn er selbst Partei ist. Überhaupt aber ist er von der landrechtlichen Dingordnung entbunden, da über diese, wie über seine Urteilsnorm der Herrscher kraft seiner Dispensationsgewalt bestimmt. Der Gerichtsort ist, wenn der König persönlich richtet, sein Hof, daher das Gericht sein »Hof- oder Pfalzgericht« und mit des Königs Hof auf der Wanderschaft. Der König konnte aber an seiner Statt auch einen Bevollmächtigten (missus) richten lassen. Das fränk. (karolingische) Königsgericht erhielt in seinem Urkundsbeamten, dem »Pfalzgrafen« (*comes palatii*, vgl. S. 164), einen ständigen Vertreter des Königs. Während das Pfalzgrafenamt in Deutschland um die Wende des 9. und 10. Jahrh. verschwindet, dauert es in Italien fort, wo als sein Ausläufer das Amt des mit einer Reihe von missatischen Gewalten ausgestatteten Hofpfalzgrafen (*comes palatinus*) erscheint, welches im SpätMA. in Deutschland rezipiert worden ist. — Das Königsgericht war außerordentliches Gericht, sei es als Spezialgericht in bestimmten Rechtssachen, sei es als obere Instanz für bestimmte Personen, die solchergestalt (im Frankenreich mit der *reclamatio ad regis definitivam sententiam*) privilegiert waren. Am vollkommensten ausgebildet war das fränkische Königsgericht. Das langobardische hat nicht die gleiche Machthöhe erstiegen, da hier der König aufs Interpretieren und Ergänzen des geschriebenen Rechts beschränkt blieb. Dagegen nähert sich mehr dem fränk. Königsgericht das aus ganz selbständigen Wurzeln seit dem 13. Jahrh. in Dänemark und in Schweden erwachsende, zwar regelmäßig nicht in Gestalt der von ihm abgezweigten Gerichte (*ræfsta þing, rættara þing*), wohl aber in dem vom König persönlich oder durch seine Spezialbevollmächtigten abgehaltenen Gericht, weil es des Königs Aufgabe ist, nicht nur wie der Gesetzsprecher das Recht zu weisen, sondern auch »alle überstrengen Urteile zu brechen«. Anderseits konnte sich in Deutschland bei der zunehmenden Feodalisierung des Staats das Königsgericht nicht auf der im FrühMA. erreichten Höhe eines Billigkeitsgerichts erhalten. Das Finden der Urteile durch ernannte Beisitzer wurde seiner Verfassung wesentlich. Nur ist es nicht zu ständigen Pfalzschöffen gekommen, da dem Gericht nach wie vor die feste Stätte mangelte. Seit 1235 erscheint es in zwei Formen: als Fürstengericht unter persönlichem Vorsitz des Königs oder seines Stellvertreters und als allgemeines, doch in seiner Zuständigkeit vielfach durch privilegia de non evocando und de non appellando beschränktes »Reichshofgericht« unter dem Vorsitz eines vom König ernannten »Hofrichters«, ausnahmsweise (in Reichsachtsachen) des Königs selbst. Seit 1442 neben dem »Reichshofgericht« und bald nachher statt desselben richtet der König persönlich oder durch seine Räte im »Kammergericht«, bis die Reformgesetzgebung von 1495 den König aus dem Kammergerichte verwies und dieses zu einem wesentlich ständischen Organe machte. — Nachdem in Deutschland das Königsgericht aufgehört hatte, Billigkeitsgericht zu sein, legten sich mit Erfolg diejenigen Grafschaftsgerichte, worin die königliche Bannleihe fortdauerte, nämlich die »kaiserlichen Landgerichte« und die sog. »westfälischen« oder »Frei«- (auch »Fem-) Gerichte« eine Gerichtsbarkeit bei, welche mit der des Reichsgerichts konkurrierte, und zwar die letzteren sogar über Reichsfürsten, obgleich ihre Urteiler (»Freischöffen«) allen Ständen von freier Art entnommen waren. In jenen verschwand, obgleich sie im Gegensatz zum Königsgericht gesetzliche Zeiten und Orte hatten, der Umstand, während die Femgerichte beim Verfahren gegen Wissende und beim Verkünden der Friedlosigkeit den Zutritt von Nichtwissenden und damit die Öffentlichkeit ausschlossen (daher *judicia secreta occulta*, »Stillgerichte« und das Verfahren die »heimliche« oder »beschlossene Acht«, d. h. heimliche Beratung).

§ 86.

Vom Staatsgericht unterscheidet sich durch seine Herkunft und durch seine Verfassung das Privatgericht. Seine älteste und meist verbreitete Form ist das Schiedsgericht. Zwar wird, da die Tätigkeit der Schiedsleute (mhd. *scheideliute*, mnd. *korlüde*, an. *sáttarmenn*, *gerðarmenn*) ihre Kraft dem Vertrag der Parteien verdankt, das Schiedsgericht oftmals dem Staatsgericht als dem Gericht, das Schiedsverfahren als ein Verfahren *mit minnen* dem *mit rechte* entgegengesetzt. Aber dem Schiedsspruch kommt, da sich die Parteien vertragsweise ihm unterworfen haben, nach älterem Recht stets und im MA. noch fast allgemein die Kraft eines staatsgerichtlichen Urteils zu, wie er auch den nämlichen Inhalt haben, z. B. auf Acht erkennen kann, daher auch das Schiedsgericht selbst im Norden ein *sáttardómr* oder *jafnaðardómr* und in Deutschland ein *teidinc* (mnd. *degeding*) heißt. Während nun aber das gewöhnliche Schiedsgericht seinem Ermessen nach urteilte, entschieden besondere Abarten des Schiedsgerichts nach strengem Recht. Solche waren in Deutschland während des MA. und noch später die Austräge, die als Instanzen unter dem Reichsgericht entschieden, ferner die Landfriedensgerichte (oben 260), soweit sie von den Kontrahenten der Friedensbündnisse dazu berufen waren, unter ihnen selbst Recht zu sprechen. Aber auch der *skiladómr* des ältern westnord. R. ist nichts anderes als ein gesetzlich geordnetes und nach strengem Recht urteilendes Schiedsgericht. Aus 12, seltener 6 oder 24 prinzipiell von den Parteien hälftig zu ernennenden Urteilern bestehend, entscheidet er als ordentliches Gericht regelmäßig in illiquiden Zivilsachen, und zwar in frühester Zeit gewöhnlich als »Türengericht« — *duradómr* — d. h. vor der Haustür des Beklagten, ausnahmsweise des Klägers, in Grundstücksachen auf dem streitigen Boden oder doch in dessen Nähe, nach jüngerm Recht auf der ordentlichen Dingstätte. In den Quellen des ostnord. R. finden sich nur sehr unsichere direkte Spuren eines *skiladómr* (nach Secher in Er. Sl. III 26; — vielleicht auch aus dem anglodän. R. LL. Henr. I[1] c. 31 § 8, Æðelr. III 13, Duns. 3?). Wiederum aber knüpften ans vertragsmäßige Schiedsgericht an die Gerichte der meisten autonomen Genossenschaften wie z. B. der Markgenossenschaften, der Gilden (187) der Zünfte, der Schifferschaften, Gewerkschaften, Ritter- und Söldnergesellschaften. In ihrer reinen Gestalt, ob nun als echte oder gebotene Dinge aller vollberechtigten Genossen oder als Ausschuß (Rat, Schöffenkolleg) derselben, urteilen sie unter dem Vorsitz des Vorstehers der Genossenschaft nur in Angelegenheiten der letzteren und der Genossen unter sich und verfügen, um sich die Genossen zu unterwerfen, über kein anderes Zwangsmittel, als die Ausstoßung aus dem Verbande. Öfter jedoch haben Privilegien den Mitgliedern, wie z. B. den Münzerhausgenossen in deut. Städten, einen ausschließlichen Gerichtsstand vor ihrem Genossengericht auch gegenüber Ungenossen verliehen. — Der bisherigen Gruppe von Privatgerichten gegenüber steht eine andere, bei welcher die Rechtspflege sich wesentlich aus einer privaten Herrengewalt ableitet (§ 60). Diese selbst kann freilich durch Vertrag zwischen den Parteien und Urteilern einerseits und dem Gerichtsherrn anderseits begründet sein. Das ist bei den deutschen Lehengerichten der Fall, gebotenen Gerichten am Hof des Lehenherrn, worin dieser selbst oder sein Vertreter in Lehenssachen zwischen ihm und seinem Mann oder zwischen seinen Mannen Urteil durch

Vassallen nach Lehenrecht finden läßt. Seitenstücke dazu, doch mit teilweise größerer Kompetenz, stellen sich dar im norwegischen und im dänischen Gefolgending (an. *hirðstefna*, adän. *huskarla stefna*). Dagegen ist jede, auch nur mittelbare, Zurückführung auf einen Vertrag ausgeschlossen beim deutschen Hofgericht des Herrn über seine Eigenleute. Je nach dem Stande der Gerichtspflichtigen erscheint es als *bûdinc* (*bûteidinc*) d. h. als Gericht über unfreie Bauern und als Ministerialengericht. Von Haus aus gebotenes Gericht ist seine Zuständigkeit und Verfassung durch den Herrn bestimmt. Doch hat sich die Verfassung nach Analogie der Gerichte nach Landrecht bzw. Lehenrecht entwickelt. Ein Privatgericht ist (und heißt) in seiner reinen Gestalt auch das Immunitäts- und das grundherrliche Gericht (§§ 49, 51), da dem Gerichtsherrn kein staatliches Gericht »übertragen« ist, er vielmehr das staatliche Gericht aus eigener Machtvollkommenheit durch sein Gericht ersetzt, nachdem die Freiung den Spielraum hiezu geschaffen hat. Auch die Organisation dieser Gerichte pflegte sich im wesentlichen an die der hergebrachten ordentlichen öffentlichen Gerichte anzuschließen.

§ 87.

Der altgermanische Rechtsgang (Prozeß) beruhte auf folgenden Prinzipien. Der Prozeß ist ein Kampf (ahd. *strît*, mhd. *krieg* [*rehtens*]), worin ein Gegner den andern zu überwinden hat. Darum ist er, auch soweit er nur in Worten geführt wird, eine Verhandlung der Parteien nicht mit dem Richter, sondern untereinander; sie haben über die einzelnen Prozeßschritte zu verfügen (sog. Verhandlungsprinzip). Daher ist jeder Prozeßschritt, soweit sich über ihn die Parteien nicht gütlich einigen, durch das Recht genau bestimmt (sog. Legalprinzip). Folglich braucht der Prozeß keineswegs ganz und gar ein Verfahren vor Gericht zu sein. Zu einem solchen kommt es überhaupt nur, wofern die Parteien eines Urteils bedürfen. Des Klägers Tätigkeit ist Angriff (Haupttterminus: got. as. *sakan*, ahd. *sachan*, — as. *sôkian*, an. *sœkja*) die des Beklagten Abwehr (got. *varjan*? an. *verja*, ahd. *werjan*), daher der Prozeß selbst eine Verfolgung (wn. *sǫk*, on. *sak*, ahd. *sacha*) und jede Partei, als zu ihr in Beziehung stehend, Widersacher (ahd. *widarsacho*, as. *withtirsaka*, — as. ags. *andsaca*, — ags. *gesaca*, afränk. *gasakjo*, — mhd. *sachwalte*). Die

Verfolgung beginnt in der Regel mit einem Ansprechen (ahd. *mahalôn*, afränk. **atmallon*, — ags. *onsprecan*, fries. *onspreka*, nfr. *aenspreken*, — ahd. *eiscôn*, mhd. *aischen*, mnd. *eschen*, — mhd. mnd. *vordern*, — an. *krefja* bzw. *kveðja* vgl. S. 218) des Beklagten durch den Kläger regelmäßig am Wohnplatz des ersteren. Da der Rechtsgenosse dem Rechtsgenossen zu allem Rechten helfen muß, selbst dann, wenn er sich mit ihm in Streit befindet, so hat der Angeforderte nur die Wahl entweder den Anspruch des Klägers zu bejahen (fries. *ia*, *iechta*) und dessen Erfüllung mindestens (unter Kaution) zu versprechen oder zu verneinen und sich damit auf den Prozeß einzulassen (fries. *biseka*, nsächs. *besaken*), folglich sich zu verantworten (skand. *svara*). Aus der Genossenpflicht entspringt auch im weitern Verlauf des Prozesses für jede Partei die Pflicht, sich auf jeden rechtmäßigen Schritt einzulassen, den ihr der Gegner anbietet oder wozu er sie auffordert, so daß sich das Verfahren vertragsgemäß abspielt. Daher schließt sich an die Ansprache, wenn der Beklagte sich verneinend einläßt, zunächst ein Vertrag beider Parteien entweder über ein zu erbringendes Beweismittel, etwa den vom Angegriffenen zu schwörenden Unschuldseid, oder über Fortführung der Sache vor Gericht, wohin der Kläger den Antworter »mahnen« (ags. afränk. **manjan*, ahd. *manôn*) oder »berufen« (an. *stefna*) mag. Wo die Sache vor einen skiladómr (oben S. 263) zu bringen ist, verspricht der Beklagte Mitwirkung beim Besetzen des Gerichts (an. *dómfesta*). Der Ansprache um Gut gegenüber konnte der Beklagte durch Gewährenzug (oben S. 210f.) einen andern Antworter stellen. Stehen die Parteien vor (genauer im) Gericht, so bewegt sich die Verhandlung zunächst in Rede und Gegenrede unmittelbar zwischen ihnen. Erst wenn sie an einen Punkt gelangt, wo eine Rechtsfrage zweifelhaft oder unter den Parteien streitig ist, wenden sie sich an die Urteilfinder mit dem Begehren, daß die Streitfrage durch ein Urteil entschieden werde. Da sich eine solche über jeden einzelnen Prozeßschritt ebensowohl wie über den Klaganspruch ergeben kann, so kommt es möglicherweise zu einer Reihe von Urteilen, bevor das Gerichtsverfahren seinen Abschluß findet. Da ferner durch diese Urteile der einen oder anderen Partei eine Auflage gemacht werden kann (z. B. zum Erbringen eines Beweismittels), die nur außergerichtlich zu erfüllen ist, so wird möglicherweise das gerichtliche Verfahren durch ein außergerichtliches mehrmals unterbrochen. Möglicherweise beendigt aber schon das erste Urteil, wenn es einer Partei den entscheidenden Beweisschritt zuspricht, das gerichtliche Verfahren. Wo freilich die Klage auf Ächtung oder auf Todesstrafe geht, muß ein Endurteil entweder gegen den Beklagten die Ahndung erkennen oder ihn freisprechen. Wird durch ein Urteil der einen Partei eine Auflage gemacht, so hat jene dem Gegner auf dessen Verlangen die Erfüllung der Auflage unter Terminsetzung und Kaution zu versprechen, gleichviel ob in der Erfüllung Befriedigung des Klageanspruchs liegt oder ob sie lediglich in einer prozessualen Handlung besteht. Denn auch im letztern Fall ist sie eine Leistung nicht ans Gericht, sondern an den Gegner, der eben deswegen sie auch erlassen kann. Würde der Beklagte weder den Klageanspruch erfüllen noch sich auf den Prozeß einlassen, oder würde er sich in irgendeinem Abschnitt des Prozesses weigern, an dessen Weiterführung mitzuwirken (z. B. durch Ausbleiben in einer Tagfahrt, rechtswidriges Unterlassen der Antwort), so würde er sich des Verbrechens der Rechtsverweigerung (wn. *lǫgleysa*, on. *rætlösa*) schuldig machen, sei es sofort, sei es durch fortgesetzten Ungehorsam, und da das Recht nicht genießen soll, wer es andern nicht gönnt, der Acht verfallen. Hingegen gewaltsam den Beklagten vor Gericht zu schleppen, ist der Kläger nur befugt, wenn er ihn auf handhafter Missetat verfolgt. In diesem Falle aber darf ihn der Kläger auch erschlagen. Dann jedoch hat er, wenn er die Totschlagsklage nicht abwarten will, mit dem Leichnam vor Gericht die Klage wegen des Friedensbruchs gegen den Toten nachzuholen (mnd. *op den doden klagen, den doden bereden*, an. *gefa dauðum sǫk*), um durch Urteil feststellen zu lassen, daß er einen friedlosen Menschen mit Recht getötet habe, was voraussetzt, daß er den Totschlag öffentlich begangen oder sofort gehörig kundgemacht hat. Nicht nur gemein-, sondern indogermanisch ist das Institut der Spurfolge (ags. *trod bedrîfan*, frankolat. *vestigium minare*) und Haussuchung (on. *ransak*, wn. *rannsókn*, ahd. *hûssuocha*, *salisuochan*) nach gestohlenem Gut, mit der Wirkung, daß als handhafter Dieb derjenige gilt, in dessen Gewahrsam die Sache gefunden wird, und der den Besitz geleugnet hat.

Alle Geschäfte, aus denen sich der Prozeß zusammensetzt, waren an strenge Formen gebunden (vgl. oben S. 221). Denn nur an äußeren Merkmalen konnte ihre Rechtmäßigkeit erkannt werden (sog. Formalitätsprinzip). Sie mußten von den Parteien persönlich vorgenommen werden, wobei bedingungslos die Grundsätze der Mündlichkeit und Öffentlichkeit zu beobachten waren. Zur

Mündlichkeit gehört nicht etwa bloß, daß überhaupt geredet, sondern auch daß in gesetzlichen Worten geredet werde. Jede Rede hat ihr unveränderliches Formular, welches überdies buchstäblich interpretiert wird. Daher muß auch jeder Angriff Wort für Wort erwidert werden. Die Öffentlichkeit wird durch Zuziehen von Solemnitätszeugen erzielt, was wiederum nur in gesetzlichen Formen geschehen kann. Jedes Geschäft hat seine gesetzliche Zeit, zu der oder binnen welcher es vorgenommen werden muß. Und wie die Zeit ist auch der Ort gesetzlich. In bestimmten Fällen verlangt der Formalismus noch den Gebrauch von Symbolen und andern Feierlichkeiten, so namentlich nach deutschen RR., wenn der Beklagte auf handhafter Tat verfolgt wird, das »Gerüfte« (mnd. *gerüchte*, fries. *skrichte*) des Klägers, das Vorbringen des Erschlagenen oder doch seines »Leibzeichens« bei der Totschlagsklage, das Anpacken des Beklagten an dessen Rockkragen beim kämpflichen Gruß, beim Fordern gestohlener oder geraubter Fahrnis das Anfassen derselben (oben S. 210), dann beim Gewährenzug (a. a. O.) ihr körperliches oder symbolisches Zuführen an den Gewähren und allgemein das Aufbinden des gestohlenen Gutes auf dem Rücken des handhaften Diebes bei dessen Knebelung. Da jeder Prozeßschritt, weil vertragsmäßig, unwiderruflich und unabänderlich geschieht, bringt der geringste Verstoß gegen die Form der schuldigen Partei Nachteil, sei es, daß sie bei unbedacht gesprochenem Wort genommen wird, sei es, daß ihr der fehlerhafte Prozeßschritt verloren geht. Außerdem kann sie auch noch in eine Buße verfallen. Hierin liegt die »Gefahr« (mhd. mnd. *våre*) des Prozeßformalismus. Er birgt aber auch noch die andere Gefahr, daß er den Kniffen des Gewissenlosen zum Sieg verhilft. Demgegenüber gab es kein anderes Auskunftsmittel als Substitution des Zweikampfs mit tötlichen Waffen für den Zweikampf mit Worten (§ 90).

§ 88.

Im weiteren Verlauf der german. Prozeßgeschichte sind an den vorstehenden Grundsätzen erhebliche Veränderungen eingetreten. Wo sich ein Königsgericht als Billigkeitshof entwickelte, mußten sie sogar — wenigstens zum Teil — durch die gegenteiligen Prinzipien ersetzt werden. Hier mußte die Prozeßleitung aus der Hand der Parteien in die des Richters übergehen, folglich der Rechtsgang wesentlich Gerichtsverfahren, die Parteihandlung eine Tätigkeit gegenüber dem Richter werden. Je entschiedener die Aufgabe des Billigkeitsrichters betont wurde, desto weniger konnte er an der Strenge des Formalismus festhalten. So entspricht dem neuen, außerordentlichen Gericht ein neuer außerordentlicher Rechtsgang. Teils seine Analogie, teils aber und noch mehr der Machtzuwachs' der Herrscher- und Beamtengewalt zieht auch in den ordentlichen Prozeß die Tätigkeit des Richters hinein. An die Stelle des Mahnens durch den Kläger tritt in den südgerm. RR. schon sehr frühzeitig das »Bannen« (ahd. *bannan*, afränk. **bannjan*) d. h. Vorgebieten durch den Richter oder dessen »Bieter« (ags. *bydel*, ahd. *butil*) oder »Banner« (fries. *bonnere*) oder »Sprecher« (got. *sajo*) oder »Boten (mhd. *vronbote*) oder »Läufer« (ahd. mhd. *weibel*), der ursprünglich im Privatdienst des Richters, später als dessen Gehilfe öffentlich angestellt ist. Vor Gericht hört nach denselben RR. der unmittelbare Verkehr der Parteien unter sich ebenso wie mit den Urteilern auf (vgl. S. 257). Wiederum ist es der Richter, dem die Vermittelung durch seinen Bann zufällt, wie ja nun auch ihm »geklagt« wird. Sogar ein Fragerecht gegenüber den Parteien wird ihm mitunter eingeräumt. In gewissen Strafsachen haben schon bald nach der Völkerwanderung südgermanische Gesetze auch ein richterliches Verfahren von Amts wegen ausgebildet. Unter den verschiedenen Formen desselben ist der karolingische Rügeprozeß hervorzuheben. Während die nordgerm. RR. bis tief ins SpätMA. die ursprüngliche Stellung der Parteien ungeändert ließen, rief überall das Verkehrsbedürfnis Milderungen der Formenstrenge hervor. Freilich blieben dieselben, wenn wir von den romanisierten Rechten absehen, nur Ausnahmen. Die belangreichsten sind: Zulässigkeit des Ladens mittels öffentlichen Verrufs, Zulässigkeit eines Stellvertreters (in Deutschland *vormund*) für die Partei, einer Verbeistandung derselben durch »Vorsprecher« (vgl. S. 222), »Warner« und »Rauner«, des Ausbedingens von »Gesprächen« (Beratungen) vor und von »Erholung« und »Wandel« nach gesprochenem Wort. Südgermanische RR. gestatteten auch Schriftform für gewisse prozessuale Geschäfte, insbesondere für richterliche Befehle, Ladungen. Eine prinzipielle Milderung erlitt im MA. das Kontumazialverfahren auf Grund des neuen Gedankens, daß Ungehorsam (mnd. *overhore*) des Beklagten nicht sowohl Verbrechen gegen den Kläger als Geständnis oder doch Verzicht auf die Verteidigung sei. Sachfälligkeit des Beklagten war von nun an die Folge seines Ungehorsams, nach einigen RR.

unmittelbar, nach anderen, wenn der Kläger die ihm gegen den Gehorsamen obliegenden Prozeßschritte vollzog. Eine abermalige Milderung begab sich, indem die ferneren Wirkungen der wegen Ungehorsams eintretenden Sachfälligkeit gemeiniglich erst bei fortgesetztem Ungehorsam endgiltig wurden. Die zunehmende Feodalisierung der Gerichtsverfassung in Deutschland brachte eine so tiefgehende Unsicherheit der Rechtspflege mit sich, daß dem Kläger gestattet werden mußte, bei Unmöglichkeit des Rechtsganges den Beklagten nach gehöriger *widersage* (*diffidatio*) mit Privatkrieg zu überziehen. Das ist das »Fehde«- oder »Faustrecht«, welches im SpätMA. auch in Dänemark zugunsten des Adels eindringt. Ohne genetischen Zusammenhang mit älteren Rechtsinstituten und insbesondere ohne jede Beziehung zum sogen. Racherecht (oben S. 238) läßt es doch den Grundgedanken des altgerman. Zweikampfes (§ 90), freilich in der rohesten Weise, wieder aufleben.

§ 89.

Das Beweisverfahren des ordentlichen Prozesses war ursprünglich darauf angelegt, nicht sowohl die Wahrheit oder Unwahrheit eines Tatbestandes ans Licht zu bringen, als denselben außer Streit zu stellen, nicht sowohl auf das Erkennen als auf den Willen einzuwirken. Bewiesen wird dem Gegner, nicht einem Unparteiischen. Der Empfänger des Beweises soll genötigt werden, das Beweisthema gelten zu lassen. Der Beweisführer soll entweder ihn »überwinden« oder sich ihm »entreden«. Denn das Beweisverfahren mußte die Natur des Parteikampfes teilen, dessen Stück es war. Gemäß diesem Prinzip konnten die ältesten Beweismittel nur einseitige Parteihandlungen, nur vom Gesetz nach Inhalt, Form und Verwendungsweise bestimmt, und niemals durch Gegenbeweis widerlegbar sein. Da jedes Beweismittel ein Kampfmittel, so kommt die Partei zu seinem Gebrauch nur, wenn sie sich dazu erbietet. Ihr bleibt es überlassen, ihr Recht darauf geltend zu machen. Nur zwei Beweismittel kannte der altgermanische Prozeß: Eid und Zeugenaussage.

Der Eid (got. *aiþs*, wn. *eiðr*, asw. adän. *eþer*, ags. *áð*, ahd. *eid*) [1])

[1]) Die Grundbedeutung von urgerm. **aiþaz* ist nicht mit Sicherheit ermittelt. Nach einer neueren Hypothese wäre das Wort = Gang (O. Schrader *Schwiegermutter u. Hagestolz* 40, Meringer in Indogerm. Forschgg. XVIII 290, 205), Dazu vgl. den skand. Ausdruck *ganga eið* = einen Eid gehen.

dient als Gewährleistung für die Verlässigkeit des eigenen Wortes durch Einsatz eines Gutes für dessen Wahrheit. Diese Gewährleistung geschieht durch formelhaftes, ursprünglich zauberisches Reden, das »Schwören« (got. *svaran*, skand. *sverja*, ahd. ags. as. *swerjan*, afries. *swera* eigentl. = singen, in-cantare). Daß dabei ein Gott angerufen (»beschworen«) werde, ist dem heidnischen Eid nicht wesentlich. Es geschieht nur dann, wenn der Verlust des eingesetzten Gutes bei »Meineid« gerade durch die Gottheit bewirkt werden soll. Auch in diesem Falle ist aber dem Heidentum die Vorstellung fremd, daß die Gottheit als Schützerin der Wahrheit den falschen Eid bestrafen werde. Man pflegte ebenso wie eine Gottheit, und öfter noch, Sachen zu »beschwören«, z. B. die eigenen Waffen, das eigene Schiff, das eigene Roß. Dort wie hier soll das Leben des Schwörenden eingesetzt sein, dort die Gottheit, hier die Waffe, das Schiff, das Roß ihm den Tod bringen, wenn der Eid falsch ist. Als Surrogat schwächeren Eides genügte Verpfändung von Leibesgliedern oder der Freiheit oder der Ehre (an. *þegnskaparlagning*) oder von Vermögensstücken. Und hieraus erklärt sich das Schwören beim eigenen Bart oder Haar oder Zahn oder bei der eigenen Hand oder Brust oder bei einem dem Schwörenden angehörigen Menschen oder Haustier. Nach seiner Christianisierung konnte der Eid, wenn noch wie regelmäßig Beschwörung, nur Gott oder einen Heiligen anrufen. Aber nicht überall und allemal war er eine Anrufung. Den gleichen Dienst tat es, zumal nach ags. R., wenn der Schwörer sich als Stellvertreter Gottes gab, in dessen »Namen« oder »Minne« aussagte. Stets suchten Inhalt und Wesen des Eides nach Ausdruck in der Symbolik. In der Heidenzeit wird die Gottheit beschworen, indem der geheiligte, von Opferblut gerötete »Eidring« oder ein Opfertier berührt wird, in der christlichen Zeit unter Handauflage auf den Altar oder dessen Abbreviaturen: Reliquienbehälter (»auf die Heiligen«), Evangelienbuch, Kreuz, unter Niederknieen. Waffen oder auch der eigene Stab wurden im Heidentum beschworen unter Anrühren oder Emporheben derselben, Schiffe unter deren Betretung, Rosse unter Einsetzen des Fußes in den Steigbügel. Oder es mußte der Gegenstand hingehalten oder angefaßt werden, den der Schwörer zu Pfand setzte: die Hand, das Haar, die Brust, das Viehstück. Manche dieser Feierlichkeiten, wonach die Eidesarten oftmals benannt werden, erhält sich noch lange in der christlichen Zeit, indem ihr ursprünglicher Sinn teils vergessen, teils umgedeutet wird.

Nicht gleichgiltig war der Ort, wo geschworen wurde, am wenigsten, wenn der Eid Kulthandlung war. In solchem Falle mußte in älterer Zeit stets auch an der Kultstätte geschworen werden (an. *hofseiðr*). Erst das christliche R. hält nicht mehr überall daran fest. Doch muß nach fränkischem die Kultstätte nunmehr wenigstens durch einen geritzten Kreis vertreten werden [1]). Sonst hängt der Ort des Schwurs auch wohl vom Gegenstand der Eidesform ab. Der Eid wird stets »geleistet« oder, gleichsam als Rechtsweg, (daher on. der Eid selbst *lagh* wie auch im Deut. *reht*) »gegangen«, einem, der ihn »nimmt« bzw. »sieht« und »hört«. Im Prozeß ist dieser nach älterem Recht der Gegner des Schwörers, später wohl auch der Richter oder der Urteilfinder. Der Empfänger nimmt den Eid, indem er ihn zugleich »gibt« oder »stabt«, d. h. »steif vorspricht« (daher die Formel selbst »Eidstab«). Im deut. Prozeß des MA. hört dies Vorsprechen des Schwurempfängers auf, wogegen der Schwörende sich den Eid von einem besondern »Stäber« vorsprechen lassen darf, den er sich vom Richter zu erbitten hat. Der Eid im ordentlichen Prozeß war ursprünglich stets Eid der Partei und stets assertorisch. Die Partei aber schwor entweder allein (»mit alleiniger Hand«, — »Eineid«) oder mit helfenden Männern (»Leite«, ags. *låde*, fries. *låde*, *lêde*). Im einen wie im andern Falle schwört die Partei über das Beweisthema. Der Eidhelfer (langob. *aido*, ags. *ǽwda*, *ǽwdaman*, salfränk. **hamêdja*, worüber K l u g e *Urgermanisch* § 5, ahd. *gieido*, mhd. *geeidc*, — *conjurator*, *consacramentalis*) oder »Gefährte« (ags. *gefera*, fries. *folgere*) oder »Verkünder« (anorweg. *váttr*) dagegen schwört über die Glaubwürdigkeit seiner Partei, des Hauptschwörers, nämlich daß des letzteren Eid »rein und nicht mein« sei, daß »jener recht schwor«, allenfalls auch, daß der Mitschwörer »nichts Wahreres wisse, als was jener beschwor«. Eben hierin besteht das »Schwören h e l f e n« oder die »Eideshilfe« — ags. *áðfultum*, an. *eiðafullting*. Da es sich unmittelbar nur auf die Verlässigkeit des Haupteides bezieht, ist unter den Eigenschaften des Eidhelfers weit weniger seine Kenntnis des zu beweisenden Sachverhalts als sein Verhältnis zum Hauptschwörer von Belang. Jene ist unter Umständen ganz und gar ausgeschlossen, während es darauf ankommt, daß der Eidhelfer sich über die Vertrauenswürdigkeit des Hauptschwörers ein Urteil bilden kann. Darum müssen so oftmals die Eidhelfer der Sippe,

[1]) Vgl. mit dem circulus in Rib. LXVII, 5 G r i m m bei Rössler *RDenkm.* I p. VIII.

der Nachbarschaft, der Gilde oder Genossenschaft des Hauptschwörers entnommen und ihm ebenbürtig sein. Der Eidhelfer sind regelmäßig mehrere, und zwar ist ihre Zahl ebenso wie ihre Notwendigkeit überhaupt bedingt durch die Wichtigkeit, welche das Beweisthema für den Hauptschwörer hat, und durch den Wert, welchen das Recht der Person des letzteren beilegt (vgl. oben S. 128, 129). Hiernach gab es für die einzelnen Sachen und Stände Eidhelfertarife, und zwar pflegte bei deren Abstufung ein bestimmtes Zahlensystem beobachtet zu sein, wobei drei die Grundzahl bildete: der selbdritt geschworene Eid ist an. der »Eid nach Volksrecht« — *lyritareiðr*. Durch seine Vervielfachung entstehen zunächst der Sechst- und der Zwölfteid, der bei den Sachsen als »Volleid« (*plenum sacramentum*) bezeichnet wurde. Auch diese Eide kommen in verschiedenen RR. wieder vervielfacht vor. Vereinzelt stehen andere Zahlen. Ursprünglich scheint, wie der selbdritt geschworene Eid vermuten läßt, die angegebene Zahl den Eid des Hauptschwörers mit befaßt zu haben. Doch findet sich oftmals, daß die höheren Zahlen auf die Helfereide allein bezogen werden. Zur Erschwerung des Eides diente es, wenn die Eidhelfer sämtlich oder teilweise nicht vom Hauptschwörer »genommen«, sondern ihm vom Gegner oder vom Richter »ernannt« oder ausgelost wurden. Das Zeremoniell der Eideshilfe, so lang es sich rein erhielt, brachte deren rechtliche Natur zum Ausdruck. Zuerst leistete der Hauptschwörer seinen Eid, nachher die Helfer den ihrigen, entweder zu beiden Seiten des Hauptschwörers stehend und ihm bzw. einander die Hände reichend (ahd. *hantreichida*, afränk. *hantrâda*) oder hinter ihm stehend und ihn anfassend, alle zugleich sprechend. Durch Wiederholung konnte zuweilen der prozessuale wie der außerprozessuale Eid verstärkt, insofern auch durch Wiederholung des Eineides die Eideshilfe ersetzt werden. Anderseits brauchten, wo die Standesunterschiede tiefer eingriffen, Leute von höchstem, persönlichem Wert ihre Aussage überhaupt nicht eidlich zu beteuern. Das Thema des Parteieneides enthielt regelmäßig seinem Wesen nach nur eine Verneinung: die Partei leugnete eine ihr vorgeworfene Handlung oder Schuld, sie »reinigte« sich von dem Vorwurf (sog. Leugnungs-, Reinigungs-, Unschuldeid, on. *dulseþer*, an. *dulareiðr*, kent. *cann*, mhd. *unschult*, dazu ags. *hine clænsjan*, fries. *ontswera*, *ontriuchta*). Nur eine Erscheinungsform des Leugnungseides war ursprünglich der Würderungseid. Auch der sog. Behaltungseid war nur ein durch Begründung des Beweisthemas qualifizierter Leugnungseid, so z. B. wenn der Besitzer sich durchs Beschwören seines Besitztitels »wehrte« (vgl. oben S. 210). Rein affirmativ dagegen, aber nur in bestimmten Fällen des ordentlichen Prozesses zulässig war der sog. Überführungseid, womit der Schwörende eine Haltung seines Gegners behauptete. Jüngeres Recht hat diesen Eid mit dem Gefährdeeid (afränk. **viderêd*) kombiniert, der für sich allein kein Beweismittel, sondern nur ein Mittel des Angreifers war, den Angegriffenen zur Antwort zu nötigen. Eine solche Kombination ist beim on. *assvaru eþer* (*assöres eþer*) und wohl auch beim ags. *foreád* eingetreten. Der Leugnungseid war seiner Natur nach das Beweismittel des (materiell) Angegriffenen, das zu gebrauchen er berechtigt aber auch verpflichtet war, wofern nicht der Angreifer unter Angebot eines ihm zuständigen Beweismittels (s. unten) seinen Angriff substanzierte. Was noch heute die Sitte, das forderte einst das Recht: man durfte sich einem Vorwurf gegenüber nicht untätig verhalten, wenn man Mittel zu seiner Abwehr besaß. Die Eidespflicht des Angegriffenen hatte aber ihre natürliche Grenze dort, wo ihm ein Eid zugemutet worden wäre über Vorgänge in der Person eines dritten, z. B. seines Erblassers: man hat nicht zu schwören »vor der Brust eines Toten«. In solchen Fällen ruhte die Beweislast schlechterdings auf dem Angreifer, stellten ihm dafür aber auch schon sehr alte Rechte einen Überführungseid zu Gebot.

Der Zeuge ist ein »Wissender«, und zwar einer, der sein Wissen durch Zusehen und Zuhören erlangt hat (got. *veitvôds* = »der gesehen hat« vgl. Kluge *Urgermanisch* § 179, skand. *vitni*, ags. *gevita*, ahd. *giwizo*). Das altgerman. Prozeßrecht verlangt überdies prinzipiell, daß er von der Partei zum Sehen und Hören förmlich aufgefordert worden (Solemnitätszeuge, asw. *akallat vitni*) sei. M. a. W. nur solche Tatsachen konnten durch Zeugnis bewiesen werden, denen von Anfang an Öffentlichkeit verliehen war. Jenes Auffordern geschah durch Rede (wn. *skirkota*, on. *skirskuta*, *skærskuta*), nach adeut. R. außerdem aber auch noch durch Werk: man machte einen zum »Zeugen« (afries. *tiuga*, ahd. *giziuc*), indem man ihn »zog« (ahd. urchundi *ziohan*), was bei einigen Stämmen durch Ohrzupfen geschah. Später kommen andere Mittel vor, um des Zeugen Aufmerksamkeit zu schärfen (Backenstreich, Trinken, Gesang). Das Ziehen des Solemnitätszeugen mußte nach ältestem R. beim Beginn des zu bezeugenden Vorganges geschehen, woraus schon folgte, daß nur über Geschäfte das Solemnitätszeugnis anwendbar war. Ausnahmsweise genügten zum Zeugnisse Leute, die nur aus zufälliger Wahrnehmung aussagen konnten (sog. Erfahrungszeugen, asw. *bræþa vitni*). — Daß er nach seiner eigenen unmittelbaren sinnlichen Wahrnehmung den Beweisgegenstand selbst kenne, sagt der Zeuge im Prozeß aus. Insofern ist er »Verkünder« (ahd. *urchundo*, ags. *urcundeo*, fries. *orkunda*, *orkene* und an. *váttr*, wozu Kluge *Stammbildg.* § 29 z. vgl.), selbständiges Beweismittel und scharf vom Eidhelfer unterschieden. Anderseits ist er wie dieser einseitiges Beweismittel: er ist nur dann tauglich, wenn er Wort für Wort so aussagt, wie ihn die beweisführende Partei, der »Zeugenführer«, gemäß dem Beweisurteil bzw. Beweisversprechen muß aussagen lassen. Der Zeugen mußten fast immer mehrere sein, und einige Stammesrechte begnügten sich nicht einmal mit zwei Zeugen. Vereidigt wurden in ältester Zeit die Zeugen nicht, und dabei blieb es noch bis tief in die historische Zeit hinein nach norweg. R. und prinzipiell nach langobardischem. Die Beweiskraft des Zeugnisses, das »Überzeugen«, lag also lediglich in der Aussage selbst, welche den Gegner an eine öffentliche Tatsache »erinnerte«. Das jüngere Recht allerdings suchte nicht nur durch Eidauflage, sondern auch durch Vermehrung der Rekusationsgründe die Verlässigkeit der Zeugenaussage zu verbürgen. Ihm erst gehört auch die öfter vorkommende Verbindung des Zeugenbeweises mit einem Parteieneid (Überführungseid) an. Die Zeugenaussage ist das regelmäßige Beweismittel für Behauptungen relevanter Tatsachen. Daher verlegte, wer eine solche Behauptung aufstellte und dafür den Zeugenbeweis anbot, dem Gegner den Leugnungseid. Die Zeugenaussage stellt sich somit als das Beweismittel des Angreifers dar, wovon er jedoch, soweit die Eidespflicht des Angegriffenen reicht, keinen Gebrauch machen muß, um den Prozeß zu gewinnen. Überflüssig wird zunächst der Zeugenbeweis, wenn der Gegenstand der Behauptung im Gericht oder vor einer Gerichtskommission vorgezeigt wird, und dies ist die rechtliche Grundbedeutung von *bewîsen* und *bewîsunge*. Später unterschied man es nd. als das »leibliche Beweisen« (mnd. *lîflik bewîsen*) von anderm Beweisen. War nun aber die leibliche Beweisung einmal geführt, so konnte sie nachträglich durch Zeugnisse des Gerichts (mnd. *gerichtes tüch*, on. *þingsvitni*) vergegenwärtigt werden.

§ 90.

Das den altgerman. Beweis wie überhaupt den altgerman. Prozeß schlechterdings beherrschende Prinzip des Formalismus bedurfte gemäß dem § 87 a. E. angedeuteten Gedanken eines Gegengewichts. Dieses war gegeben in der Zulässigkeit, den Rechtsstreit durch Zweikampf auszutragen. Der Zweikampf war der Kampf der persönlichen Tüchtigkeit, welcher der Vorrang gebührte vor den Formen des Wortkampfes. Die persönliche Tüchtigkeit aber war die körperliche Tüchtigkeit des freien Mannes. Wich er ihrer Bewährung aus, so bekannte er sich als den geringern Mann, der die Rechtlosigkeit (§ 43) und leicht sogar den »Neidings«-Namen verdiente [1]). Sollte nun aber einmal die minder tüchtige Partei auch die minder berechtigte sein, so bedurfte es wiederum rechtlicher Merkmale, woran sicher und rasch der Sieg der persönlichen Tüchtigkeit zu erkennen war. Damit wurde der physische Kampf zum Rechtsinstitut. Waren ferner die Parteien einmal vom Weg der Verhandlung auf den des Machtstreites verwiesen, so war es nur folgerichtig, wenn dem Sieger gestattet wurde, den Widerstand des Gegners endgültig durch dessen Vernichtung zu Boden zu schlagen. Unter diesen Gesichtspunkten erklären sich Formen, Ausgang und Anwendungsfälle des Zweikampfes noch im Recht des christlichen Mittelalters, ja, noch in der Sitte der Gegenwart, ergibt sich ferner, daß der Zweikampf von Haus aus kein Beweismittel gewesen sein kann, vielmehr seine Stelle außerhalb des Beweisverfahrens, ja, überhaupt desjenigen Verfahrens hatte, dem wir gewöhnlich den Namen des Prozesses beilegen. Vom Standpunkt des german. R. aus war er selbst eine Form des Prozesses, da er nicht mehr und nicht weniger wie die andere Form, der Wortkampf, auf Beendigung des Streites abzielte, genau so wie der Zweikampf um ein gescholtenes Urteil (S. 256). In dieser Stellung erscheint er denn auch bei den Deutschen an der röm. Reichsgrenze nach der Aussage des Vellejus, beim norweg. Stamm nach den vielfältigen Sagaschilderungen, bei den »Russen« (= Schweden) um 900 nach den Angaben des Ibn Dustah (s. diese bei Thomsen *Urspr. d. russ. Staates* S. 27). Der altgerm. Zweikampf (and. *kamp*, ahd. *champf*, *champfwic*, fries. *strid*) ist ein Alleinkampf (ahd. mhd. *einwic*, ags. *ánvíg*, an. *einvígi*, worüber unten, — mlat. *singulare certamen*) unter

[1]) Besonders belehrend hierüber das asw. *hednalag* (oben S. 91).

den Parteien persönlich, von ihnen auszufechten gemäß vorgängigem Kampfvertrag (abayr. *wehadinc*), — sonst ursprünglich ohne jede, dann in gesetzlicher Kleidung mit gesetzlichen Waffen (Axt oder Schwert, Kampfschild), an gesetzlichem Ort (ags. *campstede*, mhd. *kampfstat*), bei Kampf um ein Grundstück auf demselben oder doch über einem Symbol desselben, und insbesondere auf abgestecktem oder doch abgemessenem Raum (mhd. *kampfrinc*, fries. *kampstal*), dessen Überschreitung als Kampfflucht galt, nur bei Tage, jeder Kämpfer mit seinem Sekundanten (fries. *gretwerdere*, ahd. *griezwarto*, mhd. *griezwart*). Der Sieger durfte den unterliegenden Gegner töten, nicht bloß, um ihn zu überwinden, sondern auch nach errungenem Sieg, sofern der Besiegte nicht durch einen im vorhinein festgesetzten Preis sein Leben »löste«. Nach an. R. »beerbte« sogar der Sieger den Besiegten, m. a. W. er nahm kraft Eroberungsrechtes dessen Habe an sich. Ein Opfer für den erlangten Sieg pflegte der Sieger darzubringen. Verschiedene Arten des Zweikampfes haben sich noch in heidnischer Zeit ausgebildet. z. B. drei isländische: *holmganga*, *kerganga* und *einvígi*, alle verschieden vom schwed. *spænna bælti* und norweg. *nifgang*. Die Herausforderung zum Zweikampf (an. *skora* = einem den Kampfplatz abmarken) oder die »Mahnung« (sw. *maning*) oder der »Kampfesgruß« (mnd. *to kampe groten*) hatte seine eigentliche Stelle gegenüber dem Parteieneid. Durch Kampfesgruß konnte man den Eid des Gegners schelten, was nach deut. R. nicht bloß in Worten, sondern auch symbolisch durch Wegziehen der Schwurhand geschah. Aber auch schon im Klagevorwurf konnte eine Eidesschelte liegen, z. B. wenn er auf ein Neidingswerk oder auf falsches Zeugnis gerichtet war. Da allemal der Kampf seinen Grund in der Eidesschelte hatte, so erklärt sich der »Kampfeid« als wesentlicher Bestandteil des Kampfzeremoniells im MA. Zwei Eide stehen einander gegenüber: Leugnungseid des Beklagten und Gegen-(Scheltungs-)Eid des Klägers, wie bei der Urteilsschelte (oben S. 256) zwei Urteile, das gescholtene und das Gegenurteil des Schelters. Von der kampfbedürftigen Eidesschelte aus ergab sich aber auch die Zulässigkeit einer kampfbedürftigen Zeugnisschelte, und im Zusammenhang mit dem Grundsatz des Einlassungszwangs gab die Eidesschelte weiterhin den Rechtsgrund dafür ab, daß der Prozeß durch Herausforderung zum Zweikampf von vornherein abgeschnitten werden konnte, indem man die Eidesschelte stillschweigend antezipierte. Der Kampfesgruß mußte bei Vermeidung der Sachfälligkeit und Rechtlosigkeit angenommen werden, wenn er von einem Ebenbürtigen ausging. Dann schlossen die beiden Gegner unter Handreichung den Kampfvertrag. Über die späteren Schicksale des Zweikampfes s. § 91.

§ 91.

Die fernere Geschichte des germ. Beweisrechtes besteht in der Verwitterung seines Formalprinzips. Es wurden Beweismittel eingeführt, die wesentlich auf Hervorziehung der Wahrheit im Einzelfall abzielten (sog. »materielle« Beweismittel). Das deutsche Recht hat noch in der heidnischen Zeit den ersten Schritt hiezu getan, indem es für bestimmte Fälle die Ermittelung eines Sachverhaltes durch Orakel gestattete. Dies geschah, wenn wegen einer heimlich verübten oder verheimlichten Missetat geklagt werden sollte oder geklagt war. Das Losorakel verwendeten niederdeut. Völker , um unter mehreren Beschuldigten den Täter ausfindig zu machen. Auch das Bahrrecht hatte keine andere Funktion. Vgl. das Siebdrehen in der Volkssitte. Wahrscheinlich auch schon in heidnischer Zeit machte man in denjenigen Fällen, wo die Übeltat eines Unfreien zum Beweis stand, von der Peinigung desselben als einem Mittel der Wahrheitserforschung Gebrauch. Noch entschiedener wurde der Übergang zu materiellen Beweismitteln in der christlichen Zeit bewerkstelligt. Erreicht wurde dies durch Einführung des Gottesurteils und durch Fortbildung des Erfahrungszeugnisses.

Das Gottesurteil (*judicium dei*, — ags. *ordál*, an. *skirsl* [= Reinigung]) setzt voraus, daß von der Gottheit die Enthüllung des Wahren schlechterdings erwartet wird. Auf dem ererbten Boden ihrer heidnischen Gottesvorstellungen, wonach weder Allwissenheit noch Wahrhaftigkeit zum Wesen der Gottheit gehörte, konnten die german. Völker diese Voraussetzung nicht erfüllen. Folgt schon hieraus im Gegensatz zur herrschenden Lehre der Satz, daß erst durch Vermittelung des Christentums das Gottesurteil ins german. R. gekommen sein kann, so wird er bestätigt durch die Wahrnehmung, daß von einem national-skandinavischen Gottesurteil schlechterdings nichts irgendwie verlässig überliefert ist, daß insbesondere der gemeiniglich für ein Gottesurteil ausgegebene Zweikampf in den skand. Quellen zu keiner Zeit als ein solches hingestellt wird. Erst von Deutschland aus hat der Norden das Gottesurteil bezogen, was nicht einmal ohne Mißverständnisse seines Wesens abgegangen ist. Auch bei den Südgermanen aber waren die Gottesurteile weit weniger im Schwang als gewöhnlich geglaubt wird. Das ags. R. z. B. kannte wahrscheinlich vor dem 9. Jahrh. kein Gottesurteil, das altbair. und altlangobard. R. keines außer dem Zweikampf, von dem wir wissen, daß er ursprünglich weder Gottesurteil noch überhaupt Beweismittel war. Auch die andern Stammes- oder Landesrechte haben immer nur wenige von den sämtlichen bekannten Gottesurteilen und zuweilen nur eines für eine bestimmte Personenklasse rezipiert. Überdies endlich finden sich auch in südgerman. RR. Spuren einer mehr mechanischen als verständnisvollen Rezeption, wie z. B. das Verstärken des Ordals, die Zulassung eines Gegenordals. Vermutlich ist der Orient die Heimat des german. Gottesurteils ebenso wie so mancher scheinbar germanischer Volkstraditionen. Das german. R. verwendet das Gottesurteil stets nur als subsidiäres Beweismittel, nämlich zur Bestätigung eines gescholtenen oder an sich scheltbaren Eides, dann aber auch zum Ersatz einer nicht zu erlangenden Eideshilfe. Daher dient das Gottesurteil historisch zum Ersatz des Zweikampfes, wofern dieser abgeschafft wird, wie z. B. in Dänemark (10. Jahrh.), bei den Angelsachsen, bei den Friesen, denen daher auch das Gottesurteil ein »Kampf« oder »Streit« heißt. Unter den sämtlichen überlieferten Gottesurteilen haben wir eine ältere von einer jüngern Schicht zu unterscheiden, in beiden Schichten wiederum die echten Gottesurteile von unechten. Das echte Gottesurteil ist streng einseitig, d. h. es wird lediglich durch eine Handlung dessen erbracht, der sich reinigt. Es ist ferner im strengsten Sinne Beweismittel, d. h. immer nur fähig, über Tatsachen Auskunft zu erteilen. Es ist endlich stets mit kirchlichen Kultakten verbunden; es hat seine Liturgie. Die echten Gottesurteile älterer Art sind »Elementordale«, nämlich die Probe mit siedendem Wasser oder der Kesselfang (ags. *wæterordál*, fries. *weterkamp*, — *ketelfang*, an. *ketilfang*, *ketiltak*) und die Feuerproben des Haltens der Hand im Feuer, des Tragens von glühendem Eisen (wn. *jarnburðr*, on. *jærnbyrþ*) und des Ganges auf glühenden Pflugscharen. Unechte Gottesurteile entstanden, indem der Zweikampf und das Losorakel unter die Gottesurteile aufgenommen wurden. Die Zwitterhaftigkeit des unechten Gottesurteils zeigt sich am schlagendsten im Kampfurteil: einerseits fiel nunmehr das Erfordernis des persönlichen Fechtens fort, wurde sogar Stellvertretung der Partei durch einen gedungenen »Kämpen« zugelassen und ein eigener Zweikampf zwischen Mann und Frau ausgebildet. Anderseits unterließ man die Ausbildung einer kirchlichen Liturgie und hielt man im Prinzip an der Tötlichkeit des Kampfausgangs fest, führte sogar die Todesstrafe für den unterliegenden Kämpfer ein, so daß nach wie vor der Zweck des Kampfes über den eines bloßen Beweismittels hinausging. Einige Rechte kannten überhaupt keine unechten Gottesurteile, so namentlich die skandinavischen. Die jüngere Schicht der Gottesurteile besteht aus den Proben des kalten Wassers, des geweihten Bissens (ags. *corsnǽd*), des Abendmahls, des Psalters, der Hexenwage, welche insgesamt echte Gottesurteile sind, und dem unechten, zum Ersatz des Zweikampfes dienenden, der Kreuzprobe. Mit dem 9. Jahrh. begann eine kirchliche Opposition gegen die Gottesurteile. Im Bund mit dem noch älteren Mißtrauen gegen die Verlässigkeit der gebrauchten Mittel gelang es ihr, die Gottesurteile während des MA. zurückzudrängen, in einigen Rechtsgebieten sogar vollständig abzuschaffen.

Während das Gottesurteil von Anfang an im ordentlichen Prozeß seine Stelle fand, hat sich die Fortbildung des Erfahrungszeugnisses zu einem materiellen Beweismittel überall außer auf Island zunächst im außerordentlichen Prozeß vollzogen. Dieses materielle Beweismittel ist das Institut der Jury. Drei Entstehungsherde desselben lassen sich nachweisen: das fränkische Königsgericht, das dänische Königsgericht, das isländische Gericht. Von Dänemark aus hat sich die Jury nach Schweden verbreitet. Die selbständige Entwicklung des Instituts in seinen drei Hauptgebieten spricht sich in den Verschiedenheiten der drei entsprechenden Systeme aus, welche sich hauptsächlich auf die Zahl, die Art der Beschaffung, Legitimation und Vereidigung der Geschworenen, auf das Verhältnis derselben zu Parteien und Richter sowie zu andern Beweismitteln, auf die Dauer ihrer Tätigkeit, endlich auch auf die ursprünglichen Anwendungsfälle der Jury beziehen. Nicht minder aber spricht es sich in der selbständigen Terminologie aus: der Beweis mit Geschworenen ist bei den Franken das Verfahren mit *inquisitio* und im mittelalterlichen Deutschland das Verfahren mit *kuntschaft*, im on. Gebiet das Verfahren mit *næfnd* (in Jütland für bestimmte Fälle *sanænd mæn*), auf Island das Verfahren mit *kviðr* (bzw. mit *sannaðar menn*). Die sämtlichen Beweismitteln dieser Art gemeinsamen Grundzüge aber sind, daß Auskunftsleute, die nicht Augen- und Ohrenzeugen zu sein brauchen, auf ihren Eid ihre Überzeugung von der Wahrheit oder Unwahrheit eines

Tatbestandes aussprechen. Überall ist demnach für das neue Beweismittel dessen Zweischneidigkeit charakteristisch. Daher wurde es zum Ersatz von Gottesurteil und Zweikampf benützt und von skandinav. RR. zu solchem Zweck in den ordentlichen Prozeß eingeführt.

Die sonstigen Neuerungen von Belang, welche das System des Beweisrechts während des MA., bei den südlichen Stämmen teilweise noch früher und unter römischem Einfluß, durchbrochen haben, können hier nur genannt werden: die Legitimation des Eidhelfers nach Analogie der Zeugen, das Überbieten von Parteieneid und Erfahrungszeugnis durch Gegeneid und Gegenzeugnis, die Ein führung der Urkunde, d. h. des schriftlichen Zeugnisses als Beweismittel oder doch als Mittel der Beweiserleichterung, die (spätmittelalterliche) Herübernahme des Überführungseides »(Übersiebnens«) aus dem außerordentlichen Verfahren wegen handhaften Friedensbruches in den ordentlichen Strafprozeß und der Ersatz dieses Beweismittels durch die Tortur gegen Freie im außerordentlichen Strafprozeß sowie das außerordentliche Verfahren auf Indizien und Leumund gegen Gewohnheitsverbrecher (»schädliche Leute«), die Beweisführung gegenüber dem Richter bzw. Urteiler, letztere, die wichtigste von allen Neuerungen, zuerst im langobardischen Prozeß seit dem 8. Jahrh.

§ 92.

Die Vollstreckung war nach altgerman. R. prinzipiell Strafvollzug, nämlich entweder Vollzug einer öffentlichen (Todes-) Strafe (vgl. oben § 78) oder Achtvollzug. Der Strafvollzug war nach heidnischem R. Sache eines Beamten mit Kultfunktionen (**guþja*). Später wird das Vollstrecken der Strafe in vielen Rechtsgebieten dem siegreichen Kläger oder der Gerichtsgemeinde oder einzelnen Leuten aus derselben übertragen, während die Form des Verfahrens vom Gesetze genau geregelt, insbesondere Strafvollzug bei Nachtzeit ausgeschlossen bleibt. Ein amtlich angestellter Strafdiener (burg. *witiscalc* — ahd. *wizinari*, mhd. *wizenære* oder *wizegære*) oder Scherge (langob. und ahd. *scarjo*, d. h. eigentlich »Scharführer«) oder »Züchtiger« ist noch im SpätMA. nicht in allen Gerichten vorhanden. Über Achtvollzug s. oben S. 238. Als einzige Ausnahme vom angegebenen Prinzip hat sich in einigen Rechten aus der urgerman. Raubehe (S. 178) eine wahre Exekution auf Grund des Verlöbnisvertrags entwickelt. Im übrigen hat sich die Exekution zur Befriedigung von Ansprüchen (nicht zu verwechseln mit der bloßen Pfandnahme S. 215f.) als selbständiges Verfahren erst nach mehreren Jahrhunderten der historischen Zeit und nicht ohne Kampf mit dem Kollektiveigentum an Grund und Boden vom alten Achtverfahren wegen »Rechtsabschneidung« (asw. *afskaka ræt*) oder »Rechtsweigerung« abgelöst. Teils geschah dies, indem man zum Behuf einer vermögensrechtlichen Exekution von der Acht eine Konfiskation abzweigte mit der Auflage an die Obrigkeit, aus dem eingezogenen Gut den Betreiber zu befriedigen, — eine Entwicklung, die sich am deutlichsten bei der dänischen Mobilar- (seit 1282 auch Immobiliar-)Exekution mit Königsbriefen, der Vorläuferin des später *rigens ret og dele* genannten Verfahrens, im 13. Jahrh. beobachten, aber auch bei der karolingischen, das FrühMA. hindurch in Deutschland herrschenden Immobiliarexekution mit *missio in bannum* (*vrônunge* unter dem Symbol der Aufsteckung des königlichen Friedenskreuzes) wahrnehmen läßt. Teils wurde zur Wahl des Verfolgten neben das Achtverfahren eine Auspfändung (Nahme nicht zu Pfand, sondern zu Eigen) gestellt, wie die »ehehafte Beraubung (afränk. **strud*, frankolat. *strudis legitima*, vgl. fries. *râf*), d. h. Mobiliarexekution nach afränk. R., welche bis um 575 nur Platz griff, wenn der Verfolgte durch förmliches Urteilserfüllungsgelöbnis (mit Wadiation oben S. 224) das Achtverfahren abwandte, später aber auch gegen den Ungehorsamen nach vorgängigem Exekutionsurteil zugelassen wurde. Teils endlich wurde das Achtverfahren unmittelbar durch Realexekution ersetzt, wie im 12. Jahrh. in Norwegen durch die Heimsuchung (*atfǫr, heimreið*), oder durch eine unbeschränkte Auspfändung, wie bald nachher in Schweden durch die »Abschätzung« (*mæt, virþning*), wobei freilich subsidiär die Friedlosigkeit insofern im Hintergrund stand, als gegen Widersetzliche Gewalt erlaubt blieb. Obschon nun aber als Gewaltverfahren schlechterdings Angriff auf die Person des Verfolgten, kam die Exekution doch in ihrer ersten Zeit prinzipiell nach Losreißung seiner Habe zum Stillstand. Die exekutivische Schuldknechtschaft ist im Gegensatz zur freiwillig eingegangenen ein Erzeugnis jüngerer Rechtsbildung. Anfangs fand sie sogar nur in wenigen bestimmten Fällen Anwendung, und im Gebiet des skandinav. Landrechts hat sie diese Entwicklungsstufe auch nicht überschritten. Zuerst erscheint sie, analog der Strafknechtschaft, als definitive, später als lösbare Knechtschaft, welche weiterhin zur bloßen Schuldarbeit gemildert, zuletzt und zwar vornehmlich in den Städten, durch die Schuldhaft ersetzt wird. So wenig wie diese Veränderungen der Exekution haben andere, spezifisch deutsche, welche hauptsächlich Form und Folgen der beiden Hauptarten der Exekution, Auspfändung und Fronung, dann die Verwischung dieses Unterschiedes im Institut der *anleite* betrafen, den alten Grundsatz zerstört, daß jedes Zwangsverfahren durch Straffälligkeit des Verfolgten bedingt sei. Auch dauerten noch neben der Exekution Reste der satisfaktorischen Acht fort, wie z. B. im *meteban* sächsischer Stadtrechte (vgl. oben S. 238). Anderseits breitete sich während des MA., begünstigt von der ausgebildeten Exekution, die Zulässigkeit eines vorsorglichen Zwanges aus, der durch »Aufhalten«, d. h. Festnahme des Verfolgten oder durch »Besetzen« seiner Habe ausgeübt werden konnte. Die Rollenverteilung bei allem Zwangsverfahren, soweit es nicht Konfiskation war, beruhte nach einem dem ältesten Prozeß wie Privatrecht gemäßen System auf dem Prinzip, daß wie Urheber, so auch Leiter des Angriffs der Kläger zu sein habe, während Obrigkeit und Dingpflichtige ihren Beistand schulden. Das gegenteilige System, im Zusammenhang mit einer allgemeinen Erhöhung der obrigkeitlichen Gewalt aufkommend, legt die Leitung des Zwangsverfahrens in die Hand des Richters, der dann persönlich oder durch den Fronboten oder durch von Fall zu Fall ernannte »Anleiter« die Zwangsmaßregeln durchführt. Als Typus des ersten Systems kann die altnorweg. Exekution mit *atfǫr*, als Typus des zweiten die alte fränk. Exekution mit *strud* betrachtet werden.

REGISTER.

I. SACHEN UND NAMEN.

II. TERMINOLOGIE.

GRUNDRISS
DER
GERMANISCHEN PHILOLOGIE

UNTER MITWIRKUNG VON

K. von AMIRA, O. BEHAGHEL, D. BEHRENS, H. BLOCH, A. BRANDL, O. BREMER, E. EINENKEL, V. GUDMUNDSSON, H. JELLINGHAUS, KR. KALUND, FR. KAUFFMANN, F. KLUGE, R. von LILIENCRON, K. LUICK, J. A. LUNDELL, J. MEIER, E. MOGK, A. NOREEN, J. SCHIPPER, H. SCHÜCK, TH. SIEBS, E. SIEVERS, W. STREITBERG, B. SYMONS, W. von UNWERTH, F. VOGT, PH. WEGENER, J. TE WINKEL, J. WOLF

HERAUSGEGEBEN

von

HERMANN PAUL

ord. Professor der deutschen Sprache und Literatur an der Universität München.

DRITTE VERBESSERTE UND VERMEHRTE AUFLAGE.

Der „Grundriß“ hat in der 3. Auflage eine andere äußere Gestalt erhalten. Es werden kleinere Einzelbände geschaffen, die einen oder zwei dem Stoffe nach zusammengehörige Beiträge enthalten. Das Format der Bände ist kleiner, der Druck ist übersichtlicher und leichter lesbar.

Durch diese Neueinteilung werden die Sonderausgaben überflüssig, da jeder Band zu verhältnismäßig niedrigem Preise einzeln käuflich ist.

Herausgeber und Verlag hoffen gleichmäßig, durch diese Neugestaltung die Verbreitung des Grundrisses zu fördern und dadurch die Stellung, die er bisher in der wissenschaftlichen Forschung eingenommen hat, zu bewahren und zu kräftigen.

Von der neuen Auflage des Grundrisses werden zunächst die folgenden Bände erscheinen; die mit einem * bezeichneten liegen fertig vor.

*1. **Die Elemente des Gotischen.** Eine erste Einführung in die deutsche Sprachwissenschaft. Von Friedrich Kluge. 8°. VIII, 133 S. 1911.
Geheftet *M* 2.25, in Leinwand gebunden *M* 3.—.

*2. **Urgermanisch.** Vorgeschichte der altgermanischen Dialekte. Von Friedrich Kluge. 8°. XI, 289 S. 1913.
Geheftet *M* 5.—, in Leinwand gebunden *M* 6.—.

*3. **Geschichte der deutschen Sprache.** Von Otto Behaghel. 8°. IX, 354 S. 1911. Mit einer Karte. Geheftet *M* 6.—, in Leinwand gebunden *M* 7.—.

*4. **Geschichte der nordischen Sprachen.** Besonders in altnordischer Zeit. Von Adolf Noreen. 8°. VIII, 239 S. 1913.
Geheftet *M* 4.50, in Leinwand gebunden *M* 5.50.

*5. **Grundriß des Germanischen Rechts.** Von Karl von Amira. 8°. XII, 302 S. 1913. Geheftet *M* 5.—, in Leinwand gebunden *M* 6.—.

6. **Geschichte der englischen Sprache** von Friedrich Kluge.

7. { **Geschichte der niederländischen Sprache** von J. te Winkel.
Geschichte der friesischen Sprache von Th. Siebs.

Die Bände II und III der 2. Auflage des Grundrisses können noch für einige Zeit vollständig geliefert werden.

Band II, 1. Abteilung: enthaltend die literaturgeschichtlichen Darstellungen. Geh. *M* 23.—; geb. *M* 26.—.

Band II, 2. Abteilung: Metrik. Geh. *M* 4.—, geb. *M* 6.—.

Band III: Wirtschaft, Recht, Kriegswesen, Mythologie, Sitte, Kunst, Heldensage, Ethnographie. Geh. *M* 16.—, geb. *M* 18.50.

Prospekte stehen auf Wunsch zur Verfügung.

REALLEXIKON DER GERMANISCHEN ALTERTUMSKUNDE

Unter Mitwirkung zahlreicher Fachgelehrten

herausgegeben von

Johannes Hoops

ord. Professor an der Universität Heidelberg.

Erster Band: A—E. Lex. 8°. XVII, 642 S. 1911—13.
Mit 62 Abbildungen und 47 Tafeln. Geheftet *M* 21.—, in Halbfranz geb. *M* 24.—.

DAS REALLEXIKON gibt eine von Spezialforschern bearbeitete lexikalische Gesamtdarstellung der Kultur der germanischen Völker bis etwa zum Ende des ersten Jahrtausends. Es werden alle diejenigen Tatsachen behandelt, die nicht bloß für die betreffende Einzelwissenschaft von Interesse, sondern auch für die verwandten Disziplinen wissenswert und belangreich sind.

Die Publikation des Werkes erfolgt in Lieferungen mit zahlreichen Tafeln und Textabbildungen. — Der Subskriptionspreis beträgt 5 Mark für jede Lieferung von ca. 8—10 Bogen nebst Tafeln und Abbildungen. Verstärkte Lieferungen werden entsprechend höher berechnet. Der Verlag behält sich jedoch das Recht vor, später für neuhinzutretende Bezieher den Preis zu erhöhen.

Das ganze Werk ist auf 3 Bände von je 40—45 Bogen Lex. 8° berechnet.

„Die erste Lieferung eröffnet ein Lieferungswerk mit den höchsten Erwartungen. Das Buch verspricht für alle, deren Studien im abendländischen Mittelalter liegen, ein wichtiges Nachschlagewerk zu werden, das über geschichtliche, juristische, archäologische, geographische, mythologische, literarische und sprachliche Stichworte und Begriffe kurz und bündig, aber sicher und zuverlässig orientieren will. Der Herausgeber hat eine stattliche Anzahl der erprobtesten Fachleute der Geschichtswissenschaft und der Philologie für die verschiedenen Gebiete um sich gesammelt und fördert auch selber mit wichtigen Beiträgen den Wert des Nachschlagewerks. . . .“

Zeitschrift für deutsche Wortforschung. Band XIII.

„. . . Der Name des Herausgebers und die Liste der Mitarbeiter stellen eine erlesene Schar von Forschern dar, die auf ihrem eigensten Gebiet zu Worte kommen sollen . . . Trotz dieses großen Umfanges sind die einzelnen Artikel so knapp wie möglich gehalten; dafür findet man aber auch Antwort auf Fragen, die man kaum gewagt hätte zu stellen.“

Die Grenzboten. 71. Jahrgang. Nr. 9.

Wörterbuch-Bibliothek.

Etymologisches Wörterbuch der deutschen Sprache. Von Friedrich Kluge, Professor an der Universität Freiburg i. Br. Siebente verbesserte und vermehrte Auflage. Lex. 8°. XVI, 519 S. 1910.
Geh. ℳ 9.—, in Leinwand geb. ℳ 10.20, in Halbfranz geb. ℳ 11.—.

Deutsches Fremdwörterbuch. Von Hans Schulz, Privatdozent an der Universität Freiburg i. Br. Erster Band: A—K. Lex. 8°. XXIII, 416 S. 1913. Geh. ℳ 8.20, in Leinwand geb. ℳ 9.—.

Wörterbuch der deutschen Kaufmannssprache. Auf geschichtlichen Grundlagen. Mit einer systematischen Einleitung. Von *Alfred Schirmer*. Lex. 8°. LI, 218 S. 1911. Geh. ℳ 6.50, geb. ℳ 7.50.

Schlagwörterbuch. Von Otto Ladendorf. 8°. XXIV, 365 S. 1906.
Geh. ℳ 6.—, in Leinwand geb. ℳ 7.—.

Schelten-Wörterbuch. Die Berufs-, besonders Handwerkerschelten und Verwandtes. Von Dr. Heinrich Klenz. 8°. VII, 159 S. 1910.
Geh. ℳ 4.—, in Leinwand geb. ℳ 5.—.

Pennälersprache. Entwicklung, Wortschatz und Wörterbuch. Von Rudolf Eilenberger. 8°. VIII, 68 S. 1910. Geh. ℳ 1.80, geb. ℳ 2.20.

Die deutsche Druckersprache. Von Dr. Heinrich Klenz. 8°. XV, 128 S. 1900. Geh. ℳ 2.50, geb. ℳ 3.50.

Die Bergmannssprache in der Sarepta des Johann Mathesius. Von E. Göpfert. 8°. IV, 107 S. 1902. (Beiheft zum III. Band der „Zeitschrift für deutsche Wortforschung".) ℳ 3.—.

Rotwelsch. Quellen und Wortschatz der Gaunersprache und der verwandten Geheimsprachen. Von Friedrich Kluge. I. Rotwelsches Quellenbuch. Gr. 8°. XVI, 495 S. 1901. ℳ 14.—.

Die deutschen Vogelnamen. Eine wortgeschichtliche Untersuchung. Von Hugo Suolahti. Gr. 8°. XXXIII, 540 S. 1909.
Geh. ℳ 16.—, geb. ℳ 17.—.

Siebenbürgisch-sächsisches Wörterbuch. Mit Benützung der Sammlungen Johann Wolffs herausgegeben vom Ausschuß des Vereins für siebenbürgische Landeskunde.

Erster Band: 1.—3. Lieferung. Bearbeitet von Adolf Schullerus. Lex. 8°. Je 10 Bogen. 1908/10. Je ℳ 4.—. — Zweiter Band: 1.—3. Lieferung. Bearbeitet von Friedrich Hofstädter, Georg Keintzel und Adolf Schullerus. Lex. 8°. Je 10 Bogen. 1911/12.
Je ℳ 4.—.

Wörterbuch der elsässischen Mundarten. Von E. Martin und H. Lienhart.

Erster Band. Lex. 8°. XVI, 800 S. 1899. Geh. ℳ 20.—, in Halbfranz geb. ℳ 23.50. — Zweiter Band. Mit einem alphabetischen Wörterverzeichnis und einer Mundartenkarte von Hans Lienhart. Lex. 8°. IV, 1160 S. 1907.
Geh. ℳ 32.—, in Halbfranz geb. ℳ 35.—.

Historische Neuenglische Grammatik. Von Wilhelm Horn. I. Teil: Lautlehre. Mit einer Karte. Gr. 8⁰. XVI, 239 S. 1908.

Geheftet ℳ 5.50, in Leinwand geb. ℳ 6.—.

„... Horns vorzügliche Arbeit ist allen, die tiefer in die Kenntnis des heutigen Englisch eindringen wollen, aufs wärmste zu empfehlen ...“
Neue Philologische Rundschau, 1908, Nr. 20.

Types of Standard spoken English and its chief local variants. Twenty-four phonetic Transcripts from „British classical Authors of the XIXth Century (Herrig-Foerster, Vol. II) by Marshall Montgomery. 8⁰. 80 S. 1910.

Geheftet ℳ 2.—, kartoniert ℳ 2.25.

Geschichte der altenglischen Literatur. Von Alois Brandl. I. Teil: Angelsächsische Periode bis zur Mitte des zwölften Jahrhunderts. Lex. 8⁰. XII, 204 S. 1908.

Geheftet ℳ 4.80, in Leinwand geb. ℳ 5.60.

(Sonderabdruck aus der zweiten Auflage des II. Bandes von Paul's Grundriß der germanischen Philologie.)

Geschichte der Englischen Literatur von Bernhard ten Brink.
Erster Band: Bis zu Wiclifs Auftreten. Zweite verbesserte und vermehrte Auflage. Herausgegeben von **Alois Brandl,** Professor an der Universität Berlin. 8⁰. XX, 520 S. 1899.

Geheftet ℳ 4.50, in Leinwand geb. ℳ 5.50, in Halbfranz geb. ℳ 6.50.

Zweiter Band: Bis zur Reformation. Herausgegeben von **Alois Brandl.** Zweiter durchgesehener Abdruck. 8⁰. XV, 646 S. 1912.

Geheftet ℳ 8.—, in Leinwand geb. ℳ 9.—, in Halbfranz geb. ℳ 10.—.

Streifzüge durch die neueste englische Literatur. Von Bernhard Fehr. Mit einem bibliographischen Anhang. Kl. 8⁰. VIII, 185 S. 1912.

Geheftet ℳ 3.50, in Leinwand geb. ℳ 4.20.

Shakspere. Fünf Vorlesungen aus dem Nachlaß von Bernhard ten Brink. Mit dem Medaillonbildnis des Verfassers in Lichtdruck. Dritte durchgesehene Auflage. Klein 8⁰. VIII, 149 S. 1907.

Geheftet ℳ 2.—, in Leinwand geb. ℳ 2.50.

„Es ist ein hoher und herrlicher Geist, der aus diesen Vorträgen spricht. Flammende Begeisterung, philosophische Bildung und strenge Wissenschaftlichkeit, feinstes Verständnis und Nachfühlen des Dichters, das sind die Vorzüge, die sich hier miteinander vereinen.“
Seemanns Literar. Jahresbericht 1893.

FSC
www.fsc.org
MIX
Papier | Fördert gute Waldnutzung
FSC® C083411

Kolibri 360 GmbH
Ferdinand-Jühlke-Straße 7
99095 Erfurt, Deutschland
produktsicherheit@kolibri360.de